自立した老後

アメリカ中西部小都市と周辺地域の歴史人類学的研究

佐 野 敏 行
藤 田 眞理子

溪水社

はじめに

　人間は誰もが、自らの一生の中で、それぞれにさまざまな経験を重ねながら意義ある生活を送ろうとする。そして、多くの人は高齢となり、それぞれの意義ある一生を終えることになる。この高齢期をどのように人々が文化的に作り上げようとしてきたのかが、本書における私たちの主要な関心事である。文化人類学を専門とする私たちが、高齢者に関心を抱く理由には何があるのであろうか？　それは、他の多くの人類学者と同様に、個人的な経験に端緒がある。私たちは日本で大学教育を受け、それぞれに、渡米し大学院生活を送っていた。当時、1970年代後半から1980年代前半にかけて、ある期間をおいて再会毎に抱く親の印象の変化に、私たちの注意は強く引かれた。私たちの親が確実に高齢期に入っていたことに気づいたのである。折から、アメリカで触れることの出来た高齢者に関する研究は、社会学、心理学、福祉関連諸学、人類学などによる形成期を経て（Ariés 1974; Fisher 1978; Henry 1965; Hochschild 1973）、人類学的関心をあてるだけでなく、フィールドワークによる成果も現れ始めていた（Fujita 1984; Myerhoff 1980; Plath 1980; Vespen 1985; 片多 1981; プラース 1986）。こうして、自らの親と同世代であるアメリカ人白人の生活を理解することは、自らの親の生き方を理解することになり、予測される高齢化に関連する課題でもあるために、私たちが無理なく選択できる研究テーマとなったのである。

　しかし、当時の私たちは、単に高齢者に焦点を合わせた研究を目指していたのではなかった。高齢者の生活を把握するには、異なった年齢の家族、親族、地域の人々との結びつきをみていく視点を欠かすことはできない（原 1997）、それも、日常生活の脈絡の中でみていく必要があると私たちは考えたのである。なぜなら、アメリカ人高齢者は、自立心が強く独居をもいとわないと思われていたとしても、また、サンシティなどの高齢者向けに開発されたコミュニティの存在が強くアメリカ高齢者の生活を私たち

外国人に印象づけていたとしても (Jacobs 1974)、アメリカにおける多くの高齢者は、年齢の異なる親族・非親族との交流を通して生活を送っているという事実を見聞きしていたからである。さらに、ジェンダー関係、都市と農場との関係、全国的な生活様式の変化との関係をみていく必要があると考えた。このような諸関係に配慮しながら、高齢者と彼らの生活の理解を試みることが、本書のもとになった最初の研究を計画したときの目標となったのである。

　この目標を達成するために、通常の民族誌的資料の分析やインタビューによって明らかにされる事柄 (例えば、誰が何歳ごろにどのように高齢者の世話をしていたのか、世話をしているのか？ それが文化的背景の違いによってどのように異なって表れるのか？) を、歴史的資料を探究するときのキーとして扱うことにした。それは、調査地である小都市・リヴァーフロント市 (仮称) で民族誌的フィールドワークを行っていたので容易に可能となった。この町は、規模は小さいながら地域の中心地であり、他のアメリカの都市と同様に、全米センサス作成時の手書き原簿をはじめとして、土地台帳、都市整備のための市街地図、親子間の契約書などの郡庁、市庁で入手できる歴史的資料があり、さらに、土地台帳 (プラット・ブック)、電話帳、シティ・ディレクトリ、町の鳥瞰図などの私的機関が作成し当時の住民が活用した歴史資料と、一市民が郡内の墓地を調査して作成した墓地レコードや、教会が作成した教会史書、19世紀末から現在までの地元新聞のマイクロフィルムなど、さまざまな歴史的資料があり、それらを入手し、参照し、必要な部分を整理して分析することができるのである。

　こうした種々の歴史的資料から民族誌的に重要な事柄を抽出することが、Wallace (1980, 1988) が東部の町で試みたように、また、センサス資料を用いた Hareven & Vinovskis (1978) の諸研究で可能性が示されたように、民族誌的調査資料に歴史的パースペクティヴを与えることができると私たちは考えたのである。伝統的な人類学で使用されてきた「民族誌的現在」と呼ばれる概念は、変動の激しい私たちの調査地に援用することが当初から困難だったのである。

はじめに

　本研究を進める上で、複合的な事象を単純化することに伴う問題の多さ、その「複合した」様相を的確に表すことの困難さを実感することになった。単純化を通して原理的な事柄を明らかにするというアプローチをとらずに、人々が営む文化の全体像を把握しようとする人類学的立場（ホーリズム）を保持することの知的刺激の多さ、興味深さとともに、困難さを実感しながら、高齢者を中心にした人々の地域生活全体にわたる資料を処理、加工、分析したのである。さらなる分析あるいは議論が必要な箇所を多く残す本書が、今後の研究の出発点となればと願わざるを得ない。とくに本研究では、主に「センサス手書き原簿」を扱うことで、この資料のデータベース化に多大な時間と労力が費やされ、研究に必要な資料とするための多大な加工作業が求められたことを明記しておきたい。また、本書で示すことのできた内容は、さらなる洗練された分析の必要性を物語っていると記しておきたい。本書が、現在進行する高齢化に対して、社会的および個人的に多様で適切な対応が求められている中、よりよい方策の案出と新たな可能性の追究のため、現状評価だけでなく、新たなアイディアを生み出す源泉として役立てばと願う。

　本書のもととなった研究は、平成7年度〜平成9年度文部省科学研究費補助金（課題番号：07610313）によって可能となった。また、本書の刊行にあたり、平成12年度科学研究費補助金（研究成果公開促進費）（課題番号：125073）の交付を日本学術振興会より受けた。各機関に謝意を表したい。本研究の資料の整理には、計画当初の予測を遥かに上回る時間と労力が必要となった。研究補助者として、奈良女子大学大学院生（当時）の那須久代、広島大学大学院生の広瀬知恵、同学部生（当時）の福田淳子、植田朱美の方々の協力をえることができなければ、基本資料の整備作業を遂行できなかった。研究補助者の皆さんに感謝したい。最後に、本書の刊行を快く引き受けていただいた渓水社・木村逸司氏に感謝いたします。

　なお、本書の第1章と第5〜7章の執筆は、佐野と藤田、第2〜4章は佐野によるものである。

目　次

はじめに………………………………………………………… i
図リスト………………………………………………………… viii
表リスト………………………………………………………… x

第1章　序………………………………………………………… 3
　本書の課題と意義 ……………………………………………… 4
　方法 …………………………………………………………… 10
　　(1)調査地の概要　*10*
　　(2)本書で用いた資料　*17*
　　(3)個人の文化的背景の決定法　*21*
　　(4)ファミリとハウスについて　*23*
　本書の構成 …………………………………………………… 24

第2章　人口動態 ……………………………………………… 26
　人口推移 ……………………………………………………… 26
　年齢分布 ……………………………………………………… 31
　男女別年齢分布 ……………………………………………… 41
　出生地別年齢分布と、文化的背景別年齢分布 ……………… 52
　出生地の変化 ………………………………………………… 58
　文化的背景の変化 …………………………………………… 65
　職業タイプの変化 …………………………………………… 82

第3章　高齢者の扶養パターンの変遷 ……………………… 92
　ハウスとファミリ …………………………………………… 92
　ファミリの類型化 …………………………………………… 94
　ハウス数とハウス内人数、ファミリ数とファミリ構成員数 ……… 95

v

高齢者のいるハウスの割合とハウス当たりの平均人数の変化 ……… *99*
　　高齢者の自立性の指標 ……………………………………… *103*
　　高齢者夫婦間の年齢差、及び、最終出産時年齢 …………… *106*
　　同居人 ………………………………………………………… *111*
　　　(1)ハウス内の非親族同居人　*111*
　　　(2)ハウス内の同居親族　*119*

第4章　高齢者の生活パターンの変遷と文化的背景 ………… *140*
　　ハウス所有関係と文化的背景 ……………………………… *141*
　　ファミリ・ヘッドの変化 …………………………………… *147*
　　ハウス内人数の歴史的変化 ………………………………… *151*
　　ファミリ・タイプとその歴史的変化 ……………………… *153*
　　　(1)単独ヘッド　*153*
　　　(2)カップル（夫婦）を基本としたファミリ　*157*
　　　(3)親子同居を基本としたファミリ　*162*
　　　(4)無関係の者との同居　*181*
　　　(5)その他の同居人　*182*

第5章　ファミリ・ヒストリーの分析 ………………………… *188*
　　リヴァーフロント市 ………………………………………… *190*
　　　アイルランド系　*190*　ノルウェー系　*202*　ドイツ系　*207*
　　　ポーランド系　*214*　米国東部系　*218*
　　クラーク郡区 ………………………………………………… *224*
　　　ポーランド系　*224*
　　レイクランド郡区 …………………………………………… *245*
　　　ノルウェー系　*245*　米国東部系　*256*
　　まとめ ………………………………………………………… *268*

第6章　フォーカル・ファミリの分析 …………………………… *273*

第7章　結　　論 ……………………………………………… *325*

付表 …………………………………………………………… *341*
参考文献 ……………………………………………………… *369*
索引 …………………………………………………………… *375*

図リスト

図1-1	アメリカ中西部、ウィスコンシン州の位置	12
図1-2	研究対象地域の位置関係	13
図1-3	リヴァーフロント市の街区とその変化	14
図2-1	リヴァーフロント市の男女別年齢分布（1850年-1910年）	45
図2-2	クラーク郡区の男女別年齢分布（1860年-1910年）	46
図2-3	レイクランド郡区の男女別年齢分布（1860年-1910年）	47
図2-4-1	リヴァーフロント市の街区別の男女別年齢分布（1880年）	48
図2-4-2	リヴァーフロント市の街区別の男女別年齢分布（1900年）	49
図2-4-3	リヴァーフロント市の街区別の男女別年齢分布（1910年）	50
図5-1	アイルランド系A、クリフォード(I)・ファミリ	190
図5-2	アイルランド系B、クリフォード(II)・ファミリ	193
図5-3	アイルランド系C、クラーク・ファミリ	196
図5-4	アイルランド系D、コリンズ・ファミリ	199
図5-5	アイルランド系E、チャンベル・ファミリ	201
図5-6	ノルウェー系A、グンダーソン・ファミリ	203
図5-7	ノルウェー系B、ハルヴァーソン・ファミリ	205
図5-8	ドイツ系A、クール・ファミリ	208
図5-9	ドイツ系B、ルーテス・ファミリ	211
図5-10	ポーランド系A、ブレツキ・ファミリ	215
図5-11	ポーランド系B、ドレフチンスキ・ファミリ	217
図5-12	米国東部系A、ハマカー・ファミリ	219
図5-13	米国東部系B、ハーウェン・ファミリ	222
図5-14	ポーランド系A、カザコスキ・ファミリ	225
図5-15	ポーランド系B、ベロフスキ・ファミリ	227
図5-16	ポーランド系C、グロドウスキ(I)・ファミリ	229
図5-17	ポーランド系D、グロドウスキ(II)・ファミリ	231
図5-18	ポーランド系E、シュナイダー・ファミリ	233
図5-19	ポーランド系F、オコネキ・ファミリ	234
図5-20	ポーランド系GとH、ソメグ(I)(II)・ファミリ	236
図5-21	ポーランド系I、オステウスキ(I)・ファミリ	238
図5-22	ポーランド系J、オステウスキ(II)・ファミリ	240
図5-23	ポーランド系K、メロンク・ファミリ	242
図5-24	ポーランド系L、プラット・ファミリ	243
図5-25	ノルウェー系A、グンダーソン・ファミリ	246

図5-26	ノルウェー系B、ピーターソン・ファミリ	248
図5-27	ノルウェー系C、ストロンボーグ・ファミリ	251
図5-28	ノルウェー系D、ネルソン・ファミリ	253
図5-29	ノルウェー系E、オルソン・ファミリ	255
図5-30	米国東部系A、ウィルソン・ファミリ	257
図5-31	米国東部系B、フレミング・ファミリ	260
図5-32	米国東部系C、ターナー・ファミリ	262
図5-33	米国東部系D、アレン(I)・ファミリ	264
図5-34	米国東部系E、アレン(II)・ファミリ	266
図6-1	ジョン・ビザの家系図（ポーランド系）	276
図6-2-1	ロナルド・シュナイダーの家系図（ポーランド系）	279
図6-2-2	シュナイダー・ファミリの農場地図	280
図6-2-3	シュナイダー・ファミリ農場の所有者変化	281
図6-2-4	シュナイダー・ファミリ・メンバーのライフコース	282
図6-3	ナンシー・シュナイダーの生家の家系図（ポーランド系）	286
図6-4-1	スーザン・ストロヴィンスキの家系図（ポーランド系）	289
図6-4-2	ストロヴィンスキ・ファミリの農場地図	290
図6-4-3	ストロヴィンスキ・ファミリ農場の所有者変化	291
図6-4-4	ストロヴィンスキ・ファミリ・メンバーのライフコース	292
図6-5-1	バート・ウォブスキの家系図（ポーランド系）	299
図6-5-2	ウォブスキ・ファミリの農場地図	300
図6-5-3	ウォブスキ・ファミリ農場の所有者変化	301
図6-5-4	ウォブスキ・ファミリ・メンバーのライフコース	302
図6-6-1	ゲイル・ピーターソンの家系図（ノルウェー系）	309
図6-6-2	ピーターソン・ファミリの農場地図	310
図6-6-3	ピーターソン・ファミリ農場の所有者変化	311
図6-6-4	ピーターソン・ファミリ・メンバーのライフコース	312
図6-7	メアリ・シュルツの家系図（米国北東部系）	316
図6-8	フランク・ウッドランドの家系図（米国東部系）	320

表リスト

表 2-1-1　ウィスコンシン州、パイン郡、リヴァーフロント市、クラーク郡区、
　　　　　レイクランド郡区の人口推移（1850年-1980年）…………… 27
表 2-1-2　ウィスコンシン州、パイン郡、リヴァーフロント市、クラーク郡区、
　　　　　レイクランド郡区の10年ごとの人口増加率（1850年-1980年）
　　　　　……………………………………………………………………… 27
表 2-2-1　リヴァーフロント市の人口構成（1850年-1910年）…………… 32
表 2-2-2　クラーク郡区の人口構成（1860年-1910年）…………………… 33
表 2-2-3　レイクランド郡区の人口構成（1860年-1910年）……………… 34
表 2-3　　リヴァーフロント市の街区別人口構成（1880年-1910年）…… 35
表 2-4　　1980年における調査対象地域別65歳以上人口の割合 ………… 38
表 2-5　　調査対象地域別60歳以上人口の割合の変化 …………………… 39
表 2-6　　調査対象地域別65歳以上人口の割合の変化 …………………… 40
表 2-7　　リヴァーフロント市、クラーク郡区、レイクランド郡区の年齢
　　　　　グループ別の男性と女性の比の変化 …………………………… 44
表 2-8　　男女別、調査対象地域別、60歳以上人口の割合の変化 ……… 52
表 2-9　　男女別、調査対象地域別、65歳以上人口の割合の変化 ……… 52
表 2-10　外国で出生した人の割合の変化 ………………………………… 55
表 2-11　アメリカ以外の文化的背景を持つ者の割合の変化 …………… 56
表 2-12　60歳以上の高齢者の中で外国で出生した人の割合の変化 …… 57
表 2-13　60歳以上の高齢者の中でアメリカ以外の文化的背景を持つ者の
　　　　　割合の変化 ………………………………………………………… 58
表 2-14　米国内の出生地の主な大分類 …………………………………… 59
表 2-15　リヴァーフロント市住民の文化的背景別人数変化
　　　　　（1850年-1910年）………………………………………………… 68
表 2-16　クラーク郡区住民の文化的背景別人数変化（1860年-1910年）… 76
表 2-17　レイクランド郡区住民の文化的背景別人数変化
　　　　　（1860年-1910年）………………………………………………… 78
表 2-18　高齢者の主な文化的背景の変化 ………………………………… 81
表 2-19　15歳以上の男女別の、仕事のカテゴリーごとの人数の割合の
　　　　　変化 ………………………………………………………………… 84
表 2-20-1　リヴァーフロント市の60歳以上の高齢者の職業タイプの変化 …… 89
表 2-20-2　クラーク郡区とレイクランド郡区の60歳以上の高齢者の
　　　　　職業タイプの変化 ………………………………………………… 90
表 3-1　　ハウス（居住家屋）数（H）とファミリ数（F）の変化 …… 96

表リスト

表3-2	ハウス当たり平均人数（H）とファミリ当たり平均人数（F）の変化 …	99
表3-3	60歳以上の高齢者のいるハウスの割合変化（％） ……………………	101
表3-4	60歳以上の高齢者の生活するハウス当たりの平均人数の変化……	103
表3-5	60歳以上の高齢者がいるファミリの中で彼らがファミリの長である割合変化…………………………………………………………	105
表3-6	60歳以上の既婚高齢者と配偶者の年齢差の平均…………………	107
表3-7	60歳以上の高齢者と同居している最年少の子どもが生まれたときの父親の年齢の平均…………………………………………	108
表3-8	60歳以上の高齢者と同居している最年少の子どもが生まれたときの母親の年齢の平均…………………………………………	108
表3-9	60歳以上の高齢者と同居する子どものうち最年少の子どもが生まれたときの父親・母親の最高年齢………………………………	110
表3-10	リヴァーフロント市、クラーク郡区及びレイクランド郡区における非親族の同居人がいるハウスの割合、及び同居人の性比（男対女）の変化 ………………………………………………	112
表3-11	60歳以上の高齢者と非親族同居人がいるハウスの割合の変化、及び、そのハウスの数を非親族同居人の性別でわけてみた変化…	118
表3-12	ハウスのタイプ分け……………………………………………………	120
表3-13	60歳以上高齢者のいるハウスのうち、独居ハウスの割合の変化…	122
表3-14	60歳以上高齢者のいるハウスのうち、夫婦だけのハウスの割合の変化…	123
表3-15	60歳以上高齢者のいるハウスのうち、子と同居しているハウスの割合の変化………………………………………………………	127
表3-16-1	60歳以上の高齢の親が、どの子（または孫）と同居するか？（リヴァーフロント市）…………………………………………	128
表3-16-2	60歳以上の高齢の親が、どの子（または孫）と同居するか？（クラーク郡区）……………………………………………………	129
表3-16-3	60歳以上の高齢の親が、どの子（または孫）と同居するか？（レイクランド郡区）………………………………………………	130
表3-16-4	60歳以上の高齢の親が、どの子（または孫）と同居するか？（リヴァーフロント市街区別）……………………………………	131
表4-1	家屋の所有の変化と文化的背景………………………………………	145
表4-2	借家から持ち家へ変化する年齢と文化的背景（男性） ……………	147
表4-3	ファミリ・ヘッドに女性がしめる割合の変化 ………………………	148
表4-4	60歳以上の高齢者のいるファミリで高齢者以外のファミリ・ヘッドの年齢変化………………………………………………………	149
表4-5	主要な文化的背景ごとの、ハウス内の人数（平均値）の変化 ……	152
表4-6	リヴァーフロント市の単独ヘッドの数の変化………………………	155

表4-7	クラーク郡区の単独ヘッドの数の変化	155
表4-8	レイクランド郡区の単独ヘッドの数の変化	156
表4-9	リヴァーフロント市のカップルを基本としたファミリの割合変化	158
表4-10	クラーク郡区のカップルを基本としたファミリの割合変化	159
表4-11	レイクランド郡区のカップルを基本としたファミリの割合変化	159
表4-12	リヴァーフロント市のカップルだけのファミリの数の変化	160
表4-13	クラーク郡区のカップルだけのファミリの数の変化	160
表4-14	レイクランド郡区のカップルだけのファミリの数の変化	161
表4-15	リヴァーフロント市のカップルが非親族と同居するファミリの数の変化	162
表4-16	クラーク郡区のカップルが非親族と同居するファミリの数の変化	162
表4-17	レイクランド郡区のカップルが非親族と同居するファミリの数の変化	162
表4-18	リヴァーフロント市のファミリ中、親子を基本としたファミリの割合変化	169
表4-19	クラーク郡区のファミリ中、親子を基本としたファミリの割合変化	170
表4-20	レイクランド郡区のファミリ中、親子を基本としたファミリの割合変化	171
表4-21	リヴァーフロント市の親と子だけからなるファミリの割合変化	172
表4-22	クラーク郡区の親と子だけからなるファミリの割合変化	173
表4-23	レイクランド郡区の親と子だけからなるファミリの割合変化	174
表4-24	リヴァーフロント市の親と子に非親族が加わったファミリの割合変化	175
表4-25	クラーク郡区の親と子に非親族が加わったファミリの割合変化	176
表4-26	レイクランド郡区の親と子に非親族が加わったファミリの割合変化	177
表4-27	リヴァーフロント市の親と子に姻戚が加わったファミリの割合変化	178
表4-28	クラーク郡区の親と子に姻戚が加わったファミリの割合変化	179
表4-29	レイクランド郡区の親と子に姻戚が加わったファミリの割合変化	180
表4-30	リヴァーフロント市の無関係の者が同居するハウスの数の変化	182
表4-31	クラーク郡区の無関係の者同士が同居するハウスの数の変化	182
表4-32	レイクランド郡区の無関係の者同士が同居するハウスの数の変化	182
表4-33	リヴァーフロント市の養子を含むファミリの数の変化	184
表4-34	クラーク郡区の養子を含むファミリの数の変化	184
表4-35	レイクランド郡区の養子を含むファミリの数の変化	185
表4-36	リヴァーフロント市のステップ関係を含むファミリの数の変化	186

表リスト

表4-37　クラーク郡区のステップ関係のあるファミリの数の変化………… *186*
表4-38　レイクランド郡区のステップ関係のあるファミリの数の変化…… *187*
表6-1　焦点を当てたファミリ………………………………………………… *275*

付表1-1-1　リヴァーフロント市男性の出生地別人数変化（1850-1910年）… *342*
付表1-1-2　リヴァーフロント市女性の出生地別人数変化（1850-1910年）… *345*
付表1-2-1　リヴァーフロント市男性の出生地別人数変化（1880年、街区別）… *348*
付表1-2-2　リヴァーフロント市女性の出生地別人数変化（1880年、街区別）… *350*
付表1-3-1　リヴァーフロント市男性の出生地別人数変化（1900年、街区別）… *352*
付表1-3-2　リヴァーフロント市女性の出生地別人数変化（1900年、街区別）… *354*
付表1-4-1　リヴァーフロント市男性の出生地別人数変化（1910年、街区別）… *356*
付表1-4-2　リヴァーフロント市女性の出生地別人数変化（1910年、街区別）… *358*
付表2-1　クラーク郡区男性の出生地別人数変化（1860-1910年）…………… *360*
付表2-2　クラーク郡区女性の出生地別人数変化（1860-1910年）…………… *362*
付表3-1　レイクランド郡区男性の出生地別人数変化（1860-1910年）……… *364*
付表3-2　レイクランド郡区女性の出生地別人数変化（1860-1910年）……… *366*

自立した老後
――アメリカ中西部小都市と周辺地域の歴史人類学的研究――

第1章 序

　アメリカ中西部のウィスコンシン州中央部に位置するリヴァーフロント市と周辺農場地域は、19世紀末に高齢者が「登場」し、1970～80年代に高齢者の「再発見」があった。この歴史的展開過程を歴史的資料と民族誌的資料を用いて再構成しながら、どのように高齢者の生活が作り上げられてきたのかを後章でみていく。本章では、本研究の意義と方法について述べることにする。

　1850年代後半に州議会によって市制が認められたリヴァーフロントは、木材集積場から発展した木材加工地として、また、地域の行政及び商工業の中心地として拡大しはじめた (Sano & Sano 2001; Sano 1989)。当時の中西部は東部からの移住者によって小規模な町々が各地につくられ、20代から30代の男性を中心としたパイオニアと呼ばれる人々が住民の大多数をしめていた。いわゆるヤンキーと呼ばれる東部からの移住者に加えて、アイルランド、イングランド、カナダ、ドイツからの移民が移り住むようになった。それに加えて、ノルウェー系を主とするスカンジナヴィア系の移民が増加し、1870年代からは、ポーランド系を主とする東欧系の移民が大量に、リヴァーフロントと周辺農場地域に移り住むようになった。いずれのエスニシティにしろ移住してきた当時は比較的若い大人たちによって住民の多くが占められていたものの、19世紀末になると、東部からの移住者にしろヨーロッパからの移民にしろ、住民の間に高齢化が押し寄せることになった (佐野 1994)。19世紀半ばには、ほとんど高齢者のいなかった町が、半世紀たたないうちに、多くの高齢者を抱える町に変容したのである。この町の歴史的文脈において、この高齢者増加の時代を高齢者の「登場」期とみなせるのである。

高齢者が登場した80〜90年後の、1970年代から再びリヴァーフロントにおいて高齢者発見の時期が到来した。1970〜1980年代の「再発見」の現象は、全米的な高齢者対策が講じられはじめたことと同調している。この時期にリヴァーフロントの所在するパイン郡（カウンティ）は、他の郡と同様に、地元の高齢者向けサーヴィス・システムを立ち上げて、その充実化をめざし始めたのであった。この動きは、期しくもリヴァーフロントのダウンタウンの大きな変容と並行して進行したのであった。高齢者の「登場」期に建築された家屋・建造物の多く残るダウンタウン地域の再開発が1984年から実施され始めたのである。私たちが、この地を訪れ、長期にわたる人類学的フィールド調査を開始したのは、まさにこの時期（1984年10月）であった。

本書の課題と意義

　本書で私たちが取り組もうとする問題は、前述した歴史的背景のもとで行った人類学的フィールド調査（Sano & Sano 2001）において生じた疑問をもとに設定されたものである。この調査の過程において、ウィスコンシン州パイン郡の高齢者を担当する職員の関心事の一つに、郡内で増え続けると予測される高齢者の生活のあり方として、「かつての」「伝統的な」暮らし方を再現したような形態を導入できないものか、模索しはじめていたのであった。この郡には、2つの老人ホームが、歴史的にはそれぞれが異なった施設から発展して、存在し、健康な高齢者向け高層アパートもダウンタウンからそれほど遠くないところの北側と南側の2カ所に建設されている。しかし、それ以上に公的に高齢者向けのサーヴィスを拡大することは、財政的に困難であることがわかってきたため、他の選択肢をとって、このサーヴィスを展開させることが要請されるようになったのである。

　パイン郡の職員が抱いたアイディアがどれほど現実化されてきているかは、今後の持続的な調査研究の課題とし、ここでは、彼らのイメージする「かつての」「伝統的な」高齢者の生き方がどのようなものであったのか

第1章　序

を、明らかにしようとすることから出発して、そこから派生する問題について考察することが課題である。この課題に取り組むことには、次のような意義があると考える。

(a) この調査地において、家族構成を再現させるための資料に、インタビューをもとにした民族誌的な資料と、過去の事実を記録した歴史的資料とを利用することができる。これらの資料を活用することにより、高齢者の生活の動態的変化を調査地の形成・発展の歴史と結びつけて理解することができる。具体的には、歴史的資料（主にセンサス手書き原簿）によって、市制が施行された1850年代から、民族誌的調査によって遡って追跡できる1910年代までを、研究対象にすることができる。このことは、通常の民族誌的調査で遡れる時間的深さを越えて、民族誌的関心の及ぶ時間的範囲を過去に拡大させるという意義がある。

(b) リヴァーフロント市は、中規模都市（middle-sized town）のカテゴリーに入れることができる規模の町である。中規模都市は全米各地に点在しながらも、それを対象にしてその成り立ちや周辺地域との関係、都市としての地域における役割などについて明らかにしようとした人類学的な民族誌的研究はこれまで十分に行われてこなかった。従来のこれまでの民族誌的研究では、大都市の一部となっている地域、あるいは、「スモール・タウン」と呼ばれて郷愁的なイメージをもつ数百人規模の小さな町が対象とされてきた。これは、人類学者がフィールドワークで扱える適当な人口の大きさが、長い間、そうした規模であったと考えられてきたことによるものである。しかし、いつの時代でもどの地域においても、人類学者が恣意的に決めた範囲で完結する社会、あるいは人々の生活の場は存在しなかった。この点を当該都市に当てはめてみると、都市部と農場地帯との相互作用的関係は、初期のころから現在まで、さまざまな形態をとって続いてきたことにあらわれている。本書の意義は、これまで研究対象としてみなされることの少なかった中規模都市に関する研究の蓄積に寄与することである。

(c) リヴァーフロント市の住民はほとんどすべてが白人である。しかし、私たち日本人にとって一様に思える彼らの文化的背景は多様である（e.g., di Leonardo 1984; Morawska 1985, 1996)。このエスニシティの面での多様さに着目することによって、白人のエスニック・グループ間の相互関係を把握しながら、どのように高齢者の生活と扶養関係がエスニシティと結びついているかを探究していくことができるであろう（e.g., Crozier 1981)。エスニシティと高齢者との関係を白人の具体例で検討することは、比較的新しいこの研究分野の展開に新たな知見をもたらす意義をもつ。この点について詳述すると次のようになる。

　アメリカのスモール・タウン及び中規模都市は、人口数が多数をしめるエスニック・グループの名称を呼び名として使うことがよくある。例えば、リヴァーフロント市は、ポーリッシュ・タウン、隣接する郡の郡庁所在地はジャーマン・タウン、パイン郡の東端にある町はスカンジナヴィアン・タウンと呼ばれるように、ウィスコンシン州の他の地域にある町がスイス・タウン、デーニッシュ・タウンと呼ばれるようにである。人口がせいぜい数千人規模のスモール・タウンの場合、そうした呼び名が、ほとんどの住民のエスニシティを体現していると考えてよい（Barthel 1984 参照)。

　しかし、中規模の町の場合、人口がそれよりも数倍多いことにより、事情が異なる。実際に、リヴァーフロント市につけられたポーリッシュ・タウンという別称は、住民の半数、あるいはそれを越える程度がポーランド系によってしめられていると思われていることを指しているのである。このことは重要な意味をもっている。つまり、中規模であることによって、エスニシティの多様さが存在するということである。このことは、中規模の町を特徴づけるときに、ある一つのエスニシティの名称が当てはめられないときには、「ミックスト」や「ミックスチュア」という呼び方が選択されることからもわかる。

　以上のことから、少なくとも中西部の中規模都市は、アメリカ社会における白人の間での異なるエスニシティ間の相互作用の場となってきたと考えられる。大都市がその場として存在していることは周知の事実であったとしても（Bodnar et al 1979)、それだけで話がすむわけではない（Dorst 1989)。リヴァーフロント市においては、ポーランド系が歴史的に多数を

しめるようになった。他の町では、別なエスニシティをもつグループが多数をしめることになった。そうした特徴をもつ町々は、個々別々の歴史的、社会的、文化的な特徴をもつであろう。

　本書は、ポーランド系住民に焦点をあてながらリヴァーフロントを一つの事例として、どのように、あるエスニック・グループが他のエスニック・グループと相互作用をし、それを通して、町の形成に寄与してきたのか明らかし、他の町での例との比較材料を提供するという意義をもっているのである。これまでの研究によく見られるように、あるコミュニティでポーランド系住民のみを取り上げるスタイル（e.g., Lapata 1976; Wrobel 1979）を、ここでは取っていないのである。

　(d) 最後に、本書が、高齢者とエスニシティを研究課題としていることの意義を述べる。これまでの説明の中で、エスニシティということばを、人類学において一般的に定義付けされた専門用語として用いてきた。このことばの概念について細かな議論を先行させた場合、読者に混乱を招く可能性が大きいと考えたからである。そのため、エスニシティの多様性について述べた際、私たちの援用したエスニシティ概念は、伝統的定義にあるようなエスニック・グループの存在を前提にしていると、とらえられたかもしれない。しかし、私たちは、この立場をとっていない。エスニシティをある文化的グループの一側面あるいは一属性を直接的に表すものとするよりも、個々人が自らの由来を明言する際に使われるシンボルであるとする立場をとっている（Alba 1990; Royce 1982）。

　リヴァーフロント市と周辺農場地域の人々の間では、エスニシティということばは当然のことながら一般的に通用しない。このことばと、概念上、最も類似しているのは「ナショナリティ」ということばである。確かに、高等教育を受けた人々の間では、エスニシティということばの意味を理解することができるし、ナショナリティと尋ねられれば、自らを「アメリカン」とこたえて、二つのことばを概念的に区別している。ナショナリティということばは行政的、政策的な専門用語として使われ、ある個人がどのような文化的由来をもっているかを端的に示すのに使われてきた。移民の

多いアメリカ社会において、彼らがナショナリティを尋ねられる公的な機会は少なくなかったのである。それは多くの人々の共通体験となり、日常生活の中に浸透していったと考えられる。一人一人が自らのナショナリティを知っていて、他人に語ることができるのである（それを知っている故に、自らでそれを語らないことを選択することもできることになる）。

　自分の文化的背景について語るとき、語る相手によって、また、それを語る文脈（コンテクスト）によって、語り方が変化しうる。例えば、国のレベルの名称が一つの準拠カテゴリーとなっていて、研究者も専門家も、そして普通の人々も、このレベルの使い方に慣れていることは確かである。かといって同じポーランド系であったとしても、地域や身分の要素が絡み合うことで、個々人が異なるポーランド性をもっていることを、ポーランド系の人々の間では了解されているのである（Frake 1980, 1996）。

　このようにみていくと、ポーランド系の人がひとまとまりの社会性をもって集団を形成しているとみなすことは、ある文脈では適切であっても（例、Buczek 1980; Sandberg 1974）、別の文脈で実体を表すことにはならず不適切となることが理解できる。個々人の「エスニシティ」は、複雑な現象である。その複雑さを明らかにするには文脈に沿った分析が必要である。本書では、そうした分析を行えるような資料のまとめをする努力をしてきた。この努力は、民族誌的調査でインタビューの対象となったフォーカル・ファミリのファミリ・ヒストリー（家族史）を再構成するときに、可能となる。しかし、それ以外のファミリについて過去の変化を再構成する場合には、各個人が一つのエスニシティをもつという操作的な処理をしてエスニシティの在り方を単純化してもちいざるをえないという問題が生じるのである。具体的に、資料の整理・分析を進めるうえで、個人個人の「文化的背景」を単純化して使用することがこれにあたる。本研究の中では、エスニシティがシンボルとして個々人によってコンテクストに合わせて使い分けられていることを、研究を進めていく過程で常に認識し、資料の分析及び考察にそれを反映させていくことにしたい。

　エスニシティをシンボルとして捉えることで、高齢者は、エスニシティ

第1章 序

を自己のアイデンティティ形成に選択的に使う主体であることがより明確になる。この自ら選択能力をもつ主体という考え方は、もちろん高齢者に特異的にあてはまることではない。しかし、この立場をとることに次のような意義がある。エスニシティは生まれながらにその人に備わったものとみなすことができたとしても、どのように自らのエスニシティを自覚し、目に見える形でそれを表現するかに関しては、その人の一生に渡って変容しうるものであり、高齢者は若いときに習得した文化を、人生の終わりに近づいた時期にも、保持し続けていると断定的に決めつけることはできない。もちろん、子どものときに習得した文化を忘れて、後の人生の一時期に再びそれを取り戻すこともあるであろう。いずれにせよ、エスニシティを集団の属性ととらえる立場をとると、一貫して保持している立場をとることになり、実体にそぐわない想定をすることになるのである。

例えば、その立場をとると、ポーランド系の高齢者は家父長制のような自らのポーランド文化的伝統 (e.g., Thomas & Znaiecki 1984) に従って、あるべき高齢者のあり方を自覚することができ、周辺の人々は彼あるいは彼女をポーランド文化的伝統に則って、扶養し世話をし、受け継ぐべきものを継承しようとする、と想定することになる。変化の少ない社会では、こうした想定が可能であるかもしれない。しかし、変化が常であるアメリカ社会においては、移民の高齢化とアメリカ化がどのようなプロセスで進むのか、世代間の考え方の違いが、どのように問題を生むのか、どのように新しい文化の変容を導くのか、などの動的な過程を問題にする必要があるために、高齢者を静態的に扱うことはできないのである。

今後の高齢者に関する研究の基本的な視点とは、彼らの生活をより動的にとらえることであると私たちは考える (Foner 1994; Shield 1988)。そうすることで、彼らの生活をよりよく把握し、実体に即して問題を理解し、それに対する対応の仕方をもたらすことができ、さらにより興味深い課題を見いだすことができるようになると考えている。その意味で、本書は、発見的に、高齢者とエスニシティに関する興味深い諸問題を見いだし検討する一つの試みである。

方　　法

　本書は、アメリカ中西部小都市とその周辺地域の人々の文化・社会に関する人類学的研究としておこなったフィールド調査をもとにしている（Sano & Sano 2001）。この調査は、1984年10月から約2年半にわたってウィスコンシン州のパイン郡リヴァーフロント市（仮称）東北の隅にある借家で生活しながらおこなった。この調査をもとにした民族誌的研究として、Sano & Sano (2001)、Sano (1989)、藤田 (1999) がある。調査方法として、直接観察法、参与観察（主に、もともとの定義からして「無償」で行うボランティアワークを通して）、キー・インフォーマントへのインタビュー、携帯ビデオカメラと小型テープレコーダーを用いた主に高齢者と子どもの社会的場面の録画、歴史的資料の収集、人々との日常会話、アンケート調査、写真撮影、を用いた。これらの方法は、ビデオ録画以外は伝統的な民族誌的調査に用いられてきたものである。とくに注記すべき方法および研究上の手続きについて少し詳しく述べておくことにする。

(1) 調査地の概要

　調査地であるリヴァーフロントとその周辺地域は、アメリカの心臓部（ハートランド）と呼ばれる中西部を構成するウィスコンシン州の、州中心部に位置している。この州は北を五大湖の西端にあるスペリオル湖とミシガン州に接し、東端はミシガン湖に面している。州の中心部から南には酪農業が顕著で、南に隣接するイリノイ州に入ると中西部の大都会シカゴが間近に位置している。そして、西端は、アイオワ州に接する一部を除いて、ミシシッピー川を介してミネソタ州に接している（図1-1及び図1-2を参照）。この川はカナダとアメリカ南部を結ぶ歴史的に重要な交通路であり、そこに合流する水系も19世紀のウィスコンシン一帯の木材産業を支えてきた。その支流の一つに比較的大きなウィスコンシン川があり、この州の中央部を北から南へと流れている。ウィスコンシン川に接するリヴァー

第1章 序

フロントは、鉄道や自動車による陸上交通の発達する以前、河川交通の要所の一つであった。

　市制が施行されてヨーロッパ系の人々が移り住むようになる以前のこの地域の主役は先住のメノミニなどの人々であり、そして毛皮交易が盛んな時代にカナダ方面を含めた一帯を毛皮を求めて移動する白人たちであった。ニューイングランドにおいて毛皮交易から木材産業への移行があったように（Cronon 1983）、ウィスコンシン一帯の木材を資源として伐採・搬送する企業家であった人物が、リヴァーフロントにたびたび逗留して仕事をしていたことが知られ、彼の名をもとにこの土地の名がつけられ、そのままこの町の実名称となった。この地は、木材の集積・加工地として発展し始めていった。1870年代に鉄道がリヴァーフロントに到来して、ウィスコンシン第一の大都市ミルウォーキー、そしてシカゴと、州の北部にある町とが鉄道で結びつけられ、リヴァーフロントはその中間駅の役割を果たして、大きな操車場が置かれたのであった。

　地元産業がこうした輸送手段の発展とともに盛んになっていった時期に、とくに1870年代から20世紀始めまで、ポーランドを中心とする東ヨーロッパからの移民が短時間のうちに多数移り住むようになったのは、人々の移動に列車が使われるようになって大量の人が同時に短時間で目的地に到達できるようになったためなのである。20世紀始めに自動車が台頭するようになると、リヴァーフロントを南北および東西方向に横切る道路が重要な輸送路・移動路となり、その後も主要道路の整備が進められ、私たちが調査中の1980年代半ばに、州都マディソンからの高速道路の整備はまだ途上にあったが、現在ではそれも完了し、州都からリヴァーフロントまで自動車で数時間のうちに到着できるようになっている。

　この地は夏と冬のコントラストが顕著で、11月下旬から3月下旬まで、氷点下の日々が続き、積雪量は年によって変化するが、玄関へのアプローチと屋根の雪かき、そして市内では敷地前の歩道の雪かきは冬の生活の一部となっている一方で、4月に入ると、意外なほどに春が短く感じられて、あまり間がないうちに、比較的暑く、天候に恵まれた夏が訪れる。7〜8

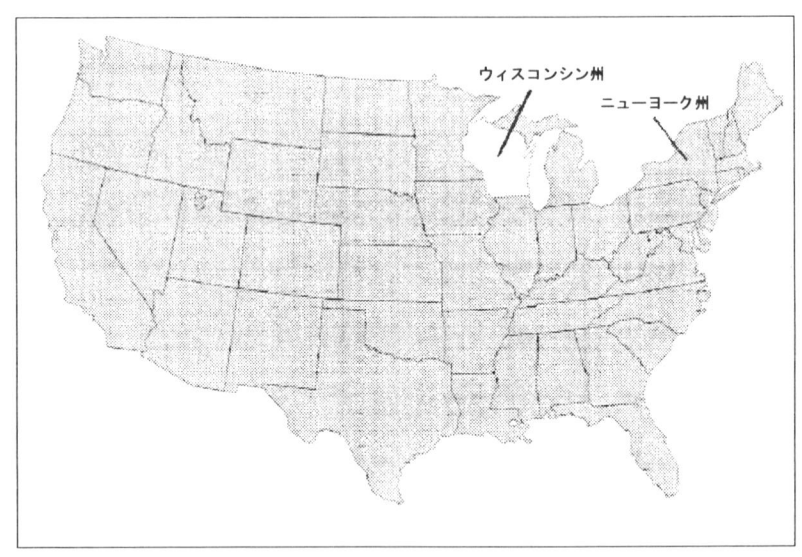

図1-1　アメリカ中西部、ウィスコンシン州の位置

月は、サマーフェスティヴァルの季節で、郡や市あるいは教会による一般に公開された行事が多く催される。しばしば竜巻（トルネード）や雷を伴う嵐による被害が甚大となることがあり、注意が必要である。秋には、リヴァーフロントよりも北方の地で木々の紅葉した景観が楽しめる。

　ウィスコンシン州の地理的位置からわかるように、州の北半分は、かつて氷河に覆われていた地域であり、そのためにモレーン地形や、なだらかな丘陵地、沼沢地、湖沼地をリヴァーフロントの所在するパイン郡各地にみることができる。一般に土地は、岩石を多く含み、開墾に多大な労力を必要とした。土地は酪農地として牧草地、放牧場、家畜舎、サイロを備え、それでも多くの農場では林地が伐採されずに残されていて、シカなどの中小動物の住処となっている。酪農家が多いことで、パイン郡にはチーズ工場が点在していたが、現在はわずかしか残っていない。残っている数軒のチーズ工場で入出来立ての良質のチーズを手に入れることができる。パイン郡の南端の平坦地では、今世紀始め灌漑が行われるようになってからジャ

第1章　序

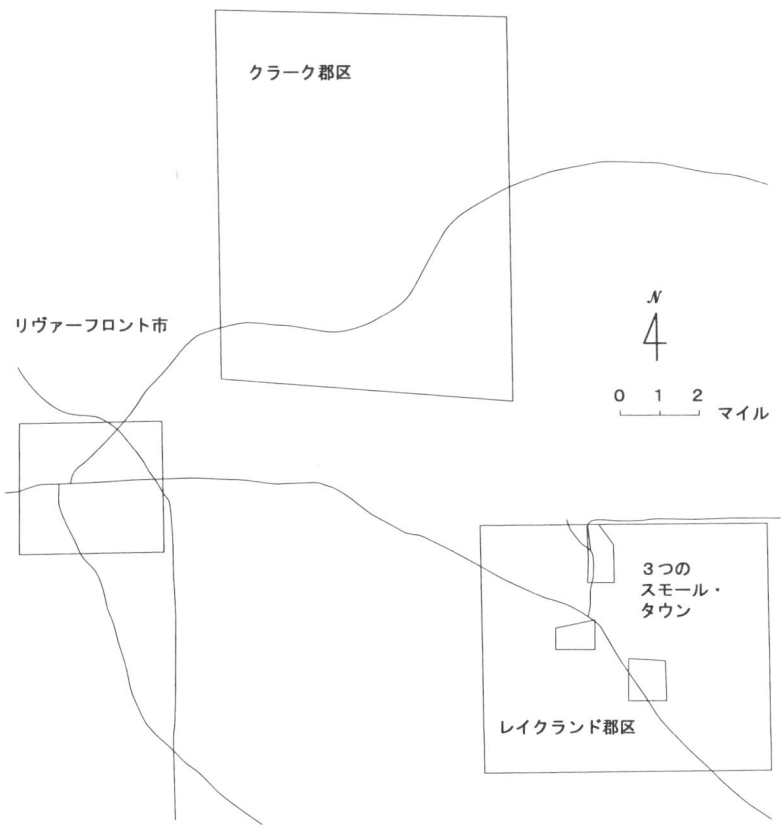

図1-2　研究対象地域の位置関係
（境界と主要道路が表示されている）

ガイモの生産地となり、現在ではキュウリなどの野菜や豆類の企業（デルモンテ、オレイダなど）による大規模農場化が進行している。個人農場が買い取られ、全米的な食品メーカーの素材供給地となっているところが少なくない。収穫時には、メキシコ人などの季節労働者（マイグラント・ワーカー）によってつみ取りが行われる。

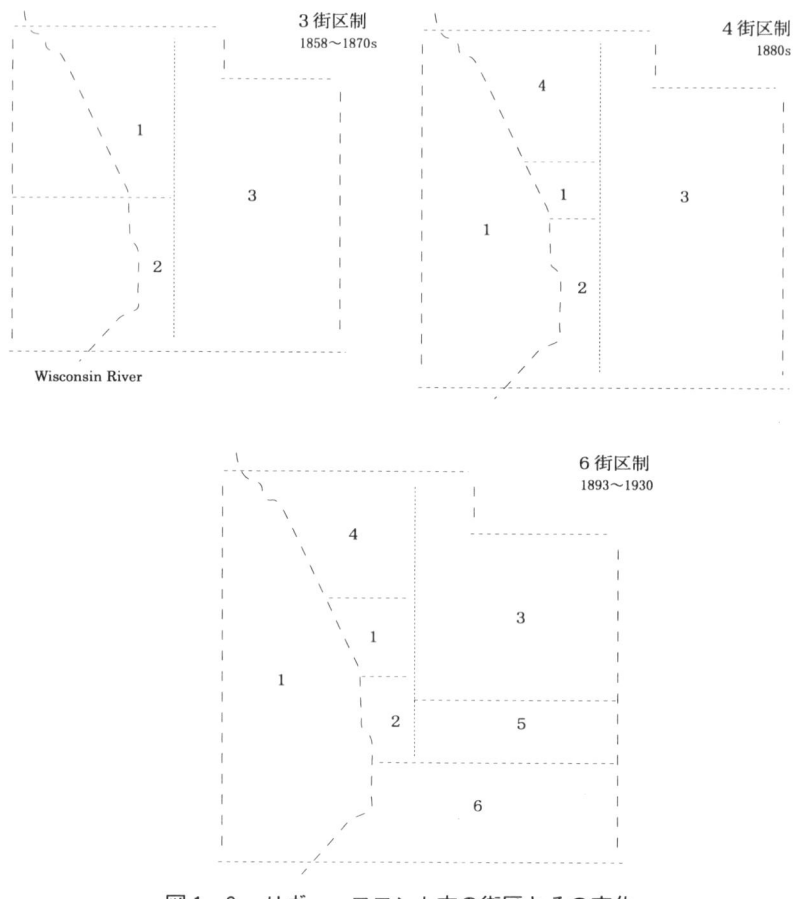

図1-3　リヴァーフロント市の街区とその変化

　調査対象地域のリヴァーフロント市と、この町が位置する郡および州の人口については、次章において詳細に取り扱うので、ここでは概要を述べる。リヴァーフロント市の人口はパイオニア時代に数百人の規模であった。19世紀後半になって移民の流入によって人口が拡大した。しかし、20世紀に入ってからの人口増加は緩やかに増加してきた。アメリカの他の都市と同様に、リヴァーフロント市には最初から街区（ワード）制がとられていて、最初は3街区、1880年に4街区、1893年以降1930年にかけて6街区と

第1章 序

なっていた（図1‐3参照）。その後、現在までの街区数の変更がいつ行われたのか明らかでないが、現在では、10以上の街区にわかれている。センサス手書き原簿をみると、1870年以降の原簿から各人がどの街区で生活しているのか明らかにすることができる。1880年以降の原簿は街区毎に作成されていて、それぞれの街区にそれぞれのセンサス収集員が配置されていたことがわかる。各住民がどこに暮らしていたかについては、住所の記載欄がない1880年以前の原簿からはわからない（1890年の原簿は事故で失われていてマイクロフィルムでも入手不可能）。リヴァーフロント地域で、住所が分かるようになるのは1900年の原簿からとなる。また、1893年のシティ・ディレクトリがあるので、それを使用するとその年に、世帯主となっている家長や未亡人、そして未婚の青年男女の氏名と居場所を明らかにすることができる。子どもと既婚女性の氏名は記載されていないので彼らについて知ることはできない。次章で街区毎の分析をするのは、すでに街区毎の資料となっていることに加えて、住民の文化的背景が街区によって顕著な特徴をもつという事実があるからである。分析したい事象が文化的背景とどのような関係をもっているのかを分析するのに必要となるのである。

都市としてのリヴァーフロントは、人口規模が小さいながら、大都市でえられるようなサーヴィスを享受する機会がさまざまにあり、中年の家族生活者の人がよく使う表現「家族にとって生活しやすい町。でも、若い人には刺激が少ない町」が、この町の雰囲気を良く伝えている。つまり、この町は、大都会ほどではないにしても、ファミリの構成員それぞれが必要とするサーヴィスを得ることができるのである。日常生活を充実させるための機関や施設をそれなりに備えているということである。しかし、若い人のためのより専門的な教育・職業そして娯楽を大都会のように提供できるようにはなっていないということなのである。

若者を引きつけるような魅力をこの町が大都会のように持っていないとしても、職業と教育の面でこの町をみたときに他の町とは異なる歴史的な特徴があることも事実である。木材関連の産業は町の始まりから連綿として発展してきて、現在まで、製材、製紙、家具製造などの工場が、地元の

人々の労働力に依存しながら存在してきた。労働力を供給したのは、19世紀後半に流入してきた東部からの移住者とヨーロッパからの移民であった。主に、ドイツ系、ノルウェー系、ポーランド系である。とくに、ポーランド系移民と彼らの子孫は地元産業の良質な労働力供給源となったのである。

また、地元発祥の保険会社と、高等教育機関の所在地として長い歴史をもっているのが特徴的である。後者については、この町の有力者が積極的に働きかけた結果、1893年に州内で6番目の師範学校の所在地として選ばれたことが始まりとなり、この小さな町に一つの特徴をもたらすことになったのである。この学校は、その翌年に開校してから後、1926年に4年制の教育大学に発展し、主に州の中央部地域に多くの教員を送り出した。大恐慌期には就職が困難な時期の若者たちの進路となって学生数を増し、大学の歴史の中で一つの黄金期が形成されることになった。第二次大戦後、さらに拡大発展され、現在では修士課程をもった学生数9千人程の州立大学となっている。学生数の増加がこの町の活性化の一翼をになっていることがわかる。このように過去1世紀近くにわたり、この町はいわゆる大学町としての顔を持ち続けてきた。教員養成をしてきた大学があることで、初等・中等教育の質も維持され、商業、医療、ヒューマン・サーヴィスも比較的充分に揃っているために、家族を持っている者にとっては、安全、安心で、安定した家族生活をおくることができる町であるとともに、遅れて来た移民の中産階層化を促し (Blumin 1986)、彼らの2世たちに社会的・地理的移動性をもたらしたと考えられるのである (Ueda 1987)。

人口規模が小さいために独身者の働き口や種々のチャンスが少なく、彼らにとっての生活の場としては適しているとはいえないと、一般的に言われていることは、ここに中規模都市の限界の一つがあることを示唆している。しかし、いったん、外に出て専門的知識・技術・資格を身に付け経験を積んだ後に、再びホームタウンに移って家族を作る人も確かに存在するのである。

第 1 章　序

(2) **本書で用いた資料**
　本書で取り扱う資料は、その収集法の違いから大きく二種類にわけられる。一つ目は民族誌的資料と私たちが呼ぶものである。フィールド調査をとおして出会った人々のうち、よく知り合えた人々とその家族を「焦点を合わせたファミリ（フォーカル・ファミリ）」と呼ぶことにし、彼らへのインタビューや日常的な会話、個人の手で保存されてきた家族史をとどめる私的あるいは公的な記録類、さらに、一般に入手可能な新聞記事、シティ・ディレクトリ、土地台帳（プラットブック）などの印刷された資料、が含まれる。この種類の資料は、特定された現存する個人とその人の身近な家族に関する資料であるために、せいぜい1920年代から30年代までにしか遡ることができない資料となっている。
　二つ目はここで歴史的資料と呼ぶもので、民族誌的資料がカバーする年代以前の手書きあるいは印刷された資料で、その中には「フォーカル・ファミリ」が古くからリヴァーフロントに生活している場合には、そのファミリに関連するものもあるが、必ずしもそれのみに限らず、出来る限り、記録に残された個人および家族をすべて取り上げて、コンピュータ入力できるものはすべてデータベース用ソフトを用いて入力した。
　具体的な歴史的資料は、事故のため消失した1890年のものを除く、1850年から1910年までの10年毎に実施されたセンサスの手書き原簿（オリジナル・スケジュール）を主とし、他に、電話帳（1903年）、市街地図（1876年）、シティ・ディレクトリ（1893年）、土地台帳がある。センサス手書き原簿を除いてどれもが1870年代から1900年代のものである。リヴァーフロント市と農場地域を比較するために、パイン郡内にある３つのタウンシップ（クラーク郡区、レイクランド郡区、及び、ビショップ郡区）を選び、それぞれのセンサス手書き原簿（1890年を除く1860年から1910年まで）をコンピュータ入力した。本書では、ビショップ郡区の資料に関する分析は、時間的制約のために、残念ながら割愛せざるをえなかった。農場地域に関する歴史的資料は、都市部に較べて少ないが、センサス手書き原簿の他に、1876年と1895年の土地台帳的な情報の記載がある地図を使うことができた。

データベース化には予測した以上の年数を要した。リヴァーフロント住民のセンサス手書き原簿（1850年から1890年を除く10年おきに1910年まで）のコンピュータ入力は、1990年度から開始し、1995年度にほとんど終了した。さらに、1996年度から1997年度にかけて、リヴァーフロントとの比較の目的で、パイン郡の農場地帯のうち2つのタウンシップのセンサス手書き原簿（1890年を除いて1860年から1910年まで）のデータをすべてコンピュータ入力した。農場地帯のコンピュータ入力は、リヴァーフロントのデータの入力よりも少ない時間で終了することができた。これは、入力数が少ないことと、より便利なコンピュータソフトが使用できるようになったためである。

　センサスの手書き原簿は、作成後70年経過した後に公開されるようになり、マイクロフィルム化されたものを地元の図書館、各地の大学などが購入して、地元の人々や研究者の閲覧・研究用に供されている。このセンサスが全米的に実施されるようになった19世紀後半における、センサスの実施のもつ社会的意味は、本書の主題である高齢期と密接に結びついている。それは、センサスが年齢意識を全米的に確固たるものにしたということである（チェダコフ　1994: 67-88）。実際にセンサス手書き原簿を使って、異なる年次にわたる個人追跡をしてみると、とくに農場地域で、年齢に整合性がない場合をしばしば見出すことがある。これは、年齢意識がそれほど明確でなかったことをまさに示唆しているのである。

　私たちがリヴァーフロントに滞在している時点で、見ることの出来た最も新しい原簿は1910年の原簿であった。現在では、1920年の原簿を利用することができるが、本書では資料に含めていない。1920年の原簿を新たに資料として加えることによって、アメリカ社会における日常生活様式の一つの大きな転換期における、リヴァーフロントの高齢者や家族の様子を検討することは今後の課題である。

　センサスの手書き原簿を始めとする歴史資料によって、家族の歴史的変容の動態を理解するには、間隔のあいた資料の間につながりを見いだす作業が必要となる。年毎の歴史的資料をデータベース化するだけでも膨大な時間を要するが、それだけでは次の分析の段階に移ることができない。異

第 1 章 序

なる年の資料につながりをつけるには、個人名を鍵にしてその人物を追跡する作業を行わなければならない。この追跡作業には、種々の問題があり、そのうち重要な問題について述べておくことにする。

センサスの手書き原簿に関わる問題のうちで最も重大なものは、どれだけ確かな情報をもとに書かれているかではなく、どれだけ書かれていることが正確に書かれているか、ということである。前者の問題は、得た情報の不正確さに由来するので、研究者が解決できる問題ではない。センサス資料を使用するときの重要な注意点として、この資料から得られる情報は事実を忠実に反映したものでは必ずしもないことを、常に研究者は念頭にいれておかなければならないのである。

後者の問題に関して、個人の追跡作業を行って得られた結論は、センサス手書き原簿は「かなり正確に書かれているが、場合によっては、ある程度不正確である」ということである。一般に、英語圏以外のヨーロッパからの移民についての記録は、不正確なものが現れやすい、あるいは、不正確にしか書けないといったほうがより適当な場合も少なからずある。具体的には、姓名を追跡しながら人物を同定していく作業で、書かれている姓名が各年毎の資料間で同一でない場合に直面することがあるのである。姓が同一ならば、名の方が省略されたり、愛称となっていても問題はほとんどない。しかし、姓が異なるスペリングで書いてあると、同定に多大な時間を費やしてしまうことになる。2つのスペリングが声を出して読むときに類似していることから同定できる場合もあり、このコツを会得するには、同定作業の経験を踏む必要があったのである。

こうした問題が生じる理由は、戸別訪問して情報を集めるセンサス・テイカー（収集者）が、住人から必要な事柄について聞き出し、用紙に記録していく際に、自らがなじみの無い英語圏以外の言語で発音された姓名を用紙に書き込むことにある。さらに、手書き原簿であるゆえに、センサス収集者の手書きの仕方に個性があり、判読しにくい場合もあって、この問題がさらに難しくなることがある。つまり、私たち研究者が正確に書いたものを判読できるかどうかの問題があるのである。ちなみに、センサス収

集者には、伝えられたことを的確に書き記すことのできる人をあてるために、地元の学校の先生がこの役を果たしている場合が多かった。

　同定作業を姓名だけで行うのは危険である。同一人物であっても、センサスに記されている姓名の綴りが年毎に異なる場合、その人物を同一人物として同定できなくなるからである。この危険を避けるには、センサス手書き原簿に記載されている他の情報を駆使して作業を繰り返すしか方法がない。重要な手がかりとなる情報源は、性別、出生地、そして年齢である。ここにも問題はまだある。追跡同定作業の過程で、性別も、とくに幼年期の人物で混乱している場合があり、まれに、高齢期の人の場合にも混乱がみられる。この混乱は、研究者が主に名前から判断して、また追跡の結果、次のセンサスで性別が正しく記されている場合は、古い方のセンサスが過ちであると推定して、修正することになる。同一人物であっても異なる年のセンサスの間で出生地が混乱している場合は、研究者が修正を加えることはほとんどない。しかし、年齢については、センサス間の混乱を修正すべきであるが、二つの異なる年のセンサス手書き原簿のどちらの年齢を信用してよいかどうか判断することは困難である。こうしたケースはしばしば、夫婦ともに、同じ年数だけくい違う現象があって、なぜその現象が生じるのか推測することも困難である。それでも、三つの異なる年のセンサス原簿で追跡することが出来ると、どのセンサスの年齢が間違っているかを容易に推定することができることがあるので、あらゆる可能性を考慮しながら、同定できる個人の数を増やすように追跡同定作業を行う必要がある。

　センサス手書き原簿を資料として扱うときの問題は、以上で述べた資料化のレベル以外に、センサス収集者の情報収集能力、住民の協力の在り方といった他のレベルにも存在している。そのため、センサスを資料として取り扱うこと自体が問題であると考えたとしても無理はない。この問題を切り抜ける近道は、おそらく、或る課題を設定し、それについて答えを出すために異なる年のセンサス手書き原簿を比較対照する作業を経験してみることにあるだろう。その過程で、どのような原因から問題が生じるのか、センサス手書き原簿が作成される過程から生じる問題はどのようなものか、

第1章　序

がわかるようになる。そして、何に注意を払えば、それを資料として有効に使えるかを理解できるようになる。さらに、それまで気がつかなかった課題について、この原簿が潜在的な答えを内在していることに気がつくこともあるのである。結果的に、時間をかけることで、データベース化したセンサス手書き原簿から、様々な情報を工夫しながら引き出すことが可能となるのである。その一例として、姓（ラスト・ネーム）を使って追跡同定作業をした後に、名（ファースト・ネーム）をアルファベット順に並べ替えて追跡同定作業をすることで、さらに、1割か2割も多く同定される人物が多くなったのである。より多くの個人の同定ができると、より多くの家族が同定されることになり、家族を追跡することによって、高齢者の扶養のパターンを分析するための基礎資料をより豊富にすることができるようになったのである。

(3) 個人の文化的背景の決定法

本書の主題の追究には、高齢者の扶養パターンとエスニシティとの関係の分析が必要である。しかし、その分析に必要なエスニシティの情報は、センサス手書き原簿の中にしろ他の資料の中にしろ、所与の情報として研究者に与えられているわけではない。個人のエスニシティをどのように手に入れたらよいのであろうか。民族誌的資料においては、インタビューを通してそれを知ることができるので、資料の処理上の問題はあまりない。民族誌的資料をもとにして、年代を遡って追跡できるときには、そのまま民族誌的資料からえられたエスニシティを当該の個人にあてはめることができるのである。それ以外の個人のエスニシティについては、入手できる歴史資料から得られる情報を、次に述べるようにして操作的に推定した文化的背景によって置きかえることとしたのである。

センサス手書き原簿の各項目（年により、その数と種類が異なる）すべてをデーターベースに入力した後、

(a) 出生地の項目を見て、個人毎に、出生地から判明する「文化的背景」をそのまま作業上の「文化的背景」とした。その個人の両親や祖父母の記

載がない場合は、この「文化的背景」がその後の分析のために必要な基本情報として扱われることになる。

(b) その個人の両親が原簿に記載されている場合、その両親の「文化的背景」を、その個人の「文化的背景」とみなして入力した。つまり、その個人について(a)の方法で最初に得た「文化的背景」を両親のものに置き換えることになる。両親の記載がなくても祖父母が記載されている場合は、同様に、その個人の「文化的背景」を祖父母のものに置き換えた。この段階で、両親（あるいは祖父母）がともに同じ「文化的背景」をもつ場合、その個人の「文化的背景」は操作的に決定されたことになる。

(c) その個人の両親（あるいは祖父母）の間で「文化的背景」が異なるとき、父親のものを優先させて、その個人の「文化的背景」とした。その場合、父親からの情報によることがわかるように記号を付した。ただし、父親の「文化的背景」がアメリカ国内で、母親の「文化的背景」が国外であった場合は、母親の「文化的背景」を優先させて、その個人の「文化的背景」とした。この場合も、母親からの情報をもとにしたことがわかるように記号を付しておいた。

(d) その個人の子どもがセンサス手書き原簿に記載されているとき、その子どもの文化的背景の決定には注意が必要となる。なぜなら、(c)のようにして置き換えが生じると、子どもの「文化的背景」も置き換える必要がでてくるからである。その個人の子どもは、祖父母の「文化的背景」を受け取る形で、その子どもの「文化的背景」を決定することになる。その場合、祖父母からのものであることがわかるように記号を付した。

以上の手順で各個人の「文化的背景」を決定することができた。しかし、各個人に一つの「文化的背景」を決定しようとすると、問題が生じることになる。その一つは、両親がアメリカ国外の「文化的背景」をもつ場合、父親の方を選択することで、実際には母親の方の文化的背景による影響が父親からのものより多いのではないか、という問題である。また、両親のどちらかがいない場合、その親の文化的影響が実際にあっても、分析の中には取り入れることが出来ないという問題もある。さらに、離婚、死別、

第1章 序

別居、再婚、再々婚もあり、各個人の「文化的背景」を上述の手順で決定することはできても、単純化しすぎているという問題がある。こうしたいくつかの問題は、それぞれ充分に検討されるべき問題であるが、今回の本書の分析では、上述した手順によって操作的に決定された「文化的背景」が基本資料として使われていることを明記しておきたい。

最後に、以上のような手続きをとることで、知ることのできた個人の「文化的背景」は、より制限された「文化的背景」とならざるをえなかったことを明言しておきたい。その方法で「文化的背景」を決定していくと、出生地による違いに加えて、父親からか母親からかの情報源の違い、さらに祖父母からのものも含めると、個人の「文化的背景」の種類数は、現段階のカテゴリー化をもとにした分析には手に負えないほど多くなってしまうという問題が生じることになった。そこで、今回の本書の分析結果は、得られた個人別の「文化的背景」を簡略化して分析をおこなった結果となっている。ここで重要なことは、「文化的背景」の異なる男女の婚姻によって、実際には「文化的背景」は複雑なものであるということである。そして、さらに、そうした複雑化は、最近の傾向ではなく、少なくとも19世紀後半にすでにみられる現象であるということである。

(4) ファミリとハウスについて

本書では、高齢者の扶養関係を分析する際に、家族（ファミリ）と居住家屋（ハウス）を区別してある。この区別は、センサス手書き原簿に、これら二つが区別されて番号が付けられていることに従ったものである（1850年の原簿にはハウスの番号だけ記入されている）。この原簿での分け方によると、ハウスはファミリよりも大きな概念で、一つの家屋に住んでいる人は、家族が異なる場合でも、この項目に同じ番号が与えられる。

それで、センサス手書き原簿には、一つのハウスに3ファミリが同居している場合、それぞれのファミリの一人に「ヘッド」の記号が付されているのである。もし、これらのファミリ・ヘッドの人物のところで「住居を所有しているか、借りているか」の項目があるとき（1900年と1910年の原簿）

には、どのファミリがそのハウスを所有しているかが判明することが多い。しかし、その他の年では、それを判定することは困難なので、最初に記載されているファミリあるいは個人がハウスの所有者であるとみなすしかない。

いわゆる三世代家族が、同一の住居に同居していても、高齢者の父母には、別のファミリ番号が与えられ、いずれかがヘッドとして記号が付されている場合がある。この場合、研究者側が、彼らの間の関係を表す項目および、姓で、親子関係が確定できても、原簿の記載を尊重して、別々のファミリとして扱うこととした。実際にどのような同居形態をとっているかを推定することができないからである。しかし、同じハウスにいることで、その場合の高齢者夫婦は独居しているとみなさないで分析を加えた。

本書の構成

本書の構成は、第1章と最終章を除き、使用した資料の種類によって、二つの部分にわけられる。第2章から、第5章までの、センサス手書き原簿をもとにしてまとめられた資料の提示とその考察の部分と、第6章の民族誌的調査で得た資料の提示とその考察の部分である。

第2章では、調査対象地域の人口資料にもとづいた歴史的全体像の中で高齢者を位置づけるために、年齢別分布、性別分布、高齢者人口、職業タイプなどの歴史的変化をみていく。

第3章では、高齢者の扶養がハウスあるいはファミリの場で行われることから、ハウスあるいはファミリを単位として、資料の分析と考察を行う。

第4章では、高齢者の生活パターンの変遷と「文化的背景」との関係を明らかにしていく。

第5章では、センサス手書き原簿に少なくとも異なる年次に3回出現するファミリを「文化的背景」毎に探して、異なる「文化的背景」をもつ人々の間で比較対照ができる程度の数のファミリを抽出した。そして、それぞれのファミリの家族構成を再構成し、高齢者の生活パターンの変化を追跡できるようにした。

第1章 序

　第6章は、民族誌的調査で得た資料をもとに、焦点を合わせた（フォーカル）ファミリ8ケースについて、家族構成を図示し、農場の場合は、農場地図と農場の所有者の変化、ファミリ・メンバーのライフコースの図示も行い、扶養のパターンを検討した。

　最終章では、結論として、全体のまとめと議論をおこなった。

第2章　人口動態

　本章では、研究対象地の高齢者人口が、どのような全体的な人口変動のなかに位置づけられるのかを、明らかにする。研究対象地域の人口推移から推定できる動向が、より大きな地域の全体的な動向とどのように関連するのかを検討するとともに、対象地域の特徴の把握を行う。対象地域である三つの行政域の年齢分布、生業形態、文化的背景などを比較対照しながら、後章での分析の基盤となる各地の人口動態の特徴について理解していくことにする。

人口推移

　研究対象地のあるウィスコンシン州パイン郡の人口推移を、全米的な動きと、州の動きを考慮しながらみてみる（表2-1-1と表2-1-2を参照）。
　州としてのウィスコンシンの歴史はそれほど長くなく、リヴァーフロントの町としての歴史とあまり大きく変わらない。もちろん、この地は州になる以前から、先住民の生活場所であり、白人の活動は、1634年にフランス人が、五大湖を西に向かう途上この地に上陸したときから始まったとされる。彼らは主に毛皮交易に従事していた。フランスを圧倒したイギリスによる勢力下に入ったのち、独立戦争後にアメリカの影響下に入ることになった。しかし、その後も1832年まで先住民と白人との対立の場であったことに変わりがなかった。その数年後の1836年に、南西部の錫鉱業の発達に後押しされた形で、アメリカのウィスコンシン・テリトリとなり、1848年になってアメリカにおける30番目の州となった。リヴァーフロントの市制は1858年で、州の成立と市の成立には10年の差しかなかったのである。

第2章 人口動態

表2-1-1　ウィスコンシン州、パイン郡、リヴァーフロント市、
　　　　　クラーク郡区、レイクランド郡区の人口推移（1850年－1980年）

年	ウィスコンシン州	パイン郡	リヴァーフロント市	クラーク郡区	レイクランド郡区
1850	305,391	1,250	458*		
1855	552,109	5,151			
1860	775,881	7,507	1,535*	471*	560*
1865	868,325	8,145			
1870	1,054,670	10,640	1,883*	948*	979*
1875	1,236,729	14,856			
1880	1,315,480	17,731	4,444*	1,593*	1,317*
1885			6,510	2,048	1,841
1890	1,693,330	24,798	7,896	1,940	1,762
1895		28,531	8,995	2,125	2,030
1900	2,069,042	29,483	9,524	2,225	1,983
1905		30,861	9,022	2,209	2,277
1910	2,333,860	30,945	8,691*	2,218	2,219
1920	2,632,067	33,649	11,371	2,257	2,136
1930	2,939,006	33,827	13,623	1,886	2,002
1940	3,137,587	35,800	15,777	1,579	1,983
1950	3,434,575	34,858	16,567	1,312	1,832
1960	3,951,777	36,964	17,837	1,241	1,657
1970	4,417,821	47,541	23,479	1,304	1,814
1980	4,705,642	57,420	22,970	1,694	2,340

注：数値は、米国センサスから集めた。ただし、*付きの数値は、
「センサス手書き原簿」から直接、算出した。

表2-1-2　ウィスコンシン州、パイン郡、リヴァーフロント市、クラーク郡区、
　　　　　レイクランド郡区の10年ごとの人口増加率（1850年－1980年）

年	ウィスコンシン州	パイン郡	リヴァーフロント市	クラーク郡区	レイクランド郡区
1850-60	2.54	6.00	3.35	N/A	N/A
1860-70	1.35	1.42	1.23	2.01	1.75
1870-80	1.25	1.67	2.36	1.68	1.35
1880-90	1.29	1.40	1.78	1.22	1.34
1890-1900	1.22	1.19	1.21	1.15	1.13
1900-10	1.13	1.05	0.91	1.00	1.12
1910-20	1.13	1.09	1.31	1.02	0.96
1920-30	1.12	1.01	1.20	0.84	0.94
1930-40	1.07	1.06	1.16	0.84	0.99
1940-50	1.09	0.97	1.05	0.83	0.92
1950-60	1.15	1.06	1.08	0.95	0.90
1960-70	1.12	1.29	1.32	1.05	1.09
1970-80	1.07	1.21	0.98	1.30	1.29

注：数値は、表2-1-1をもとに算出した。

ウィスコンシン州の発展は、地理的条件と自然資源、及び、1833年に始まる中西部の巨大都市シカゴの発展（Cronon 1991）と密接に結びついてきた。北方に位置し冬場の気候が厳しい条件にありながら、ミシシッピー川と五大湖に面していて水運に恵まれ、銅・錫、毛皮、豊かな森林資源を求める人々は、河川沿いに移動し、沿岸に拠点を作っていった。リヴァーフロントもそうした拠点の一つとなった。州内で卓越した人口をもつ都市となったミルウォーキーもミシガン湖の沿岸に発達していった。この都市は、同じ沿岸のわずか南に発達した巨大都市シカゴの発達とともにあったのである。この傾向は変わらず、1880年に州内人口のほぼ10パーセントがすでに集中的に居住していたが、1世紀後の1980年にはさらに集中度を増し、州内人口のほぼ30パーセントがこのミルウォーキー大都市圏に居住している。リヴァーフロント住民にとって、ミルウォーキーとともに距離的にあまり変わらない西隣のミネソタ州の大都市圏も、就職の面で魅力的である。
　アメリカにおける西部開拓の歴史の中でシカゴが急速に中核的巨大都市となっていく間に、ウィスコンシン州を含む周辺の地域の天然資源（主に木材）や農産物が各地からシカゴに集められ、加工されて、全国各地に運ばれていった。こうした産業の発展に同調して、ウィスコンシン州人口の1850年代の急激な増加がもたらされたのである。当然ながら、州となることにより、行政上の体制が整備されていき、土地を所有しようとする州内への移住者が増大していった。パイン郡においても、リヴァーフロントにおいても、1850年代は、それぞれの歴史上最も人口増大の割合が高い10年となったのであった。1850年代のパイン郡の人口増加をみると前半でかなり急激に増大していることがわかる。この人口増大が背景となってリヴァーフロントの市制が促されていったのであろう。
　一方、リヴァーフロント周辺地域の人口増加の様子は、記録が1860年からしかないために1850年代のことは不明であるが、1850年代のリヴァーフロントに比べて増加率は少ないものの1860年代が最も高い値を示している。この年代のリヴァーフロントの増加率がそれほど高くないことから、この年代になると空いていた周辺農場地帯への移住者の流入が多くなったと推

第2章　人口動態

定できる。

　1870年代から1970年代まで、州人口の10年毎の増加率は増減しながら徐々に低下する傾向にあった。つまり、人口の延びが低下し続けたのである。しかし、ローカルには微妙な増減があり、それぞれの変化の背景については、州全体の動向から理解するのは難しく、ローカルな視点からみていく必要がある。パイン郡をみると、1950年代まで、おおよそ州の人口の増大傾向と同調しているが、1960年代及び1970年代において、州全体の人口増加率よりも大きい増加率を示している。これは、1960年代になると、リヴァーフロントつまり都市部への流入が多くなり、さらに1970年代で、クラーク郡区とレイクランド郡区のような周辺地域での人口増によってもたらされた。前者は、1960年代に地元の州立大学キャンパスが拡大され、学生数と教職員数が急激に増加したことが大きな要因である。後者は、都市部の郊外に居住する人口が全米的に増える傾向を受け、パイン郡においても、リヴァーフロント市内に居住するよりも、周辺農場地域の離農した人たちの家屋に居住して都市部で働く人たちが増加したことを示している。

　リヴァーフロントの人口増加率が顕著に増加した時期は、既に説明した1960年代の他に、1870年代と1910年代にみられた。1870年代は、リヴァーフロントにとって、また周辺地域にとっても、人とモノの流れ方が大きく変化する時代であった。1871年に、鉄道がミルウォーキー方面に向かう途上の町メナーシャからリヴァーフロントまで伸びたのである。それまで、この町は、ウィスコンシン川が主な交通経路であったために、初期のパイオニア・タウンの趣をそのままもっていた。鉄道によって生産物を容易に送り出せるようになると、製材業がより盛んになり、人々の移動も、鉄道によってシカゴのみならず他の大都会と結ばれていることから、より容易になった。本書で注目するポーランド系移民は、すでに最初の家族が1850年代末にリヴァーフロントに住んだ後、農場地域に移って定住していて、その多くはパイン郡に1870年代に鉄道を使って入ったのである。彼らの大多数はとくにクラーク郡区で農場生活をはじめたのだった。移民の大量流入と鉄道の開通は呼応していたのである。

20世紀初めの10年間におけるリヴァーフロントの人口増加傾向は、この町の産業の発達と密接に関係していた。この年代後半には、ダウンタウンからほど遠くないウィスコンシン川沿いに製紙工場が建設され1919年から操業が開始された。工事に必要な要員、そして建設後の操業に必要な要員はこの地域の雇用の拡大をもたらした。Hareven（1982）及び Hareven & Langenbach（1978）がニューイングランドの町における住民で明らかにしたように、多くの移民が工場生活と家族生活を彼らなりに両立させていったのである。また、師範学校の修了証書授与者数から、この時期に学生の数が増加していることがわかる。つまり、19世紀末の開校以来毎年100人前後であったのが、1910年代後半の数年間には、250人前後となったのである。1915年に最初の学生寮（女子寮）が建設され、この町からだけでなく州の各地から女子学生が集まり、この町に寄宿して学校に通えるようになった。師範学校の学生数の増加は、また、高等学校を終えてさらに進んだ教育を受けることがより一般的になったことを示している。そして、地元地域を離れて、さまざまな雇用の機会を外の世界に見出そうとする人が増えたことを示している。周辺農場地域で、この時期に人口増がほとんどなかったのは、農地も増えず、大家族の中に育った子どもたちもハイティーンになると順に親元を離れていったことを示しているのである。

　この年代はまた、アメリカの日常生活が大きく変容した時期であった。この変容は技術革新によるところが大きい。蒸気機関から内燃機関へ移行して工場の生産性が上がり、鉄道から自動車の急速な大衆化を導き、それによって人とモノの移動が容易に迅速になった。モノの流れの変化は、日常生活用品によくあらわれた。カタログ販売が浸透することで、都市のみならず農場地帯にも、大都会生活者と同様の品物を選択できるようになったのである。このようにアメリカの日常生活は大きく変化していった（Green 1992）。1920年代における市内の街区別人口変動と、住民がどのような職に就いていたかを的確に知る資料がないので明言できないが、リヴァーフロントもこうした流れの中にあったと考えられる。

第2章 人口動態

年齢分布

　ここで、リヴァーフロントとその周辺地域における高齢者の存在について歴史的に把握するために、年齢分布の変化をもとにして説明していくことにする（表2-2、表2-3）。

　歴史的資料が語る1850年から1910年までの、高齢者人口がしめる割合の増加傾向を端的に言うと、先述したように、この地域における高齢者の登場期とみなすことができる。リヴァーフロントが、人々の移動時の逗留場所から、より長く居住する者が集まるパイオニア・タウンに変わり、その姿をとどめていた1840年代から50年代にかけて、他のパイオニア・タウンと同様、住人のほとんどを若い男性たちがしめていた。当時20代であった若者たちが、半世紀後の19世紀末に70代になるのは自然のことである。しかし、実際に1850年代から半世紀の間、リヴァーフロントに継続して居住した人は、センサス上ほとんどいない。それにもかかわらず、人口を増加させながら、高齢者の人口も徐々に増加していったのはどのようなメカニズムでそうなったのであろうか？

　まず、1980年のセンサスによって、この郡の高齢者人口の割合をみておくことにしよう。州全体で、65歳以上の人のしめる割合は、12パーセントである。パイン郡全体では10パーセントであるので、数値上では州の平均よりも高齢化はそれほど進んでいないことになる。しかし、これはリヴァーフロント市内にいる20歳前後の学生の存在によるもので地元の人々の間では、高齢化は州の平均と同じか、あるいは州の平均よりも高いと考えられる。

　パイン郡内の農場地域で65歳以上の割合をみると、郡区によるばらつきが多いながら、一般的な傾向としては、郡平均よりも低い（最高14.5パーセント、最低4.5パーセント）。これとは対照的に、リヴァーフロントを含む郡内にある町での割合は、リヴァーフロント市が11.7パーセント、郡内の9つの小さな町（ヴィレッジ）では、最大23.6パーセント、最小3.6パーセントとなっていてやはりばらつきがあるようにみえるが、リヴァーフロント

31

表2-2-1 リヴァーフロント市の人口構成（1850年－1910年）

年齢	1850年 男	1850年 女	1850年 計	1860年 男	1860年 女	1860年 計	1870年 男	1870年 女	1870年 計	1880年 男	1880年 女	1880年 計	1900年 男	1900年 女	1900年 計	1910年 男	1910年 女	1910年 計
0〜4	35	31	66	144	154	298	146	147	293	313	296	609	519	566	1085	485	456	941
5〜9	17	22	39	85	94	179	144	137	281	270	265	535	583	546	1129	421	463	884
10〜14	11	18	29	63	59	122	112	128	240	227	225	452	548	564	1112	448	528	976
15〜19	19	8	27	51	75	126	64	91	155	206	272	478	445	639	1084	462	525	987
20〜24	66	18	84	59	100	159	89	88	177	273	276	549	379	515	894	372	456	828
25〜29	55	18	73	92	78	170	79	63	142	201	169	370	306	373	679	302	338	640
30〜34	44	15	59	86	62	148	69	75	144	177	163	340	304	341	645	259	277	536
35〜39	25	8	33	77	53	130	53	59	112	169	110	279	306	317	623	222	252	474
40〜44	15	1	16	54	25	79	72	41	113	118	99	217	290	286	576	210	234	444
45〜49	9	6	15	26	18	44	54	37	91	94	85	179	210	203	413	210	225	435
50〜54	3	2	5	20	12	32	32	20	52	94	68	162	198	165	363	198	214	412
55〜59	4	1	5	6	6	12	15	12	27	62	36	98	140	132	272	178	168	346
60〜64	4	1	5	8	7	15	12	6	18	36	30	66	112	119	231	145	135	280
65〜69	1		1	8	3	11	5	9	14	29	25	54	79	83	162	111	105	216
70〜74				2	4	6	7	6	13	10	16	26	62	70	132	72	62	134
75〜79				3		3	4		4	12	10	22	44	26	70	40	52	92
80〜84								2	2	3	1	4	11	16	27	25	18	43
85〜89		1	1				3		3		1	1	6	7	13	6	10	16
90〜94											1	1		1	1	3	2	5
95〜99													1	1	2			
100〜104					1	1		2	2					1	1			
年齢不明数											2	2	4	6	10	2		2
合計	308	150	458	784	751	1535	960	923	1883	2294	2150	4444	4547	4977	9524	4171	4520	8691

表2-2-2 クラーク郡区の人口構成（1860年－1910年）

年齢	1860年 男	1860年 女	1860年 計	1870年 男	1870年 女	1870年 計	1880年 男	1880年 女	1880年 計	1900年 男	1900年 女	1900年 計	1910年 男	1910年 女	1910年 計
0〜4	55	41	96	95	86	181	139	141	280	174	198	372	179	182	361
5〜9	34	39	73	76	76	152	134	147	281	204	158	362	173	160	333
10〜14	24	37	61	53	69	122	107	96	203	184	144	328	168	170	338
15〜19	16	16	32	44	43	87	85	76	161	128	129	257	132	122	254
20〜24	19	14	33	30	25	55	48	53	101	83	68	151	104	85	189
25〜29	15	15	30	20	24	44	44	37	81	60	67	127	78	66	144
30〜34	25	20	45	34	25	59	46	39	85	49	39	88	51	38	89
35〜39	17	15	32	25	22	47	35	37	72	49	45	94	42	51	93
40〜44	15	11	26	30	31	61	34	31	65	37	33	70	35	30	65
45〜49	4	4	8	17	19	36	34	23	57	36	30	66	32	35	67
50〜54	8	5	13	30	17	47	34	34	68	45	31	76	31	21	52
55〜59	6	2	8	12	8	20	20	17	37	33	23	56	31	26	57
60〜64	1	3	4	13	9	22	26	15	41	28	27	55	28	20	48
65〜69	2	1	3			3	15	12	27	13	19	47	19	16	35
70〜74	3		3	3	6	9	7	10	17	12	11	23	18	15	33
75〜79				3		3	6	3	9	5	7	12	12	9	21
80〜84		1	1	2	1	2	3		3	2		2	8	9	17
85〜89	1	1	2			1		1	1				3	4	7
90〜94							2		2	1		1		1	1
95〜99								1	1		1	1		2	2
100〜104								1	1	2	12	14		1	1
年齢不明数	1		1		1	1							6	5	11
合計	246	225	471	487	461	948	819	774	1593	1173	1052	2225	1150	1068	2218

表2-2-3 レイクランド郡区の人口構成（1860年-1910年）

年齢	1860年 男	女	計	1870年 男	女	計	1880年 男	女	計	1900年 男	女	計	1910年 男	女	計
0～4	51	48	99	88	67	155	95	91	186	126	128	254	144	135	279
5～9	39	39	78	62	64	126	86	84	170	116	131	247	114	129	243
10～14	28	26	54	65	68	133	91	75	166	109	109	218	121	129	250
15～19	28	23	51	50	47	97	66	61	127	106	102	208	109	122	231
20～24	25	20	45	30	46	76	60	51	111	78	81	159	88	91	179
25～29	20	22	42	33	27	60	50	45	95	62	78	140	78	80	158
30～34	34	19	53	26	35	61	27	36	63	74	66	140	61	66	127
35～39	21	22	43	32	28	60	41	34	75	67	47	114	72	57	129
40～44	21	18	39	36	31	67	27	25	52	51	51	102	63	60	123
45～49	14	5	19	15	22	37	32	33	65	42	34	76	64	54	118
50～54	4	5	9	32	16	48	33	26	59	32	48	80	42	42	84
55～59	5	6	11	12	4	16	24	25	49	36	19	55	45	32	77
60～64	7	4	11	6	9	15	26	15	41	28	27	55	26	40	66
65～69	2	1	3	7	8	15	12	9	21	34	27	61	28	21	49
70～74	2	1	3	3	5	8	10	10	20	19	17	36	24	15	39
75～79				3	1	4	5	6	11	10	14	24	20	21	41
80～84							3	2	5	4	3	7	9	6	15
85～89				1		1				1	3	4	3	5	8
90～94								1	1				2		2
95～99													1		1
100～104															
年齢不明数										2	1	3			
合計	301	259	560	501	478	979	688	629	1317	997	986	1983	1114	1105	2219

34

表2-3 リヴァーフロント市の街区別人口構成 (1880年-1910年)

1880年 年齢	第1街区 男	女	計	第2街区 男	女	計	第3街区 男	女	計	第4街区 男	女	計
0～4	46	54	100	101	84	185	72	83	155	94	75	169
5～9	52	46	98	86	91	177	62	67	129	70	61	131
10～14	61	49	110	65	74	139	46	46	92	55	56	111
15～19	55	62	117	62	90	152	41	68	109	48	52	100
20～24	82	71	153	78	82	160	67	58	125	46	65	111
25～29	41	41	82	58	54	112	56	43	99	46	31	77
30～34	39	44	83	44	52	96	56	39	95	38	28	66
35～39	44	19	63	51	36	87	39	35	74	35	20	55
40～44	27	26	53	38	28	66	29	27	56	24	18	42
45～49	17	28	45	27	28	55	34	11	45	16	18	34
50～54	28	16	44	31	26	57	14	9	23	21	17	38
55～59	26	9	35	15	13	28	10	10	20	11	4	15
60～64	4	7	11	15	9	24	9	6	15	8	8	16
65～69	6	9	15	12	7	19	7	4	11	4	5	9
70～74	1	3	4	2	4	6	4	5	9	3	4	7
75～79	3	1	4	4	5	9	3	3	6	2	1	3
80～84		1	1	2		2				1		1
85～89					1	1						
90～94											1	1
95～99												
100～104												
年齢不明数											2	2
合計	532	486	1018	691	684	1375	549	514	1063	522	466	988

を含めて町の方が、農場地域よりも、高齢者の割合が多いのである。これは、農業をやめて引退し、高齢期になると身近な町に移り住んで生活する人が多いことや、郡による高齢者向け住宅（シニア・ハウジング）が郡内のいくつかの町の中に設けられているためであろう。

表2-3（続き）

1900年 年齢	第1街区 男	第1街区 女	第1街区 計	第2街区 男	第2街区 女	第2街区 計	第3街区 男	第3街区 女	第3街区 計	第4街区 男	第4街区 女	第4街区 計	第5街区 男	第5街区 女	第5街区 計	第6街区 男	第6街区 女	第6街区 計
0～4	59	63	122	58	65	123	72	83	155	183	200	383	95	102	197	52	53	105
5～9	76	71	147	80	86	166	89	79	168	175	157	332	110	109	219	53	44	97
10～14	70	74	144	92	81	173	83	88	171	159	154	313	100	111	211	44	56	100
15～19	73	109	182	68	110	178	76	124	200	116	146	262	68	105	173	44	45	89
20～24	65	90	155	66	113	179	77	112	189	79	90	169	56	75	131	36	35	71
25～29	55	69	124	52	72	124	41	68	109	74	77	151	56	60	116	28	27	55
30～34	59	60	119	75	61	136	44	61	105	52	66	118	49	64	113	25	29	54
35～39	52	60	112	62	59	121	38	60	98	60	52	112	63	62	125	31	24	55
40～44	49	49	98	68	60	128	47	47	94	45	54	99	54	52	106	27	24	51
45～49	27	23	50	46	50	96	38	42	80	45	41	86	38	25	63	16	22	38
50～54	23	22	45	43	42	85	33	29	62	56	32	88	27	22	49	16	18	34
55～59	22	22	44	28	26	54	28	27	55	27	30	57	18	17	35	17	10	27
60～64	14	18	32	20	26	46	18	28	46	31	24	55	16	15	31	13	8	21
65～69	11	18	29	13	13	26	19	17	36	17	15	32	13	10	23	6	10	16
70～74	13	12	25	19	22	41	9	7	16	11	12	23	6	13	19	4	4	8
75～79	11	4	15	11	5	16	4	5	9	7	2	9	6	4	10	5	6	11
80～84	1	1	2	4	4	5	2	2	4	3	6	9	1		1	3	3	6
85～89	1		1	1	2	2	2		2	2	3	5				1	2	3
90～94		1	1								1	1						
95～99		1	1					1	1		6	6	1		1			
100～104							1		1	3		9						
年齢不明数																		
合計	681	767	1448	802	897	1699	721	879	1600	1145	1168	2313	777	846	1623	421	420	841

第2章 人口動態

表2-3 （続き）

1910年 年齢	第1街区 男	第1街区 女	第1街区 計	第2街区 男	第2街区 女	第2街区 計	第3街区 男	第3街区 女	第3街区 計	第4街区 男	第4街区 女	第4街区 計	第5街区 男	第5街区 女	第5街区 計	第6街区 男	第6街区 女	第6街区 計
0～4	40	46	86	46	53	99	83	67	150	223	205	428	61	66	127	32	19	51
5～9	51	48	99	39	65	104	66	73	139	175	181	356	61	63	124	29	33	62
10～14	62	72	134	40	63	103	62	88	150	163	184	347	79	77	156	42	44	86
15～19	71	78	149	62	70	132	80	101	181	142	151	293	64	85	149	43	40	83
20～24	56	77	133	71	60	131	64	92	156	97	133	230	53	66	119	31	28	59
25～29	49	50	99	55	53	108	46	64	110	92	103	195	42	45	87	18	23	41
30～34	23	39	62	51	57	108	40	55	95	82	65	147	42	39	81	21	22	43
35～39	37	41	78	41	43	84	39	43	82	62	64	126	25	44	69	18	17	35
40～44	38	40	78	43	32	75	43	55	98	40	55	95	32	36	68	14	16	30
45～49	43	45	88	36	37	73	33	45	78	53	41	94	27	36	63	18	21	39
50～54	35	28	63	36	51	87	33	42	75	41	54	95	32	25	57	21	14	35
55～59	22	18	40	39	34	73	29	29	58	47	37	84	30	27	57	11	23	34
60～64	21	24	45	28	24	52	20	22	42	40	35	75	25	17	42	11	13	24
65～69	13	15	28	22	19	41	19	22	41	26	20	46	13	21	34	18	8	26
70～74	11	4	15	12	16	28	12	10	22	23	15	38	8	14	22	6	3	9
75～79	10	12	22	4	7	11	5	9	14	13	16	29	7	5	12	1	3	4
80～84	5	4	9	4	4	8	5	3	8	6	4	10	2	1	3	3	2	5
85～89	1	2	3		2	2	1		1	3	2	5		2	2		2	2
90～94				1		1	1		1	1	1	2	1	1	2			
95～99																		
100～104																		
年齢不明数										2		2						
合計	588	643	1231	630	690	1320	681	820	1501	1331	1366	2697	604	670	1274	337	331	668

表2-4　1980年における調査対象地域別65歳以上人口の割合

地域	パーセント	(総人口)
リヴァーフロント市	11.7	(22,970)
クラーク郡区	9.8	(1,694)
レイクランド郡区（町部除く）	8.6	(1,215)
レイクランド郡区内の小さな町A	19.0	(701)
レイクランド郡区内の小さな町B	23.6	(225)
レイクランド郡区内の小さな町C	18.6	(199)

　19世紀後半における、それぞれの地域でそれぞれの年代を反映したいくつかの特徴的な年齢分布を検討する前に、高齢者の年齢の扱い方について述べておくことにする。1970～80年代に高齢者問題として考えられてきた高齢者とは一般に65歳以上を指すことが多い。制度的な高齢者の定義が与えられる以前は、長年携わってきた仕事からの引退時期、そして、現役で仕事をすることが体力的に無理になる年齢が慣習的な高齢期への移行の時期であると考えられてきた。そうした年齢が過ぎても、自らが若いとみなす以上、引退者しかいないことになる。つまり、年齢が高いということはあっても、高齢者あるいは老人というカテゴリーは社会的に存在しなかったといってよい。しかし、年齢が高いことでさまざまな世話を必要とする人が出現し、地元の地域コミュニティの段階で、彼らに公的支援をするようになる時期は19世紀末に始まっていた。既述のように、センサスの実施が、これに重要な役割を果たしていたのである。個人の年齢の採集時に各自の年齢の確認作業が含まれることで、就学児童数だけでなく、高齢期に入る人々の存在が社会的な認識を受けるようになったのである。センサス手書き原簿の中で、高齢者の仕事に「own income」とあるのは、自らの貯蓄のことをさしている場合もあるであろうし、どのような制度をもとにしているかは明確ではないが、年金（ペンション）の支給を受けていた可能性が考えられる。

　本書で、センサスをもとに議論をするために、年齢を基準として高齢期にはいる人を定義する必要がある。対象地の人々の引退期のイメージを考

慮して、ここでは60歳以上を高齢者とみることで、彼らの暮らし方について考えていくことにする。しかし、1980年代の65歳以上の資料との対照をするには、過去においても65歳以上の動向を提示する必要があるので、適宜、65歳以上によって資料をまとめていくことにする。本書の歴史的資料をもとにすると60歳という年齢は、次章でみるように、親としての役割を果たし終える時期と重なっている。多くの親が現在よりも多産であったことから、末子が成人したり、あるいは結婚する時期にこの年齢があたることになる。その末子は、後章で繰り返しみるように現在「高年出産」みなされるような、母親が40歳始め頃に出産した子どもであるケースが少なからずあったのである。

表2-5　調査対象地域別60歳以上人口の割合の変化

	リヴァーフロント市	クラーク郡区	レイクランド郡区
1850年	1.5　(458)		
1860年	2.3(1,534)	2.7　(470)	3.0　(560)
1870年	3.0(1,883)	3.8　(948)	4.3　(979)
1880年	3.9(4,442)	6.3(1,592)	7.5(1,317)
	1街区　3.4(1,018)		
	2街区　4.4(1,375)		
	3街区　3.9(1,063)		
	4街区　3.8　(986)		
1900年	6.7(9,514)	7.4(2,212)	9.4(1,980)
	1街区　7.3(1,448)		
	2街区　8.0(1,699)		
	3街区　7.1(1,599)		
	4街区　5.8(2,304)		
	5街区　5.2(1,623)		
	6街区　7.7　(841)		
1910年	9.0(8,689)	7.5(2,207)	10.0(2,219)
	1街区　9.9(1,231)		
	2街区10.8(1,320)		
	3街区　8.6(1,501)		
	4街区　7.6(2,695)		
	5街区　9.2(1,274)		
	6街区10.5　(668)		

注：（　）内は年齢判明者の総数。

19世紀後半における65歳以上の人口の割合（表2-6）は、1980年にみられる10あるいは20パーセント程（表2-4）にも及んでいない。この事実か

表2-6 調査対象地域別65歳以上人口の割合の変化

	リヴァーフロント市	クラーク郡区	レイクランド郡区
1850年	0.4 (458)		
1860年	1.3(1,534)	1.8 (470)	1.1 (560)
1870年	2.0(1,883)	1.5 (948)	2.8 (979)
1880年	2.4(4,442)	3.8(1,592)	4.4(1,317)
	1街区 2.4(1,018)		
	2街区 2.7(1,375)		
	3街区 2.4(1,063)		
	4街区 2.1 (986)		
1900年	4.3(9,514)	4.9(2,212)	6.7(1,980)
	1街区 5.1(1,448)		
	2街区 5.3(1,699)		
	3街区 4.2(1,599)		
	4街区 3.4(2,304)		
	5街区 3.3(1,623)		
	6街区 5.2 (841)		
1910年	5.8(8,689)	5.3(2,207)	7.0(2,219)
	1街区 6.3(1,231)		
	2街区 6.9(1,320)		
	3街区 5.8(1,501)		
	4街区 4.8(2,695)		
	5街区 5.9(1,274)		
	6街区 6.9 (668)		

注: ( )内は年齢判明者の総数。

ら、19世紀後半には現在のような高齢化に関係した問題がなかったと考えてよいだろう。しかし、ほとんどゼロの状態にあった高齢者人口は確実にこの時期に増加していったのである。これを高齢化とすると、とくに、農場地域のレイクランド郡区にそれが顕著にみられる。農場地域で高齢化の浸透がリヴァーフロント市よりも早くみられたのである。これは1980年にリヴァーフロント市の方が農場地域よりも高齢者の割合が多いのとは逆である。

　同じ農場地域にあるクラーク郡区の高齢化が、レイクランド郡区よりも遅く進行していた。その背景にはどのようなことがあったのであろうか。これについて考えるのに、リヴァーフロントの第4街区が、1880年から1910年の間に、他の街区よりも高齢化の進行が遅れていたことが参考になる。つまり、これら二つの場所での遅れは、移民の流入パターンと関連して生じたと考えられるのである。ポーランド系移民が、クラーク郡区およ

びリヴァーフロントの第4街区に、1870年代から、他の文化的グループを圧倒する多さで流入してきた。彼らのような新たな移民は、若い年代の人々を中心にしていたために、高齢者の割合の増加が遅れたのである。これは、1840〜50年代のパイオニア時代に東部から若い世代の人々が移り住んだときの現象と同じ現象と考えられるのである。

レイクランド郡区の高齢化の進み方は、それとは別な意味も示唆している。というのは、高齢者は、必ずしも農場に住んでいるとは限らないのである。彼らは引退後に、身近な小さな町に移り住むことは稀でなかったと考えられるのである。レイクランド郡区には、その当時から、小さな町が存在していたのである（図1-3参照）。いずれにしろ、農場地帯とその中の小さな町で早くから高齢化が生じていても、それに対する対応の仕方がそれなりにあったと推測される。後章で、この点について立ち返って考えることにする。

リヴァーフロント市の、この時期の高齢化の進み方に注目すべきことがある。それは、1900年から1910年にかけて、高齢者人口の割合の増加が、若い人々の人口の流出現象によって、より強く現れたということである。市内の街区を比較すると、人口減少の著しいところで、高齢者の割合が増大している一方で、人口増加がみられた街区では、高齢者の割合はあまり大きく増加していないのである。

男女別年齢分布

男女別に年齢分布を求め、年次ごとに図にあらわして、分布のパターンの変化を追うと、これまで概略的に把握してきた19世紀後半の人口変動を、より動的に把握することができる（図2-1から図2-4、及び表2-7参照）。まず、注目すべきことは、そのパターン変化が男女で明らかに異なる点である。最も特徴的なのは、1850年におけるリヴァーフロントの年齢分布で、男性側は20代前半に著しい突起のある、いわゆる「鎌形」の形態をしている。これはパイオニア・タウンに共通した特徴である。本書の対象地では

ないが、同規模の隣町においても、1850年の男性の年齢分布は鎌形のパターンをしていた。当時の住民の性比が男性に偏っているのは、15歳から50歳までの間の年齢層であった。当然ながら、女性は全年齢層に存在していて、やはり20代前半に人口のふくらみがみられた。これは、東部からの移住者に、男性よりもはるかに絶対数は少ないにしろ、この年齢層の女性が多いことを示している。この特異的なパイオニア・タウン時代の年齢分布は、後年のリヴァーフロントの年齢分布に、影響を与えることになった。

1860年には、10年前にあった顕著な鎌形の分布は消えていて、その背景には、全年齢層の増加に加え、20歳前後から30歳始めの女性の移入が著しく、性比の不均衡状態が減少したことがある。とくに20代では、わずかながら女性の方が多く、男性に続いて、一つ時期を遅らせて若い層の女性が移り住んできたことを示している。それとは対照的に、30～40代では、10年前の性比の不均衡を残した形で、男性のほうが多いままとなっていた。この傾向は、さらに次の10年後にも続き、1870年の50代の男性は女性よりも1.5倍多かったのである。

1880年になっても、10年前と同様に50代の男性が女性よりも多いが、これはパイオニア時代の影響というよりも、1870年代に多くの移民がヨーロッパからこの地域に流入したことが大きく影響したためである。この移住者は、パイオニア・タウン時代とは違い、30～40代の男性を主としていた。こうした男性が家族をもっている場合、妻と子どもたちは数年後に彼のもとへ移住してきたのであった。残念ながら、1890年のセンサス手書き原簿が利用できないために年齢分布を求められず、この点を確かめることができなかった。

1880年までは、女性よりも男性の数が多い現象が顕著にみられた。しかし、1900年と1910年においては、逆に女性の数が男性より多い現象がみられるようになった。両年とも、全年齢層を平均した性比でみると女性の方が約1割弱多かったのである。5歳毎に区切った年齢分布図（図2-1）をみると、15歳から19歳までの年齢層で、女性の方が男性より顕著に多いことがわかる。この年齢層で女性の方が突出した形状をとっているのは、

「サーヴァント」として家の手伝いをする女子がリヴァーフロント周辺の農場地帯から町にでてきて住み込んでいたことによるものである。彼女らの文化的背景は、ポーランド系、ドイツ系、ノルウェー系が多い。他にも数は少ないが、この年齢層には、学生として間借り人（ルーマー）や下宿人（ボーダー）となっている女子がいる。非親族同居人のサーヴァントはどのような家で雇われているのかという問題は、エスニシティの問題と、高齢者の世話の問題とに関連する重要なことなので、後章で検討する。

　これまでは町全体の変化をみてきた。しかし、町全体が一様に同じ変化をしていたわけではなかった。街区別にみたとき、特徴的な変化を示す街区があったのである。それらを分析することによって、人口の動きの動的メカニズムをさらに明らかにしていくことにする。

　街区別に分けて分析するのは1880年から1910年までの資料（図2-4）である。最初に注目すべきことは、1880年の各街区で、20代を中心に男女ともに移入者が多いことである。そのため、年齢分布が鋸形のギザギザ状となっている。第4街区は他の街区よりもこのギザギザの度合いが小さく、なだらかな円錐型を示し始めている。これは1900年および1910年にも共通してみられる特徴である。この特徴は、この街区住民のほとんどをしめるポーランド系の移民者が、他の街区の住民（ポーランド系も割合は少ないが含まれる）よりも多産であることから生じたものである。また、1880年の第4街区には20代前半の女性に突起がみられるが、これは約20人のポーランド生まれの若い妻がまとめて移入してきたことによるものである。先述したサーヴァントとして10代後半の女子がリヴァーフロントに移入した先は、第4街区を除いた他の街区であった。第4街区にはポーランド系の移民が大多数をしめていて、サーヴァントを雇うファミリがいなかったためである。

表2-7 リヴァーフロント市、クラーク郡区、レイクランド郡区の年齢グループ別の男性と女性の比（r）の変化

年	年齢グループ					全体
	0-17	18-32	33-47	48-62	63+	
リヴァーフロント市						
1850	0.94	3.19	4.00	2.75	1.00	2.05
1860	0.91	0.94	1.62	1.16	2.13	1.05
1870	0.93	1.04	1.17	1.53	1.10	1.04
1880	0.97	1.04	1.25	1.46	0.94	1.07
1900	0.95	0.75	0.96	1.13	0.96	0.91
1910	0.94	0.84	0.92	0.97	1.04	0.92
クラーク郡区						
1860	0.95	1.14	1.38	1.60	2.00	1.10
1870	1.02	0.98	0.97	1.55	1.38	1.06
1880	0.99	1.14	1.03	1.25	1.36	1.06
1900	1.10	1.10	1.07	1.32	1.28	1.12
1910	1.01	1.25	0.95	1.28	1.08	1.07
レイクランド郡区						
1860	1.09	1.05	1.45	1.19	1.67	1.16
1870	1.09	0.86	0.96	1.83	0.89	1.05
1880	1.09	1.05	1.08	1.09	1.24	1.09
1900	0.94	0.99	1.24	1.00	1.07	1.01
1910	0.93	0.99	1.11	1.08	1.18	1.01
リヴァーフロント市（街区別）						
1880年						
第1街区	1.00	1.08	1.14	1.71	0.63	1.09
第2街区	0.94	0.94	1.21	1.31	1.09	1.01
第3街区	0.87	1.16	1.28	1.62	1.14	1.07
第4街区	1.11	1.01	1.41	1.30	0.86	1.13
1900年						
第1街区	0.92	0.77	0.94	1.05	0.89	0.89
第2街区	0.95	0.69	1.03	1.04	0.89	0.89
第3街区	0.92	0.60	0.84	1.03	0.93	0.82
第4街区	0.99	0.85	0.94	1.33	1.04	0.98
第5街区	0.91	0.77	1.02	1.17	1.13	0.92
第6街区	1.03	0.88	1.05	1.17	0.89	1.00
1910年						
第1街区	0.94	0.79	0.89	1.06	1.07	0.91
第2街区	0.75	1.00	1.08	0.93	0.86	0.91
第3街区	0.89	0.73	0.83	0.80	1.00	0.83
第4街区	0.98	0.85	1.04	1.02	1.25	0.97
第5街区	0.96	0.83	0.74	1.11	0.88	0.90
第6街区	1.08	0.97	0.98	0.89	1.25	1.02

注：r＝男性/女性

第 2 章 人口動態

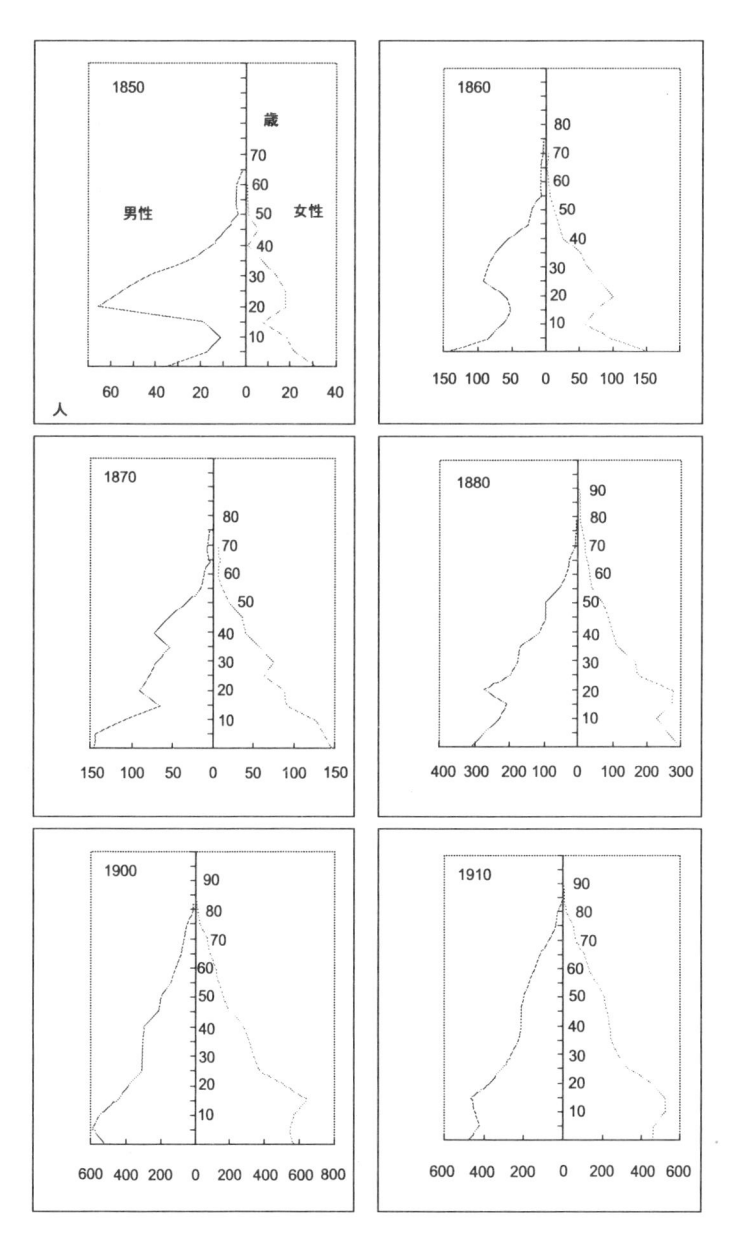

図2-1　リヴァーフロント市の男女別年齢分布（1850年－1910年）

45

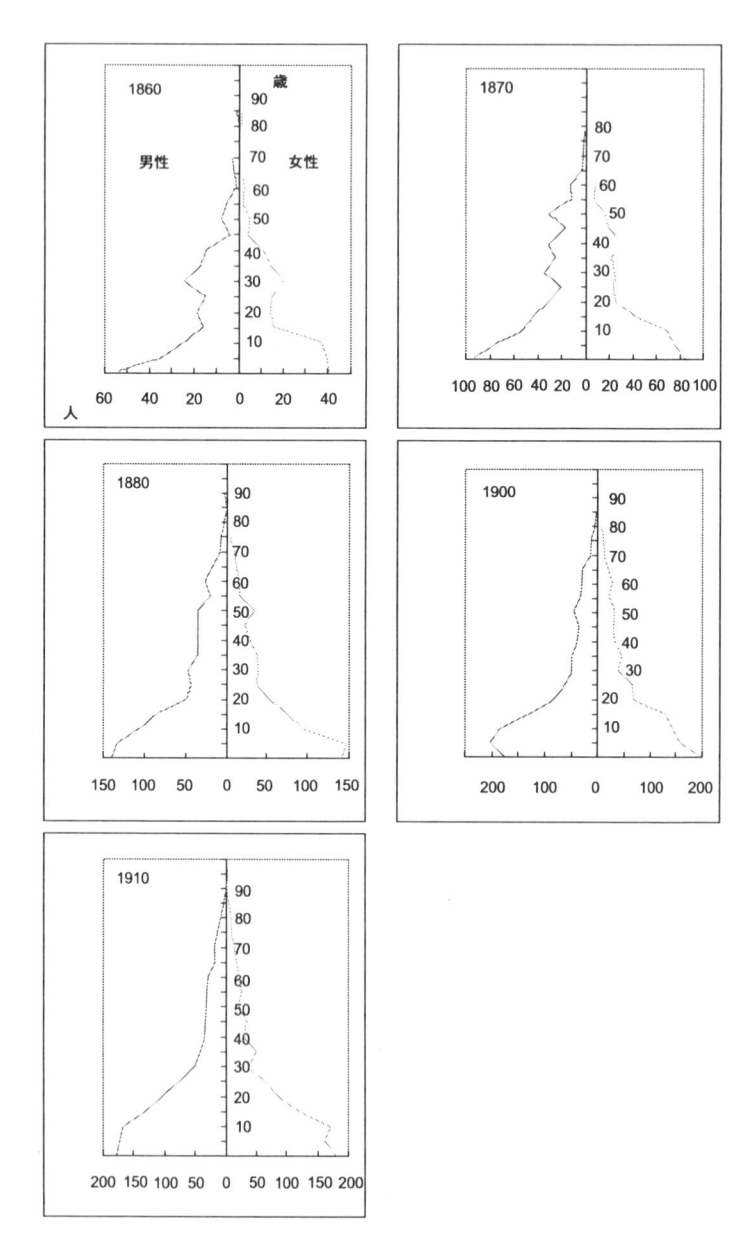

図2-2　クラーク郡区の男女別年齢分布（1860年－1910年）

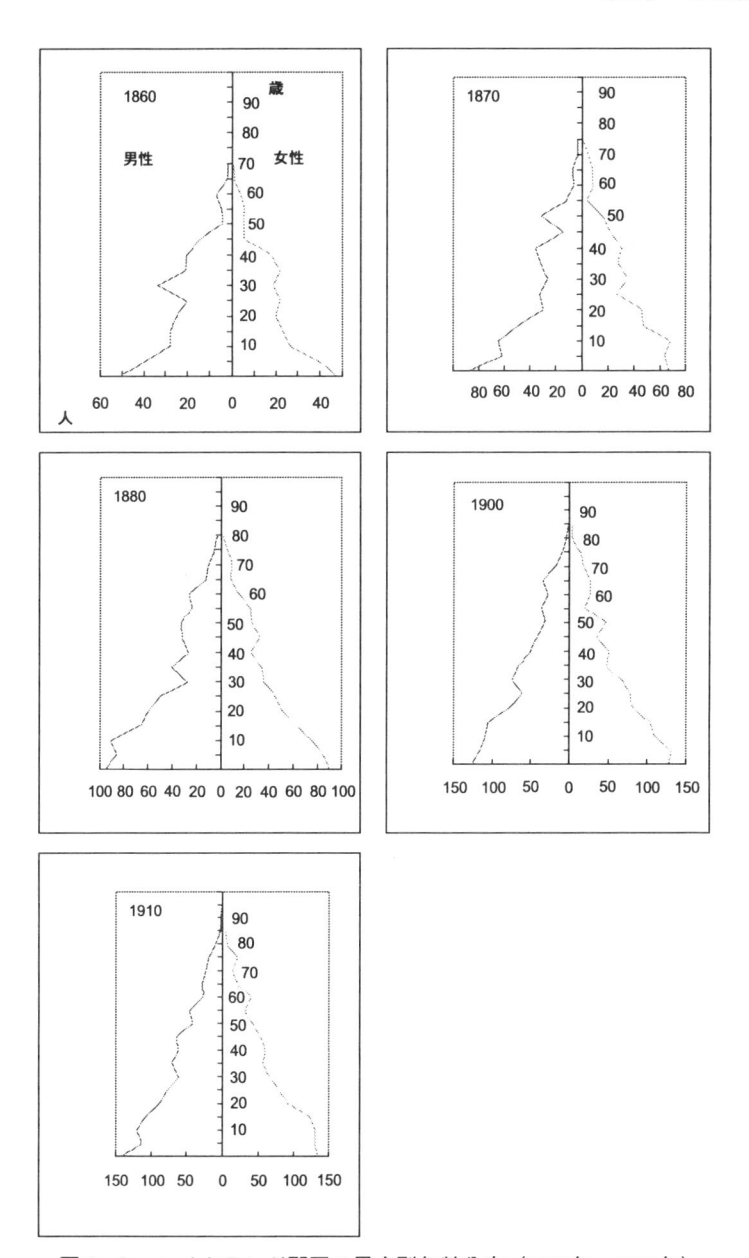

図2-3　レイクランド郡区の男女別年齢分布（1860年－1910年）

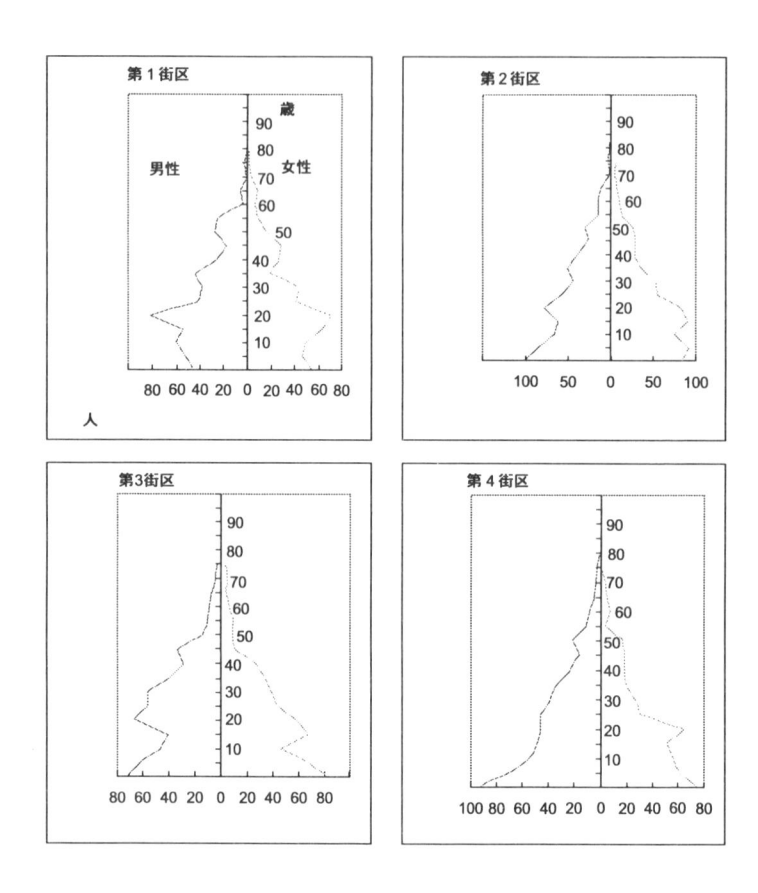

図 2-4-1　リヴァーフロント市の街区別の男女別年齢分布（1880年）

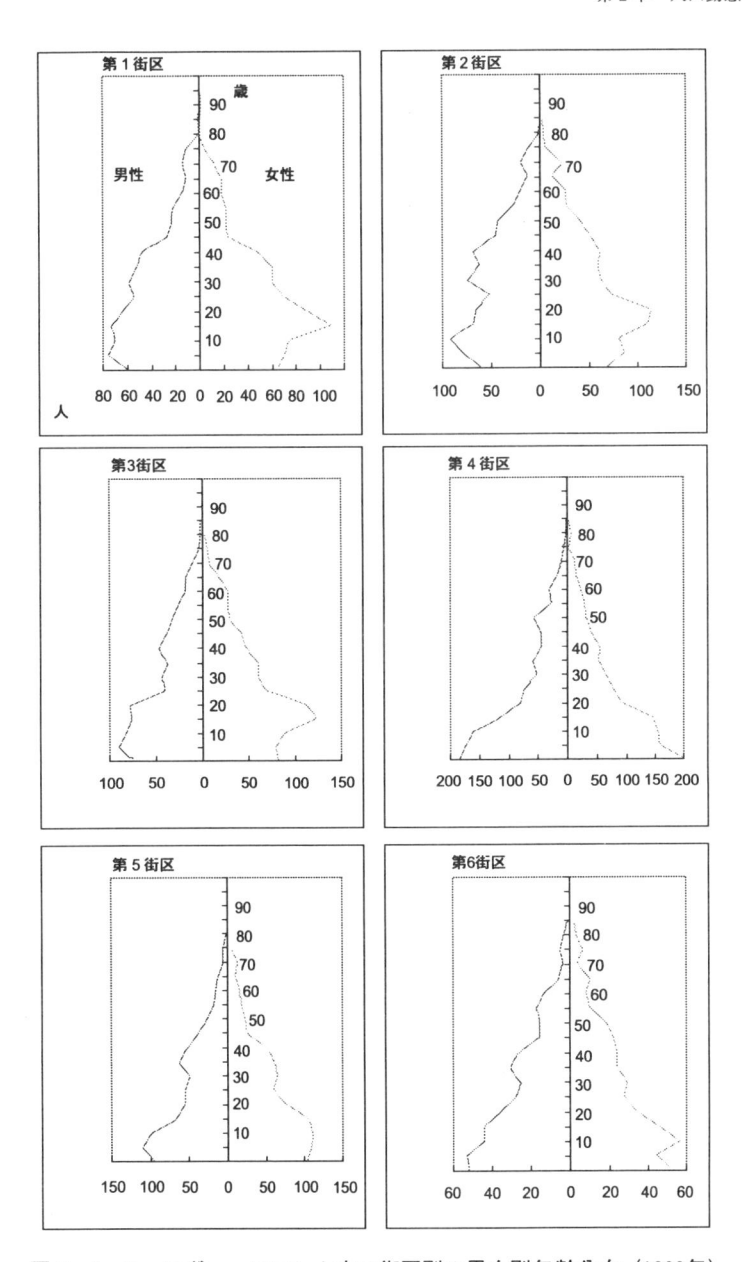

図2-4-2　リヴァーフロント市の街区別の男女別年齢分布（1900年）

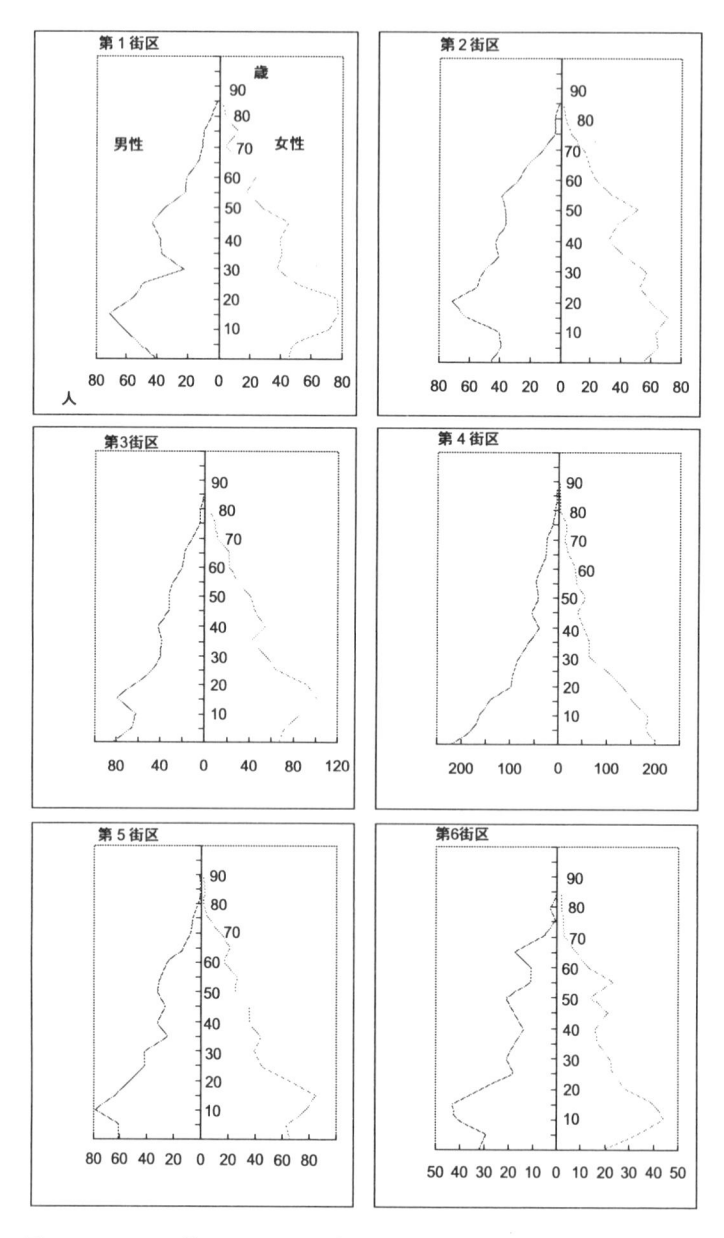

図2-4-3　リヴァーフロント市の街区別の男女別年齢分布（1910年）

第2章 人口動態

　次に、高齢者に焦点を合わせて彼らの人口の変化をみていくことにする。表2-7で、63歳以上の性比の変化を追うと、1860年以外に、顕著な偏りはみられなかった。1850年では数が僅かであるが男女同数である。ところが1860年になると男性が約2倍も多くなったのである。この偏りは、パイオニア・タウンに主に男性が移住してきた影響によるものである。

　男女別に、高齢者の割合の変化をリヴァーフロント及び農場地域の二つの郡区でみてみる（表2-8と表2-9）。全体を通していえることは、1900年のリヴァーフロントを除いて、都会地でも農場地でも、男性の中での60歳以上の割合が、女性の中での割合よりも多いことである。65歳以上の割合ではどうか？　現在よりも絶対数が少ないが、農場地域では、やはり男性のほうが女性よりも高いパーセントを示している。一方、リヴァーフロントでは、男性の方が高い傾向はあるものの、差はわずかであることから、男女の間で差がほとんどないといってよい。60歳以上と65歳以上との違いは、女性の寿命が男性よりも高いことから生じていると考えてよいだろう。

　ところが、街区毎にみると、リヴァーフロント市内に、やはり異なる人口変化の仕方がみられたのである。1880年ですでに、60歳以上の割合は、4つある街区のうち2つにおいて、女性のほうが男性よりも高くなっていた。20年後の1900年では、6つの街区のうち、第4街区は男性の割合の方が高かったが、他の4つの街区で女性の方が高く、残りの1つの街区で男女ともに同じだった。1910年になっても、第4街区は男性の方が高く、他の街区では多少の入れ替えがあるものの、1つの街区を除いて、女性の方が高い。第4街区は、これらの期間を通して住民の大多数がポーランド系でしめられるようになっていて、新しい移民には男性が女性よりも多かったことが第4街区の特徴を生み出していたと考えられる。また、この年齢層の割合が他の街区よりも常に低い傾向にあるのは、ポーランド系移民のほうが他の文化的背景をもつ人々よりも多産で、子どもの数の割合が多くなり、全体として高齢者の割合が低く押さえられたためである。

表2-8　男女別、調査対象地域別、60歳以上人口の割合の変化
（男女合わせた総数にたいする割合）　（左が男性、右が女性）

年	リヴァーフロント市	クラーク郡区	レイクランド郡区
1850	1.1/0.4	N/A	N/A
1860	1.3/1.0	1.5/1.2	2.0/1.1
1870	1.7/1.3	2.2/1.6	2.0/2.3
1880	2.0/1.9	3.7/2.6	4.3/3.3
1900	3.3/3.4	4.0/3.4	4.8/4.6
1910	4.6/4.4	4.0/3.5	5.1/4.9

リヴァーフロント市（街区別）

年	第1街区	第2街区	第3街区	第4街区	第5街区	第6街区
1880	1.4/2.1	2.5/1.9	2.2/1.7	1.8/1.9	N/A	N/A
1900	3.5/3.8	3.8/4.2	3.4/3.7	3.1/2.7	2.6/2.6	3.8/3.9
1910	5.0/5.0	5.4/5.5	4.2/4.4	4.2/3.5	4.4/4.8	5.8/4.6

表2-9　男女別、調査対象地域別、65歳以上人口の割合の変化
（男女合わせた総数にたいする割合）　（左が男性、右が女性）

年	リヴァーフロント市	クラーク郡区	レイクランド郡区
1850	0.2/0.2	N/A	N/A
1860	0.8/0.5	1.2/0.6	0.7/0.4
1870	1.1/1.0	0.8/0.7	1.4/1.4
1880	1.2/1.2	2.1/1.7	2.3/2.1
1900	2.1/2.2	2.8/2.2	3.4/3.2
1910	3.0/2.9	2.7/2.6	4.0/3.1

リヴァーフロント市（街区別）

年	第1街区	第2街区	第3街区	第4街区	第5街区	第6街区
1880	1.0/1.4	1.5/1.2	1.3/1.1	1.0/1.1	N/A	N/A
1900	2.6/2.6	2.6/2.7	2.3/1.9	1.7/1.7	1.7/1.7	2.2/3.0
1910	3.2/3.0	3.3/3.6	2.9/2.9	2.7/2.2	2.4/3.5	4.2/2.7

出生地別年齢分布と、文化的背景別年齢分布

　センサス手書き原簿には、出生地の欄があり、出生地別に年齢分布の変化を明らかにすることができる。また、この出生地から前章で記述した方法を使って得た個人の「文化的背景」を使って、外国生まれの移住者、及び国内生まれで東部からの移住者、ファミリが移住した後にウィスコンシン州を中心とする中西部で生まれた者に分け、それぞれの全人口に対する

年齢別割合について歴史的変化を明らかにすることができる。ここで、出生地別年齢分布と文化的背景別年齢分布を、それぞれ対照させながら、検討していくことにする。

　まず、一般的な特徴を把握するために、外国出身者の割合の変化、そして、アメリカ以外の文化的背景を持つ者の割合の変化、についてみておこう。表2-10と表2-11から、それぞれの割合の変化が対照的であることがわかる。つまり、外国出身者の割合の変化は、1870年を境に増加から減少に転じた一方で、アメリカ以外の文化的背景を持つ者の割合の変化は、常に増加していったのである。この矛盾するような対照的変化が生じたのはなぜであろうか。それは、ヨーロッパからの移民と、そのアメリカ生まれの子孫が増加する一方で、東部からの移住者は減少し、彼らは、彼らの子孫とともに、再び他の西方の土地へ移住したことによるものである。次に、それぞれの対照的な動態について詳細にみていくことにしよう。

　外国出身者の割合は、リヴァーフロントにおいては、1850年から1870年まで増加し、それ以降は1910年まで減少した。クラーク郡区でも同様で、1870年を境に増加から減少へと変化した。一方、レイクランド郡区は他の調査地と異なり、1860年から1910年まで減少し続け、増加から減少に転じる境はなかった。このように、変化のパターンの面からすると、リヴァーフロント市とクラーク郡区は類似している。しかし、割合の大きさの面からすると、類似しているのはリヴァーフロント市とレイクランド郡区である。

　この類似による組み合わせに違いがみられたのは、外国出身者の移住の時期がリヴァーフロント市とクラーク郡区で一致していたということと、移民の数の多さがクラーク郡区で他よりも顕著に大きかったことを反映していると考えられる。つまり、リヴァーフロント市とレイクランド郡区にはすでに米国東部系の人々が移住していたのである。遅れてきた移民としてこの地域にはノルウェー系とポーランド系が多く、ノルウェー系はリヴァーフロント市とレイクランド郡区に、ポーランド系はリヴァーフロント市（とくに第4街区）とクラーク郡区に集中していったという違いがあるのである。ノルウェー系はポーランド系よりも少し早く移民してきたため、レ

イクランド郡区では、1860年代に男性移住者はわずかに減少し、逆に、女性移住者が増加したのである。ここにも男性（あるいは夫）が先に移住して、その後、女性（あるいは妻と家族）が移住するパターンが反映されていると考えられる。

　リヴァーフロント市内の街区別に変化のパターンをみると、どの街区においても外国出身者は減少していた。割合の大きさからみると、第4街区が顕著に外国出身者が多かった。

　19世紀後半に、ヨーロッパからアメリカへ大量の移民が流入したとされるが、アメリカの社会を構成する住民の中でどれほどの割合まで、外国出身者がしめるようになっていたのであろうか？　表2-10からわかるように、リヴァーフロント市の場合、外国出身者が最大の割合をしめたときの値は、全人口の3割程度であった。このことは、常に7割程がアメリカ生まれの住民がしめてきたということを意味している。都市部では、そうであったが、農場地域のクラーク郡区では、1870年のピーク時に、男女合わせて、外国出身者が人口の半数を越えて63.5パーセントもしめていた。しかし、都市部にしろ農場地域にしろ、1910年になると、20パーセント前後に収束したのだった。クラーク郡区の場合、移民がアメリカで多くの子どもを出産したことが大きな要因となって、急速に他の地域と同じレヴェルにまで外国出身者の割合を減少させていったのである。

　アメリカ以外の文化的背景を持つ者の割合の変化は、どこでも増加しているので、一見、とりたてるほどの特徴がないかのようにみえる。しかし、その増加のパターンをみると、リヴァーフロント市とレイクランド郡区が規模的にも、時期的にも同様の一定した増加の過程を経ていたことがわかる。それに対して、クラーク郡区の場合は、1860年当時すでに8割がアメリカ以外の文化的背景の持ち主となったのちに、1910年まで、その変化は微増だけであった。リヴァーフロント市とレイクランド郡区の特徴としては、米国東部系とその家族が、移住してきても、再移住してしまう者の数が常にあったために、全体として減少していったことが挙げられる。

　1910年になると、外国出身者の割合は2割前後と減少し、地域人口の8

割以上が、明確に、米国東部ではなく、移民および彼らの子孫であるヨーロッパ系の文化的背景をもつ人々によって、市内でも農場地域でも、しめられるようになった。この傾向は、市内を街区別にみたとき、第4街区で最も顕著で、クラーク郡区と同じ程度の多さをしめした。クラーク郡区とリヴァーフロント市第4街区は、ともにポーランド系の住民の密集するところで、これら両地へポーランド系移民が大量に移り住んだのである。
（これから行う分析は、この事実に着目して行っていくことになる。）

表2-10　外国で出生した人の割合の変化

	1850	1860	1870	1880	1900	1910
リヴァーフロント市						
	17.6	27.6	30.4	30.6	23.3	19.7
（男	14.3	14.1	16.2	16.6	11.9	10.1）
（女	3.3	13.5	14.2	14.0	11.4	9.7）
クラーク郡区		52.7	63.5	50.5	28.1	20.8
（男		27.3	32.6	26.7	15.2	10.7）
（女		25.4	30.9	23.9	12.9	10.1）
レイクランド郡区		35.9	36.9	31.5	24.3	19.2
（男		20.2	18.6	17.0	12.7	10.1）
（女		15.7	18.3	14.4	11.6	9.2）
リヴァーフロント市						
1街区				28.1	21.6	19.2
（男				15.7	11.3	10.3）
（女				12.3	10.3	8.9）
2街区				30.1	21.3	18.0
（男				15.9	10.2	9.3）
（女				14.3	11.1	8.7）
3街区				25.0	19.7	14.4
（男				14.3	10.1	7.6）
（女				10.7	9.6	6.8）
4街区				40.0	32.1	25.7
（男				20.9	16.4	13.1）
（女				19.1	15.7	12.6）
5街区					19.7	16.4
（男					10.0	7.5）
（女					9.7	8.9）
6街区					19.9	19.2
（男					10.8	10.0）
（女					9.0	9.1）

表2-11　アメリカ以外の文化的背景を持つ者の割合の変化

	1850	1860	1870	1880	1900	1910
リヴァーフロント市						
	24.7	46.2	61.8	72.3	78.2	82.5
（男	18.7	23.2	32.4	37.2	37.7	39.4）
（女	5.9	23.0	29.3	35.1	40.6	43.1）
クラーク郡区		82.3	91.3	97.0	97.3	98.1
（男		43.1	47.0	49.8	50.8	50.0）
（女		39.2	44.3	47.1	46.6	48.1）
レイクランド郡区		53.4	65.8	75.3	84.6	86.2
（男		28.9	33.8	39.9	42.3	43.4）
（女		24.5	32.0	35.4	42.3	42.8）
リヴァーフロント市						
1街区				65.5	77.5	83.1
（男				33.7	36.6	38.8）
（女				31.8	40.9	44.3）
2街区				75.3	75.1	74.7
（男				38.1	35.2	35.1）
（女				37.2	40.0	39.6）
3街区				63.4	69.1	74.3
（男				32.1	32.1	33.6）
（女				31.3	36.9	40.7）
4街区				84.9	96.4	98.1
（男				45.1	47.6	48.5）
（女				39.8	48.8	49.6）
5街区					71.7	74.0
（男					34.3	34.2）
（女					37.5	39.8）
6街区					66.2	68.5
（男					34.6	35.6）
（女					31.6	32.9）

　表2-12および表2-13は、これまでみてきたことを、60歳以上の人々についてまとめたものである。これらの表が示しているのは、文化的背景別にみたとき、アメリカ以外の文化的背景をもつ者が、高齢者の間でも全体的に増加傾向にあったことである。しかし、外国出身者の割合は、減少せずに、増加する傾向にあって、年齢を区別しないで検討した結果と逆の傾向を示している。さらに詳細に増減パターンをみると、ところどころ減少していても、それほど大きなものではないことから、全体的に、増加傾向にあると判断してよい。

　結局、絶対数を増加させていた高齢者は、外国生まれであったのである。19世紀後半において、調査対象地域の高齢者はどのような人たちであるかといえば、ヨーロッパからの移民で、アメリカでの生活を経ることで高齢

になった人たちだったのである。リヴァーフロント市では、60歳以上の人々の7割弱、レイクランド郡区では7割強、クラーク郡区ではほとんどすべての人々が、移民としてこの地域に移り住んだ人たちであった。そうであるからこそ、この時期のこの地域の高齢者について考えるとき、彼らのもつ文化的背景との関係をみていく必要があるのである。

表2-12　60歳以上の高齢者の中で外国で出生した人の割合の変化

	1850	1860	1870	1880	1900	1910
リヴァーフロント市						
	14.3	17.1	57.1	62.6	63.0	67.7
（男	14.3	11.4	32.1	32.2	31.5	34.7）
（女	0.0	5.7	25.0	30.5	31.5	33.0）
クラーク郡区		84.6	100.0	97.0	96.9	99.4
（男		46.2	56.8	56.0	53.0	53.3）
（女		38.5	43.2	41.0	43.9	46.1）
レイクランド郡区		47.1	60.5	65.3	69.8	72.7
（男		29.4	30.2	34.7	36.6	37.7）
（女		17.6	30.2	30.6	33.3	35.0）
リヴァーフロント市						
1街区				60.0	58.5	61.2
（男				25.7	28.3	31.4）
（女				34.3	30.2	29.8）
2街区				55.7	61.0	58.7
（男				29.5	25.7	27.3）
（女				26.2	35.3	31.5）
3街区				53.7	58.4	64.3
（男				26.8	29.2	33.3）
（女				26.8	29.2	31.0）
4街区				86.5	88.8	93.7
（男				48.6	48.5	51.7）
（女				37.8	40.3	42.0）
5街区					46.4	49.6
（男					27.4	23.1）
（女					19.0	26.5）
6街区					50.8	58.0
（男					23.1	29.0）
（女					27.7	29.0）

表2-13 60歳以上の高齢者の中でアメリカ以外の文化的背景を
持つ者の割合の変化

	1850	1860	1870	1880	1900	1910
リヴァーフロント市	14.3	17.1	57.1	63.2	68.5	73.6
(男	14.3	11.4	32.1	32.2	33.9	37.6)
(女	0.0	5.7	25.0	31.0	34.6	36.1)
クラーク郡区		84.6	100.0	98.0	98.2	98.2
(男		46.2	56.8	56.4	53.7	52.7)
(女		38.5	43.2	41.6	44.5	45.5)
レイクランド郡区		47.1	59.5	67.3	75.1	77.8
(男		29.4	28.6	36.7	37.3	39.8)
(女		17.6	31.0	30.6	37.8	38.0)
リヴァーフロント市						
1街区				51.4	61.9	73.8
(男				20.0	29.5	35.2)
(女				31.4	32.4	38.5)
2街区				55.7	68.4	65.7
(男				34.4	29.4	32.2)
(女				21.3	39.0	33.6)
3街区				48.8	67.3	69.8
(男				24.4	32.7	34.9)
(女				24.4	34.5	34.9)
4街区				89.2	92.5	96.6
(男				48.6	50.0	52.7)
(女				40.5	42.5	43.9)
5街区					49.4	56.4
(男					29.4	28.2)
(女					20.0	28.2)
6街区					56.9	58.0
(男					24.6	29.0)
(女					32.3	29.0)

出生地の変化

　出生地ごとの人口分布をみると、調査地によって、ある年である特定の出生地の出身者が集中している特徴があり、そうした特徴が変化するようすを明らかにすることができる（付表すべてを参照）。こうした変化をみながら、どのように高齢者の出生地の変化がみられるのか、また、そうした変化の要因とは何かについて考えていくことにする。なお、本書で、米国内出生地を扱うときには、主に、表2-14のように大分類した名称を用いる。（注：「プロシャ」出身者は、1860年には少ないが、1870年及び1880年に急増し、1900年以降はほとんどみられなくなる。後年のセンサスで彼らの出生地にポーランドと

記載されていることが少なくない。本書では、区別する必要がある以外、プロシャをポーランドに置き換えて取り扱うことにした。）

　高齢者の出生地は、いずれのセンサス年次においても、その年次の住人全員の中で人数の多い出生地と同じ場合が多い。この傾向は、とくに外国出身者の間にみられる。アメリカ国内出身者では、地元のウィスコンシン出身者が多数をしめているのにもかかわらず、彼らの多くが移民の子ども世代であるので、この世代から高齢者が出現することはないのである。20～30代で移住してきた人々が30年後あるいは40年後に高齢期に入っていくのは当然であるが、センサスを経年的に比較して、高齢者が出現した様子の変化をみることによって、人数の多い出身地からの人々がいつごろ移住したのか、地元のどの郡区にどれほど継続して生活しているのか推定することができる。これらの点について、対象地域毎にみてみよう。

表2-14　米国内の出生地の主な大分類

米国東部系：デラウェア，ニュージャージ，ニューヨーク，ペンシルバニア，バージニア，メリーランド．
米国中西部系：イリノイ，インディアナ，アイオワ，ミシガン，オハイオ，ウィスコンシン，ミネソタ．
米国北東部系：コネティカット，メイン，マサチューセッツ，ニューハンプシャ，
　　　　　　　ロードアイランド，バーモント．
米国南部系：ケンタッキー，ミシシッピー，テネシー，テキサスなど．

　1850年のリヴァーフロント市において、男性では、最も人数の多いカナダ出身者の中から高齢者が現れた。アメリカ生まれの人々の間では、最も人数の多いニューヨーク州、次に多いウィスコンシン出身者の中に高齢者は現れず、3番目および4番目に出身者数の多いペンシルバニアとバーモントから現れた。女性高齢者の中にはバーモントとメインの出身者がいたことから、リヴァーフロントの歴史を概観したときに述べたように、19世紀前半のこの地域では、カナダからの移住者と、ニューイングランドからの移住者によって、住民が構成されていたことを示している。女性高齢者と比較して、男性高齢者にニューヨーク州出身者が顕著に多いのは、東海岸部地域から西方のニューヨーク州に移り、さらにそこから中西部に移住する者が1840年代に多かったこと、またそれ以前からもそうした移住者が

いたことによるものであろう。

　1860年になると、男女の高齢者ともに、東部出身者の数が増えた。これは、国内出身者の数が外国出身者より2倍以上も多かったことによると考えられる。しかし、この特徴は、10年後には消滅し、逆に、外国出身の高齢者の数が、国内出身者より多くなった。この1870年に、男女ともにプロシャとアイルランド出身の高齢者が現れ、女性高齢者の中にイングランド出身者が現れた。国内出身者の総数の方が、10年前と同様に、外国出身者よりも2倍強多かったのにもかかわらず、外国出身の高齢者の方が多くなった背景にはどのようなことがあったのであろうか。おそらく、移動性が高い東部出身者は、高齢になったときにいた土地に留まり、このため高齢者の数はそれほど増加しないことになる一方で、外国出身者は、定着性が高く、そのまま移住した土地で順に高齢期に入り、高齢者の数が蓄積されていったのではないだろうか。

　街区別に1880年のリヴァーフロント市内をみると（付表1-2）、男女ともに出身地が最も均一なのが第4街区であった。他の街区よりも、ポーランド系住民が集中していたのである。一方、出生地が最も多様であった街区は、ダウンタウンを挟んで第4街区の南側にあたる第2街区だった。第2街区のこの多様さは男女ともにみられるが、とくに、男性の出身地の多様さは、一人しかいない出身地を含めると著しく高いものであった。高齢者の数も、第2街区が、他の街区よりも多く、当然ながら、高齢者の出身地も多様であった。他の街区では、男性の高齢者の数が女性の高齢者よりも多かったが、第1街区では、逆に女性の高齢者の方が多かった。

　第4街区には、さらに、男女ともに、国内出身者よりも、外国出身の高齢者が多いという特徴がある。男性の場合など、国内出身者が全くいないのである。このことは、この町の初期に移住してきたヨーロッパ系の人々の中には、ポーランド系移民が大量にこの街区に移入してきた後も、そのままこの街区に残って高齢期を迎えた人がいたことを示唆している。しかし、東部からの移住者は、この街区に残ることはなかったということも示唆しているのである。

第2章　人口動態

　20年後の1900年になると、街区数は6となっていて、すでに4街区制から移行していた。この街区数の増加は、総人口の増加現象を直接的に反映しているとみてよい。それほどに市内の人口が増大していくとともに、どの街区でも高齢者の数が増加していくことになった。全体的な特徴としていえることは、ニューヨーク州出身の高齢者の数がどの街区でも増加していることである（付表1-3）。この年度の第2街区と第3街区の一部が第6街区になり、第3街区の一部が第5街区となったので、単純に1880年と1900年を街区別に比較することはできない。第1街区と第4街区の場合は、範囲がそれほど大きく変わっていないので、過去の同じ番号をもった街区と比較することが可能である。

　第4街区の場合、他の街区と較べて、出身地の多様性が少ないことは20年前と同様である。また、高齢者も、男女ともに、国内出身者よりも外国出身者（とくにポーランド系の人々）が多い。第1街区で男女ともに外国出身者が国内出身者よりも多い傾向は、20年前よりも強まっている。同様の傾向は第2街区と第3街区でもいえるが、第5街区と第6街区には、必ずしも当てはまらず、第5街区の女性の場合、国内出身の高齢者のほうが外国出身の高齢者よりも多くなっていた。

　1910年の人口は、1900年から大きく変化していなかった（付表1-4）。男女ともに、ほとんどの街区で、外国出身者の高齢者の数が、国内出身の高齢者よりも多い傾向が続いていて、第4街区にポーランド系が優勢であることを除くと、出身地は、国内ではニューヨーク州、外国ではドイツが多く、10年前と変わっていない。第1街区では、ドイツ出身者よりもわずかに多いものの彼らとほとんど同じ数のノルウェー出身者がいた。他に1900年との比較で注目すべきことは、総人口の減少があったということである。総人口の減少は、第4街区を除いた街区すべてで人口が減少したことから生じたものである。第4街区では順調に住民の数が増えていたのである。高齢者の数は、外国出身者の場合、1900年から1910年にかけて、ほとんどすべての街区で、男女ともに増大した。一方、国内出身者の高齢者数は、これとは対照的に、ほとんど変化しなかった。国内出身者の移動が

61

この時期に多かった影響によるものであろう。

　農場地域で暮らす人たちの出生地の歴史的変化は、リヴァーフロント市民のそれとは異なったパターンによって変化していて、興味深いことに、農場地域の中にも文化的なパッチワーク状の多様性があることが明確に理解できる（付表2と付表3）。ポーランド系移民がクラーク郡区に集中するようになった1860年から1870年の間に、1860年に在住記録のあるアイルランド系住民の多くはこの郡区を去ってしまった。また、国内出身者の中で、ウィスコンシン生まれを除くと、男が46名から30名に減少し、女は、逆に40名から44名へと微増した。この男性の大幅な減少に注目して、その後のウィスコンシン州出身者を除いた国内出身者の数の変化を追っていくと、1880年に男23名女28名、1900年に男22名女23名、1910年に男45名女20名と、多少の増減があっても、規模からすると大きく増加することがなかったことがわかる。ここに、地元のウィスコンシン州以外の土地で生まれた国内出身高齢者が、全体を通して、わずかしか出現しなかった理由を求めることができるのである。

　クラーク郡区における外国出身高齢者の数は、1860年から1900年まで着実に増加した。20世紀に入ると最初の10年間には大きな変化がなく、この時期のこの郡区は、人口動態からみると、安定していることから、移民してきた時期から比較すると生活の面で落ち着いた状態に入っていて地域社会編成上も活力をもつようになっていたと推定できる。センサスのどの年度をとっても、外国出身高齢者のほとんどがポーランド系で、男性のほうが女性よりも常に多かった。これは、高齢者は寿命の関係で女性の方が多いという一般的な説明が適用できない例となっている。なぜ、そうなっていたのだろうか。ポーランド系の人々の間で、初期の頃の移民の仕方が、ファミリが一体となって移民したケースも多いが、それを上回るほどに、男性だけで移民してきたケースが多かったことを示唆している。

　もう一つの農場地帯にあるレイクランド郡区は、クラーク郡区がポーランド系と結びついたように、ノルウェー系と結びついたのであった。1860年から現在まで、外国出身者としてノルウェー系住民が集中して定住した

地域の一端をになってきたのである。パイン郡の東部にあたるこの郡区は、さらに東隣りの郡の西部地域と一体となって、州都マディソンとその周辺地域ほどではないものの、中西部一帯に分布するノルウェー系移民の定着した土地の一つだったのである（Gjerde 1985; Rasmussen 1993 参照）。

　この郡区は、一つの国・地域の出身者が住民の多数をしめる点で、ポーランド系が集中するクラーク郡区と共通しているが、住民の出身地の変化をこれら二つの郡区で対照させると互いに異なる特徴をもっていることがわかる。大きな違いは、レイクランド郡区内にスモール・タウンが3つあり、ノルウェーからの移民が移入する以前から、東部系の人々がこの郡区に住み着いていたことである。クラーク郡区ではポーランド系住民が増大する過程でポーランド以外の外国出身者がこの郡区を離れていってしまったのである。クラーク郡区にも1860年代にノルウェー系移民が流入してきて、わずかながら増加したにもかかわらず、1870年以後は減少してしまい、1910年にはいなくなってしまった。地元の地域で言い伝えられているように、南北に走る道路が境となって、ノルウェー系が東、ポーランド系が西に分布するようになったのである。この南北の道路はクラーク郡区の東にある郡区の中を通っていることから、クラーク郡区からノルウェー系の人々が消えてしまったと推定されるのである。

　国内出身者の住人の場合はどうであろうか。1860年の国内出身者の中で最も人数の多いニューヨーク州出身者の人数を基準として、その人数の変化を追跡すると、クラーク郡区では減少し、1910年に数名残っているだけとなった。一方、レイクランド郡区の国内出身者（ウィスコンシン出身者を除く）は減少しているものの、クラーク郡区に較べて、減少の度合いが少なかった。つまり、この郡区では、パイオニアである東部系の人々が、その後のノルウェー系を中心とする移民の流入の過程においても、この地を離れずに農場生活を送り続けていたことを示しているのである。

　さらに、農場地域のクラーク郡区とレイクランド郡区を比較すると、特徴的な類似と相違があることがわかる。いずれの郡区も、親の世代が移入後に出生した次の若い世代が増加することによって、ウィスコンシン生ま

れを中心にした国内出身者の増加がみられた。しかし、外国出身者数の変化の仕方が異なっていたのである。レイクランド郡区の場合、1860年から1870年にかけて、外国出身者の数が、男性で約1.5倍、女性で約2倍に増加したが、その後、1870年から1880年にかけて男性で約2割増加したのを除くと、1900年まで男女ともに1割程度の増加傾向を示し、全体的な増加のパターンは穏やかであった。一方、クラーク郡区の場合、外国出身者の数は男女とも1860年から1870年にかけて2.5倍程度の増加、1870年から1880年にかけて1.5倍弱の増加をしたものの、1880年から1900年の20年の間に男女それぞれ2割、2.5割（各100人程度）が減少してしまったのである。さらにその後1910年までの10年間で、男性で3割（100人程度）の減少、女性で2割（60人程度）の減少がみられたのである。

　これら二つの郡区の間にみられる違いについて考えることは、そこで生活するファミリの形態、生業の形態、エスニシティ、高齢者の扶養関係がどのように相互的に関連しているのかを知る上で重要である。この問題については後ほど本書で再び扱うことになるが、ここでは、変化の大きいクラーク郡区に焦点を合わせ、違いの生じる背景について推定を試みておくことにする。

　クラーク郡区はポーランド系が多数をしめ、移住のパターンからすると、まず、成人男性がアメリカに渡り、その後、彼が既婚の場合には配偶者と子ども、そして、彼の親類や両親などがアメリカに渡ったと思われる。もちろん、既にみたように、多くの独身の男性も移住してきた。彼らが移住後、結婚するケースも多かったであろう。既婚・独身にかかわらず、いったんアメリカに移住し、彼らが長となって、ファミリが形成されていったのである。いわゆる移民一世となるこれらの人々は、アメリカでの生活を築き上げていく間に、やがて、外国生まれの子どもは成長して仕事を見出すようになり、あるいは、結婚して新しいファミリを築くようになり、この地を離れていったと思われる。農場をもつにしろ、ほとんどの農地が1870年代までに、誰かの所有地となってしまっているために、どこか空いている未開墾地、あるいは、誰かが手放した土地を求めて、他の郡区に移

動しなければならなかったのである。また、都会生活者となる者も、身近なリヴァーフロント市へ移住したり、他の中規模、大規模な都市へ移り住んだのである。

　クラーク郡区とレイクランド郡区での高齢者の出現と増加はヨーロッパからアメリカに移住し、そして、農場の長として暮らし続けた人々が、高齢となったことによって、もたらされたのである。農場地域における高齢者の出身地の変化をみると、クラーク郡区で、ポーランド系以外の外国出身者が1860年から1900年にかけて徐々に減少し、いなくなり、1910年では、ドイツ系の高齢者が数名残るのみとなっている他はポーランド系高齢者だけとなった。そして、国内出身者はどの年をとっても1名いるかいないかであった。レイクランド郡区の高齢者の出身地は、ノルウェー系を主としながらも、他のヨーロッパ諸国の出身者が存在し続けていて、また、国内出身高齢者の出身も東部諸州に分散していて、混在した状態を保っていたのであった。

文化的背景の変化

　対象地域の人々の文化的背景は、すでに述べてあるように、出生地の資料を基にして、研究者が作成したものである。そのため、この地域の初期に東部から移動してきた人々を総称的にヤンキーと呼ぶことに大きな誤りはないにしても、個人別に見た場合、彼らの祖先がどのヨーロッパ地域の文化的背景をもっていたかの推定はできないことを念頭においておかなければならない。

　既述の手続きによって作成された二次資料を解析することによって、どのように出生地の変化の解析結果と、異なる結果がでるのかをまず述べることにする。資料の解析を容易にするために、国内の文化的背景を出身地にならって、北東部系（ニューイングランド地域）（US-NE）、東部系（US-E）、中西部系（US-MW）、南部系（US-S）などに大分類して分析することにした（p.59参照）。このことで、地域別の「文化」を想定しているわけではな

い。そうした類別は、地域別に「文化」の影響について分析をおこなうときに役立つと考えて行ったのである。

　文化的背景の解析結果が出生地の解析結果と大きく異なる場合がある。その違いは、アメリカ国内で生まれた人々の文化的背景を決定する仕方から生じたものである。つまり、文化的背景としてのアメリカ中西部（US-MW）のカテゴリーに入る人（主にパイオニアたち）の数は、歴史的変化の中で少なくなる一方で、ウィスコンシンで生まれた者（移住二世や移民二世など）が、父母や祖父母と同じ中西部以外の土地の文化的背景をもつと判定されるからである。中西部生まれの者の数が年を追う毎に増大するのと対照的に、文化的背景を中西部と見なされた者の数は、そうした増大を示さないのである。

　まず、全体的にみて、文化的背景の変化にどのような特徴があるかをみてみる。リヴァーフロント市の場合、1850年に、アメリカ以外の文化的背景を持つ者が少なく、とくに女性でそれが顕著にあらわれている。当時、この地域に移り住んだのは、もともと東部諸州に暮らしていたファミリを背景としてもつ人たちで、男性の場合はしばしばヨーロッパ生まれが東部を経て中西部に移り住んできていたのである。住民の総数が増加するなかで、10年後には、アメリカの文化的背景を持つ者の数に、アメリカ以外の文化的背景をもつ者の数が近づいていったが、その数が逆転するのは、1870年からである。それ以後、リヴァーフロント市の住民の多くは、アメリカ以外の文化的背景をもつ人々によってしめられていくことになったのである。

　一方、農場地域の場合は、いずれの郡区も、リヴァーフロント市と同様のことがいえるが、1860年にはすでに、リヴァーフロント市よりも早くから、アメリカ以外の文化的背景をもつ者の数の方がアメリカの文化的背景を持つ者よりも多くなっている点に違いがある。

　また、クラーク郡区とレイクランド郡区を比較すると、その後の変化のしかたに違いがあることがわかる。クラーク郡区では、1860年ですでにアメリカの文化的背景を持つ者が、男44名女39名いるだけで、その後、増減

はあるものの、1910年には半減したのである。レイクランド郡区では、既に出身地の変化でみたように、クラーク郡区よりも出身地が多様であることから、当然ながら、文化的背景も多様であった。1860年に、アメリカの文化的背景を持つ者が男139名、女122名いて、その後若干の増減があるものの、1910年には、50年前よりも僅かに増加しているのである。これは、この郡区の東部及び北東部（ニューイングランド）出身者が比較的定着的に生活していることを示唆している。彼らの家族の大きさ（子どもの数の多さ）と農地の継承との間の関係を考えると、基本的に大家族制をとっているポーランド系の家族と対照的な違いがあるにちがいない。

　1850年代のクラーク郡区は、アイルランド系の人々が最も多く移住してきた土地であった。1860年代には、彼らの多くは別な土地に移動し、ポーランド系の人々が圧倒的な数をしめるようになった。この圧倒的な人数の多さは、1980年代まで継続するのである。これとは対照的に、レイクランド郡区で1850年代に多数を占めていたノルウェー系の人々は、数の上では次に多いドイツ系よりも2倍以上の多さを示しているにもかかわらず、この郡区内で、クラーク郡区のポーランド系住民のような圧倒的な多さを示すことにはならなかった。1900年と1910年をみると、ノルウェー系の人々の数は変化していないが、ドイツ系およびポーランド系の人々の数は増加しているのである。おそらく、これらの人々は、新たな農地を求めて、レイクランド郡区に入ってきたものと思われる。この時期、ノルウェー系の人々は、農地の拡大の面からみると、そうした拡大傾向をもたなくなったことが示唆されるのである。つまり、次世代への継承が、農場の拡大を伴わなくなった、言い換えれば、子どもの世代に複数の農場経営希望者がいなくなったことを示唆しているのである。

　リヴァーフロント市内は、町の構成に街区制をとっていることから、それぞれの街区毎の特徴を比較検討できるようになる1880年のセンサスをみると、市制後20年ほどの間に、すでに4つの街区の住民の間で文化的背景に対照的な違いが顕著となっていたことがわかる。最も顕著なのは、第4街区で、ポーランド系の住民が半数近くとなっていたことである。第1街

表2-15 リヴァーフロント市住民の文化的背景別人数変化(1850年-1910年)

男性

		1850年 合計	0-	30-	60-		1860年 合計	0-	30-	60-		1870年 合計	0-	30-	60-	90-
国外系	カナダ	40	29	10	1	アイルランド	103	73	28	2	アイルランド	140	100	34	6	
	アイルランド	20	13	7		カナダ	71	50	21		プロシャ	138	93	39	6	
	イングランド	11	6	5		ドイツ	47	30	16	1	カナダ	108	75	32	1	
	ドイツ	11	9	2		プロシャ	40	27	12	1	ドイツ	69	44	21	4	
	スコットランド	3	1	2		イングランド	34	25	9		ノルウェー	69	52	17		
	ノルウェー	1	1			ノルウェー	24	16	8		イングランド	37	24	13		
	合計	86	59	26	1	スコットランド	17	9	8		フランス	19	15	3	1	
国内系	東部	139	85	52	2	ベルギー	5	3	2		スコットランド	13	6	7		
	北東部	42	25	15	2	オーストリア	4	2	2		ウェールズ	7	6	1		
	中西部	37	30	7		フランス	3	3			オランダ	5	3	2		
	南部	1	1			ポーランド	3	1	2		オーストリア	2	1	1		
	合計	219	141	74	4	ドイツ？	2	2			アイルランド	3	1	2		
	不明	3	3			イタリア	1	1			イングランド	2	1	1		
						ウェールズ	1	1			合計	613	421	174	18	
						合計	355	242	109	4	東部	204	116	80	8	
						東部	268	157	102	9	北東部	77	48	24	5	
						北東部	109	61	41	7	中西部	58	45	13		
						中西部	39	29	9	1	南部	6	2	4		
						南部	8	4	4		合計	345	211	121	13	
						中央部	1		1		不明	1	1			
						合計	425	251	157	17						
						不明	4	1	3							

女性

		1850年 合計	0-	30-	60-		1860年 合計	0-	30-	60-		1870年 合計	0-	30-	60-	90-
国外系	カナダ	10	7	3		アイルランド	99	76	23		プロシャ	131	97	31	3	
	イングランド	9	7	2		カナダ	64	54	9	1	アイルランド	124	92	28	3	1
	ドイツ	6	4	2		ドイツ	48	34	14		カナダ	81	63	18		
	アイルランド	1		1		プロシャ	44	33	10	1	ドイツ	75	56	17	2	
	スコットランド	1	1			ノルウェー	40	34	6		ノルウェー	66	55	10	1	
	合計	27	19	8		イングランド	28	15	13		イングランド	34	19	12	3	
国内系	東部	74	63	11		スコットランド	11	7	4		スコットランド	19	11	7	1	
	北東部	29	21	6	2	ポーランド	6	4	2		フランス	13	9	4		
	中西部	18	11	7		ベルギー	3	1	2		オーストリア	3	2	1		
	南部	1		1		フランス	3	3			ウェールズ	3	2	1		
	合計	122	95	25	2	オーストリア	2	2			オランダ	1	1			
	不明	1	1			ドイツ？	2	2			ポーランド	1	1			
						ウェールズ	2	2			合計	552	109	129	13	1
						合計	352	267	83	2	東部	216	139	70	6	1
						東部	249	189	56	4	中西部	77	59	18		
						北東部	88	56	25	7	北東部	76	48	25	3	
						中西部	53	44	9		南部	4	1	2	1	
						南部	8	4	3	1	合計	373	247	115	10	1
						合計	398	293	93	12	不明	1	1			

表2-15 （続き）

1880年	合計	0-	30-	60-	90-	1900年	合計	0-	30-	60-	90-	1910年	合計	0-	30-	60-	90-
アイルランド	316	222	79	15		ドイツ	1089	701	324	64		ポーランド	1589	1090	377	121	1
ポーランド	232	158	68	6		ポーランド	980	689	238	53		ドイツ	756	454	235	66	1
ドイツ	217	152	62	3		アイルランド	334	195	110	29		カナダ	234	143	71	20	
プロシャ	211	136	60	15		ノルウェー	315	200	96	19		アイルランド	213	118	75	20	
カナダ	168	112	51	5		ノルウェー	231	142	78	11		ノルウェー	159	81	67	11	
イングランド	127	83	39	5		イングランド	199	126	56	16	1	イングランド	133	72	42	19	
ノルウェー	123	81	41	1		ノルウェー	106	69	29	8		オーストリア	98	62	28	8	
スコットランド	75	46	27	2		スコットランド	94	57	30	7		スコットランド	57	27	16	14	
ハンガリー	49	33	16	0		スウェーデン	49	33	15	1		イディッシュ	36	24	12		
フランス	27	21	6	0		フランス	42	28	13	1		スウェーデン	29	15	11	3	
ボヘミア	26	20	5	1		ロシア	24	14	8	2		ベルギー	19	9	6	4	
オーストリア	18	11	6	1		ベルギー	19	11	7	1		ボヘミア	19	13	4	2	
ウェールズ	17	12	5			デンマーク	18	12	6			フランス	17	11	4	2	
スウェーデン	14	10	4	0		ボヘミア	16	10	5	1		オランダ	16	13	2	1	
フィンランド	8	7	1			スイス	15	10	4	1		デンマーク	12	6	6		
ベルギー	7	4	1	2		ウェールズ	12	7	5			ウェールズ	10	6	3	1	
デンマーク	6	5	1	0		オーストリア	12	6	6			スイス	10	6	4		
スイス	5	4	1	0		ルーマニア	6	5	1			イタリア	3		3		
オランダ	4	3	1	0		中国	5	2	3			ブルガリア	3	1	1	1	
ルーマニア	1	1				オランダ	4	3	1			中国	3	1	2		
合計	1651	1121	474	56		シリア	3	2	1			ハンガリー	1	1			
東部	381	221	145	15		南米	1			1		不明	1	1			
北東部	199	104	76	19		合計	3574	2322	1036	215	1	合計	3418	2154	969	293	2
中西部	51	38	13	0		東部	488	199	235	54		中西部	234	154	73	7	
南部	8	3	5	0		中西部	231	152	76	3		東部	372	134	170	68	
合計	639	366	239	34		北東部	223	89	92	42		北東部	122	38	55	28	1
不明	6	3	3	0		南部	13	9	4			南部	2		2		
						北中央部	1	1				不明	1	1			
						合計	956	450	407	99	0	合計	731	327	300	103	1
						不明	13	8	5			不明	17	10	6	1	0
アイルランド	267	183	70	14		ドイツ	1133	749	320	64		ポーランド	1664	1204	366	93	1
ポーランド	226	180	40	6		ポーランド	1104	838	220	46		ドイツ	829	481	276	72	
ドイツ	190	143	43	4		アイルランド	365	212	119	33		アイルランド	255	133	95	27	
プロシャ	187	123	53	10	1	カナダ	325	216	92	16	1	カナダ	255	169	72	14	
カナダ	162	132	28	2		ノルウェー	287	176	99	12		ノルウェー	193	95	73	25	
ノルウェー	160	125	31	4		イングランド	239	147	77	15		イングランド	158	83	56	19	
イングランド	128	90	29	9		ハンガリー	106	69	28	9		オーストリア	121	77	33	11	
スコットランド	70	51	18	1		スコットランド	79	46	24	9		スコットランド	57	30	18	9	
ハンガリー	46	31	14	1		スウェーデン	36	23	11	2		イディッシュ	37	29	8		
ボヘミア	28	21	7	0		フランス	31	21	7	3		スウェーデン	35	17	12	6	
フランス	27	19	8	0		ロシア	27	20	6	1		ボヘミア	23	17	5	1	
オーストリア	20	15	5	0		ベルギー	21	18	1	2		デンマーク	20	14	6		
ウェールズ	15	14	1	0		ウェールズ	21	15	4	2		フランス	20	8	10	2	
ベルギー	11	6	3	2		ボヘミア	18	12	4	2		ベルギー	17	13	4		
スウェーデン	7	4	3	0		デンマーク	17	11	6			オランダ	14	8	3	3	
オランダ	3	2	1	0		スイス	17	14	2	1		ウェールズ	12	7	5		
ルーマニア	3	2	1			オーストリア	13	10	2	1		スイス	11	9	2		
デンマーク	2	2				オランダ	6	3	2	1		イタリア	8	7	1		
スイス	2	2				シリア	2	2				ブルガリア	3	1	1	1	
ロシア	2	1	1			ルーマニア	1	1				ハンガリー	2	2			
合計	1556	1146	356	53	1	合計	3848	2601	1026	218	3	合計	3734	2404	1046	283	1
東部	354	217	124	13		東部	562	257	242	63		東部	386	148	172	65	1
北東部	178	97	65	16		中西部	294	215	76	3		中西部	240	157	79	4	
中西部	47	37	9	1		北東部	242	116	91	35		北東部	137	42	65	30	
南部	9	4	5	0		南部	12	6	6			南部	10	3	5	2	
合計	588	355	203	30	0	中央部	1	1				不明	1	1			
						合計	1111	594	415	102		西部	1	1			
						不明	12	8	3	1		北中央部	1		1		
												合計	776	352	322	101	1
												不明	13	10	3		

表2-15 (続き)(1880年、街区別)

		第1街区				第2街区				第3街区			
			合計	年齢 0-	30-	60-		合計	0-	30-	60-		合計	0-	30-	60-

男性

		第1街区 合計	0-	30-	60-	第2街区 合計	0-	30-	60-	第3街区 合計	0-	30-	60-
国外系	ドイツ	67	50	17		ドイツ 108	72	33	3	アイルランド 97	68	23	6
	アイルランド	67	42	23	2	アイルランド 94	69	21	4	プロシャ 53	34	17	2
	ノルウェー	64	46	18		プロシャ 66	42	18	6	カナダ 40	23	17	
	イングランド	37	22	14	1	カナダ 57	38	17	2	スコットランド 34	22	12	
	プロシャ	25	14	8	3	イングランド 45	33	10	2	イングランド 29	17	11	1
	カナダ	23	15	8		ノルウェー 41	26	14	1	ハンガリー 26	16	10	
	フランス	11	9	2		スコットランド 28	18	9	1	ドイツ 24	15	9	
	スコットランド	11	5	5	1	ハンガリー 21	16	5		ノルウェー 14	7	7	
	フィンランド	8	7	1		ポーランド 16	12	4		ボヘミア 9	7	1	1
	オーストリア	7	5	2		ボヘミア 13	10	3		ウェールズ 5	2	3	
	スウェーデン	7	6	1		ウェールズ 8	7	1		フランス 3	2	1	
	ボヘミア	4	3	1		ベルギー 7	4	1	2	オーストリア 2	1	1	
	ウェールズ	4	3	1		スウェーデン 7	4	3		デンマーク 2	1	1	
	デンマーク	3	3			フランス 5	4	1		オランダ 2	2		
	ハンガリー	2	1	1		スイス 4	3	1		ポーランド 1	1		
	ポーランド	1		1		オーストリア 3	2	1		合計 341	218	113	10
	スイス	1	1			デンマーク 1		1		東部 133	85	45	3
	合計	342	232	103	7	合計 524	361	142	21	北東部 61	31	20	10
国内系	東部	104	55	45	4	東部 92	48	36	8	中西部 14	10	4	
	北東部	63	34	26	3	北東部 58	30	22	6	合計 208	126	69	13
	中西部	18	14	4		中西部 15	11	4		不明 1		1	
	南部	2		2		南部 2		2					
	合計	187	103	77	7	合計 167	89	64	14				
	不明	4	2	2									

女性

		第1街区 合計	0-	30-	60-	第2街区 合計	0-	30-	60-	第3街区 合計	0-	30-	60-
国外系	アイルランド	76	57	15	4	ドイツ 100	73	24	3	アイルランド 70	46	21	3
	ノルウェー	62	44	17	1	アイルランド 72	47	21	4	カナダ 50	43	7	
	ドイツ	51	37	14		プロシャ 63	38	21	4	プロシャ 48	34	11	3
	イングランド	31	18	10	3	ノルウェー 62	49	10	3	スコットランド 35	25	10	
	プロシャ	24	16	6	2	カナダ 52	42	10		イングランド 32	22	8	2
	カナダ	21	15	5	1	イングランド 47	36	10	1	ノルウェー 29	26	3	
	ポーランド	12	12			スコットランド 22	15	6	1	ドイツ 26	21	4	1
	スコットランド	12	10	2		ポーランド 21	19	2		ハンガリー 25	16	8	1
	フランス	10	6	4		ハンガリー 20	14	6		ボヘミア 8	6	2	
	オーストリア	8	5	3		ボヘミア 12	9	3		ポーランド 3	3		
	ボヘミア	8	6	2		ウェールズ 11	10	1		デンマーク 2	2		
	ウェールズ	3	3			ベルギー 10	5	3	2	フランス 2	2		
	スウェーデン	2	1	1		フランス 8	4	4		オーストリア 1	1		
	ハンガリー	1	1			スウェーデン 5	3	2		ウェールズ 1	1		
	合計	321	231	79	11	オーストリア 3	3			合計 332	248	74	10
国内系	東部	105	67	33	5	スイス 2	2			東部 107	69	36	2
	北東部	43	15	23	5	オランダ 1		1		中西部 19	16	3	
	中西部	9	7	2		合計 511	369	124	18	北東部 54	32	16	6
	南部	5	1	4		東部 104	61	39	4	南部 1		1	
	合計	162	90	62	10	北東部 59	37	18	4	合計 181	117	56	8
	不明	2	2			中西部 10	8	2					
						合計 173	106	59	8				

表2-15 (続き)(1880年、街区別)

第4街区	合計	年齢 0-	30-	60-	90-
ポーランド	214	145	63	6	
プロシャ	67	46	17	4	
アイルランド	58	43	12	3	
カナダ	48	36	9	3	
ドイツ	18	15	3		
イングランド	16	11	4	1	
フランス	8	6	2		
オーストリア	6	3	2	1	
ノルウェー	4	2	2		
オランダ	2	1	1		
スコットランド	2	1	1		
ルーマニア	1	1			
合計	444	310	116	18	
東部	52	33	19		
北東部	17	9	8		
中西部	4	3	1		
南部	4	3	1		
合計	77	48	29		
不明	1	1			

	合計	0-	30-	60-	90-
ポーランド	190	146	38	6	
プロシャ	52	35	15	1	1
アイルランド	49	33	13	3	
カナダ	39	32	6	1	
イングランド	18	14	1	3	
ドイツ	13	12	1		
オーストリア	8	6	2		
フランス	7	7			
ノルウェー	7	6	1		
ルーマニア	3	2	1		
オランダ	2	2			
ロシア	2	1	1		
ベルギー	1	1			
スコットランド	1	1			
合計	392	298	79	14	1
東部	38	20	16	2	
北東部	22	13	8	1	
中西部	9	6	2	1	
南部	3	3			
合計	72	42	26	4	

表2-15 （続き）（1900年、街区別）

	第1街区		年齢			第2街区		年齢		第3街区		年齢	
		合計	0-	30-	60-	90-		合計	0-	30-	60-		合計	0-	30-	60-

男性

		合計	0-	30-	60-	90-		合計	0-	30-	60-		合計	0-	30-	60-
国外系	ドイツ	152	100	44	8		ドイツ	269	156	93	20	ドイツ	152	96	47	9
	ノルウェー	98	65	29	4		アイルランド	80	42	33	5	ハンガリー	70	47	18	5
	アイルランド	86	48	32	6		ノルウェー	62	35	24	3	カナダ	60	39	17	4
	カナダ	45	29	13	3		カナダ	54	25	26	3	アイルランド	58	35	16	7
	ポーランド	44	33	10	1		イングランド	44	26	16	2	ポーランド	53	35	14	4
	イングランド	28	15	6	7		スコットランド	29	16	9	4	イングランド	47	31	11	5
	スコットランド	18	13	4	1		スウェーデン	21	13	7	1	ノルウェー	26	12	12	2
	ロシア	12	7	4	1		ポーランド	10	8	2		スコットランド	17	11	5	1
	スウェーデン	10	6	4			ベルギー	9	5	3	1	ボヘミア	6	4	2	
	フランス	6	3	3			スイス	6	4	2		オーストリア	5	3	2	
	ルーマニア	6	5	1			ウェールズ	6	2	4		フランス	5	4	1	
	中国	5	2	3			フランス	4	2	2		スイス	5	4	1	
	オーストリア	4	2	2			デンマーク	2	1	1		ウェールズ	5	4	1	
	ボヘミア	4	3	1			ロシア	1			1	デンマーク	3	2	1	
	デンマーク	4	2	2			合計	597	335	222	40	スウェーデン	1	1		
	シリア	3	2	1			東部	104	35	53	16	合計	513	328	148	37
	ベルギー	1		1			中西部	54	33	21		東部	108	49	46	13
	オランダ	1		1			北東部	43	11	24	8	北東部	57	30	23	4
	スイス	1		1			南部	4	2	2		中西部	38	28	10	
	ウェールズ	1	1				合計	205	81	100	24	南部	4	3	1	
	合計	529	336	162	31							合計	207	110	80	17
国内系	東部	68	21	38	9											
	北東部	41	13	18	10											
	中西部	37	23	13	1											
	南部	5	4	1												
	合計	151	61	70	20											
	不明	1	1													

女性

		合計	0-	30-	60-	90-		合計	0-	30-	60-		合計	0-	30-	60-
国外系	ドイツ	168	112	48	8		ドイツ	291	182	85	24	ドイツ	161	115	41	5
	ノルウェー	116	68	39	9		アイルランド	109	60	35	14	ポーランド	89	76	8	5
	アイルランド	79	45	28	5	1	ノルウェー	69	41	26	2	アイルランド	61	34	21	6
	ポーランド	72	61	10	1		カナダ	59	34	21	4	ハンガリー	60	35	18	7
	カナダ	61	42	18	1		イングランド	48	28	18	2	カナダ	59	33	19	7
	イングランド	31	16	12	3		ポーランド	27	25	1	1	イングランド	55	33	16	6
	ロシア	15	11	3	1		スコットランド	23	12	8	3	ノルウェー	52	36	16	
	スコットランド	15	9	5	1		スウェーデン	16	10	6		スコットランド	16	10	4	2
	フランス	7	4	2	1		ベルギー	12	11	1		ウェールズ	11	8	3	
	スウェーデン	7	5	2			ウェールズ	8	6	1	1	オーストリア	6	5	1	
	デンマーク	5	3	2			デンマーク	6	4	2		ボヘミア	6	5	1	
	ボヘミア	4	3	1			フランス	6	4	1	1	フランス	4	3	1	
	ベルギー	3	1	1	1		スイス	2	1	1		オランダ	3	1	1	1
	オーストリア	2	1			1	オーストリア	2	1	1		スウェーデン	3	3		
	シリア	2		2			合計	679	421	205	53	スイス	3	3		
	ルーマニア	1	1				東部	104	36	53	15	デンマーク	1	1		
	スイス	1	1				中西部	62	42	19	1	合計	590	401	150	39
	ウェールズ	1			1		北東部	48	26	19	3	東部	150	69	70	11
	合計	590	385	171	32	2	南部	3	1	2		中西部	74	54	20	
国内系	東部	87	44	33	10		合計	217	105	93	19	北東部	61	28	24	9
	中西部	48	38	10			不明	1	1			南部	2		2	
	北東部	36	8	19	9							合計	287	151	116	20
	南部	3	2		1							不明	2	2		
	合計	174	92	62	20											
	不明	3	1	1	1											

表2-15 (続き)(1900年、街区別)

第4街区	合計	年齢 0-	30-	60-	90-	第5街区	合計	年齢 0-	30-	60-	90-	第6街区	合計	年齢 0-	30-	60-
ポーランド	869	610	211	48		ドイツ	276	190	75	11		ドイツ	165	109	45	11
ドイツ	75	50	20	5		カナダ	71	47	22	2		イングランド	37	26	9	2
カナダ	58	41	10	7		アイルランド	58	37	16	5		カナダ	27	19	8	
アイルランド	36	23	7	6		イングランド	36	23	12		1	アイルランド	16	10	6	
ノルウェー	25	18	6	1		ハンガリー	36	22	11	3		スウェーデン	16	12	4	
ロシア	11	7	4			スコットランド	23	14	8	1		ノルウェー	7	4	3	
イングランド	7	5	2			フランス	21	14	6	1		スコットランド	6	3	3	
ボヘミア	5	3	2			ノルウェー	13	8	4	1		フランス	5	4	1	
フランス	1	1				デンマーク	9	7	2			ポーランド	4	3	1	
スコットランド	1		1			ベルギー	7	5	2			ベルギー	2	1	1	
スウェーデン	1	1				オランダ	3	3				スイス	2	1		1
合計	1089	759	263	67		オーストリア	2	1	1			オーストリア	1		1	
東部	17	6	11			スイス	1	1				ボヘミア	1			1
北東部	15	6	5	4		合計	556	372	159	24	1	南米	1			1
中西部	11	9	2			東部	128	60	58	10		合計	290	192	82	16
合計	43	21	18	4		中西部	50	33	17			東部	63	28	29	6
不明	10	6	4			北東部	42	19	15	8		中西部	41	26	13	2
						北中央部	1	1				北東部	25	10	7	8
						合計	221	113	90	18		合計	129	64	49	16
												不明	2	1	1	

ポーランド	911	672	200	39		ドイツ	299	206	84	9		ドイツ	138	85	44	9
ドイツ	76	49	18	9		カナダ	77	58	17	2		イングランド	36	21	11	4
カナダ	41	25	13	2	1	イングランド	63	44	19			カナダ	28	24	4	
アイルランド	37	22	11	4		アイルランド	52	34	17	1		アイルランド	27	17	7	3
ノルウェー	24	15	8	1		ハンガリー	46	34	10	2		スウェーデン	10	5	3	2
ロシア	12	9	3			ノルウェー	19	11	8			ノルウェー	7	5	2	
ボヘミア	7	4	2	1		スコットランド	17	10	5	2		スコットランド	6	4	1	1
イングランド	6	5	1			フランス	11	9	2			フランス	3	1	1	1
スコットランド	2	1	1			スイス	7	4	2	1		ポーランド	3	2	1	
合計	1116	802	257	56	1	ベルギー	5	5				スイス	3	3		
東部	21	7	10	4		デンマーク	5	3	2			オーストリア	2	2		
北東部	12	6	4	2		オランダ	3	2	1			ベルギー	1	1		
中西部	7	5	2			ポーランド	2	2				ボヘミア	1			1
合計	40	18	16	6		オーストリア	1	1				合計	265	170	74	21
不明	6	4	2			ウェールズ	1	1				東部	82	43	32	7
						合計	608	424	167	17		中西部	37	27	9	1
						東部	118	58	44	16		北東部	35	19	12	4
						中西部	66	49	16	1		中央部	1	1		
						北東部	50	29	13	8		合計	155	90	53	12
						南部	4	2	2							
						合計	238	138	75	25						

表2-15 （続き）（1910年、街区別）

第1街区

男性

区分	国籍/地域	合計	0-	30-	60-
国外系	ポーランド	119	83	27	9
	ドイツ	112	67	36	9
	ノルウェー	71	35	31	5
	アイルランド	65	35	24	6
	カナダ	31	20	9	2
	イングランド	22	12	6	4
	スコットランド	16	9	3	4
	イディッシュ	11	7	4	
	ボヘミア	10	8	2	
	スウェーデン	9	5	3	1
	デンマーク	5	2	3	
	中国	3	1	2	
	ウェールズ	3	2		1
	ベルギー	2			2
	オーストリア	1			1
	不明	1	1		
	合計	481	287	151	43
国内系	東部	56	16	29	11
	中西部	32	24	7	1
	北東部	16	2	10	4
	合計	104	42	46	16

女性

区分	国籍/地域	合計	0-	30-	60-
国外系	ドイツ	156	93	46	17
	ポーランド	127	96	27	4
	ノルウェー	76	39	26	11
	アイルランド	58	31	23	4
	カナダ	38	23	11	4
	イングランド	29	17	8	4
	スコットランド	14	3	9	2
	イディッシュ	13	11	2	
	スウェーデン	9	5	3	1
	ボヘミア	8	6	2	
	デンマーク	7	5	2	
	オーストリア	5	2	3	
	ベルギー	3	1	2	
	フランス	2		1	1
	スイス	1	1		
	合計	546	332	166	48
国内系	東部	57	17	32	8
	中西部	31	21	8	2
	北東部	11	1	6	4
	南部	1			1
	合計	100	39	46	15

第2街区

男性

区分	国籍/地域	合計	0-	30-	60-
国外系	ドイツ	184	105	61	18
	アイルランド	51	30	17	4
	ポーランド	47	33	14	
	ノルウェー	38	18	17	3
	イングランド	33	14	12	
	カナダ	31	14	12	5
	イディッシュ	23	16	7	
	スコットランド	13	6	4	3
	スイス	10	6	4	
	ベルギー	8	5	2	1
	スウェーデン	8	3	3	2
	デンマーク	4	2	2	
	フランス	4	1	2	
	オーストリア	3		2	1
	ボヘミア	2		1	1
	イタリア	2		2	
	合計	461	253	162	46
国内系	東部	74	16	40	18
	中西部	63	35	27	1
	北東部	27	7	14	6
	南部	1		1	
	合計	165	58	82	25
	不明	4	2	2	

女性

区分	国籍/地域	合計	0-	30-	60-
国外系	ドイツ	183	94	64	25
	アイルランド	62	28	28	6
	カナダ	61	38	21	2
	ポーランド	49	40	9	
	ノルウェー	43	16	21	6
	イディッシュ	27	13	10	4
	スコットランド	15	7	7	1
	ベルギー	11	9	2	
	スウェーデン	10	2	5	3
	スイス	9	8	1	
	オーストリア	8	4	3	1
	イタリア	8	7	1	
	デンマーク	5	3	2	
	ボヘミア	4	4		
	フランス	3	1	2	
	ウェールズ	2	1	1	
	オランダ	1		1	
	合計	522	292	182	48
国内系	東部	74	25	31	18
	中西部	55	35	19	1
	北東部	34	10	19	5
	南部	2		2	
	合計	165	70	71	24
	不明	3	2	1	

第3街区

男性

区分	国籍/地域	合計	0-	30-	60-	90-
国外系	ポーランド	126	86	30	10	
	ドイツ	119	70	35	14	
	カナダ	72	46	20	6	
	オーストリア	66	45	16	5	
	イングランド	42	27	11	4	
	アイルランド	24	11	11	2	
	ノルウェー	21	10	9	2	
	フランス	12	5	5	2	
	ウェールズ	8	6	2		
	スウェーデン	7	4	3		
	イディッシュ	3	2	1		
	ベルギー	2	1	1		
	デンマーク	1		1		
	合計	503	313	145	45	
国内系	東部	88	38	39	11	
	中西部	60	41	17	2	
	北東部	27	8	14	4	1
	南部	1		1		
	合計	176	87	71	17	1
	不明	2	1	1		

女性

区分	国籍/地域	合計	0-	30-	60-	90-
国外系	ポーランド	156	120	29	7	
	ドイツ	129	77	40	12	
	カナダ	78	52	23	3	
	オーストリア	77	55	16	6	
	イングランド	55	27	23	5	
	アイルランド	44	24	15	5	
	イディッシュ	39	20	16	3	
	スコットランド	9	6		3	
	ウェールズ	9	6	3		
	フランス	7	5	2		
	デンマーク	3	2		1	
	スウェーデン	3	2	1		
	スイス	1	1			
	合計	610	397	168	45	
国内系	東部	108	39	55	14	
	中西部	64	39	25		
	北東部	31	9	16	6	
	北中央部	1	1			
	合計	208	88	99	21	
	不明	2		2		

表2-15 （続き）（1910年、街区別）

第4街区	合計	0-	30-	60-	90-
ポーランド	1195	815	283	96	1
カナダ	32	20	9	3	
ドイツ	30	19	9	2	
ノルウェー	21	13	7	1	
アイルランド	17	10	4	3	
イングランド	3		2	1	
フランス	1			1	
イタリア	1		1		
合計	1300	877	315	107	1
東部	9	3	4	2	
中西部	7	5	2		
北東部	4	1	1	2	
合計	20	9	7	4	
不明	9	6	3		

第5街区	合計	0-	30-	60-	90-
ドイツ	205	130	61	13	1
ポーランド	63	46	14	3	
カナダ	47	30	15	2	
アイルランド	40	22	13	5	
オーストリア	26	16	8	2	
イングランド	17	10	5	2	
スコットランド	13	6	3	4	
ノルウェー	8	5	3		
ベルギー	4	3	1		
ボヘミア	4	3		1	
オランダ	2	2			
フランス	2	2			
イディッシュ	2	1	1		
ハンガリー	1	1			
スウェーデン	1		1		
合計	435	277	125	32	1
東部	102	44	43	15	
中西部	39	28	9	2	
北東部	27	10	11	6	
合計	168	82	63	23	
不明	1	1			

第6街区	合計	0-	30-	60-
ドイツ	106	63	33	10
ポーランド	39	27	9	3
カナダ	21	13	6	2
イングランド	16	9	6	1
アイルランド	16	10	6	
オランダ	14	11	2	1
スウェーデン	8	5	3	
ベルギー	3		2	1
ボヘミア	3	2	1	
ブルガリア	3	1	1	1
スコットランド	3	1	1	1
オーストリア	2	1	1	
デンマーク	2	2		
フランス	2	2		
合計	238	147	71	20
東部	43	17	15	11
中西部	33	21	11	1
北東部	21	10	5	6
不明	1	1		
合計	98	49	31	18
不明	1			1

第4街区	合計	0-	30-	60-	90-
ポーランド	1234	877	279	77	1
ドイツ	33	19	11	3	
アイルランド	22	12	5	5	
ノルウェー	18	11	6	1	
カナダ	10	7	1	2	
イングランド	7	7			
スウェーデン	2	2			
ボヘミア	1		1		
フランス	1			1	
スコットランド	1		1		
合計	1329	935	304	89	1
東部	16	8	6	2	
中西部	8	5	3		
北東部	6	2	3	1	
合計	30	15	12	3	
不明	7	7			

第5街区	合計	0-	30-	60-	90-
ドイツ	227	144	74	9	
ポーランド	67	53	10	4	
アイルランド	59	33	20	6	
カナダ	57	41	14	2	
オーストリア	28	13	11	4	
イングランド	25	12	9	4	
スコットランド	12	9	1	2	
ノルウェー	11	5	4	2	
ボヘミア	6	4	2		
フランス	4	1	3		
ベルギー	3	3			
イディッシュ	3	2	1		
ハンガリー	2	2			
スウェーデン	2	2			
デンマーク	1	1			
ウェールズ	1		1		
合計	508	325	150	33	
東部	77	37	25	14	1
中西部	46	29	16	1	
北東部	38	11	15	12	
南部	1		1		
合計	162	77	57	27	1

第6街区	合計	0-	30-	60-
ドイツ	101	54	41	6
ポーランド	31	18	12	1
イングランド	15	7	6	2
アイルランド	15	9	3	3
オランダ	13	7	3	3
カナダ	11	8	2	1
スウェーデン	9	4		1
スコットランド	6	5		1
ボヘミア	4	3		1
デンマーク	4	3	1	
オーストリア	3	3		
ブルガリア	3	1	1	1
フランス	3	1	2	
ノルウェー	1		1	
合計	219	123	76	20
東部	54	22	23	9
中西部	36	28	8	
北東部	17	9	6	2
南部	2	2		
西部	1	1		
不明	1	1		
合計	111	63	37	11
不明	1	1		

表2-16 クラーク郡区住民の文化的背景別人数変化(1860年-1910年)

		1860年				1870年				1880年				
				年齢				年齢				年齢		
		合計	0-	30-	60-	合計	0-	30-	60-	合計	0-	30-	60-	90-
男性														
国外系	アイルランド	58	41	15	2	プロシャ	360	227	116	17	プロシャ	738	510	178	49	1
	ポーランド	36	25	10	1	ノルウェー	20	13	5	2	ノルウェー	14	8	5	1
	ドイツ	33	19	13	1	アイルランド	17	12	4	1	アイルランド	13	7	3	3
	プロシャ	31	23	8		フランス	15	11	3	1	フランス	12	8	4	
	ベルギー	19	10	9		ドイツ	14	9	5		ドイツ	9	5	3	1
	カナダ	12	8	3	1	カナダ	9	7	2		ベルギー	3	1		2
	フランス	5	4	1		ベルギー	7	4	3		カナダ	3	3		
	ノルウェー	5	3	1		オランダ	1		1		オーストリア	1	1		
	イングランド	3	2	1		スウェーデン	1	1			合計	793	543	193	56	1
	合計	202	135	61	6	合計	444	284	139	21	東部	10	7	3	
国内系	東部	25	15	10		東部	25	20	5		北東部	9	3	4	1	1
	北東部	13	9	3	1	北東部	9	7	2		中西部	6	4	2	
	中西部	6	5	1		中西部	7	5	2		合計	25	14	9	1	1
	合計	44	29	14	1	合計	41	32	9		不明	1		1	
						不明	2	2							
女性														
国外系	アイルランド	49	34	13	2	プロシャ	339	235	93	11	プロシャ	698	498	161	38	1
	ポーランド	40	29	9	2	ドイツ	19	12	7		ノルウェー	15	12	3	
	ドイツ	26	15	10	1	フランス	16	11	3	2	フランス	10	9	1	
	プロシャ	23	19	4		ノルウェー	15	8	4	3	アイルランド	10	7	2	1
	ベルギー	18	10	8		アイルランド	11	7	4		ドイツ	9	5	3	1
	カナダ	12	10	2		ベルギー	9	7	2		ベルギー	5	4	1	
	イングランド	6	5	1		カナダ	9	8	1		カナダ	2		1	1
	フランス	5	4	1		スコットランド	1	1			オーストリア	1		1	
	ノルウェー	4	3	1		合計	419	289	114	16	合計	750	535	173	41	1
	スコットランド	1	1			東部	16	11	5		東部	8	4	4	
	合計	184	130	49	5	中西部	14	13	1		中西部	8	7	1	
国内系	東部	25	21	3	1	北東部	8	7	1		北東部	7	4	3	
	北東部	9	6	3		南部	3	2	1		合計	23	15	8	
	中西部	5	4	1		合計	41	33	8						
	合計	39	31	7	1	不明	1	1							
	不明	1	1												

表2-16（続き）

1900年	合計	0-	30-	60-	90-	1910年	合計	0-	30-	60-	90-
ポーランド	808	583	171	53	1	ポーランド	1013	732	200	81	
ドイツ	148	97	33	18		ドイツ	63	43	14	6	
プロシャ	100	68	21	11		アイルランド	5	4	1		
カナダ	16	11	3	2		ボヘミア	1	1			
アイルランド	11	7	3	1		ノルウェー	1		1		
オーストリア	10	7	2	1		合計	1083	780	216	87	
フランス	6	3	2	1		東部	13	10	3		
ノルウェー	4	3	1			中西部	8	5	2	1	
イングランド	2		2			合計	21	15	5	1	
合計	1105	779	238	87	1	不明	39	39			
東部	17	11	5	1							
中西部	7	4	3								
北東部	7	4	3								
合計	31	19	11	1							
不明	35	35									
ポーランド	763	567	146	49	1	ポーランド	989	738	183	64	4
ドイツ	138	101	26	11		ドイツ	52	31	15	6	
プロシャ	84	58	17	9		アイルランド	5	4	1		
アイルランド	9	6	2	1		フランス	1		1		
カナダ	6	4	2			合計	1047	773	198	71	4
ノルウェー	6	5	1			中西部	8	5	1	2	
オーストリア	4	3		1		東部	7	5	2		
フランス	4	3		1		合計	15	10	3	2	
合計	1014	747	194	72	1	不明	2	2			
東部	11	7	3	1							
中西部	8	5	3								
北東部	8	5	2	1							
合計	27	17	8	2							

表2-17 レイクランド郡区住民の文化的背景別人数変化(1860年-1910年)

男性

1860年

国外系

	合計	0-	30-	60-
ノルウェー	85	54	30	1
ドイツ	19	9	8	2
プロシャ	15	8	7	
イングランド	12	9	3	
カナダ	11	6	5	
スウェーデン	9	6	2	1
アイルランド	3	3		
ボヘミア	2	1	1	
デンマーク	2	1	1	
ドイツ?	2		1	1
スコットランド	2	2		
合計	162	99	58	5

国内系

	合計	0-	30-	60-
東部	90	59	31	
北東部	38	26	8	4
中西部	10	7	2	1
北西部	1			1
合計	139	92	41	6

1870年

国外系

	合計	0-	30-	60-
ノルウェー	192	124	57	11
プロシャ	44	30	14	
ドイツ	32	24	8	
カナダ	22	18	4	
スウェーデン	16	8	6	2
イングランド	7	3	4	
ボヘミア	6	5	1	
オーストリア	4	3	1	
デンマーク	4	2	2	
ドイツ?	3	3		
イタリア	1	1		
合計	331	221	97	13

国内系

	合計	0-	30-	60-
東部	118	71	44	3
北東部	32	21	7	4
中西部	19	15	4	
合計	169	107	55	7
不明	1	1		

1880年

国外系

	合計	0-	30-	60-	90-
ノルウェー	258	171	74	13	
プロシャ	67	47	15	5	
スウェーデン	57	39	16	2	
イングランド	26	14	6	6	
ドイツ	26	16	6	4	
カナダ	24	22	2		
アイルランド	18	15	3		
オーストリア	12	10	2		
ポーランド	8	5	3		
スイス	5	4		1	
デンマーク	5	2	1	2	
フランス	4	3	1		
スコットランド	3		1	2	
スイス	2	1	1		
ウェールズ	2	1		1	
合計	517	350	131	36	

国内系

	合計	0-	30-	60-	90-
東部	101	57	31	13	
北東部	47	22	18	7	
中西部	11	9	2		
南部	3	3			
合計	162	91	51	20	
不明	4	3	1		

女性

1860年

国外系

	合計	0-	30-	60-
ノルウェー	81	56	23	2
ドイツ	14	9	4	1
プロシャ	10	8	2	
アイルランド	7	6	1	
スウェーデン	7	5	2	
カナダ	6	4	2	
ボヘミア	4	3	1	
イングランド	4	3	1	
デンマーク	2	1	1	
ドイツ?	1	1		
スコットランド	1	1		
合計	137	97	37	3

国内系

	合計	0-	30-	60-
東部	90	62	27	1
北東部	26	14	10	2
中西部	6	5	1	
合計	122	81	38	3

1870年

国外系

	合計	0-	30-	60-
ノルウェー	207	142	56	9
プロシャ	37	24	10	3
ドイツ	30	21	9	
カナダ	11	9	2	
スウェーデン	9	6	2	1
イングランド	7	5	2	
デンマーク	4	1	3	
オーストリア	3	2	1	
ボヘミア	3	2	1	
スコットランド	2	1	1	
合計	313	213	87	13

国内系

	合計	0-	30-	60-
東部	100	62	35	3
北東部	34	19	9	6
中西部	31	25	5	1
合計	165	106	49	10

1880年

国外系

	合計	0-	30-	60-	90-
ノルウェー	248	159	75	13	1
プロシャ	60	43	11	6	
ドイツ	35	22	11	2	
イングランド	27	20	5	2	
スウェーデン	23	15	6	2	
カナダ	21	14	7		
アイルランド	19	14	4	1	
ポーランド	11	8	2	1	
オーストリア	4	3	1		
ウェールズ	3	2		1	
ボヘミア	2	1	1		
デンマーク	2	1	1		
スコットランド	2	1	1		
フランス	1	1			
スイス	1	1			
合計	459	305	124	29	1

国内系

	合計	0-	30-	60-	90-
東部	101	68	31	2	
北東部	48	19	19	10	
中西部	8	7	1		
南部	1	1			
合計	158	95	51	12	
不明	13	8	4	1	

第2章 人口動態

表2-17 （続き）

1900年	合計	0-	30-	60-	1910年	合計	0-	30-	60-	90-
ノルウェー	389	221	124	44	ノルウェー	399	218	136	45	
ドイツ	168	103	53	12	ドイツ	213	133	65	14	1
ポーランド	108	82	20	6	ポーランド	172	128	37	6	1
スウェーデン	78	55	21	2	スウェーデン	72	39	21	12	
イングランド	26	17	5	4	イングランド	33	21	7	5	
カナダ	18	11	7		アイルランド	27	18	9		
アイルランド	17	11	5	1	カナダ	20	10	9	1	
デンマーク	11	7	4		デンマーク	9	5	3	1	
スコットランド	6	5	1		スコットランド	6	4	2		
フランス	4	3	1		ユダヤ	4	3	1		
ウェールズ	2	2			フランス	2		1	1	
合計	827	517	241	69	ハンガリー	1	1			
東部	93	45	38	176	スイス	1		1		
北東部	31	7	13	11	ウェールズ	1			1	
中西部	22	21		1	合計	960	580	292	86	2
南部	2	1	1		東部	78	30	36	12	
中央部	1	1			北東部	34	12	10	11	1
不明	1			1	中西部	32	26	6		
合計	150	75	52	189	南部	3	1	1	1	
	18	5	9	4	北中央部	2	2			
					不明	2	1	1		
					合計	151	72	54	24	1
					不明	3	2	1		
ノルウェー	400	253	109	38	ノルウェー	417	250	123	44	
ドイツ	152	101	37	14	ドイツ	202	128	54	20	
ポーランド	105	82	20	3	ポーランド	165	125	33	7	
スウェーデン	64	47	14	3	スウェーデン	64	42	18	4	
イングランド	32	24	6	2	アイルランド	28	13	12	3	
カナダ	26	16	6	4	イングランド	23	13	7	3	
アイルランド	20	12	7	1	カナダ	19	9	8	2	
デンマーク	12	9	2	1	デンマーク	9	8	1		
ウェールズ	7	4	3		スコットランド	7	3	3	1	
スコットランド	4	2	2		ウェールズ	7	5	2		
フランス	3	2	1		フランス	2	1	1		
ロシア	1	1			ユダヤ	2	2			
合計	826	553	207	66	オランダ	1	1			
東部	103	49	43	11	ハンガリー	1	1			
北東部	26	6	9	11	メキシコ	1		1		
中西部	22	18	3	1	合計	948	601	263	84	
南部	1	1			東部	86	37	35	14	
合計	152	73	56	23	中西部	41	37	3	1	
不明	7	3	2	2	北東部	24	6	10	8	
					中央部	1			1	
					北中央部	1	1			
					南部	1	1			
					合計	154	82	48	24	
					不明	3	3			

区は、ドイツ系、アイルランド系、ノルウェー系がほぼ同数（男女それぞれ70人ほど）をしめたが、数の上では東部系の者が優位にあった（男女それぞれ100人ほど）。第2街区ではドイツ系とアイルランド系が多く、東部系が同等の数をかぞえている（100人程度）。第3街区は、アイルランド系と東部系が優位をしめている。しかし、それぞれの街区で、ノルウェー系、カナダ系、イギリス系、スコットランド系などの住民が共通して在住しており、また、第2街区と第3街区ではハンガリー系の移民も少なからずみられるといったように、全体的に、第1街区から第3街区までは、文化的に混在している「ミックス」状態にあったといえる。また、いずれの街区でも、東部系の存在は依然として大きかったのである。

　1900年になっても、米国東部系の人々の数は20年前と変化せずに推移し、また、ヨーロッパ系の文化的背景の多様さもやはり20年前と同じ程度に保持されたまま推移していた。一方、第4街区ではポーランド系の人々の数が、また、その他の街区ではドイツ系の人々の数が際立つようになった。異なる文化的背景をもつ人々の間で、年齢分布をみると、米国東部系では、若年層がドイツ系のそれよりも少ないことがわかる。多産性の違いがこうした特徴をもたらしたと思われる。それ以後、1910年にかけて、既にみたように、リヴァーフロント市の総人口は減少している。そうした全体的な変化にともなって、いったん1900年に第4街区を除いた各街区で増加したドイツ系の人々の数もこの時期に減少した。詳細にみていくと、ポーランド系以外の人々は、どの文化的背景をもつ人々も、ドイツ系と同じで、数を減少させていたのである。

　60歳以上の高齢者についてみると、やはり一様に増加したのではなく、文化的背景ごとに異なるパターンで増加していったのである（表2-18参照）。緩やかな増加のパターンと、1880年から1900年にかけて急激に増加するパターンに分けられる。前者は、米国東部系の人々、そして、リヴァーフロント市のノルウェー系とアイルランド系の人々の間にみられ、後者は、リヴァーフロント市とクラーク郡区のポーランド系の人々にみられた。この違いは、当該地へ移住した時期の違いによって、早く移住してきた者の間

で、早くから高齢者になる者が自然に出てきたことによるものである。しかし、リヴァーフロント市及びクラーク郡区におけるポーランド系のように、急激に高齢者人口が増加したのは、彼らが、他の文化的背景を持つ人々とは対照的に、ある時期に集中して大量に移住してきたためである。

　高齢者人口の性比は一般的に女性の寿命が長いことから、女性の人数の方が男性のそれよりも優勢である。ところが、調査対象地の19世紀後半の高齢者を彼らの文化的背景別にみると、出生地に関する項でもみたように、この一般的特徴があてはまらないケースがある。その顕著な例は、リヴァーフロント市とクラーク郡区におけるポーランド系の場合で、ややそうした傾向をもつ例にはレイクランド郡区のノルウェー系の例がある。この一般

表2-18　高齢者の主な文化的背景の変化　　　（斜線の左は男性、右は女性）

	1850	1860	1870	1880	1900	1910
リヴァーフロント市	5/2	21/14	31/25	90/84	315/323	399/386
ポーランド系	0/0	0/0	0/0	6/6	53/46	122/94
ドイツ系	0/0	1/0	4/2	3/4	64/64	67/72
プロシャ系	0/0	1/1	6/3	15/11	0/0	0/0
ノルウェー系	0/0	0/0	0/1	1/4	11/12	11/25
アイルランド系	0/0	2/0	6/4	15/14	29/34	20/27
米国東部系	2/0	9/4	8/7	15/13	54/63	68/65
米国北東部系	2/2	7/7	5/3	19/16	42/35	29/33
クラーク郡区		7/6	21/16	57/42	89/75	88/77
ポーランド系		1/2	0/0	0/0	54/54	81/68
ドイツ系		1/1	0/0	1/1	18/11	6/6
プロシャ系		0/0	17/11	50/39	11/9	0/0
ノルウェー系		1/0	2/3	1/0	0/0	0/0
アイルランド系		2/2	1/0	3/1	1/1	0/0
米国東部系		0/1	0/0	0/0	1/1	0/2
米国北東部系		1/0	0/0	2/0	0/1	0/0
レイクランド郡区		11/6	20/23	56/42	92/89	113/108
ポーランド系		0/0	0/0	0/1	6/3	7/7
ドイツ系		2/1	0/0	4/2	12/14	15/20
プロシャ系		0/0	0/3	5/6	0/0	0/0
ノルウェー系		1/2	11/9	13/14	44/38	45/44
アイルランド系		0/0	0/0	0/1	1/1	0/3
米国東部系		0/1	3/3	13/2	10/11	12/14
米国北東部系		4/2	4/6	7/10	11/11	12/8

注：60歳以上。数字は人数。

的特徴が明確にあてはまる例は、他のいくつかの主な文化的背景を持つ人々の間にみられる。例えば、リヴァーフロント市のドイツ系、ノルウェー系、アイルランド系である。

職業タイプの変化

　高齢者がどのような職を持っていたかを知ることは、彼らがどのような扶養関係を作ろうとしていたのかを推定するのに役立てることができる。もし、職を保持し続けることがあれば、それは、自立的生活を維持していると推定できる。他の人からの扶養関係を最小限に押さえる態度を示しているといえるからである。もちろん退職したのちも、それまで蓄えた財力があれば、職についているのと同じ効果をもつので、単純に職をもっているか持っていないかで、その人の扶養関係を判断することはできないことに注意しなければならない。

　ここではまず、研究対象地域の人々の職業について、その歴史的変化を明らかにして、この地域の職業のありかたについて考察する。次に、高齢者の職業を全体的傾向の中に位置づけ、退職の時期及び職業の保持形態と、高齢者扶養との関係を検討する。

　職業の歴史的変化を理解するために、職業を5つに類別した（表2-19）。それらを、Ⅰ、Ⅱ、Ⅲ、Ⅳ及び「その他」と呼び、個々の職業を類別する基準として、Ⅰではプロフェッショナルあるいはホワイトカラーの職業を、Ⅱは、被雇用者あるいはブルーカラー（マニュアル・ワークを含む）の職業を、Ⅲは、マネージャーあるいは事業経営者タイプの職業を、そして、Ⅳには農業とその関係の職業を含めた。それら以外の職業と職業欄に記入の無い場合を「その他」の中に含めた。女性の場合にしばしばみられる「ハウスキーピング」は「その他」に含めた。

　タイプⅠの歴史的変化は、研究対象地の都市化の進行と相俟っているようにみえる。リヴァーフロントでは、男性の場合、1850年からすでに数パーセントを示していて、当時、必要とされる土地関係の専門家（法的、測量的）

の存在が影響していた。この値は、歴史的に大きく変化することなく、若干の増減を経て1910年には、8パーセント弱となった。女性の場合、このタイプの職に就く人が徐々に増加していて、リヴァーフロント市における女性の果たす専門的職業（教師など）が社会的に求められてきた結果であった。1910年になると男性の割合にかなり接近した値（6.1パーセント）となっていて、女性の社会進出が進行していたことを物語っている。リヴァーフロントにおける私たちの民族誌的調査から明らかなように、1910年以降、移民家族の娘が、地元の工場で働く経験をもち、多くが働く母親となっていったのである。このことは、Lamphere（1987）によるニューイングランドにおける研究結果と合致しているのである。

　一方、レイクランド郡区は、三つのスモールタウンを抱えていることから、クラーク郡区よりも多くの専門家・ホワイトカラーが働いていたことがわかる。クラーク郡区の男性には、このタイプの職業を持っている人はわずかであるが、女性では、1910年に3.3パーセント（18人）となった。レイクランド郡区の場合は、リヴァーフロント市と同様にパーセント値は低いものの、女性が1900年から1910年にかけて、男性と同じ割合を示すほど専門的職業に進出していったことがわかる。

　タイプIIの被雇用者は一般に「レイバラー」と呼ばれ、農場での「レイバラー」も含んでいる。リヴァーフロント市の男性の場合、このタイプの職業をもつ人は、1850年から1900年まで絶対数を増加させながら、1910年には減少に転じた。しかし、割合をみると、このタイプは一貫して減少してきたことがわかる。女性の場合は、割合をみると15パーセント前後と常に一定していた。店の従業員、手製製品製造工員、サーヴァント、洗濯業、裁縫業、ドレスメーカーなどの職業に主に従事していて、こうした職業が、そのパーセントが示す程度に社会が必要としていたと考えられる一方で、職をもって自立した生活を送ろうとする女性がそれほどにいたとみなすこともできる。このタイプの仕事は、不思議なことに、レイクランド郡区の男性では、1860年から1910年にかけて、わずかずつ増加したのである。一方、クラーク郡区の男性は、1870年及び1900年で急に増加し、次の10年で

減少するというパターンがあり、これは、移住者の増加のときに、農場で雇われて仕事をした人が短期間に増加し、そうした人たちが、自分で農場をもったり、移動したりして新たな職をえたためであろう。

タイプⅢは、主にさまざまな種類の商売を行う小さな事業の経営者、自営業者のことであり、明らかに都市中心で農場地域には少ない職業である。

表2-19 15歳以上の男女別の、仕事のカテゴリーごとの人数の割合の変化

	1850	1860	1870	1880	1900	1910
リヴァーフロント市 [男性]						
Ⅰ	6.0(15)	7.7(38)	5.8(32)	5.3(78)	7.4(213)	7.9(221)
Ⅱ	83.2(208)	66.1(325)	75.5(420)	77.4(1148)	65.3(1889)	58.3(1640)
Ⅲ	3.2(8)	8.1(40)	8.5(47)	7.6(112)	9.8(284)	14.1(396)
Ⅳ	0.4(1)	4.5(22)	4.0(22)	1.6(23)	1.7(50)	1.2(35)
その他	7.2(18)	13.6(67)	6.3(35)	8.3(123)	15.8(457)	18.6(522)
(合計)	(250)	(492)	(556)	(1484)	(2893)	(2814)
[女性]						
Ⅰ	2.5(2)	0.9(4)	3.3(17)	2.1(29)	4.3(143)	6.1(187)
Ⅱ	-	14.9(2)	16.4(84)	14.9(203)	15.3(504)	16.7(514)
Ⅲ	-	-	0.4(2)	0.5(7)	1.7(55)	2.7(84)
Ⅳ	-	-	-	0.1(2)	0.1(3)	0.0(1)
その他	97.5(78)	84.2(373)	79.9(410)	82.3(1121)	78.6(2590)	74.4(2288)
(合計)	(80)	(443)	(513)	(1362)	(3295)	(3074)
クラーク郡区[男] Ⅰ	-	0.8(2)	0.7(3)	0.7(4)	0.6(4)	
Ⅱ	18.2(24)	38.4(101)	10.0(44)	27.3(166)	14.6(91)	
Ⅲ	0.8(1)	0.0(4)	1.1(3)	1.2(7)	1.9(12)	
Ⅳ	59.9(79)	52.9(139)	49.4(217)	45.3(276)	74.5(464)	
その他	21.2(28)	6.8(18)	39.0(171)	25.6(156)	8.4(52)	
(合計)	(132)	(263)	(439)	(609)	(623)	
[女] Ⅰ	0.9(1)	0.4(1)	0.5(2)	-	3.3(18)	
Ⅱ	1.9(2)	10.9(25)	-	7.6(41)	5.8(32)	
Ⅲ	-	-	-	-	0.2(1)	
Ⅳ	0.9(1)	-	1.0(4)	2.4(13)	32.3(178)	
その他	96.3(104)	88.7(204)	98.5(383)	90.0(487)	58.5(323)	
(合計)	(108)	(230)	(389)	(541)	(552)	
レイクランド郡区[男] Ⅰ	1.6(3)	2.8(8)	3.6(15)	4.2(27)	4.1(30)	
Ⅱ	16.9(31)	31.1(89)	38.6(160)	41.0(264)	43.7(321)	
Ⅲ	1.6(3)	3.9(11)	3.6(15)	9.0(58)	10.2(75)	
Ⅳ	62.8(115)	50.4(144)	47.2(196)	34.3(221)	27.8(204)	
その他	16.9(31)	11.9(34)	7.0(29)	11.5(74)	14.3(105)	
(合計)	(183)	(286)	(415)	(644)	(735)	
[女] Ⅰ	1.4(2)	2.9(8)	2.6(10)	2.9(18)	4.5(32)	
Ⅱ	2.1(3)	17.9(50)	6.1(23)	9.7(60)	12.4(88)	
Ⅲ	-	-	-	0.8(5)	1.0(7)	
Ⅳ	-	-	-	1.5(9)	1.7(12)	
その他	96.6(141)	79.2(221)	91.3(347)	85.1(525)	80.5(573)	
(合計)	(146)	(279)	(380)	(617)	(712)	

第2章 人口動態

表 2-19 （続き）

			1880	1900	1910
リヴァーフロント市・街区別					
第1街区	[男性]	I	9.1(34)	10.3(49)	9.0(39)
		II	61.1(228)	54.2(258)	39.9(173)
		III	15.0(56)	16.4(78)	28.6(124)
		IV	0.3(1)	2.5(12)	0.5(2)
		その他	14.5(54)	16.6(79)	22.1(96)
		（合計）	(373)	(476)	(434)
	[女性]	I	4.5(15)	8.2(46)	9.6(46)
		II	26.7(90)	25.0(140)	13.2(63)
		III	0.6(2)	2.0(11)	6.7(32)
		IV	－	0.4(2)	－
		その他	68.3(230)	64.4(360)	70.5(337)
		（合計）	(337)	(559)	(478)
第2街区	[男性]	I	4.1(18)	14.3(82)	13.3(67)
		II	81.3(357)	58.6(335)	44.2(223)
		III	6.6(29)	8.2(47)	20.8(105)
		IV	2.7(12)	0.5(3)	－
		その他	5.2(23)	18.4(105)	21.8(110)
		（合計）	(439)	(572)	(505)
	[女性]	I	1.2(5)	5.3(35)	7.3(37)
		II	12.9(56)	14.3(95)	8.5(43)
		III	0.5(2)	0.5(3)	1.8(9)
		IV	0.5(2)	－	－
		その他	85.1(370)	80.0(532)	82.5(420)
		（合計）	(435)	(665)	(509)
第3街区	[男性]	I	5.7(21)	9.7(46)	14.9(70)
		II	81.0(299)	59.0(281)	47.9(225)
		III	4.3(16)	8.4(40)	14.7(69)
		IV	2.4(9)	1.3(6)	1.3(6)
		その他	6.5(24)	21.6(103)	21.3(100)
		（合計）	(369)	(476)	(470)
	[女性]	I	1.3(4)	6.8(43)	10.3(61)
		II	8.8(28)	11.1(70)	18.4(109)
		III	0.6(2)	1.6(10)	1.9(11)
		IV	－	0.2(1)	－
		その他	89.3(284)	80.3(505)	69.4(411)
		（合計）	(318)	(629)	(592)
第4街区	[男性]	I	1.7(5)	1.1(7)	2.0(15)
		II	87.1(264)	75.7(473)	73.8(567)
		III	3.6(11)	9.6(60)	9.2(71)
		IV	0.3(1)	1.8(11)	1.0(8)
		その他	7.3(22)	11.8(74)	13.9(107)
		（合計）	(303)	(625)	(768)
	[女性]	I	1.8(5)	0.9(6)	1.3(10)
		II	10.7(29)	16.0(104)	23.9(190)
		III	0.4(1)	3.1(20)	2.6(21)
		IV	－	－	－
		その他	87.1(237)	80.0(521)	72.2(575)
		（合計）	(272)	(651)	(796)

表 2-19 （続き）

			1900	1910
第5街区	[男性]	I	5.5(26)	7.2(29)
		II	69.7(329)	69.2(279)
		III	10.0(47)	4.7(19)
		IV	−	1.0(4)
		その他	14.8(70)	17.9(72)
		（合計）	(472)	(403)
	[女性]	I	2.1(11)	6.5(30)
		II	14.1(74)	13.8(64)
		III	1.7(9)	1.5(7)
		IV	−	−
		その他	82.1(430)	78.2(363)
		（合計）	(524)	(464)
第6街区	[男性]	I	1.1(3)	0.4(1)
		II	78.3(213)	73.9(173)
		III	4.4(12)	3.4(8)
		IV	6.6(18)	6.4(15)
		その他	9.6(26)	15.8(37)
		（合計）	(272)	(234)
	[女性]	I	0.8(2)	1.3(3)
		II	7.9(21)	19.2(45)
		III	0.8(2)	1.7(4)
		IV	−	0.4(1)
		その他	90.6(242)	77.5(182)
		（合計）	(267)	(235)

注：タイプ I = 専門家、ホワイトカラー、地主、製造会社経営者、公務員、医者など。タイプ II = 肉体労働者、製造工など。タイプ III = 商店主（中小企業）、営業員、代理業者など。タイプ IV = 農場者、農業関連業者など（農場労働者はタイプ II に含めた）。

　また、男性を中心とした職業であった。しかし、リヴァーフロント市では、1900年と1910年に女性がこのタイプの職業に少しずつ進出していったことが明らかである。レイクランド郡区でも絶対数は遥かに少ないが同様に女性が社会進出する傾向にあった。また、この郡区の男性の場合、このタイプの職業に従事している人の数はゆっくりと増加していて、スモール・タウンの発展のペースが緩やかなものであったことが示唆される。

　タイプ IV は、主にファーマーで、リヴァーフロント市内には、ほとんど農場がなくなっていったことから、絶対数は20-30人のままであった。女性の場合は農場にいても農場の仕事をしていたかどうかは、センサスに記入がないので不明である。クラーク郡区では、子どもが自分の親の農場で働いていても、農場のレイバラーと記述されることが多く、この場合、本

書では、タイプⅡに含めているので、クラーク郡区におけるタイプⅣの割合の変化は、1860年から1900年にかけて減少しながら、この郡区の生業としては農場がほとんどをしめていたといってよい。レイクランドの場合は、すべて農場地ではないために、このタイプの割合は着実に減少した。しかし、1850年から1900年までの絶対数の変化をみてみると、わずかずつ増加していったことがわかる。

農場地域のセンサス収集者による情報収集の仕方が、都会で行われたものよりも、荒っぽさがみられることから、1880年のクラーク郡区にみられるように、全体に、職業欄に記入のある者の数が少なく、「その他」の中で、無記入者として入れられている者が多くなってしまった。この資料上の問題から、経年変化を解釈するのに注意する必要がある。また、これとは逆に1910年のクラーク郡区では、ほとんどの者が、農場従事者と記載されてしまっていることにも注意が必要となる。こうした問題を考慮しながら、この資料に示される注目すべき特徴に、クラーク郡区の女性の場合、タイプⅣの絶対数と割合が急増したことがある。これは、女性が明確に農場の仕事に関与し始めていたことを示唆している点で興味深いのである。

リヴァーフロント市内の職業の変化を街区別にみると、市内一様の変化があるのではなく、街区によってそれぞれ特徴をもった変化のパターンがあることがわかる。1880年では、男女ともに第1街区で専門職についている人が多く、男34名（9.1パーセント）女15名（4.5パーセント）で、最も少ないのが第4街区で男女ともに各5名であった。この傾向は20年後まで続かず、1900年では、男性で最も多いのは第2街区、女性で最も多いのが第1街区と変化したのであった。しかし、全体的にみると、男女ともに第1、第2、第3街区に多く、第4と第6街区に専門職に就いた者が少なかった。この傾向はそのまま1910年にもみられる。ただし、1910年は男女ともに第3街区における人数が最も多くなるという変化があった。これは、第3街区の住人の中に専門職あるいはホワイトカラーの者が増加したことを示唆していて、ダウンタウンから東方の大学周辺へ、社会的に上層の人たちの居住地が移動していったことを示している。

タイプⅡの分布をみると、男性の場合、最も多い人数がこのタイプの仕事に従事していた。女性の場合も、最も多い人数をしめているのは「その他」であるが、その次にこのタイプの仕事をしている者が最も多かった。1880年には、男性の場合、第1街区を除いて、各街区でそれぞれの15歳以上人口の80パーセント以上がこのタイプの仕事の従事者によってしめられていた。女性の場合は、逆に、第1街区で、絶対数と割合の両方とも最も高い値を示したのだった。1900年になると、人数からみると、男性では第4街区で、女性では第1街区で最も高い値を示した。1910年になると、男女ともに第4街区において、絶対数と割合がともに、他の街区よりも高い値を示した。この街区の主要な文化的背景はポーランド系であることから、彼らが、被雇用者として、あるいはまた、ブルーカラーや手工業従事者として、男性のみならず女性も、仕事をもっていたことを示している。

　タイプⅢの仕事に従事している人の街区別分布をみると、商業地帯のダウンタウンを含む第1街区に、当然ながら、集中していたことが明確である。1910年になると、第1街区の南隣の第2街区においてもこのタイプの仕事をもつ者が多くなっている。これは、リヴァーフロント市の南方に位置する隣町へ向かう主要道沿いに商業が発達していったためである。

　タイプⅣの仕事は前述のように市内で農業を続けていた人がほとんどいなくなっていたので、男女ともに注目すべきことはない。

　一つ一つの具体的な職業の名称をみていくと、その仕事の多様さに気づくとともに、年を経るごとに、ある仕事は消えていき、ある仕事は、新規に加わっていったことがわかる。これは、大きく社会的、技術的に変化している生活環境の中で、必要とされる仕事の内容が変化しているからである。詳しく仕事の名称を追って、その仕事の内容を検討しながら、必要とされる仕事の変化を分析することは、本書の目的からはずれるので別の機会に譲ることにする。

　これまで年齢とは関係なく職業の種類や歴史的変化の様子、郡区や街区別の変化の違いなどをみてきた。それらをもとにして、次に、高齢者の職業に焦点をあてると（表2-20-1、表2-20-2）、まず、全体的に、高齢者人

表2-20-1 リヴァーフロント市の60歳以上の高齢者の職業タイプの変化

		1850	1860	1870	1880	1900	1910
リヴァーフロント市							
男性	I			1	2	4	19	21
	II	5	5	13	50	146	151
	III			2	6	20	36
	IV		2	3	8	24	12
	その他		13	11	22	106	182
女性	I					3	
	II				3	4	10
	III					2	15
	IV					3	
	その他	2	14	25	81	312	375
合計	男性	5	21	31	90	315	402
	女性	2	14	25	84	324	400

リヴァーフロント市（街区別）

		1880年	1900年	1910年
街区		1/ 2/ 3/ 4	1/ 2/ 3/ 4/ 5/ 6	1/ 2/ 3/ 4/ 5/ 6
男性	I	1/ 1/ 2/ 0	6/ 5/ 1/ 1/ 4/ 2	4/ 6/ 6/ 1/ 4/ 0
	II	6/22/ 8/14	17/20/31/43/15/20	15/24/18/54/20/20
	III	1/ 1/ 4/ 0	5/ 3/ 3/ 0/ 5/ 4	16/10/ 3/ 4/ 2/ 1
	IV	0/ 4/ 3/ 1	5/ 2/ 3/ 8/ 0/ 6	1/ 0/ 1/ 3/ 1/ 6
	その他	6/ 7/ 6/ 3	18/34/16/19/19/ 0	25/31/35/50/29/12
女性	I		0/ 2/ 0/ 1/ 0/ 0	
	II	1/ 1/ 0/ 1	2/ 1/ 1/ 0/ 0/ 0	4/ 0/ 2/ 0/ 2/ 2
	III		1/ 0/ 1/ 0/ 0/ 0	15/ 0/ 0/ 0/ 0/ 0
	IV		2/ 0/ 1/ 0/ 0/ 0	
	その他	20/25/18/18	50/69/56/62/42/33	58/72/64/93/59/29

口の増加とともに、職業をもつ（少なくともセンサスをとるときの自己申告あるいは他者申告で、職を持っていると言明している）人々の数が増加してきたことがわかる。また、職を持つ女性高齢者が、1910年になると、絶対数を増すことも事実である。しかし、60歳以上の高齢者人口の中で職を持っているとされる人の割合を算出すると、予想とは異なり、1900年から1910年にかけて、男性の場合、リヴァーフロント市で、66パーセントから55パーセントへ、また、クラーク郡区とレイクランド郡区でもパーセンテージがそれぞれに、76から50へ、69から39へと減少したのである。このことは、高齢者の間で、職をもって自立的生活をする人が減少したことを示しているのだろうか？ 実際はそうではなく、高齢者の中のより高齢な人々の増加によって、こうした減少が生じたのである。

表2-20-2　クラーク郡区とレイクランド郡区の60歳以上の高齢者の職業タイプの変化

		1860	1870	1880	1900	1910
クラーク郡区						
男性	I				1	
	II	2	2	2	29	3
	III				1	
	IV	5	15	32	37	41
	その他		4	25	21	44
女性	II				12	2
	IV			1	3	7
	その他	6	16	41	60	68
合計	男性	7	21	59	89	88
	女性	6	16	42	75	77
レイクランド郡区						
男性	I			4	6	4
	II	1	2	8	9	12
	III	1			1	4
	IV	5	11	36	50	24
	その他	4	7	8	30	69
女性	I					1
	II		1			6
	IV				2	5
	その他	6	22	43	91	96
合計	男性	11	20	56	96	113
	女性	6	23	43	89	108

　リヴァーフロント市と農場地域との間で、高齢者がもつ仕事のタイプに明確な違いがみられた。それは、タイプIVの農業に関係した仕事である。農場地帯では、高齢者になっても農業を続ける人が多かったことを示している。1900年をみると、クラーク郡区とレイクランド郡区ではタイプIIとタイプVIの数の分布が異なる。クラーク郡区においてタイプIIの職を持つ人が多かったのは、農業から退職した後も、しばらく、「ファーム・レイバラー」そして「ファーム・サポート」として働いていたからである。

　もう一つ、クラーク郡区とレイクランド郡区との間に違いがある。それは、後者において、1910年に前者よりもタイプIIの仕事、つまり労働者として仕事を続けている高齢者が多かったことである。彼らの仕事は主に「カーペンター」と「レイバラー」で、農業従事者ではない。これは、この郡区のスモール・タウンを支えていた職業といえるであろう。職業の種類の違いが、そのままそれぞれの街区の生業や社会組織の在り方の違いを

反映しているのである。

　リヴァーフロント市内の街区毎に比較してみると、第4街区の高齢者は、1900年及び1910年において、タイプⅡの仕事を続けている人の数が多かった。この街区ではポーランド系が大多数を占めていて、この町全体のブルーカラー層を供給していたことが、高齢者の職業の持ち続け方からも推定できるのである。

第3章　高齢者の扶養パターンの変遷

　前章では、個人を単位として、リヴァーフロント市と周辺地域の二つの郡区を、そして、市内を街区別にみながら、人口動態のパターンと、高齢者人口の動態パターンについて明らかにしてきた。そこでは、彼らが生活している場面を、市全体や街区、郡区のまとまりといった大きな枠組みの中で検討してきた。本章では、より実際的な生活環境の文脈が理解できるように人口資料を加工・分析して、高齢者の身近な人的環境の推定を行うことにする。

ハウスとファミリ

　高齢者の実際の暮らしをとりまく生活環境のうちで、センサス資料から、最初に明らかにできる情報は、彼らが居住するハウス（居住家屋）(dwelled house) の中で生活する人々の情報と、彼らの属するファミリ (family) の情報である。センサス手書き原簿には、最初の2つの欄でこれら2つの事項に、通し番号が記載されているのである。最初の1つは、住居家屋を1つの単位とみなして、センサス収集者が担当する区域の中で訪問した順に番号がつけられたとされている。次の欄に記入されている通し番号は、ファミリ (family) を1つの単位とみなして付けられたもので、同じ居住家屋の番号のもとに、2つ以上のファミリの番号が記載されていることもありうる。つまり、同じ住居家屋の中に、複数のファミリがいる場合である。これらのファミリは、親族で構成されている場合もあるし、非親族で構成されている場合もある。この違いを推定することは、しばしば不可能だが、一般的にはかなりの程度可能である。この推定は、家族関係が明確に記述

されているとき、より行い易くなる。例えば、娘の1人が結婚して、夫と一緒に、自分の親の家に住んでいる場合、娘は、姓が変わっているために、直ちに、親との関係を判断することはできない。しかし、他の娘や息子との年齢差、出生地の一致、そして、娘の両親の出生地と親の出生地の一致などで、結婚した娘であると推定することが可能となるのである。また、異なる2つ以上の年次のセンサスで追跡することができた場合に、この推定は確定的になりうるのである。

　高齢者の生活環境として、こうしたハウスとファミリの資料を扱うとき、ハウスとファミリの間の関係について、研究者自らの判断が必要となる。例えば、同じハウスに2つのファミリがセンサス原簿にあるとしよう。一つには高齢者夫婦が記載され、もう一つには中年夫婦を中心とするファミリが記載されている。もし、この高齢者夫婦が、中年夫婦の親であると判別できたとしたら、この高齢者夫婦が中年夫婦の家族と同居しているとみなすべきか、あるいは、逆に、中年夫婦家族が高齢者家族と同居しているとみなすべきか、あるいは、別個の自立した家族としてそれぞれを扱うべきか。これは研究者が解決すべき難問である。

　こうした判断には、さらに複雑な事実が加わって、判断を困難にすることがある。それは、同じ手書き原簿の中で、先ほど仮定したのと同様の家族構成が見られるときに、しばしば全員のファミリ番号が一致していて、三世代家族と認められることがあるという事実である。

　この事実から、同じハウス番号のもとに、わざわざファミリ番号を別個にしてあるのには、なんらかの理由があると思われるのである。そのなんらかの理由を考慮した場合、同じハウス家屋に住む中年夫婦のファミリとは別個の生活を、例えば同じ敷地でも、離れがあって、そこで高齢者夫婦が自立した生活を送っている、と考えることもできるのである。この可能性の判定は、その家屋の平面図が残っていると、ある程度可能となる。本研究で扱っている年代には、そうした資料がないので、高齢者夫婦に1つのファミリ番号を与えたという事実を尊重し、そのファミリを自立したファミリとみなすことにした。言い換えれば、中年夫婦のファミリと日常生

活上は相互作用があるにしても自らの生活態度として、自立しているファミリとみなすことにしたのである。センサス原簿に個別のファミリ番号が付されていることが、自立している態度を反映したものと想定したのである。

　ハウス単位あるいはファミリ単位で分析を行うために、センサス資料を処理・加工しようとすると、別の大きな問題に直面した。前章で扱ったような、個人単位での分析を行うのには、センサス手書き原簿の資料をそのままデータベース・ソフトでコンピューター入力すれば可能であった。そして、分析するときの操作手順として、使用したソフトウェアの機能を活用することで充分であった。しかし、このデータベース・ソフトウェア（マイクロソフト社「アクセス」）は、ハウス単位あるいはファミリ単位での分析に直接対応した機能をもっていなかったので、分析をするための資料加工作業に多大な時間と労力を費やさなければならないという問題を克服しなければならなかった。

ファミリの類型化

　ファミリ単位で資料分析するために、ファミリの類型化を次のように行った。この類型化は、理論的に必要な手続きとして行ったものではない。あくまでも、複雑なデータから発見的に重要な事柄を知るために操作的におこなったのである。

　基本類型に次の5種類がある。
(1) 単身者（alone）：構成者が一人だけの場合。略号は、**one**。
(2) 夫婦（couple）：構成者が夫婦の場合。略号は cpl。
(3) 親子：構成者が親子の場合。片親の場合や、祖父母と孫の場合もこの分類に含める。略号は、fam。
(4) キョウダイ（siblings）：構成者が兄弟姉妹関係にある場合。略号は、sib。
(5) 無関係同士の同居：構成員が複数いて、血縁・姻戚関係にない場合。略号は、nk。（この類型は、厳密にはファミリではない。）

基本類型のヴァリエーションを生み出す同居人に次の4種類があり、資料整理のために以下のような符号を基本類型に付けて区別した。
　(a)血縁・姻戚関係の無い同居人がいる場合：＋。
　(b)養子（adopted child）がいる場合：ad。
　(c)継子、継父・継母（step）関係にある人がいる場合：st。
　(d)姻戚（in-law）関係にある人がいる場合：il。

ハウス数とハウス内人数、ファミリ数とファミリ構成員数

　リヴァーフロント市のハウス数には、1850年から1910年にかけて、大きく3つの増加期があった（表3-1）。これらの増加期は、東部からの移住者とヨーロッパからの移民の流入期と重なっていた。増加率の大きさからみると、最初の増加期にあたる1850年代にみられた4倍（74戸から301戸へ）が最も高かった。この増加期には市制が施行され、東部からの移住者とヨーロッパからの移民が流入した時期にあたっていて、人々が大量に流失する一方で、それをはるかに上回る流入があったことを物語っている。職業の面からみると、大工（21名、マスター2名）の数が、レイバラー、筏職人、材木切り出し人、に次いで最も多く、家屋の建築が活発に行われていた様子を表している。

　この次の増加期にあたる1870年代には、343戸から2倍強の増加となり、増加率自体は減少しながらも、規模は前回のそれを大きく上回っていた。3番目の増加期である1880年から1900年までの20年間には、774戸あったハウスの数が2.5倍に増加したのだった。

　それぞれの増加期は、移住者・移民の流入期に対応していて、先述した新しく流入した人々が生活する家屋が、盛んに大工の手で建築されていったのである。この様子を大工の数の変化から眺めてみると、1850年から1860年で11名から23名へ、1870年から1880年で、10名程から89名（第3街区に比較的多い）へ、1880年から1900年で、89名から141名（第5街区に比較的多い）へといったように、人々の流入、大工の数の増加、家屋の建築ラ

シュが互いに関連していたことが明らかである。このことを証左するかのように、1900年から1910年のハウス数の減少期に、大工の数が141名から86名へ激減したのだった。

ハウスの増加について市内の街区間で比較すると、第4街区の1880年から1900年にかけての増加が2.3倍と著しかった。次の10年間で、第4街区で1.2倍の増加がありながら、他の街区では、第3街区の微増を除いて、すべて減少してしまった。第4街区内では、ポーランド系ファミリ数の増加と対応していたためで、他の街区では、既にみたように、総人口の減少に対応したハウスの減少があったのである。

農場地帯のハウス数の変化をみようとすると、資料が1860年以降しかないので、リヴァーフロント市の第1番目のハウス数増加期と対照させるこ

表3-1　ハウス（居住家屋）数（H）とファミリ数（F）の変化

		1850	1860	1870	1880	1900	1910
リヴァーフロント市							
	H	74	302	343	778	1,934	1,891
	F	74	325	371	880	2,004	1,955
第1街区	H				166	279	261
	F				204	286	273
第2街区	H				244	377	339
	F				267	389	342
第3街区	H				184	331	338
	F				202	341	347
第4街区	H				184	421	506
	F				207	434	532
第5街区	H					332	289
	F					357	297
第6街区	H					194	158
	F					197	164
クラーク郡区	H		85	174	264	346	338
	F		87	182	291	347	361
レイクランド郡区	H		110	191	259	409	440
	F		114	199	266	412	456

第3章　高齢者の扶養パターンの変遷

とができない。しかし、1860年代のクラーク郡区とレイクランド郡区はそれぞれ2倍と1.7倍の増加をしていて、停滞期にあったリヴァーフロント市の1.1倍強とは対照的に、増加期にあった。その後も1900年まで、各郡区とも、1.3～1.5倍程度の増加をしていた。1900年から1910年にかけての人口増減は小さく、クラーク郡区で若干減少、レイクランド郡区で若干増加しただけであった。リヴァーフロント市でみられたような人口の減少は、パイン郡内の農場地帯においてはみられなかったといってよいだろう。農場地帯の方が人口変動の仕方が比較的緩やかとなっていたといえる。

　ファミリ数の変化は、ハウス数の変化と基本的に連動しているので、これまで述べてきたハウス数の変化とほとんど同じ変化をしてきたといってよい。全体的な傾向としては、ファミリ数は、ハウス数よりも4～5パーセント多い。1880年は例外的にリヴァーフロント市およびクラーク郡区で、10パーセント強も多くなっていた。リヴァーフロント市の中でも特に第1街区で20パーセント強にもなっていた。このパーセントが大きくなることは、ファミリの数がハウスの数よりも多くなるということを意味していて、この差が大きいことは、複数のファミリが同じハウスに生活している状態が広範囲に生じていたことを意味する。しかし、この状態は一過性であったようで、1900年になるとどの街区でも、またクラーク郡区でも、数パーセントだけ多い状態に戻ってしまった。

　1つのハウス内に一緒に暮らしていると考えられる人の数は、全体的に、どの場所でも減少していく傾向にあった（表3-2）。逆に言えば、この調査地域において、過去に遡れば遡るほど、少なくとも19世紀半ばまでは、1つのハウスに暮らしている人の数が多かったのである。しかし、こうした全体的な把握の仕方では、実際の動きを的確に把握したことにはならない。全体的には、確かに、リヴァーフロント市で、1850年から1910年までの60年間の間に6.2人から4.6人に変化したといえる。しかし、この変化を緩やかに減少していったと解釈してよいであろうか。ハウス数との関係を詳細にみると、1850年の6.2人から1860年の5.1人と約1名分の減少があったのにもかかわらず、次の10年では、増加に転じたのである。おそらく、

1850年代にハウスの数が増大し、住む場所が確保される一方で、1860年代には移民の流入による人口増加に、ハウスの新築が追いつかず、ハウス当たりの住人数の増加が生じたのだろう。

市内のそれぞれの街区には、ハウス当たり平均人数の変化に異なったパターンがあった。他の街区では1880年から1910年まで、この平均人数は減少して4人前後になったのと対照的に、第4街区では変化がほとんどなかったのである。最も高い平均値は1850年のものであるが、これは、ホテルや下宿屋のように多くの独身・単身者が滞在できる場所があったために、平均値が高くなったのである。一般のハウスとの区別をするのは困難であるが、1つの解決策として頻度を使うとすると、1850年においても他の年度の平均に近い4人と5人に集中していたことがわかる。つまり、一般的なハウスでは、それほど他の年と異なっていなかったと推定できるのである。それ以外で6人以上の平均値がみられるのは、1880年の第1街区だけであった。そこでは、ハウス数とファミリ数に大きな差があり、複数のファミリが1つのハウスに住んでいるケースが多かったことを示唆している。この結果、ハウス当たり平均人数が多くなったのである。

農場地域のハウス当たり平均人数の変化は、リヴァーフロント市での減少傾向と対照的に、ポーランド系が大多数をしめるクラーク郡区で増加傾向、ノルウェー系が多いレイクランド郡区ではあまり変化しなかった。クラーク郡区の場合、1870年から1910年までの40年で、1名の増加をしていて、この変化の背景としては、移住後に多くの子どもが生まれ、他の文化的背景をもつ人々よりも大家族をもつ傾向があったことを示している。

同じポーランド系でも、市内第4街区と農場地域のクラーク郡区では注目すべき違いがみられる。1880年から1910年までを対比させると、約1人分、クラーク郡区のほうが多いのである。同じポーランド系の文化的背景をもちながら、都市生活者となった人たちは、農場生活者になった人たちよりも早くから家族数を減らしていたのである。

表3-2　ハウス当たり平均人数(H)とファミリ当たり平均人数(F)の変化

		1850	1860	1870	1880	1900	1910
リヴァーフロント市	H	6.2	5.1*	5.5	5.6*	4.9	4.6
	F	6.2	4.7	5.1	5.0	4.8	4.4
第1街区	H				6.0*	5.2	4.7
	F				5.0	5.1	4.5
第2街区	H				5.5*	4.5	3.9
	F				5.2	4.4	3.9
第3街区	H				5.5*	4.8	4.4
	F				5.3	4.7	4.3
第4街区	H				5.4	5.5	5.3
	F				4.8	5.3	5.1
第5街区	H					4.9	4.4
	F					4.6	4.3
第6街区	H					4.3	4.2
	F					4.3	4.1
クラーク郡区	H		5.5	5.4	5.9*	6.3*	6.4*
	F		5.4	5.2	5.5	6.4	6.1
レイクランド郡区	H		5.1	5.1	5.1	4.8	5.0
	F		4.9	4.9	5.0	4.8	4.9

* 30人前後の住人のいる集合的な居住家屋は除いて計算した。

高齢者のいるハウスの割合とハウス当たりの平均人数の変化

　60歳以上の高齢者の存在を、その地域に住んでいる人々が、どのように認識しているのかを推定するのには、高齢者が居住する家屋の分布図をみるのが最適であろう。ここでは、地理的分布の資料整理が未完成なので、高齢者の居住するハウスの割合の変化を指標にして、その変化から、どの程度、人々が身近に高齢者の増加を実感するようになっていったか推定してみる。

　高齢者の人口増加を身近に感じる感じ方は、彼らが居住するパターンに

よって、影響されると推測できる。例えば、高齢者がまとまってある所に集中して住んでいるとすると、町の中で彼らと出会う機会は一般的とはならず、限定的となるであろう。リヴァーフロント市の場合、パイオニア時代とみなされる1840年代から1860年代にかけて、30代前後の若い世代の男性を中心に移住と移民による人口流入があったとき、60歳以上の高齢者は、10軒に1軒ほどの割合で暮らしていた（表3-3）。この時期、高齢者自身も、成熟途上の町に移住するというパイオニア精神を持ち続けていたと考えられる。また、「お手本」となるような高齢者の存在は身近になかった。彼らが移動する前に身近にいた親の世代の多くは高齢期に入っていなかったのである。

　しかし、確実に高齢者人口が増加する中で、1880年の市内で高齢者の生活する家はまだ2割には達していなかった。唯一、第2街区で、5軒に1軒の割合で高齢者が生活するようになっていたのである。一方、第4街区の割合は他の街区よりも最も低く約15パーセントであり、ポーランド系移民の流入がやはり若い世代を中心にしていたことから高齢者の存在する家は少なかった。それでも20年後の1900年には、全体として1割弱の割合の増加があった。市内各街区の変化はそれぞれ異なり、新しく第3街区から分割された第5街区が最も少ない20パーセントを示す一方で、第4街区の割合は約25パーセントと急増し、高齢者は4軒に1軒の割合で存在するようになっていったのである。この割合になると、市街地の1ブロックに数人の高齢者がいることになるだろう。平均的な1ブロックの軒数をいうことはできないが、自らの家の両隣と、向かいの家で4軒となることから、少なくとも、自らの家と隣家のいずれかに高齢者が暮らすようになったのである。これは日常的な生活感覚からすると、どの個人にとっても身近な生活圏内で高齢者の存在を意識する機会があったということになる。

　1910年になると、さらに全市的に高齢者の住んでいる家の割合は増加し、第3街区と第4街区はともに30パーセント弱であるが、他の街区では3軒に1軒の割合となり、つまり自分の家を含めて両隣のいずれかの家に高齢者がいることになり、さらに高齢者の存在が身近なものになった。

表 3 - 3　60歳以上の高齢者のいるハウスの割合変化（%）

	1850	1860	1870	1880	1900	1910
リヴァーフロント市	8.1	9.6	13.7	17.6	25.2	30.8
	6/74	29/301	47/343	136/774	488/1934	583/1893
第1街区				16.3	28.3	33.7
				27/166	79/279	88/261
第2街区				20.1	26.7	32.7
				49/243	101/378	112/342
第3街区				17.9	26.0	29.0
				33/184	86/331	98/338
第4街区				15.2	24.2	28.1
				28/184	102/421	142/506
第5街区					20.5	31.1
					68/332	90/289
第6街区					26.8	32.9
					52/194	52/158
クラーク郡区		11.8	14.4	28.0	34.1	35.8
		10/85	25/174	74/264	118/346	121/338
レイクランド郡区		13.6	17.8	28.6	34.2	34.8
		15/110	34/191	74/259	140/409	153/440

注：パーセントの下の数字は、左が高齢者のいるハウス数、右がハウス総数を表す。

　農場地域の高齢者のいるハウスの割合は増加していて、常に、リヴァーフロント市内のそれを数パーセント上回っていた。クラーク郡区とレイクランド郡区は、住民の文化的背景の面で異なっていながら、同様の増加傾向を示しているのは、高齢化が文化的背景の違いを超えて進行していたことを意味している。双方の郡区で、1900年に、3軒に1軒の割合で高齢者の暮らしているハウスが存在するようになった。1910年には、その割合はさらに増加し約35パーセントになった。農場地域の隣家は、リヴァーフロントの市街地とは異なり、数マイル離れたところにあるので、市街地の生活感覚とは異なる。しかし、農場者たちの生活感覚からすると、それだけの距離離れていても隣家の人々はやはり身近な存在としてとらえられていることが、農場生活者との会話から感じ取れる。この生活感覚からすると、高齢者のいるハウスの割合の増加は、リヴァーフロント市内と大きく変わらず、むしろ、市街地よりも早くから、高齢者の存在を身近に感じていた

と推定できる。

　60歳以上の高齢者が暮らすハウスで生活する人は何人いて、その数は歴史的にどのように変化してきたのであろうか。表3-4が示すように、1850年では、移住してきた人たちが滞在するボーディング・ハウスやホテルが存在していたため、同一のハウスに暮らす人の数の平均値は高くなっている。また、この値が1860年から1870年にかけて増加しているのは、全体的な増加を反映したもので、移住してきた人たちが1軒のハウスにまとめて住まざるをえなかった状況があったためであろう。しかし、1870年以降、ハウスあたりの平均人数は、一転して1910年まで減少し続けるようになった。

　市内の街区毎の変化と、農場地域の変化とを比較検討すると、1880年から1910年にかけて、第4街区の減少の大きさが、他の街区よりも、かなり小さかったことが特徴的である。同じポーランド系が大多数をしめるクラーク郡区では、1860年から1910年にかけて、平均人数が着実に増加していて、リヴァーフロント市全体の1870年以降の減少傾向とは逆であった。レイクランド郡区では、1860年と1870年のリヴァーフロント市と全く同じ数値で、同じように増加していて、クラーク郡区よりも平均人数が多かったのである。しかし、1880年になると急減して、その後安定し、クラーク郡区よりも1人以上も少なくなってしまった。そして、そのままの人数で推移したのである。

　高齢者のいるハウスだけをとって、ハウス当たりの平均人数を、すべてのハウスから求めた平均人数と比較すると、都市部、農場地域にかかわらず、ほとんどの年次で、高齢者のいるハウスの平均人数の方が小さかった。この差の意味は、高齢者の生活の場面に身近に存在する人の数が減っていることと、高齢化の進行が相伴っていたということである。そして、身近な人たちは、年を経る毎に、高齢者のいるハウスから消えていったことを意味している。

　高齢者が依存できる身近な人が少なくなってしまって果たしてうまくいくのであろうかといった日本的解釈をこの現象に直接あてはめることはで

きない。この現象は、他人への依存を重視せず、自らの自立心を尊重する立場から考える必要がある。そうであるとすると、日本的解釈とはまったく対照的に、この時期に、高齢者は自らで生活する態度を確立していったと考えることができるのである。

表3-4 60歳以上の高齢者の生活するハウス当たりの平均人数の変化

	1850	1860	1870	1880	1900	1910
リヴァーフロント市	12.0	4.9	5.6	5.1	4.6	3.9
第1街区				6.6	5.4	4.5
第2街区				5.0	4.7	3.5
第3街区				5.9	4.5	3.7
第4街区				4.7	4.5	4.4
第5街区					4.7	3.8
第6街区					3.7	3.5
クラーク郡区		3.6	4.6	5.7	5.8	5.7
レイクランド郡区		4.9	5.6	4.6	4.4	4.4

注:30人前後が集合して生活するハウスを除いて計算した。

高齢者の自立性の指標

表3-5は、高齢者が自立した生活をするようになったという前項で述べた推定を支持する内容をもっている。この表は、60歳以上の高齢者のいるファミリのうちで、高齢者がファミリの長(HEAD)として記されている割合と、その変化を示したものである。この表から、センサス手書き原簿の中で高齢者がファミリの長となっている割合が増加していったことが明らかである。

1850年のリヴァーフロント市のケースを、ここで比較のために使うには、高齢者の人数が少なすぎるため困難であるので、この年次を除いて、全体的な変化をみていくと、1860年に約半数の高齢者がファミリの長であった

のが、1910年には8割弱にまでなっていて、自立的な存在に向かって大きく変化していったことが推定できるのである。リヴァーフロント市内でとくに顕著なのは第4街区で、1880年から1910年にかけて、常に8割を維持していた。同じポーランド系が大多数をしめるクラーク郡区では、大量のポーランド系移民が移住した1860年代に、高齢者のいるファミリの中で高齢者が長であった割合が8割近くになったにもかかわらず、その後は、1900年にかけて5割近くまで減少し、1910年に再び増加に転じた。しかし、その割合は7割に届いていなかったのである。こうしてみると、同じポーランド系の人々でありながら、農場部では、高齢者をファミリの中で長と見なそうとする度合いが、都市部よりも低くなりがちであったようである。

もう一つの農場地域の対象地であるレイクランド郡区では、1860年から、リヴァーフロント市と同様に、高齢者のファミリの長の割合を徐々に増加させていて、クラーク郡区と対照的な変化を示している。これは、この郡区のノルウェー系の人々が、同じ郡区にいる米国東部・北東部系の人々に近いライフスタイルを取り始めていたと推定できる。言い換えると、ノルウェー系の人々は、ポーランド系の人々よりも、早くから米国東部・北東部系に近い、ファミリ形態をもち始めるようになっていたと考えられるのである。

ポーランド系の高齢者が、現在のアメリカ文化を特徴づける独立心・自立心を尊重する考え方 (Bella et al 1985) を、移民してから、予想以上に短い時間のうちに、実践していたとすると、これは、本研究における一つの発見となる。

独立心・自立心は、すでに米国東部・北東部系の人々によって、西部開拓時代から受け継がれてきたとすると、ヨーロッパ各地から移住してきた人々は、それぞれにもとの土地での伝統的な価値観・慣行・信条を受け継いでいて、独立心・自立心を、移民してきたのちに、いわゆるアメリカの主流文化に「同化」する過程で学んだ、と私たちは通念的に考えがちである。

しかし、リヴァーフロントという都市部ではそうであっても、農場地域のクラーク郡区との違いの存在をどのように理解したらよいであろうか。

この問題に関しては、実際に高齢者がどのような家族構成で高齢期を送っているのかを明らかにした上で、判断するべきことである。ただ、ここで許される範囲で述べると、都会では、高齢者が自らの職を引退する時期は、息子がその職を受け継ぐ時期と重ならないために、自らの長の立場を放棄する必要性が小さいと考えられる。仮に息子が結婚した後に同居し続けたとしても、同じ家で別のファミリを形成していると言明することが容易なのである。一方、農場地帯では、農業から引退する時期が、その農場の経営主体の変更、つまり息子が中心的な存在になる時期と一致しているので、高齢となった親は、同じ農場の中で、離れで生活していても、センサス収集者に微妙な立場の在り方を言明することが容易ではなかったであろう。こうして、都会と農場地帯の間に生活の仕方の違いがあることから、同じポーランド系移民でも異なったセンサス上の傾向の違いが生まれたと考えられるのである。

表3-5　60歳以上の高齢者がいるファミリの中で彼らがファミリの長である割合変化

	1850	1860	1870	1880	1900	1910
リヴァーフロント市	16.7	44.8	53.2	65.5	73.0	78.3
	(1/6)	(13/29)	(25/47)	(91/139)	(359/492)	(461/589)
第1街区				53.6	73.4	74.4
第2街区				67.3	68.6	75.0
第3街区				59.4	66.3	78.6
第4街区				80.0	81.6	82.6
第5街区					75.4	75.0
第6街区					71.7	84.9
クラーク郡区		60.0	76.0	64.9	52.5	66.9
		(6/10)	(19/25)	(50/77)	(62/118)	(83/124)
レイクランド郡区		40.0	41.2	67.6	66.7	68.6
		(6/15)	(14/34)	(50/74)	(94/141)	(105/153)

注：30人前後が集合して生活するハウスを除いてある。

高齢者夫婦間の年齢差、及び、最終出産時年齢

　夫婦のどちらかが60歳以上の高齢者の場合、夫と妻の年齢差を調べて、その平均を算出し、結婚時の相手の年齢との違いが、高齢期に入ったときにどのような影響や効果をもっていたのかを推定してみよう（表3‐6）。比較分析するために、主な文化的背景ごとに資料のまとめを行った結果、文化的背景によっては絶対数が少なく、平均値の幅が大きくなってしまうことがあった。そうした場合は、異なる年次間で比較することは困難である。数の少なさだけでなく、再婚や再々婚の影響も加わることがあり、夫婦間の年齢差は自然に大きくなってしまいうるのである。こうした困難さをもたらす要素を考慮して、表3‐6で顕著にあらわれている特徴的なことだけをここで述べる。

　リヴァーフロント市では、1880年から1910年にかけて、夫婦間の年齢差が、主な文化的背景の人々の間で比較的近似していた。つまり、5歳から8歳違いが、ほとんどの夫婦でみられる年齢差であったのである。それ以前のパイオニア時代から移民の流入期（1850年から1870年）までの資料からは一般化することは難しい。それでも、米国東部系（US-E）の傾向は興味深く、11歳程の差から7歳程の差へと徐々に年齢差が縮まっていったようにみえる。ただし、米国北東部系（US-NE）の場合は1850年から1870年まで、数が少ないので信頼できる資料とはなっておらず、それでも敢えて比較すると、米国東部系（US-E）とは逆に、夫婦間の年齢差は拡がっていっていた。拡がる要因には、主に男性の晩婚化、結婚相手の死亡や離婚の後の再婚などがありうるが、ここでは主な要因を推定することは難しい。

　クラーク郡区とリヴァーフロント市のポーランド系は、1900年と1910年で、夫婦間の年齢差がともに6歳程度と、都市部と農場地域との間にほとんど差がなかった。ノルウェー系では、リヴァーフロント市よりも農場地域のレイクランド郡区の方が、1900年と1910年とで、年齢差が小さかった。

表3-6　60歳以上の既婚高齢者と配偶者の年齢差の平均

	1850	1860	1870	1880	1900	1910
リヴァーフロント市						
イングランド系				1.6	5.5	7.5
ドイツ系				5.2	7.1	
ノルウェー系					6.0	6.5
ポーランド系				8.0	6.5	6.2
米国東部系		11.8	11.4	9.5	7.8	6.6
米国北東部系	3.0	3.8	4.3	8.8	8.2	6.0
クラーク郡区						
ドイツ系					7.0	10.6
ポーランド系					6.8	6.1
レイクランド郡区						
イングランド系				4.8	7.3	3.5
ノルウェー系		4.0	3.8	4.0	5.0	4.5
米国東部系			3.7	6.2	9.2	8.5
米国北東部系			3.7	12.0	8.8	13.7

　表3-6から多くはいえないにしろ、1910年の時点で、高齢夫婦間の年齢差が、文化的背景にかかわらず、比較的6歳～7歳台に集中するようになったようにみえる。これは、これらの夫婦が1870年代に結婚して、その当時、女性が18～19歳、男性が24～25歳で多くの人が結婚したことを映し出していると思われる。この年齢差はどのようなことを意味しているのであろうか。それは、10人程の子どもからなる大家族を形成する場合に、女性が40歳近くなるまで出産を続け、夫が46～47歳のときの子どもが、この夫婦が高齢になるまで、同居を続け、母親は60代半ば、父親は70歳程のときに、その子が息子の場合、その子が結婚して、高齢の親の扶養に携わるようになる可能性が高いということである。

　若い夫婦に高齢者が扶養を受けるというスタイルにあてはまるのは、ポーランド系の人々である。米国東部・北東部系の人々は、子どもの数を既に減らしていて、女性が30歳を少し越える頃までに子どもを産み終えてしまい、そうすると、高齢になった夫婦に同居しているのは、30歳前後の未婚の子どもとなる。あるいは、子どもは結婚して親の家を離れてしまって、老夫婦だけの生活となった。ノルウェー系の人々は子どもの数の点からす

表3-7 60歳以上の高齢者と同居している最年少の子どもが生まれたときの父親の年齢の平均（主な文化的背景に分けて）

	1850	1860	1870	1880	1900	1910
リヴァーフロント市						
イングランド系				45.0	43.7	38.8
ドイツ系		46.0	47.5	27.5	39.6	41.9
ノルウェー系				44.0	42.2	50.5
ポーランド系				44.3	48.1	44.7
プロシャ系		42.0	44.0	45.1		
米国東部系		45.3	44.1	40.3	42.5	42.3
米国北東部系	21.0	39.0	53.0	44.3	45.8	37.2
クラーク郡区						
ドイツ系		45.0		43.0	49.0	41.3
ポーランド系		34.0			45.8	45.5
プロシャ系			47.8	44.7	40.4	
レイクランド郡区						
イングランド系				32.0	47.5	
ノルウェー系		44.0	42.8	43.1	39.3	40.2
米国東部系		37.0	39.8	47.3	49.8	36.4
米国北東部系		44.0	48.5	46.0	47.8	38.8

表3-8 60歳以上の高齢者と同居している最年少の子どもが生まれたときの母親の年齢の平均（主な文化的背景に分けて）

	1850	1860	1870	1880	1900	1910
リヴァーフロント市						
イングランド系			31.0	36.8	38.8	33.3
ドイツ系			55.0	37.0	34.5	35.6
ノルウェー系			37.0	37.0	37.0	36.7
ポーランド系				31.0	39.0	38.7
プロシャ系		44.0	44.0	39.9		
米国東部系		37.7	34.4	35.8	33.2	34.2
米国北東部系	18.0	36.3	37.0	35.1	35.9	31.5
クラーク郡区						
ドイツ系		43.0		47.0	36.2	33.9
ポーランド系					38.5	38.6
プロシャ系			39.5	39.7	40.1	
レイクランド郡区						
イングランド系					38.5	
ノルウェー系		39.5	33.3	34.9	36.9	37.1
米国東部系			39.3	38.1	36.4	30.4
米国北東部系		43.0	40.0	40.3	33.5	37.0

ると、ポーランド系と米国東部・北東部系の中間的な存在である。

　こうしたモデルをさらに精緻化することは資料が充分でないため現時点では困難である。しかし、補足的に、60歳以上の高齢者と同居している子どものうちで、最年少の子どもが生まれたときの、親の平均年齢と、親の年齢のうちで最も高い年齢について表3-7、表3-8、表3-9にまとめた。

　先述したように、少ないケース数で平均値を求めても、得られた値は偏っていることが多く、歴史的変化をとらえるために使うことは難しい。しかし、全体的な傾向として、1860年から1910年にかけて、高齢の父親と同居している子どもがいる場合、その子どもが生まれたときの父親の年齢はほとんどが40代であり、45歳前後を中心に分布しているようであった。母親の年齢について、全体的な1860年から1910年までの特徴としていえることは、多くが35歳から40歳の間に入っていたことである。父親と母親の年齢差は、5歳から10歳の間となり、先にみた夫婦間の年齢差6〜7歳を含んでいて整合している。

　これまで、親の年齢について、平均値を求め、それを分析に用いてきた。しかし、その値は、実際の生活感覚を必ずしも表していない。平均化した値はあくまでも研究のために操作上必要な数値として求めたものだからである。この平均値を補って実際の生活感覚を表すであろうと思われる数値として、同居する最も若い子どもを産んだときの親の年齢で最も高い年齢を選んだ（表3-9）。個人差によって左右されることはあっても、この値は、周囲の人が何歳ぐらいまで子どもを産んでいるのか、それからすると自分は何歳まで子どもを作ることができるのか、あるいは、そうすることが社会的に許されているのかを人々が判断するときの材料の一つとなっていると考えられるのである。ただし、親子と推定できたとしても、表中の＊を付してある年齢は、女性の生物学的出産能力を越えた年齢であるので信頼性は乏しい。この問題が生じる原因として、年齢の申告をするときの間違い、センサス手書き原簿への記入の際の間違いなどが考えられる。

　こうした問題があったとしても、表中の値の多くは示唆的であり、とくに、この表が示す次の点は、自立した老後の問題を考えるときに重要な示

表3-9 60歳以上の高齢者と同居する子どものうち最年少の子どもが生まれたときの父親・母親の最高年齢

		1850	1860	1870	1880	1900	1910
リヴァーフロント市							
イングランド系	父				55	54	53
	母			31	43	52	44
ドイツ系	父		46	58	28	61	56
	母			55	40	63*	57*
ノルウェー系	父				44	56	58
	母			37	44	52	58*
ポーランド系	父				48	67	70
	母				41	54	51
プロシャ系	父		42	44	65		
	母		44	44	55		
米国東部系	父		57	67	67	58	68
	母		42	47	47	50	61*
米国北東部系	父	21	50	58	62	63	55
	母	18	43	41	46	48	43
クラーク郡区							
ドイツ系	父		45		43	64	54
	母		43		47	51	41
ポーランド系	父		34			70	63
	母		24			50	54
プロシャ系	父			59	65	53	
	母			58*	65*	51	
レイクランド郡区							
イングランド系	父				33	51	
	母					41	
ノルウェー系	父		44	56	55	52	53
	母		40	50	45	50	47
米国東部系	父		37	49	62	65	55
	母			45	42	48	47
米国北東部系	父		44	56	56	58	50
	母		43	44	45	47	45

＊信頼性に問題がある。

唆を与えてくれるのである。米国東部・北東部系の女性は、40代半ばまで出産することがあり、その他の文化的背景をもつ女性たちも、その傾向をもちながら、さらに50歳程まで出産を続けることがしばしばある。もちろ

ん、その年齢に達するまで出産を続ける女性の絶対数は少ない。確かに、高齢者女性全体を、1880年から1910年についてみると、44〜45歳までは、かなりの数がありながら、その年齢を過ぎると、数は激減したのである。減ったとしても、いわゆる「高年出産」が存在していたこと、そして、母親が40代で出産することは例外的ではないことに注意しておかなければならない（第5章の事例を参照）。

　男性は、生物学的な出産への寄与能力の限界年齢が女性よりも高く、その他の要因もあって、表3-9にあるように、父親として末子が出産したときの最高年齢にばらつきが多かった。全体的にみると40代から60代までの間に広がっていたのである。男性が父親として60代に新たに子どもをもつということにはどのような意味があるのだろうか。父親自身がすでに高齢となっていて、この高齢期の扶養に、その子どもが貢献するのを期待したと考えられないことはない。子どもが一人前になるときに父親が80歳になっていても、そうした期待がないとはいえないのである。しかし、それ以上に、父親よりも母親、例えば年齢差の大きい場合、とくに再婚して年齢差が20歳以上となっている場合、母親が40歳前後で、その子を産むことは不自然ではないし、母親が高齢になったときの母親の扶養への貢献を期待することができるのである。

同居人

(1) ハウス内の非親族同居人

　ハウス内に生活する人々は、既述したように、ファミリの構成員からなる。しかし、ファミリの構成員は必ずしも互いに親戚関係にあるとは限らない。ファミリの長と親戚関係を持たない同居人は、センサス手書き原簿の上で、まず、姓が異なり、一般的に年齢が比較的若い青年層であり、その上、ファミリ内の関係を示す欄に記入がなく、職業の欄に「サーヴァント」「ドメスティクス」などと記入がある場合、非親族であることが明確となる。

表3-10 リヴァーフロント市、クラーク郡区及びレイクランド郡区における非親族の同居人がいるハウスの割合、及び同居人の性比（男対女）の変化

		1850	1860	1870	1880	1900	1910
リヴァーフロント	%	48.6	32.1	25.4	25.8	16.8	7.9
		(36/74)	(97/302)	(87/343)	(201/778)	(326/1935)	(150/1894)
	性比	7.20	0.73	0.85	0.78	0.54	0.54
		(36/5)	(52/71)	(50/59)	(109/139)	(137/256)	(61/113)
第1街区	%				42.8	36.2	19.5
					(71/166)	(101/279)	(51/261)
	性比				0.67	0.65	0.55
					(36/54)	(51/78)	(21/38)
第2街区	%				24.6	22.0	6.1
					(60/244)	(83/378)	(21/342)
	性比				0.78	0.50	1.09
					(32/41)	(36/72)	(12/11)
第3街区	%				25.0	21.8	10.4
					(46/184)	(72/331)	(35/338)
	性比				0.87	0.37	0.12
					(26/30)	(22/59)	(4/34)
第4街区	%				13.0	6.7	3.0
					(24/184)	(28/421)	(15/506)
	性比				1.07	0.71	0.80
					(15/14)	(12/17)	(8/10)
第5街区	%					9.6	6.9
						(32/332)	(20/289)
	性比					0.50	1.00
						(12/24)	(13/13)
第6街区	%					5.2	5.1
						(10/194)	(8/158)
	性比					0.67	0.43
						(4/6)	(3/7)
クラーク郡区	%		20.0	10.3	9.0	5.5	8.9
			(17/85)	(18/174)	(24/266)	(19/346)	(30/338)
	性比		1.71	1.56	2.00	4.00	2.67
			(12/7)	(14/9)	(18/9)	(16/4)	(24/9)
レイクランド郡区	%		18.8	24.6	18.9	21.0	21.4
			21/112	47/191	49/259	86/409	94/440
	性比		2.43	1.11	1.73	1.35	2.39
			(17/7)	(30/27)	(38/22)	(58/43)	(74/31)

注：( ) 内の斜線の左は男性、右は女性の実数。

第3章　高齢者の扶養パターンの変遷

　19世紀のアメリカの日常生活を形成する要素の一つが、この同居人の存在であるといわれる（Hareven 1982）。研究対象地域の人口ピラミッドの形状変化をみたとき、青年層に突出した年次・地域があったことは既に注目しておいた。この層に突出的な数の多さがあったのは、主に、非親族の同居人がハウスに住み込んでいたことによるものである。この非親族の同居人は、少なくとも1920年代まで続き、リヴァーフロント市内で、農場地域からの青年女子がハイスクールに行くために、同居人となって、勉学しながらその家の手伝いをする例が、私たちのインフォーマントへのインタビューの中にあった。

　非親族の同居人のファミリ内での役割は、民族誌的インタビュー資料からある程度明らかにできる。しかし、それは、19世紀後半に、非親族の同居人が、高齢者の扶養とどのように結びついていたのかを明確にすることに直接役立たない。それで、センサス資料から、実際にどれほどの非親族の同居人が60歳以上の高齢者の身近な生活環境の中にいたのかを明らかにしてみる。まず、全体的にみると、非親族の同居人がいるハウスの割合は、リヴァーフロント市の場合、1850年から1910年にかけて、2軒に1軒（50パーセント弱）から10軒に1軒以下（8パーセント程）に減少した（表3-10）。1850年当時には独身の男性の割合が大きかったことから、彼らが生活する上でボーディングの必要があったので、かなり高い数字を示したのである。その後1870年に4軒に1軒の割合となるまで減少したが、1880年には10年前と同じ割合を示した。全体的に減少しているにもかかわらず、この1870年代に同居人をもつハウスの割合が変わらなかった理由は、非親族の同居人がいるハウスの絶対数の変化をみることで理解できる。つまり、絶対数は、1850年から1900年までの間で、1870年に若干の減少があったことを除くと、増加していて、その増加する割合を上回る勢いでハウスの数が増加してしまったのである。こうして、1870年と1880年で割合を比較すると同様の値を示すことになったのである。

　以上で述べた変化を全体的にまとめておくと次のようになる。1850年代は、移住者・移民の流入期で、非親族の同居人を置いているハウスが増加

し、同居人を送り出すハウスも増加した。1860年には、比較的大きな人口の変動がなかったが、わずかに非親族の同居人を必要とするハウスの数は、住人がおそらく西方へ再移動したため、減少してしまったのであった。1870年代には再び移住者・移民の流入がより大規模にみられるようになり、ハウスの数も倍になった。とともに、非親族同居人を必要とするハウスの数が倍増したのであった。さらに、1880年代および1890年代の20年間のうちにハウス数が2.5倍に増加しながら、また非親族の同居人のいるハウス数も全体的に326軒と最高の値を示したにもかかわらず、その数の伸び率は1.6倍と低調であったために、町全体としては、非親族の同居人のいるハウスの割合は減少することになったのである。

　結局、19世紀末は、非親族の同居人がいるハウスの数が増大した時代であったといえる。つまり、非親族の同居人の存在が、この時期のアメリカにおけるファミリの構成上の特徴となっているのである。

　しかし、この特徴は20世紀にはいると消滅していった。1910年になると一転して、非親族の同居人のいるハウス数は半減してしまい、それ以降、この減少傾向は止むことはなかったのである。上述した1920年代の例は、19世紀末の同居した先のハウスにサーヴィスを提供することを主な役割とする一つの職業が急速にその社会的需要を減らしていったことを物語っていたのである。「手伝い」として他家にいくよりも、工場などで働く機会が増大し、その方が収入がよかったし、ハウス内の仕事は、技術革新、市場・流通の変化などにより、他人の手を必要としないで済ませる時代に入っていたのである。こうした社会変化の中で、家に同居させて、上級の学校に通学してながら、家事を手伝わせるという「ギヴ・アンド・テイク」の形態は、精神として、助けを必要とする青年に支援を与えるという徳を果たすことができることから、表面的には19世紀の非親族の若い同居人と同様のようにして、行われていたのである。

　リヴァーフロント市内の街区毎の1880年から1910年の間の変化をみると、非親族の同居人を必要とするハウスと、それを送り出すハウスの違いが明らかになる。必要とするハウスが集中しているのはダウンタウンを含む第

第3章　高齢者の扶養パターンの変遷

1街区であった。また送り手は、市内だけでなく農場地域も入るので、必要とする側より明確ではないが、ポーランド系が大多数をしめる第4街区であった。（どの街区でも1900年から1910年にかけて、非親族の同居人をもつハウスの割合は低下していった。）これら第1街区と第4街区は、都合のよいことに、地理的範囲が年次を経ても大幅な変更がなかったので、1880年から1910年の変化を追うことができる街区である。そこで、詳しく、これらの街区についてみていくことにする。

　第1街区は、1880年に最も大きな割合（5軒に1軒強）を示す一方で、第4街区は、最も小さい割合（13パーセント）を示した。その後、第4街区では、同居人のいるハウスの絶対数は増えずに1910年まで減少を続けた。第1街区では、全体的傾向と一致して1900年に、かなりの数を増加させたが、1910年には半減してしまった。第1街区の非親族同居人のうちで女性のしめる割合は1880年からすでに男性を上回り、わずかながら年を経る毎に、割合を増していった。他方、第4街区の場合、1880年で男性の割合の方が多く、その後は女性の割合が上回ったが、第1街区ほどでなく、男性の同居人もある程度いたことが示されている。これらから、第1街区では、女性の「お手伝い」としての同居人が多かったといえる。ただし、1900年だけで、第1街区と第4街区を除く他の街区とを比較すると、女性の同居人のいるハウスの数は、第2街区も第1街区とほとんど同じ数だけいて、第3街区にもかなりの数があったので、第1街区に女性の同居人が集中していたとするのは間違いである。しかし、第1街区は1880年から1910年にかけて女性の同居人も男性の同居人も最も多くいた街区であった。これは、商業や行政を中心とした活発な街区であったことによるものである。

　農場地域では、どのようなことが非親族の同居人についていえるだろうか。表3-10をみると一目瞭然なことに、リヴァーフロント市内の在り方と、農場地域での在り方とは、対照的だった。まず、クラーク郡区とレイクランド郡区は、1860年において、ともに20パーセント前後の割合をしめしながら、クラーク郡区では10年後にポーランド系が多くなると、この割合が10パーセントに減り、そのまま1910年まで、この傾向が維持されてい

たのである。一方、レイクランド郡区では、20パーセントが1910年まで維持されたのである。つまり、変化の傾向として、ポーランド系の多いクラーク郡区は、非ポーランド系の多いレイクランド郡区よりも、非親族の同居者のいるハウスの割合が小さかったのである。このことは、リヴァーフロント市内の、第4街区と同じである。市内では、同居人をもつハウスの割合は激減した（特に1900年から1910年にかけて）のに較べて、農場地域の2つの郡区ではともに、この時期に、同居人のいるハウスの数が若干増加したのであった。

　さらに、農場地域と市内との大きな違いは、男女のどちらが多いかに見られた。非親族の同居人として、市内では女性が男性を上回り、年を経る毎に女性の割合は増加した。農場地域では、常に男性が女性を上回り、1860年から1910年まで、変動はあるものの、1.5倍から2倍程度に高くなった。この違いが生じるのは、当然ながら、必要とされる同居人の仕事の内容が、農場郡区では農業に関係したことにあったことによるものである。

　農場地域では、男性が他の農場で働くためにその家に住み、市内では、女性が他の家に家事を中心にした仕事をするためにその家に住むことが全体的な傾向としてあったといえる。また、ポーランド系の人々は、市内でも農場地域でも、非親族の同居人をもつことが比較的少なかったといえる。さらに、市内では、こうした同居人が今世紀に入ると激減していく一方で、農場地域では、一定の割合で、存在する傾向にあったのである。

　高齢者との非親族の同居人との結びつきはどのようであったのだろうか。60歳以上の高齢者と非親族の同居人がいるハウスの割合の変化を表3-11にみると、リヴァーフロント市とレイクランド郡区において割合のレベル及び変化のパターンはともに、全てのハウスで算出した表3-10で示されたものと、ほとんど変わらない結果となった。このことは、高齢者のいるハウスであるかどうかにかかわらず非親族同居人の存在の仕方が同じであったことを意味している。

　このことをさらに解釈すると、次のことがいえる。非親族の同居人は、同居するファミリ内に高齢者が存在するようになる前から、そのファミリ

内で必要とされていて、暮らしていた。時間の経過とともに、ハウスの中のファミリ・サイクルに変化があったとしても、同居人はそのまま同居生活を続けていったと思われる。その結果、高齢者がいても非親族の同居人のいるハウスの割合は、高齢者がいない場合とほとんど変わらなかったのである。非親族の同居人の役割は、ファミリが必要とするサーヴィスを提供することであるとすると、そうしたサーヴィスの中に「高齢者の扶養にかかわること」が含まれていなかったようにみえる。そのため、高齢者がファミリ内に存在するから非親族の同居人を新たに加えるという動きがなかったようなのである。

非親族の同居人の数の1850年から1910年までの歴史的変化を男女別にみると、彼らがファミリ内で果たす役割が同質でなかったことが推定できる。リヴァーフロント市内では1850年と1870年において、農場地域においてはすべての年で、男性の同居人の方が女性の同居人よりも多かったのである。ただし、リヴァーフロント市において、これら以外の年次に、男性の同居人がいなくなったわけではなく、むしろ絶対数は僅かながら増加していた。非親族の同居人男性の果たす役割には、ファミリのためになること（例えば、市内では家賃収入源、農場地域では生業を助ける労働力、擬似的家族の感情、家まわりの力仕事への助け）はあっても、ファミリ内の人間の世話に加わることはなかったであろう。

一方、女性の非親族同居人の果たす役割は、直接的にファミリ内の人間の世話にかかわることが主であったと考えられる。おそらく、1880年代及び1890年代におけるリヴァーフロント市内における女性非親族同居人の数の増加は、そうした家事労働力を果たす女性を求めるケースが増加したことを反映していたと考えられる。このことは、女性の仕事の内容が変化していったことを示唆しているのである。

表3-11 60歳以上の高齢者と非親族同居人がいるハウスの割合の変化、及び、そのハウスの数を非親族同居人の性別でわけてみた変化

	1850	1860	1870	1880	1900	1910
リヴァーフロント市	66.7	31.0	29.2	26.6	16.1	8.5
(n/N)	(4/6)	(9/29)	(14/48)	(37/139)	(79/492)	(50/589)
M&F	1	3	3	13	22	10
M	3	2	6	12	13	16
F	0	4	5	12	44	24
第1街区				46.4	32.9	21.1
(n/N)				(13/28)	(26/79)	(19/90)
M&F				7	11	4
M				1	3	4
F				5	12	11
第2街区				26.5	19.6	5.4
(n/N)				(13/49)	(20/102)	(6/112)
M&F				3	7	1
M				6	3	4
F				4	10	1
第3街区				25.0	20.9	7.1
(n/N)				(8/32)	(18/86)	(7/98)
M&F				3	1	2
M				5	3	1
F				0	14	4
第4街区				10.0	6.8	3.5
(n/N)				(3/30)	(7/103)	(5/144)
M&F				0	1	1
M				0	3	3
F				3	3	1
第5街区					10.1	9.9
(n/N)					(7/69)	(9/92)
M&F					2	1
M					1	4
F					4	4
第6街区					1.9	7.5
(n/N)					(1/53)	(4/53)
M&F					0	1
M					0	0
F					1	3

表3-11 (続き)

クラーク郡区	10.0	24.0	27.3	13.6	12.9
(n/N)	(1/10)	(6/25)	(21/77)	(16/118)	(16/124)
M&F	0	3	11	8	8
M	1	2	8	6	7
F	0	1	2	2	1
レイクランド郡区	20.0	35.3	21.6	21.3	19.6
(n/N)	(3/15)	(12/34)	(16/74)	(30/141)	(30/153)
M&F	1	4	3	7	6
M	1	6	11	17	18
F	1	2	2	6	6

注：M&F＝非親族の男女が同居。M＝非親族同居人は男だけ。F＝非親族同居人は女だけ。

(2) ハウス内の同居親族

本項では、高齢者の扶養に関係する人的環境として最も重要な親族の同居人についてみていくことにする。前項では、やはりそうした人的環境の一つであると想定される非親族の同居人について検討してきた。しかし、女性の非親族同居者が1880年代～1890年代に絶対数を増加させたにもかかわらず、そして、60歳以上の高齢者が増大したにもかかわらず、全体的には、非親族の同居者をもつハウスの割合は減少していったのである。このことが、高齢者が増加していても、他人の支援を受けることになんらかの問題があることを示唆するとすると、誰が高齢者の扶養関係の上で、重要な位置をしめていたのであろうか。高齢者と身内の存在の在り方を詳しくみていきながら、この問題について考えてみよう。

60歳以上の高齢者がいるハウスを単位として、各ハウスごとの人間関係を明らかにし、大きく6つ（A、B、C、C'、C''、D）のタイプ分け（表3-12参照）をおこなった。以下で、それぞれのタイプについて検討する（タイプDについては、次章の末項を参照）。

表3-12 ハウスのタイプ分け

(A)高齢者一人の場合。
　(A1) 高齢者一人だけ（独居）。
　(A2) 高齢者一人と、非親族の同居人。
　(A3) 高齢者一人と姻戚か非親族か不明の同居人。
　(A4) 高齢者一人と以下の親族関係以外の親族がいる。
(B)高齢の夫婦だけの場合（いずれかが60歳以上）。
(C)高齢の両親と子ども（あるいは孫）がいる場合。
　(C1) 息子がいる。
　　(C1a) 未婚の息子。
　　(C1b) 既婚の息子（及び嫁）。
　　　(C1bi)　「寡夫」の息子。
　　　(C1bii)「寡婦」の嫁。
　(C2) 娘がいる。
　　(C2a) 未婚の娘。
　　(C2b) 既婚の娘（及び婿）。
　　　(C2bi)　「寡婦」の娘。
　　　(C2bii)「寡夫」の婿。
　(C3) 未婚の息子と娘がいる。
　(C4) 孫だけがいる。
　(C5) 婿（及び既婚の娘）がいる。
(C')高齢の母親と子ども（あるいは孫）がいる場合。
　(C'1)息子がいる。
　　(C'1a) 未婚の息子。
　　(C'1b) 既婚の息子（及び嫁）。
　　　(C'1bi)　「寡夫」の息子。
　　　(C'1bii)「寡婦」の嫁。
　(C'2) 娘がいる。
　　(C'2a) 未婚の娘。
　　(C'2b) 既婚の娘（及び婿）。
　　　(C'2bi)　「寡婦」の娘。
　　　(C'2bii)「寡夫」の婿。
　(C'3) 未婚の息子と娘がいる。
　(C'4) 孫だけがいる。
　(C'5) 婿（及び既婚の娘）がいる。
(C")高齢の父親と子ども（あるいは孫）がいる場合。
　(C"1) 息子がいる。
　　(C"1a) 未婚の息子。
　　(C"1b) 既婚の息子（及び嫁）。
　　　(C"1bi)　「寡夫」の息子。

第3章 高齢者の扶養パターンの変遷

　　　　(C"1bii)「寡婦」の嫁。
　　(C"2) 娘がいる。
　　　　(C"2a) 未婚の娘。
　　　　(C"2b) 既婚の娘（及び婿）。
　　　　　(C"2bi)「寡婦」の娘。
　　　　　(C"2bii)「寡夫」の婿。
　　(C"3) 未婚の息子と娘がいる。
　　(C"4) 孫だけがいる。
　　(C"5) 婿（及び既婚の娘）がいる。
　(D) 高齢者を含めてすべて兄弟姉妹関係にある。

　60歳以上の高齢者が暮らしているハウス全体の中で、高齢者が独居しているハウス（タイプA）の割合は、リヴァーフロント市内で、1860年の3.4パーセントから1910年の11.2パーセントへと常に増加していった。農場地域のポーランド系が大多数をしめるクラーク郡区では、このタイプが存在しない年次があるほどに、高齢者だけで農場に生活することが一般的でなかったことがわかる。そのため、実質的にこのタイプの歴史的変化を追うことはできないが、20世紀に入って、1900年の3.4パーセントから1910年の12パーセント程へ増加したことは、19世紀の高齢者の暮らし方とは異なる暮らし方が始まったことを示唆していて注目に値する。この割合は、レイクランド郡区においては一定のレベル（6パーセント強）で推移していた。この一見、一定の変化は、この郡区の住人の文化的背景が多様であることから、単純なメカニズムによってもたらされたとは考えられないのである。では、どのような複雑さがあったのであろうか。ここで推定できることは、早くから移住してきた東部系の住人の中に、高齢で独居した者がいて、彼らが死亡したり、再移住などで、去ると同時に、遅れてきた移民たちが置き換わりながら、彼らは徐々に、高齢者による独居の暮らし方を受け入れていったのではないかということである。

　リヴァーフロント市内の街区による違いは、絶対数が少ないので明確でなく、1900年から1910年にかけて、どの街区も若干の割合の増加がみられたと言えるだけである。

　全体をみて注目したいことは、女性の独居が1880年頃以降、顕著になっ

たことである。60歳以上の高齢者の中で女性がしめる割合の増加がある一方で、高齢期になって独居することを男性よりも女性の方がこだわらない傾向にあったようである。言い換えると、男性は女性よりも高齢期に独居することを避けていたようなのである。例えば、男性高齢者の生き方の選択肢として、寡夫になった場合、再婚することが女性の場合よりも頻繁に行われていた。男性・女性に限らず一般的に独居することが促される要因に、まず、自立精神を尊重する精神が高齢期の生活の中で活かされるようになったことを挙げることができる。さらに、表面上は、ハウスに独居していても、近隣に親族が存在することがしばしばみられることから、独居

表3-13　60歳以上高齢者のいるハウスのうち、独居ハウスの割合の変化

	1860	1870	1880	1900	1910
リヴァーフロント市					
%	3.4	4.2	7.2	10.0	11.2
n/N	(1/29)	(2/48)	(10/139)	(49/492)	(66/589)
M/F	0/1	2/0	5/5	15/34	21/45
第1街区			3.6	7.6	7.8
M/F			1/0	2/4	2/5
第2街区			8.2	11.8	11.6
M/F			0/4	4/8	5/8
第3街区				8.1	11.2
M/F				2/5	3/8
第4街区			16.7	6.8	9.0
M/F			4/1	1/6	5/8
第5街区				14.5	17.4
M/F				2/8	4/12
第6街区				13.2	11.3
M/F				4/3	2/4
クラーク郡区					
%	10.0			3.4	12.1
n/N	(1/10)			(4/118)	(15/124)
M/F	1/0			3/1	7/8
レイクランド郡区					
%		5.9	6.8	6.4	6.5
n/N		(2/34)	(5/74)	(9/141)	(10/153)
M/F		2/0	1/4	2/7	2/8

注：M＝男性独居人。F＝女性独居人。

することが孤独状態を必ずしも意味していないのである。それで、容易に行き来できる距離にあるとすれば、子どものファミリとの日常的な相互作用が絶えることなくあって、独居することを支えているとみなすことができるのである。

独居する高齢者が増加したとしても、全体的にまだ少数であることに変わりはなく、他の多くの高齢者は、近親者と同居して生活していた。では、ハウス内あるいはファミリ内の人間関係はどのように構成されていたのであろうか。それがどのように変化してきたのだろうか。こうした問題を明らかにするために、まず、独居と家族生活の中間的な位置にある夫婦だけの生活（タイプB）の割合の変化をみることからはじめよう（表3-14）。

どの地域においても、またどの年次においても、高齢の夫婦が、夫婦だけで生活しているという情景は、高齢者が独居している情景に較べて、古くから、ある程度の割合でみられてきたことであった。1870年に、リヴァー

表3-14　60歳以上高齢者のいるハウスのうち、夫婦だけのハウスの割合の変化

		1860	1870	1880	1900	1910
リヴァーフロント市	%	10.3	20.8	15.1	15.2	20.4
	(n/N)	(3/29)	(10/48)	(21/139)	(75/492)	(120/589)
第1街区	%			25.0	5.1	15.6
	(n/N)			(7/28)	(4/79)	(14/90)
第2街区	%			10.2	17.6	21.4
	(n/N)			(5/49)	(18/102)	(24/112)
第3街区	%			15.6	16.3	20.4
	(n/N)			(5/32)	(14/86)	(20/98)
第4街区	%			13.3	20.4	23.6
	(n/N)			(4/30)	(21/103)	(34/144)
第5街区	%				14.5	16.3
	(n/N)				(10/69)	(15/92)
第6街区	%				15.1	24.5
	(n/N)				(8/53)	(13/53)
クラーク郡区	%	30.0	24.0	19.5	16.1	16.9
	(n/N)	(3/10)	(6/25)	(15/77)	(19/118)	(21/124)
レイクランド郡区	%	6.7	11.8	20.2	19.9	19.0
	(n/N)	(1/15)	(4/34)	(15/74)	(28/141)	(29/153)

フロント市とクラーク郡区で、60歳以上の高齢者がいるハウスの2割強も夫婦だけで生活していた。その年以降は、レイクランド郡区も含めて、すべての調査対象地で、15パーセントから20パーセントの割合でそうしたライフスタイルが維持されていたのである。夫婦だけで生活するスタイルは、予想外に、19世紀後半にかなり存在していたのである。

　ここでの注目点は、リヴァーフロント市のポーランド系住民が大多数をしめる第4街区である。なぜなら、1880年に他の街区に較べてとくに割合が高いわけではないにもかかわらず、1900年から1910年にかけて、他の街区に較べて高い割合を示すという大きな変化があったからである。このことは、都会にいるポーランド系の人々は、比較的に大家族的であるにもかかわらず、高齢期には子どもと同居しない傾向を強めていったことを示している。大家族で子どもがたくさんいても、それぞれが結婚して独立することを勧める考え方をもっていたことを示しているのである。また、第4街区で夫婦だけのハウスが多くなっていることは、独居のところで述べたように、近隣に独立した子どもがいる場合が多いことが考えられるので、あえて同居しなくとも、日常的なやりとりが可能な距離に親族、とくに子どものファミリがいたことによって特徴的に生み出されたと考えられる。

　最後に、子どもとの同居について、みていくことにしよう。この暮らし方は、60歳以上の高齢者の大半が経験していたライフスタイルであった。全体的にみて、このスタイルは、表3-15が示しているように、変動しながらも70パーセント前後の値をとっていたのである。つまり、19世紀後半のこの地域において、60歳以上の高齢者のいるハウスの10軒に7軒は、子どもと同居するスタイルを取っていたのである。

　分析は、想定される3つの場面、つまり、高齢の親が、夫婦ともにいる（タイプC）、死別・離婚・別居などの理由で父親だけ（タイプC´）、母親だけ（タイプC″）の3種類に分けておこなうことにする。

　この3種類のタイプのハウスがすべてのハウスの中でしめる割合について、その変化のパターンをみると（表3-15）、リヴァーフロント市では、父母ともにいる場合は、全体的にみて、60歳以上の高齢者のいるハウスの

うちの30パーセント強をしめていた。また、父親だけがいる場合は、1850年にはなく、1860年から1910年にかけて減少傾向にあった。母親だけの場合は、1860年から1870年の間は20パーセント程度で、1880年から1900年に増加しながら、一転して、1910年には減少した。これは、同時期の独居する女性高齢者の割合が増加したことに対応した変化であると考えられ、20世紀に入ってからの特徴的な変化をみてとることができる。この変化は一過性でなく、その後の20世紀におけるライフスタイルのもとになっていると考えられることから、重要な変化であるといえる。

　農場地域のレイクランド郡区では、両親のそろっているケースが、リヴァーフロント市よりも数パーセント高く、クラーク郡区では、さらにそれ以上に高い値を示していて、19世紀末になると40パーセント程にもなった。この割合の多さが生じる背景の一つとして、農場地域のポーランド系の人々が他の文化的背景をもつ人々よりも長寿であった可能性を考えることができる。高齢期の期間が長いほど、統計的に、高齢夫婦のいるケースの割合はより高い割合を示すようになるのである。

　両郡区ともに、母親だけの場合の方が、父親だけの場合よりも高い割合を示した。母親だけのハウスの割合をみると、レイクランド郡区の方がクラーク郡区より高かった。それだけレイクランド郡区の男性が、クラーク郡区よりも、早く亡くなる傾向にあったからであろう。あるいは、むしろ逆に、クラーク郡区のポーランド系男性が、レイクランド郡区の男性よりも長生きしたためであろう。

　リヴァーフロント市内の街区についてそれぞれを比較すると、1900年から1910年にかけて、第2街区の若干の増加を除き、他の街区すべてで数パーセント減少した。両親がそろっていて子どもと同居している場合、割合の増加がみられたのは第5街区だけで、第2街区と第6街区は横這い状態、それ以外の街区では減少したのだった。同時期に、父親だけの場合は、第3街区と第5街区が減少した以外、他のすべての街区で増加した。母親だけの場合は、第3街区を除くすべての街区で減少した。こうしてみると、街区毎の変動のしかたはさまざまで、変動の背景を推定することは難しい。

子どもと一緒に暮らす、あるいは、同居するといっても、19世紀後半は、どの文化的背景をもつ人々も、一般的に、今よりも子どもを多くもっていたので、一緒に暮らすのは、子どものうち誰とかを決定するときの選択肢は多かったと予測される。ここでは、センサス資料から抽出される、いくつかのパターンについてみていくことにしよう。

　どの子どもと同居していたかについて、表3-16で、各調査対象地域ごとに、(a)少なくともいずれか一方が60歳以上の高齢者である夫婦が子どもと同居している場合（老父母と子ども）、(b)配偶者と死別あるいは離婚した60歳以上の高齢の母親と子どもが同居している場合（老母と子ども）、(c)同様の高齢の父親と子どもが同居している場合（老父と子ども）、に区別してまとめてある。

　全体をとおしてどの地域においても、上記の(a)の場合が多く、(b)から(c)へと頻度が低くなった。つまり、60歳以上の高齢期にいる人々の間で、子どもと生活している人は、夫婦である場合が最も多く、次に母親だけ、そして父親だけの順に数が減っていたのである。それぞれについて、さらに詳しくみていくことにしよう。

　（a-1）高齢夫婦と未婚の子ども

　高齢夫婦と子どもの同居について、さらに細かく分類してみると、調査対象地域すべてに共通した特徴を見出すことができる。それは、高齢の夫婦が未婚の子どもと同居している場合が、どの調査地域でも最も多かったということである。

　次に、同居している未婚の子どもをさらに分類して、娘だけの場合と息子だけの場合を比較してみてみると、表3-16-1が示すように、リヴァーフロント市においては、全体的傾向として、娘だけの場合の方が息子だけの場合よりも多かったことが明らかである。これは、高齢夫婦と子ども、母親と子ども、父親と子どもの同居のどの場合にもあてはまる。

第3章 高齢者の扶養パターンの変遷

表3-15 60歳以上高齢者のいるハウスのうち、子と同居しているハウスの割合の変化

	1850	1860	1870	1880	1900	1910
リヴァーフロント市 %	50.0	72.4	68.8	71.2	69.9	64.9
(n/N)	(3/6)	(21/29)	(33/48)	(99/139)	(344/492)	(382/589)
父母	33.3	27.6	31.3	32.4	33.9	32.4
父だけ	–	24.1	16.7	12.9	8.3	9.7
母だけ	16.7	20.7	20.8	25.9	27.6	22.8
第1街区 %				60.7	81.0	70.0
(n/N)				(17/28)	(64/79)	(63/90)
父母				10.7	34.2	31.1
父だけ				14.3	7.6	12.2
母だけ				35.7	39.2	26.7
第2街区 %				75.5	62.7	63.4
(n/N)				(37/49)	(64/102)	(71/112)
父母				34.7	27.5	27.7
父だけ				18.4	6.9	8.9
母だけ				22.4	28.4	26.8
第3街区 %				81.3	73.3	65.3
(n/N)				(26/32)	(63/86)	(64/98)
父母				43.8	37.2	29.6
父だけ				12.5	9.3	8.2
母だけ				25.0	26.7	27.6
第4街区 %				63.3	68.0	63.2
(n/N)				(19/30)	(70/103)	(91/144)
父母				36.7	40.8	37.5
父だけ				3.3	6.8	9.7
母だけ				23.3	20.4	16.0
第5街区 %					68.1	65.2
(n/N)					(47/69)	(60/92)
父母					29.0	33.7
父だけ					13.0	8.7
母だけ					26.1	22.8
第6街区 %					67.9	62.3
(n/N)					(36/53)	(33/53)
父母					34.0	34.0
父だけ					7.5	11.3
母だけ					26.4	17.0
	1850	1860	1870	1880	1900	1910
クラーク郡区 %		60.0	76.0	76.6	78.0	69.4
(n/N)		(6/10)	(19/25)	(59/77)	(92/118)	(86/124)
父母		30.0	60.0	40.3	42.4	39.5
父だけ		10.0	4.0	18.2	15.3	10.5
母だけ		20.0	12.0	18.2	20.3	19.4
レイクランド郡区 %		73.3	73.5	67.6	71.6	71.2
(n/N)		(11/15)	(25/34)	(50/74)	(101/141)	(109/153)
父母		33.3	29.4	40.5	34.8	33.3
父だけ		20.0	14.7	8.1	14.2	13.7
母だけ		20.0	29.4	18.9	22.7	24.2

表3-16-1　60歳以上の高齢の親が、どの子（または孫）と同居するか？
（リヴァーフロント市）

年	1850	1860	1870	1880	1900	1910
n	3	21	33	99	344	382
高齢夫婦と子どもが同居の場合に子どもが：						
未婚	1	6	12	31	129	153
息子/娘/息子+娘	1/0/0	0/0/6	0/0/12	5/3/23	29/31/69	38/54/61
既婚	0	1	1	11.5	22	24
息子	0	1	0	6.5*	12	7
娘	0	0	1	5	10	17
死別・離婚	1	0	0	2.5	8	5
息子	0	0	0	0	1	0
義理の娘	0	0	0	0	0	1
娘	1	0	0	2.5*	6	4
義理の息子	0	0	0	0	1	0
孫と同居	0	0	2	0	8	9
母親（寡婦・離婚）と子どもが同居の場合に子どもが：						
未婚	0	1	1	10	50	67
息子/娘/息子+娘	0/0/0	1/0/0	0/0/1	5/3/2	13/19/18	20/25/22
既婚	1	5	9	20	68	55
息子	0	2	5	8	20	17
娘	1	3	4	12	48	38
死別・離婚	0	0	0	4	11	9
息子	0	0	0	2	1	3
義理の娘	0	0	0	0	1	1
娘	0	0	0	2	8	5
義理の息子	0	0	0	0	1	0
孫と同居	0	0	0	2	7	3
父親（寡夫・離婚）と子どもが同居の場合に子どもが：						
未婚	0	1	2	3	11	30
息子/娘/息子+娘	0/0/0	0/0/1	2/0/0	0/1/2	0/5/6	8/12/10
既婚	0	5	5	13	25	24
息子	0	4	3	8	14	7
娘	0	1	2	5	11	17
死別・離婚	0	1	1	1	3	2
息子	0	0	0	0	1	0
義理の娘	0	0	1	0	0	0
娘	0	1	0	1	2	2
義理の息子	0	0	0	0	0	0
孫と同居	0	0	0	1	1	1

*　2つの異なるカテゴリに入る子に0.5ずつ値を与えた。

表3-16-2　60歳以上の高齢の親が、どの子（または孫）と同居するか？
（クラーク郡区）

年	1860	1870	1880	1900	1910
n	6	19	59	92	86
高齢夫婦と子どもが同居の場合に子どもが：					
未婚	3	12	27	33	34
息子/娘/息子+娘	2/0/1	0/0/12	10/3/14	9/5/19	6/5/23
既婚	0	2	4	17	11
息子	*0*	*2*	*4*	*15*	*10*
娘	*0*	*0*	*0*	*2*	*1*
死別・離婚	0	0	0	0	1
息子	*0*	*0*	*0*	*0*	*0*
義理の娘	*0*	*0*	*0*	*0*	*1*
娘	*0*	*0*	*0*	*0*	*0*
義理の息子	*0*	*0*	*0*	*0*	*0*
孫と同居	0	1	0	0	3
母親（寡婦・離婚）と子どもが同居の場合に子どもが：					
未婚	2	1	2	3	6
息子/娘/息子+娘	2/0/0	1/0/0	1/0/1	0/0/3	6/0/0
既婚	0	1	12	19	17
息子	*0*	*0*	*6*	*15*	*10*
娘	*0*	*1*	*6*	*4*	*7*
死別・離婚	0	1	0	2	1
息子	*0*	*1*	*0*	*1*	*0*
義理の娘	*0*	*0*	*0*	*0*	*1*
娘	*0*	*0*	*0*	*0*	*0*
義理の息子	*0*	*0*	*0*	*1*	*0*
孫と同居	0	0	0	0	0
父親（寡夫・離婚）と子どもが同居の場合に子どもが：					
未婚	0	1	5	4	2
息子/娘/息子+娘	0/0/0	0/1/0	1/1/3	0/1/3	0/0/2
既婚	1	0	8	13	11
息子	*0*	*0*	*7*	*10*	*7*
娘	*1*	*0*	*1*	*3*	*4*
死別・離婚	0	0	1	0	0
息子	*0*	*0*	*0*	*0*	*0*
義理の娘	*0*	*0*	*0*	*0*	*0*
娘	*0*	*0*	*1*	*0*	*0*
義理の息子	*0*	*0*	*0*	*0*	*0*
孫と同居	0	0	0	1	0

表3-16-3　60歳以上の高齢の親が、どの子（または孫）と同居するか？
　　　　（レイクランド郡区）

年	1860	1870	1880	1900	1910
n	11	25	50	101	109
高齢夫婦と子どもが同居の場合に子どもが：					
未婚	4	7	20	42	35
息子/娘/息子+娘	3/1/0	0/0/7	0/0/20	15/7/20	13/10/12
既婚	1	2	4	5	6
息子	*1*	*1*	*3*	*5*	*4*
娘	*0*	*1*	*1*	*0*	*2*
死別・離婚	0	1	4	2	3
息子	*0*	*0*	*2*	*1*	*0*
義理の娘	*0*	*0*	*1*	*0*	*0*
娘	*0*	*1*	*0*	*1*	*3*
義理の息子	*0*	*0*	*1*	*0*	*0*
孫と同居	0	0	1	0	7
母親（寡婦・離婚）と子どもが同居の場合に子どもが：					
未婚	0	0	0	8	10
息子/娘/息子+娘	0/0/0	0/0/0	0/0/0	5/1/2	4/4/2
既婚	3	7	12	20	22
息子	*3*	*4*	*6*	*10*	*12*
娘	*0*	*3*	*6*	*10*	*12*
死別・離婚	0	3	1	4	5
息子	*0*	*1*	*0*	*1*	*1*
義理の娘	*0*	*0*	*0*	*1*	*0*
娘	*0*	*2*	*1*	*2*	*4*
義理の息子	*0*	*0*	*0*	*0*	*0*
孫と同居	0	0	1	0	0
父親（寡夫・離婚）と子どもが同居の場合に子どもが：					
未婚	1	1	1	10	12
息子/娘/息子+娘	1/0/0	1/0/0	0/0/1	2/2/6	3/4/5
既婚	2	4	4	6	7
息子	*1*	*3*	*3*	*5*	*5*
娘	*1*	*1*	*1*	*1*	*2*
死別・離婚	0	0	1	2	2
息子	*0*	*0*	*1*	*1*	*0*
義理の娘	*0*	*0*	*0*	*0*	*2*
娘	*0*	*0*	*0*	*1*	*0*
義理の息子	*0*	*0*	*0*	*0*	*0*
孫と同居	0	0	0	1	0

第3章 高齢者の扶養パターンの変遷

表3-16-4a　60歳以上の高齢の親が、どの子（または孫）と同居するか？（リヴァーフロント市街区別）（1880年）

街区	1	2	3	4	合計
n	17	37	26	19	99
高齢夫婦と子どもが同居の場合に子どもが：					
未婚	3	12	7	9	31
息子/娘/息子+娘	0/0/0	3/0/9	0/2/5	2/1/6	5/3/23
既婚	0	4	5.5	2	11.5
息子	*0*	*2*	*4.5**	*0*	*6.5*
娘	*0*	*2*	*1*	*2*	*5*
死別・離婚	0	1	1.5	0	2.5
息子	*0*	*0*	*0*	*0*	*0*
義理の娘	*0*	*0*	*0*	*0*	*0*
娘	*0*	*1*	*1.5**	*0*	*2.5*
義理の息子	*0*	*0*	*0*	*0*	*0*
孫と同居	0	0	0	0	0
母親（寡婦・離婚）と子どもが同居の場合に子どもが：					
未婚	2	3	2	3	10
息子/娘/息子+娘	1/1/0	1/1/1	1/1/0	2/0/1	5/3/2
既婚	5	7	5	3	20
息子	*2*	*3*	*2*	*1*	*8*
娘	*3*	*4*	*3*	*2*	*12*
死別・離婚	2	1	1	0	4
息子	*0*	*1*	*1*	*0*	*2*
義理の娘	*0*	*0*	*0*	*0*	*0*
娘	*2*	*0*	*0*	*0*	*2*
義理の息子	*0*	*0*	*0*	*0*	*0*
孫と同居	1	0	0	1	2
父親（寡夫・離婚）と子どもが同居の場合に子どもが：					
未婚	0	3	0	0	3
息子/娘/息子+娘	0/0/0	0/1/2	0/0/0	0/0/0	0/1/2
既婚	3	5	4	1	13
息子	*3*	*3*	*2*	*0*	*8*
娘	*0*	*2*	*2*	*1*	*5*
死別・離婚	1	0	0	0	1
息子	*0*	*0*	*0*	*0*	*0*
義理の娘	*0*	*0*	*0*	*0*	*0*
娘	*1*	*0*	*0*	*0*	*1*
義理の息子	*0*	*0*	*0*	*0*	*0*
孫と同居	0	1	0	0	1

*　2つの異なるカテゴリに入る子に、0.5ずつ値を与えた。

表 3-16-4 b　60歳以上の高齢の親が、どの子（または孫）と同居するか？
（リヴァーフロント市街区別）（1900年）

街区	1	2	3	4	5	6	合計
n	64	64	63	70	47	36	344
高齢夫婦と子どもが同居の場合に子どもが：							
未婚	18	20	21	36	17	17	129
息子/娘/息子+娘	2/3/13	7/5/8	4/4/13	7/12/17	6/2/9	3/5/9	29/31/69
既婚	5	3	7	5	1	1	22
息子	*3*	*1*	*5*	*2*	*0*	*1*	*12*
娘	*2*	*2*	*2*	*3*	*1*	*0*	*10*
死別・離婚	2	4	1	0	1	0	8
息子	*0*	*1*	*0*	*0*	*0*	*0*	*1*
義理の娘	*0*	*0*	*0*	*0*	*0*	*0*	*0*
娘	*2*	*2*	*1*	*0*	*1*	*0*	*6*
義理の息子	*0*	*1*	*0*	*0*	*0*	*0*	*1*
孫と同居	2	1	3	1	1	0	8
母親（寡婦・離婚）と子どもが同居の場合に子どもが：							
未婚	13	9	4	10	8	6	50
息子/娘/息子+娘	3/6/4	0/4/5	0/3/1	3/4/3	3/2/3	4/0/2	13/19/18
既婚	14	16	13	10	7	8	68
息子	*3*	*5*	*3*	*5*	*1*	*3*	*20*
娘	*11*	*11*	*10*	*5*	*6*	*5*	*48*
死別・離婚	3	4	1	0	3	0	11
息子	*0*	*0*	*0*	*0*	*1*	*0*	*1*
義理の娘	*0*	*1*	*0*	*0*	*0*	*0*	*1*
娘	*2*	*3*	*1*	*0*	*2*	*0*	*8*
義理の息子	*1*	*0*	*0*	*0*	*0*	*0*	*1*
孫と同居	1	0	5	1	0	0	7
父親（寡夫・離婚）と子どもが同居の場合に子どもが：							
未婚	2	2	1	3	1	2	11
息子/娘/息子+娘	0/1/1	0/1/1	0/0/1	0/2/1	0/0/1	0/1/1	0/5/6
既婚	3	5	5	4	6	2	25
息子	*2*	*2*	*5*	*1*	*2*	*2*	*14*
娘	*1*	*3*	*0*	*3*	*4*	*0*	*11*
死別・離婚	1	0	1	0	2	0	4
息子	*1*	*0*	*0*	*0*	*0*	*0*	*1*
義理の娘	*0*	*0*	*0*	*0*	*0*	*0*	*0*
娘	*0*	*0*	*1*	*0*	*1*	*0*	*2*
義理の息子	*0*	*0*	*0*	*0*	*1*	*0*	*1*
孫と同居	0	0	1	0	0	0	1

第3章　高齢者の扶養パターンの変遷

表3-16-4c　60歳以上の高齢の親が、どの子（または孫）と同居するか？
（リヴァーフロント市街区別）（1910年）

街区	1	2	3	4	5	6	合計
n	64	71	64	91	60	33	382
高齢夫婦と子どもが同居の場合に子どもが：							
未婚	18	30	25	42	23	15	153
息子/娘/息子+娘	5/5/8	8/15/7	7/8/10	10/12/20	6/8/9	2/6/7	38/54/61
既婚	8	1	2	9	3	1	24
息子	*1*	*1*	*0*	*4*	*0*	*1*	*7*
娘	*7*	*0*	*2*	*5*	*3*	*0*	*17*
死別・離婚	2	0	0	2	1	0	5
息子	*0*	*0*	*0*	*0*	*0*	*0*	*0*
義理の娘	*0*	*0*	*0*	*1*	*0*	*0*	*1*
娘	*2*	*0*	*0*	*1*	*1*	*0*	*4*
義理の息子	*0*	*0*	*0*	*0*	*0*	*0*	*0*
孫と同居	0	0	2	1	4	2	9
母親（寡婦・離婚）と子どもが同居の場合に子どもが：							
未婚	12	13	14	13	10	5	67
息子/娘/息子+娘	5/2/5	3/8/2	2/6/6	2/5/6	5/3/2	3/1/1	20/25/22
既婚	10	16	7	8	11	3	55
息子	*3*	*3*	*3*	*3*	*3*	*2*	*17*
娘	*7*	*13*	*4*	*5*	*8*	*1*	*38*
死別・離婚	2	1	4	2	0	0	9
息子	*0*	*1*	*1*	*1*	*0*	*0*	*3*
義理の娘	*1*	*0*	*0*	*0*	*0*	*0*	*1*
娘	*1*	*0*	*3*	*1*	*0*	*0*	*5*
義理の息子	*0*	*0*	*0*	*0*	*0*	*0*	*0*
孫と同居	0	0	2	0	0	0	2
父親（寡夫・離婚）と子どもが同居の場合に子どもが：							
未婚	5	5	2	11	3	4	30
息子/娘/息子+娘	1/2/2	0/4/1	0/2/0	6/0/5	0/1/2	1/3/0	8/12/10
既婚	4	5	5	3	5	2	24
息子	*4*	*1*	*1*	*0*	*1*	*0*	*7*
娘	*0*	*4*	*4*	*3*	*4*	*2*	*17*
死別・離婚	1	0	1	0	0	0	2
息子	*0*	*0*	*0*	*0*	*0*	*0*	*0*
義理の娘	*0*	*0*	*0*	*0*	*0*	*0*	*0*
娘	*1*	*0*	*1*	*0*	*0*	*0*	*2*
義理の息子	*0*	*0*	*0*	*0*	*0*	*0*	*0*
孫と同居	1	0	0	0	0	0	1

しかし、この傾向は、農場地域においては、逆転していて、あてはまらなかったのである。つまり、息子だけの場合の方が、娘だけの場合よりも多い傾向がみられたのである。とくにこの傾向は、1900年と1910年における高齢夫婦と子どもとが同居している場合に明確にあらわれていた。農場地域の場合、クラーク郡区とレイクランド郡区のいずれでも、母子と父子のケースの数がどの年次でも少ないため明確さに欠けるが、息子だけと娘だけの比較をした場合、全体的傾向として、息子との同居の方が多いようにみえる。このことは、生業である農場の経営を息子の一人が継承することと関係していたと考えられる。一人あるいは数人の息子が農場経営を助けているときに、娘は婚出してしまったことが、以上で述べたような傾向を生み出したと考えられるのである。

クラーク郡区と同様にポーランド系移民が大多数をしめるリヴァーフロント市内の第4街区をみると、1880年から1910年にかけて、息子との同居の方が娘との同居よりも多い傾向はみられなかった。つまり、ポーランド系という同じ文化的背景が関連しているというよりも、生業への親子での携わり方が大きく影響していることが示唆されているのである。

（a-2）高齢夫婦と既婚の子ども

これまで、高齢夫婦が未婚の子どもと同居する場合についてみてきた。次に、彼らが既婚の子どもと同居している場合についてみていくことにする。ここでの問題は、高齢夫婦が、既婚の息子（つまり息子ファミリ）との生活を選択するのか、それとも既婚の娘（つまり娘ファミリ）との生活を選択するのかである。

この問題を考える前に、高齢夫婦と既婚の子どもとの同居は、どの地域でも絶対数が多くなく、出現頻度は老母と既婚の子どもとの同居より少なく、老父と既婚の子どもとの同居と同程度となっていることに注意しておく必要がある。その上で、この問題に関して表3-16-1をみると、リヴァーフロント市の場合、1880年と1900年で、既婚の息子ファミリとの同居の方が多かったが、1910年になると、逆に、既婚の娘との同居を好むようになった。義理の娘と義理の父母との関係を避けて、実の娘との関係を選択し始

第3章 高齢者の扶養パターンの変遷

めたことになる。もちろん、義理の息子と義理の父母との関係が生じるとしても、高齢になった夫婦にとって、実の娘との関係を選択したほうが日常生活を無理なく送ることができると判断されたのであろう。また、娘の側にとってみると、自分が義理の父母と日常的に接触するよりも、実の父母との方が気兼ねをせずに接触することができるようになったであろう。

リヴァーフロント市内を街区別にみると、この1910年における逆転がすべての街区で生じていたわけでなく、とくに第1街区で顕著に生じていた（表3-16-4）。他にも第3、4、5街区で、既婚の娘との同居の方が多くなっていた。この変化の背景として考えられることは、1910年にリヴァーフロント市全体の人口が減少したこととの関係である。この減少では成人男性の減少が成人女性よりも著しいことをすでにみておいた。とくに第1街区の息子の地域外への移動が多くあったとすると、残された娘は、結婚後に、両親と一緒に生活することが生じやすい社会的状況となっていたと考えられる。

農場地域の2つの郡区ではいずれも、どの年次でも、既婚の息子と同居するケースが、既婚の娘と同居するケースよりも多かった（表3-16-2及び3）。また、クラーク郡区とレイクランド郡区を比較すると、既婚の息子と同居するケースが、ポーランド系が大多数をしめる前者に多かったことは予想通りであった。レイクランド郡区は、郡区の特徴をそのままノルウェー系の特徴として一概にいうことはできない。しかし、少なくともポーランド系では、1870年から1910年にかけて、既婚の息子と同居する高齢者の夫婦が、老親と子どもが同居しているケース全体の中で1割強を常に占めていたので、ポーランド系の文化的背景で受け入れられてきた家父長制に結びついた既婚の息子との同居が、アメリカへの移民の間で、一つのパターンとして再生産されていたということができる。

（b）高齢の母親と子ども

死別し寡婦となった、あるいは離婚した60歳以上の高齢の母親が既婚の子どもと同居しているケースは、老親と子どもが同居しているケース全体の中で、老父母が未婚の子どもと同居しているケースに次いで大きな数を

しめていた。このことは、1860年から1910年にかけて、リヴァーフロント市のみならず、農場地域の二つの郡区にもあてはまっていた。独身状態になった高齢の母親にとって、自分の子どものファミリと生活を共にすることは、とるべき選択肢だったのである。

しかし、この選択肢は、1910年のリヴァーフロント市における変化の中で、とるべき選択肢でなくなってしまった（表3-16-1）。その年に、既婚の子どもとの同居よりも、未婚の子どもとの同居の数の方が多くなったのである。これを詳しくみると、既婚の娘との同居、つまり娘と義理の息子からなるファミリとの同居の数が、1900年から減少する一方で、未婚の子どもとの同居が増加したことがわかる。しかし、街区それぞれの変動をみると、既婚の娘との同居の数が増加した街区もあるので一概にはいえない。1900年から1910年にかけて、住んでいる人が同じ人であったわけでなく、街区と街区の間で引越をしたファミリがいたり、移入したファミリ、移出したファミリもいたので、街区毎のばらつきについては、その要因をここで特定することはできない。

農場地域での、高齢の母親と既婚の子どもとの同居をみると、クラーク郡区とレイクランド郡区で、1900年から1910年の変化に違いがみられた。それまでは、どちらの郡区も、既婚の息子と娘との間に同等の比重が置かれていた。しかし、1900年から、クラーク郡区においては、既婚の息子との同居の方が数を上回るようになった。これは「高齢の父母と既婚の子どもの同居」、「高齢の父親と既婚の子どもの同居」の場合と同じ変化のパターンである。この郡区において、ポーランド系の高齢の親は、既婚の息子のファミリと同居することが優先的に行われていたのである。

レイクランド郡区で、いずれの年次でも、既婚の息子と娘の間に同等の比重が置かれていたことは、ノルウェー系の人々が多数をしめながらも、既述のように、文化的背景が多様であるために、ノルウェー系の特徴として解釈することはできない。むしろ、文化的な複合状態から、表面的に、同等の割合で推移したようにみえたととらえたほうがよいだろう。

（c）高齢の父親と子ども

　1860年から1900年にかけて、リヴァーフロント市の、死別あるいは離婚によって配偶者をもたない高齢の父親が子どもと同居している場合、同居する子どもは未婚よりも既婚である子どものほうが多かった。これと同じパターンは、配偶者をもたない高齢の母親が子どもと同居する場合にみられた。また、1910年になると、同居する子どもは、それまでとは逆に、既婚よりも未婚のほうが多くなった。

　この点を詳しくみると、市内全街区にわたり、未婚の子どもとの同居の数が1900年から1910年の間にわずかに増加していたことがわかる。また、既婚の子どもとの同居は実数ではほとんど変化していなかったことから（高齢の母と子どもの場合は、減少）、高齢の父と子どもが同居している場合の1900年から1910年にかけての変化は、高齢の母と子どもが同居している場合の理由とは異なり、未婚の子どもとの同居が増加したことによって生じたのである。

　なぜ、未婚の子どもとの同居が増加したのだろうか。その理由として考えられるのは、子どもが成人しても、結婚せずにそのまま家にいるケースが増えたこと、母親が40歳前後になるまで出産をして、60歳の引退時期になっても、末子はまだ20歳前後で、結婚するにはまだ早いケースが増えたこと、などが考えられる。

　もちろん、「高齢の父親と子どもの同居」の場合に限らず、「高齢の母親と子どもの同居」の場合でも、未婚の子どもとの同居が増加したのであり、高齢夫婦と未婚の子どもとの同居スタイルをとっているときに配偶者のどちらかが亡くなって、そのまま、このスタイルをとり続けたケースが少なくなかったと思われる。その結果として、未婚の子どもと高齢の片親との同居が多くなったと考えられるのである。

　最後に、農場地域での特徴をみてみる。クラーク郡区では、既述のように、1880年から、既婚の息子家族との同居が優位となった。一方、レイクランド郡区では、1870年と1880年で既婚の息子との同居が優位にみえるが、1900年以降は、未婚の子どもとの同居が顕著になっていった。この点で、

リヴァーフロント市の変化と同じである。やはり、義理の関係の中で生活することを避けて、もっと気楽な老後の暮らし方を求めるようになったと解釈できるだろう。

　（d）まとめ

　以上みてきたように、どの子どもと一緒に暮らすかの問題に関して、子どもの婚姻状態と性別が大きく影響を与えながら、変化してきたことが理解できた。この変化のパターンを比較検討した結果、リヴァーフロント市において優勢をしめる同居の在り方は、高齢の夫婦が子どもと生活している場合、未婚の子どもと生活していることであったと、指摘できる。未婚の子どもとの同居のパターンは、1910年において、高齢者のいるハウスの4軒に1軒の割合でみられた。他の年次でも、20から25パーセントの割合を示していた。高齢の夫婦が、既婚の子どもとの同居を避けていたことは、どの年次をとっても、この同居のパターンが5パーセント前後の値しか示していないことからわかる。レイクランド郡区でもほとんど同様のことがいえる。クラーク郡区でも、同様のことがいえるが、割合はリヴァーフロント市よりも高めなのが特徴的である。いずれの地域でも、高齢夫婦の場合、未婚の子どもと同居するパターンが一般的であったのである。

　配偶者のいなくなった高齢の母親の場合、既婚の子どもと同居するパターンが、1900年まで多くみられた（全体の10から15パーセント前後）。このパターンを、母親が死別などで一人になったときに子どものうち既婚でファミリをもっているものと同居するパターンといいかえることができる。息子のファミリとの同居か、娘のファミリとの同居か、のどちらかの選択肢が、ある文化的背景から既に決定している人々がいるであろう。つまり、どちらをとるかの答えが文化的に用意されている人々がいるであろう。しかし、実体は、そうした理念どおりには、行動できない場合が多々あるのである。実際に、本研究で扱った具体的な資料から、理想型を体現したようなパターンを見出すことはできなかったのである。もちろん傾向の把握は可能であるので、リヴァーフロント市内では娘のファミリと一緒に、クラーク郡区では息子のファミリと一緒に、そして、レイクランド郡区ではどちらと

第3章　高齢者の扶養パターンの変遷

暮らしてもよい、と言うことができる。

　配偶者のいない高齢の父親の場合、1900年まで多くみられたのは、既婚の子どもと同居するパターンであった。やはり、前述の母親の場合と同様に、息子のファミリとの同居か、娘のファミリとの同居かの選択がありうるが、大まかな傾向としては、息子のファミリとの同居が選択されていたようである。これは、リヴァーフロント市だけでなく、農場地域にもいえることであった。

　20世紀に入ると、リヴァーフロントで、それまでの同居のパターンに変化がみられた。それは、一人になった高齢の母親も父親も、未婚の子どもとの同居を選択するようになったことである。これは、子ども夫婦の自立した在り方が確立していったことと、老親の自立した老後の在り方の確立を示唆しているのである。

　これまでの、本書における変化の捉え方は、あるパターンの実数を地理的な地域区分に従って一括し、10年毎の変化をみていくという捉え方であった。その結果、あるパターンの実数の変化を認めても、文化的特徴の影響について明確に判別することは困難である。そこで、次章では、文化的背景と扶養パターンの関係についての検討に焦点をあわせて分析を試みることにしたい。

第4章　高齢者の生活パターンの変遷と文化的背景

　本章では、これまで個人あるいは集団の属性の一つとして扱ってきた文化的背景を、分析対象の中心に移し、高齢者の生活パターンとその変遷とに密接に関連させながら検討していくことにする。本書で文化的背景ということばを使うとき、個人の文化的な背景という意味合いで使用していることが多い。しかし、議論の中で使用する場合は、許される限り、その文化的背景に結びついた思考・行動様式や価値観が互いに連関した一つの象徴的な体系の意味合いで使用し、エスニシティに近いことばとして使用する。

　文化的背景を、資料の分析基準にすると、文化的背景によっては例数が極端に少なくなることがある。そうしたケースを比較分析の対象として議論をすることは困難であるので、本章では、比較的例数の多い主要な文化的背景の資料を選択的に提示し、議論の根拠とする。選択した主な文化的背景は、「カナダCanada」「イングランドEngland」「ドイツGermany」「アイルランドIreland」「ノルウェーNorway」「ポーランドPoland」「プロシャPrussia」「米国東部 US-E」「米国北東部（ニューイングランド）US-NE」である。「プロシャ」の名称は、1860年から1880年のセンサス手書き原簿の出身地欄に記載されていて、この名称が指し示す地理的な範囲は現在一般的に使われているドイツとポーランドを含んでいる。どちらの地域を意味しているのか判定することは困難である。クラーク郡区では、プロシャ出身とされるファミリを追跡した場合に、後年、ポーランド出身と記載されていることが少なからずあることから、プロシャ出身者のほとんどがポーランド系の人々であったと考えられる。このため、本章の分析では、プロシャ系をポーランド系に含めた。ただし、資料の提示には、センサス手書き原簿の記述そのままにプロシャを使うことにした。

第 4 章　高齢者の生活パターンの変遷と文化的背景

　高齢者の扶養関係について、本章では次のように話を進める。まず、居住するハウスが借家であるか、持ち家であるかを文化的背景ごとに明らかにする。そうすることで、自己所有が、遅れてきた移民に多いといわれていることが、本書の対象地域にも当てはまるのかどうかを検証することができるだろう。また、ハウスを持ち家にすることがファミリの自立性を確保しようとするファミリ・ヘッドの意欲の表れと想定すると、歴史的にいつ頃から、どのような年齢になったときから、自らが家を所有することで、老後の自立した生活の準備をしているのかを、明らかにできるであろう、と考えたのである。ただし、資料的な制約から、所有関係を明らかにできるのは、1900年と1910年だけになる。

　次に、自分で持ち家をもつようになる年齢を文化的背景ごとに把握するために次のように資料をまとめた。5年間隔で年齢を区分し、どの年齢区分までが、家を賃借する者の数が多いか、どの年齢区分から自分で所有する家を持つ者の数が多くなるか、を判定し、借家から持ち家に移った年齢を推定する。このための資料は、やはり、1900年と1910年だけなので、移行する年齢が文化的背景によって、どのような歴史的変化をしてきたのかを明らかにすることはできない。

　さらに、選択した主な文化的背景ごとにファミリのヘッドの数を年齢別に集計し、歴史的にその数がどのような変化をしているのか、明らかにする。同様の手続きから、文化的背景ごとのハウス内人数の歴史的変化について検討する。

　最後に、調査地域ごとに、文化的背景によって、ファミリの構成パターンがどのように歴史的な変化をしたのかについて考察する。

ハウス所有関係と文化的背景

　自らの財産が自らの所有権のもとにあることは、生活の安定をもたらし、安心して生活を送る条件の一つとなるという考えは、欧米文化において、広く受け入れられている。アメリカにおいて、ヨーロッパ人が入植し、開

141

墾によって土地を改良することで、それを自らの所有地とし、その境界に柵をめぐらして、自分の所有物であることを主張してきた（Cronon 1983）。自分の所有物に対して、所有者の許可がない限り、他人は何もすることができない。自らが権利の主体であり、また、他人の権利を尊重するために派生する義務の主体でもあるという認識が人々の間に浸透していたのである。他人に依存することなく自ら独立した生活を営むことは、そうした権利と義務をもつ主体としての自己を実現させることになる。自立した人間であることが至上命令となっているアメリカ文化において、一人前の人間であるならば、自分の所有するハウスを持つことが重要な意味をもつことになる。ハウスがステータス・シンボルとなりうるのである。

ところが、独立心旺盛な個人は、好機を活かして、社会的階梯を昇りつめていかなければならない。パイオニア精神が西への地理的移動をもとに醸成されたように、社会的に上昇移動する好機には、おうおうにして地理的移動が求められる。この移動が潜在的に予定されている生活を送っている場合、家を借りていた方が容易に移動することができるので便利であったのは、昔も今も大きく変わらないであろう。家を持つことは、一般的には、定住と結びついているのである。社会的移動の好機に地理的移動が求められるとき、現代では豊富に存在する不動産業者を媒介にすることで、持ち家となっていても、とくに大きな障害とならなくなっている。それでもなお、持ち家をもつことの意義と借家に住むことの意義が、それぞれに文化的に受け入れられていることから、どちらを選択するかは一つの文化的ジレンマとなりうる。

これまで、持ち家か借家かの選択肢に関して、所有権の考え方、独立あるいは自立精神の尊重のし方、そして、社会的好機の掴み方、といった相互に関連のある側面について述べてきたが、高齢者の扶養関係の側面を中心にして考えると、どのように、ハウス（家屋）をめぐる問題をとらえることができるであろうか。日本人の私たちにとって、「高齢になった親を子どもが扶養する」ことは、実際にそうしなくとも、あるいは、そうできなくとも、特別なことと考えたり、異質なことと考えたりしてしまうこと

はない。この感覚からすると、親が子どもを早くから独立させるようにして、「結婚したら早くから持ち家をもつようにすること」と、「ハイスクールを卒業した年齢になると、子どもを独立した個人とみなして、どこでどのような生活を始めようと自由であり、親が高齢になったときの扶養に子どもを考慮の中に入れない。子どもは30～40代で社会的に成功した後に持ち家をもつことになるだろう」とのどちらが、子どもに対する親の態度としてより適切だと感じるだろうか。

　日本人の感覚として前者のほうに親近感を強くもつと思われる。この考え方は、親が子どもに対して、逆説的な言い方をすると、高齢になった親の扶養・世話を期待していないとは言っていないのである。言い換えれば、後者の考え方は、明確にそうした期待をしていないことを表した態度となっている一方で、前者の考え方は、その期待の有無については何も言っていないということである。

　これら2つの態度を本書の対象地域にあてはめると、前者はポーランド系（e.g., Wrobel 1979）、後者は米国東部・北東部系の人々の態度にあてはめることができる。そして、前者の態度には、子どもの定住（とくに、身近な地域における）を、後者には子どもの移動を期待した態度となっているのである。

　表4-1が示すように、センサス手書き原簿に「持ち家 Own」あるいは「借家 Rent」と記入されているハウスの中で、ハウスの長（ヘッド）が「持ち家」をもっている割合を求めると、都市でも農場地域でも、ポーランド系が最も高い値を示した。また、農場地域のクラーク郡区をみると、ポーランド系だけでなくドイツ系もハウス・ヘッドが「持ち家」をもっている割合が高かった。レイクランド郡区では、多数をしめるノルウェー系だけでなく、ドイツ系、ポーランド系、イングランド系、そして、米国東部系・北東部系の間にも高い値がみられた。レイクランド郡区の米国東部・北東部系は、農場主として定住していることによるものであると考えられる。都市部で生活する米国東部系・北東部系とは、異なる生活態度が、農場という生業の面から、形成されてきたことを示唆している。しかし、彼

らが、農場地域のポーランド系やノルウェー系と同様の親子関係、扶養関係を持っているとは必ずしもいえない。この点については次章で扱う。

　リヴァーフロント市内で、ポーランド系以外に、持ち家をもつ割合の多いのは、70パーセント以上の値を示すケースだけをみていくと、ノルウェー系、1900年のドイツ系、1910年のイングランド系、1910年の米国北東部系となる。しかし、それぞれの文化的背景で、持ち家の数と借家の数の変化を詳細にみると、興味深い事実が明らかとなる。つまり、全体的にみた場合、持ち家が18軒増加する一方で、借家が18軒減少していて、この表で扱った分だけながら、増減がゼロになっている。そこで、上述したイングランド系、米国北東部系が、持ち家の割合が高いといっても、これらの系の人々は、1900年から1910年にかけて、持ち家の数の減少ではなく、借家の数の減少が多かった結果として、持ち家の割合の増加が、みかけ上、生じたのである。実質的には、リヴァーフロント市全体の人口が1900年から1910年に減少していて、文化的背景ごとに、持ち家と借家の数をみると、ポーランド系はいずれも増加させていたのに較べて、他の文化的背景をもつ人々の間では、借家の数が2割程度増加したドイツ系以外、すべて減少したのである。

　この減少と関連した事柄で、とくに示唆的なのは、ポーランド系以外の人々が手放した家を、ポーランド系の人々が持ち家としていったようであるということである。また、イングランド系をみると、持ち家をもっているファミリは、おそらく移動しにくかったために、同数のままであったのに対して、借家だったファミリは、容易に移動してしまったようにみえる。

　女性がハウスのヘッドである場合、住んでいる家は持ち家が多かっただろうか、それとも、借家のほうが多かっただろうか。この問題について、文化的背景ごとにみると、1900年と1910年において、文化的背景に関わりなく、リヴァーフロント市、クラーク郡区、レイクランド郡区のいずれも、借家よりも持ち家の方が多かった。配偶者のいない既婚女性でも、独身の女性の場合でも、持ち家の方が多く、安定した生活、定住的な生活を送っていたことを示している。女性が60歳以上でファミリ・ヘッドである場合

第 4 章 高齢者の生活パターンの変遷と文化的背景

表4-1 家屋の所有の変化と文化的背景

		リヴァーフロント市			クラーク郡区			レイクランド郡区		
		1900	1910	増減	1900	1910	増減	1900	1910	増減
カナダ	持家	57	50	(-7)	1	0	(-1)	6	5	(-1)
	借家	58	33	(-25)	2	0	(-2)	3	5	(+2)
	持家率	49.6	60.2		33.3	-		66.7	50.0	
イングランド	持家	45	45	(0)	1	0	(-1)	5	7	(+2)
	借家	39	19	(-20)	0	0	(0)	4	2	(-2)
	持家率	53.6	70.3		100.0	-		55.6	77.8	
ドイツ	持家	304	224	(-80)	44	19	(-25)	48	65	(+17)
	借家	115	140	(+25)	7	0	(-7)	14	21	(+7)
	持家率	72.6	61.5		86.3	100.0		77.4	75.6	
アイルランド	持家	85	66	(-19)	3	1	(-2)	3	3	(0)
	借家	52	36	(-16)	0	0	(0)	2	7	(+5)
	持家率	62.0	64.7		100.0	100.0		60.0	30.0	
ノルウェー	持家	73	55	(-18)	1	0	(-1)	125	141	(+16)
	借家	26	19	(-7)	0	1	(+1)	35	25	(-10)
	持家率	73.7	74.3		100.0	0.0		78.1	84.9	
ポーランド	持家	279	447	(+168)	206	283	(+77)	28	41	(+13)
	借家	84	169	(+85)	22	27	(+5)	7	3	(-4)
	持家率	76.9	72.6		90.4	91.3		80.0	93.2	
米国東部	持家	175	162	(-13)	3	2	(-1)	28	35	(+7)
	借家	134	94	(-40)	2	1	(-1)	16	10	(-6)
	持家率	56.6	63.3		60.0	66.7		63.6	77.8	
米国北東部	持家	74	61	(-13)	3	0	(-3)	18	11	(-7)
	借家	46	26	(-20)	0	0	(0)	5	8	(+3)
	持家率	61.7	70.1		100.0	-		78.3	57.9	
合計	持家	1092	1110	(+18)	262	305	(+43)	261	308	(+47)
	借家	554	536	(-18)	33	29	(-4)	86	81	(-5)
	持家率	66.3	67.4		88.8	91.3		75.2	79.2	

注:「持家own」「借家rent」の表記のないものは表中に含めていない。その割合は全体の数パーセントである。

は、とくに、持ち家の割合が高かったようである。これは、死別によって、配偶者の持ち家が、寡婦の持ち家として受け継がれたためであると考えられる。

ハウスのヘッドが何歳のときに、暮らしていた借家を持ち家にしたり、別なハウスを買って持ち家にするのかについて表4-2にまとめた。この表の中で、ヘッドの年齢を5歳間隔で分けて、ヘッドの数を求めて、借家

に暮らすヘッドが持ち家に暮らすヘッドよりも多い年齢グループから、持ち家に暮らすヘッドの数のほうが多くなる年齢グループを示した。スラッシュ表示がある場合は、左側の年齢グループから右側の年齢グループに移る際に、賃貸よりも持ち家をもつハウスの長（ヘッド）の数が多くなったことをあらわしている。スラッシュ表示の無い場合は、表示された年齢グループで、同数となっている場合で、その年齢あたりで、借家から持ち家に移ったと推定されるのである。

　この表から、持ち家を持つようになる年齢が最も若いのが、リヴァーフロント市の場合、1900年で、ドイツ系、ノルウェー系、そして、ポーランド系であり、25歳から34歳の間に、持ち家をもつようになっていた。1910年になると、ポーランド系のみが、同じ年齢区分の間の中で、持ち家をもっていた。これは、ポーランド系が持ち家をもつようになった数自体が急増して、この増加をもたらしたのが若い年齢層であったことを示している。他の文化的背景をもつ人々の間では、市内に住むファミリ自体が減少してしまっていた。借家から持ち家へ移行したときの年齢が、1910年で上昇したのは、ドイツ系とノルウェー系に加えて、米国東部系と米国北東部系であり、これらの人々の間で、若い年齢層が、流出していったことを示唆している。

　クラーク郡区では、1900年で、ポーランド系と同様にドイツ系も20歳から29歳の間で、持ち家をもつ者の数が増えた。1910年になると、ポーランド系は変化しないが、ドイツ系では、移行の年齢時期が5年遅れていた。

　レイクランド郡区では、1900年に、ポーランド系が最も若い時期に移行し、多数派であるノルウェー系も次に若い年齢で移行していた。ドイツ系はノルウェー系と同じである。10年後の1910年に、ポーランド系は相変わらず若い年齢層で、ドイツ系も前年次と変わらない年齢層で、持ち家を持つようになるが、ノルウェー系は1900年よりも5年遅くなっていた。

　ポーランド系以外の文化的背景をもつ人々の間では、若い年齢層の人々が少ないために、持ち家へ移行する年齢が遅れていく傾向にあったと考えられる。米国東部・北東部系や、イングランド系の人々の間では、30代あ

表4-2 借家から持ち家へ変化する年齢と文化的背景（男性）

	リヴァーフロント市		クラーク郡区		レイクランド郡区	
	1900	1910	1900	1910	1900	1910
カナダ	40-/45-	40-44			30-34	
イングランド	40-44	40-/45-				
ドイツ	25-/30-	35-39	20-/25-	25-29	25-24	25-29
アイルランド	40-/45-	40-/45-			35-39	
ノルウェー	25-/30-	30-/35-			25-29	30-/35-
ポーランド	25-/30-	25-/30-	20-24	20-24	20-24	20-24
米国東部	35-/40-	40-44			30-/50-	35-/40-
米国北東部	30-/35-	35-/40-			30-34	35-/40-

注：スラッシュ表示のある場合は、左側の年齢グループから右側の年齢グループに移るときに、借家から持ち家に移ったと推定される。スラッシュ表示の無い場合は、その年齢グループの年齢あたりで、借家から持ち家へ移ったと推定される。

るいは40代といった中年期になってから借家から持ち家に移行していったのであり、社会的にある程度の地位が確立してから、持ち家をもち定住するようになったと推定できよう。

ファミリ・ヘッドの変化

　ファミリ・ヘッドには必ずしも男性ばかりがなっているわけではない。当然ながら、女性のファミリ・ヘッドも少なからずいる。ファミリ・ヘッド全体の中で女性がしめる割合の経年変化をみると、文化的背景によって異なっていることがわかる（表4-3）。この割合を、女性の自立を表す指標とみなすことで、その経年変化を比較しながら、女性の自立に対する考え方の文化的背景による違いについて考えていくことにしたい。
　文化的背景による違いが顕著にみられるのは、ポーランド系の人々の間で、女性の割合が、1910年に向けて増加していたにもかかわらず、1910年の時点で、他の文化的背景が示す割合の約半分程の割合しか増加しなかったところである。これはリヴァーフロント市での変化の特徴であるが、市内における女性の割合の変化を農場地域のと比較すると、どの文化的背景においても、女性のしめる割合は、市内の方が農場よりも高かったのであ

る。つまり、農場地域のポーランド系女性がファミリ・ヘッドになることは少なかったということである。

これとは対照的に、1850年及び1860年もの昔から、米国東部系と米国北東部系の人々の間では、ファミリ・ヘッドに女性がなることが、ある程度の割合ですでにみられるようになっていた。これは、確かに、文化的背景の違いが影響しているかのようにみえる。しかし、東部系・北東部系で早くから女性が自立していたためにファミリ・ヘッドとなることを厭わなかったと考えるよりも、先行移民（アーリーカマー）であることから、移民したての人々よりも、長くアメリカにいるので、早くから、女性がヘッドになる機会が多かったと考えるのが妥当だろう。早くから移民してきていて、リヴァーフロントに移住したときにも、夫に先立たれたり、夫が仕事で外に出ていたりして、女性がヘッドとならざるをえなかった状況が数多くあったと思われるのである。このことが、ある程度、自立精神を助長したことも確かなことであろう。

以上のことをまとめると次のようにいえる。ポーランド系の女性は、配偶者がいなくなっても、子ども（とくに息子）のファミリと同居していて、

表4-3　ファミリ・ヘッドに女性がしめる割合の変化

文化的背景	場所	1850	1860	1870	1880	1900	1910
カナダ	リヴァーフロント市	0.0	0.0	10.5	13.5	12.7	15.7
	レイクランド郡区	-	0.0	12.5	20.0	22.2	0.0
イングランド	リヴァーフロント市	0.0	0.0	18.8	7.8	18.2	17.9
	レイクランド郡区	-	0.0	0.0	15.4	0.0	0.0
ドイツ	リヴァーフロント市	0.0	10.0	8.3	7.0	15.1	20.6
	レイクランド郡区	-	-	10.0	0.0	4.7	11.6
アイルランド	リヴァーフロント市	0.0	8.1	8.3	15.3	20.1	21.2
	レイクランド郡区	-	-	-	40.0	20.0	20.0
ノルウェー	リヴァーフロント市	-	0.0	0.0	4.4	19.4	16.0
	レイクランド郡区	-	-	6.8	8.9	10.2	12.2
ポーランド	リヴァーフロント市	-	0.0	-	4.4	7.6	11.9
	クラーク郡区	-	0.0	-	0.0	5.0	7.5
	レイクランド郡区	-	-	-	0.0	8.3	2.2
プロシャ	クラーク郡区	-	0.0	1.4	3.5	3.3	-
	レイクランド郡区	-	0.0	0.0	8.0	-	-
米国東部	リヴァーフロント市	4.8	5.0	8.6	13.5	19.6	19.9
	レイクランド郡区	-	0.0	4.1	9.3	4.4	8.3

第4章 高齢者の生活パターンの変遷と文化的背景

自分がファミリ・ヘッドになる機会が、他の文化的背景の女性より、少なかった。ただし、割合から判断するとそうであるが、ポーランド系女性がファミリ・ヘッドになるケースの実数は、他の文化的背景の女性の場合と同様だったのである。

表4-4 60歳以上の高齢者のいるファミリで高齢者以外のファミリ・ヘッドの年齢変化

文化的背景	場所	1850	1860	1870	1880	1900	1910
カナダ	リヴァーフロント市	0/1(2)	1/2(3)	0/5(6)	2/2(9)	2/3(27)	1/4(23)
	クラーク郡区	-	1/0(2)	-	0/0(1)	1/0(2)	-
	レイクランド郡区	-	1/0(1)	0/1(1)	1/0(1)	1/1(2)	1/1(3)
イングランド	リヴァーフロント市	-	-	1/1(9)	2/1(10)	3/4(25)	0/9(32)
	レイクランド郡区	-	-	-	1/1/7	0/0(4)	0/0(4)
ドイツ	リヴァーフロント市	-	1/0(1)	1/0(4)	0/4(6)	13/23(108)	11/15(107)
	クラーク郡区	-	0/0(1)	-	0/0(1)	5/3(21)	2/3(9)
	レイクランド郡区	-	1/1(2)	-	0/0(4)	3/2(18)	5/8(24)
アイルランド	リヴァーフロント市	0/1(1)	0/1(2)	1/1(8)	5/3(23)	2/9(44)	0/5(32)
	クラーク郡区	-	1/0(2)	0/0(1)	0/0(3)	0/0(1)	-
	レイクランド郡区	-	-	-	0/0(1)	0/0(2)	-
ノルウェー	リヴァーフロント市	-	-	1/0(1)	3/1(5)	5/4(22)	0/5(26)
	クラーク郡区	-	-	-	-	0/0(1)	-
	レイクランド郡区	-	1/0(2)	5/6(16)	5/6(21)	15/11(65)	7/11(63)
ポーランド	リヴァーフロント市	-	-	-	2/1(9)	3/11(73)	15/14(159)
	クラーク郡区	-	1/0(2)	-	-	27/12(74)	22/13(114)
	レイクランド郡区	-	-	-	1/0(1)	1/0(7)	2/3(9)
プロシャ	クラーク郡区	-	-	0/0(1)	1/0(7)	6/2(20)	-
	クラーク郡区	-	-	-	0/2(19)	10/13(65)	0/4(13)
	レイクランド郡区	-	-	2/0(4)	1/1(3)	2/1(10)	-
米国東部	リヴァーフロント市	1/0(1)	5/3(14)	3/5(13)	4/3(24)	4/17(91)	6/13(101)
	クラーク郡区	-	0/1(1)	-	-	0/1(1)	1/0(1)
	レイクランド郡区	-	2/1(3)	0/2(5)	0/1(3)	3/4(16)	0/4(28)
米国北東部	リヴァーフロント市	0/1(1)	1/0(5)	0/1(9)	0/5(22)	5/4(50)	2/5(38)
	クラーク郡区	-	0/0(1)	-	-	0/1(1)	-
	レイクランド郡区	-	0/0(2)	0/1(4)	0/0(6)	0/3(14)	0/1(10)

注：斜線の左側が20～30代、右側が40～50代。( )内の数字は、高齢者のいるファミリの数。

60歳以上の高齢者がいるファミリにおいて、高齢者自身がヘッドでない場合に、そのファミリ・ヘッドの年齢が、20～30代であったか、40～50代であったか、について表4-4で文化的背景別にまとめた。ここで、ファミリのヘッドは、必ずしもすべてが、同居している高齢者の子どもであったり、親戚であったりするわけではない。そこで、この表からは、文化的背景によって、若い時期に高齢者と住み始めるのかどうかを理解すること

しかできない。高齢者とヘッドとの間に親子関係があると想定したとき、若いときから高齢者と同居するようになった過程は、子どもが結婚して、そのまま同居を続けて、高齢になった親から子どもへとヘッドの交代があったということになる。

主な文化的背景でまとめたため、例数が少なくなり、文化的背景の間で比較することは容易でない。しかし、顕著な特徴として、まず、ポーランド系の人々の間では、農場地域のクラーク郡区で、1900年と1910年において、20～30代のヘッドが高齢者と住んでいたことを挙げることができる。そして、リヴァーフロント市内でも、1910年になると、20～30代のヘッドの数が、40～50代のヘッドの数より多かった。これと同じ傾向をもつ文化的背景は、1900年のレイクランド郡区のノルウェー系である。

20～30代と40～50代のヘッドの数に大きな違いがない文化的背景は、カナダ系とドイツ系である。

20～30代のヘッドがほとんどみられないのは、イングランド系、アイルランド系、米国北東部系であり、これらの年齢層の数が比較的少ないのは、米国東部系であった。高齢者とヘッドとの間に親子関係があると想定すると、これらの文化的背景の場合、高年齢の子どもが高齢者の親と同居するケースが多かったということになる。実際に、個別にファミリをみると、同居している高年齢の子どもには、「教師」の職に就いている娘が多くみられた。教師という職業にある女性は、学校で英語を習うときのモデルとして文化的背景が英語を母語としている人が条件にかなっていたと考えると、早く移民してきたアングロサクソン系やアイルランド系の女性が教師となり、結婚しないで、おそらく適当な相手を見出す機会が見つからないこともあって、親と同居を続けファミリ・ヘッドとなったケースもあったのである。

第4章　高齢者の生活パターンの変遷と文化的背景

ハウス内人数の歴史的変化

　高齢者の暮らすハウスがどのような特徴をもっていたか、もつようになったかを明らかにするために、ハウス内の人数の変化をみてみることにしよう。そして、そうした特徴を、主要な文化的背景の間で比較することによって、高齢者の自立と扶養との関係について推定してみる。
　表4-5にハウス内の人数がまとめてある。この表から、文化的背景の違いによって、19世紀後半の前半では若干の増減があったものの、1910年に向けて、全体的に、人数が減少していったことが明らかである。この19世紀後半の前半における増減状態、つまり、平均値の変動は、絶対数が1900年や1910年よりも少ないことによって生み出されたのであろう。
　リヴァーフロント市で1910年に向けて、ハウス内人数が減少する傾向が最も強かったのは、1910年に4人以下に減少した、イングランド系、ノルウェー系、米国東部系、米国北東部系であった。逆に、あまり減少せずに1910年でも5人以上のハウス内人数をもっていたのは、唯一ポーランド系だけであった。農場地域のレイクランド郡区のノルウェー系のハウスと、クラーク郡区のポーランド系のハウスは、リヴァーフロント市で同じ文化的背景をもつハウスよりも、ハウス内人数が約1名分多かった。
　表4-5には太字で、60歳以上の高齢者のいるハウスにおける人数の平均値が表されている。リヴァーフロント市内では、カナダ系を除くすべての文化的背景で、ハウス内の人数は4人以下であった。既にみたように、1900年から1910年にかけて、高齢者の間で、一人暮らしのケースと、夫婦だけで暮らしているケースが多くなったことがあって、高齢者のいるハウスでは、ポーランド系においても、他の文化的背景と同様の人数構成となったと推定される。つまり、1910年になると、ポーランド系高齢者の暮らしているハウスにおいて、身近にいる人の数は、他の文化的背景の高齢者と同様になっていて、ポーランド系であることから生じる特徴的なパターンを見出すことができなくなっていたことを示しているのである。言い換え

表4-5 主要な文化的背景ごとの、ハウス内の人数（平均値）の変化

文化的背景	場所	1850	1860	1870	1880	1900	1910
カナダ	リヴァーフロント市	5.3	4.7	5.4	5.7	5.0	4.6
		5.0	5.0	5.8	5.9	4.2	4.2
	クラーク郡区	-	6.3	9.0	4.0	5.0	-
		-	7.0	-	4.0	5.0	-
	レイクランド郡区	-	4.4	5.3	4.0	4.9	4.6
		-	5.0	9.0	4.0	5.0	3.3
イングランド	リヴァーフロント市	5	4.5	4.9	4.5	4.5	4.0
		-	-	3.5	3.6	3.9	3.6
	クラーク郡区	-	8	-	-	1.5	-
	レイクランド郡区	-	8	2.8	4.8	4.8	3.7
		-	-	-	3.6	3.9	3.6
ドイツ	リヴァーフロント市	4	4.3	6.5	6	4.9	4.3
		-	5	3.5	4.8	4.4	3.8
	クラーク郡区	-	4.1	6.2	5.7	5.6	6.5
		-	3	-	4	5.1	5.9
	レイクランド郡区	-	4.8	6.8	6.1	4.9	5.1
		-	5.5	-	5.5	4.3	4.3
アイルランド	リヴァーフロント市	9.3	5	6.0	6.1	5.1	4.5
		19	7.5	5	7.3	4.9	3.9
	クラーク郡区	-	6.4	6.2	6	6.3	11
		-	2.5	6	5	8	-
	レイクランド郡区	-	6	-	5.6	5	4.9
		-	-	-	1	5.5	-
ノルウェー	リヴァーフロント市	-	3.6	6.2	5.2	4.8	4.0
		-	-	8	5.4	4.5	3.5
	クラーク郡区	-	4.5	5.2	9	10	2
		-	4	4.3	9	-	-
	レイクランド郡区	-	5.2	5.4	5.5	4.6	5.1
		-	4	5.8	5.7	4.3	4.6
ポーランド	リヴァーフロント市	-	5.3	4.8	5.7	5.6	5.4
		-	-	-	3.7	4.5	4.0
	クラーク郡区	-	5.8	5.3	6.0	6.8	6.6
		-	2	-	-	6.4	4.6
	レイクランド郡区	-	3.9	5	4.9	5.8	6.9
		-	-	-	6	4.7	5.6
米国東部	リヴァーフロント市	6.3	5.7	5.7	5.1	4.5	3.9
		20	4.5	5.8	4.3	4.2	3.2
	クラーク郡区	-	5.6	4.9	-	4.5	8.7
		-	3	-	-	3	7
	レイクランド郡区	-	5.3	5.0	4.6	5.1	4.5
		-	5.3	6	4.2	5.2	4.3
米国北東部	リヴァーフロント市	5.5	4.8	5.3	5.7	4.9	3.8
		8	3.8	4.8	5.8	4.1	3.3
	クラーク郡区	-	5.5	11	6	5	-
		-	1	1	5	4	-
	レイクランド郡区	-	5	5.6	5.0	4.0	3.8
		-	3	6	4.8	3.9	2.8

注：太字で示した数値は、60歳以上の高齢者を含むハウスでの平均値。

ると、ポーランド系高齢者の間に、自立的な生活スタイルが浸透していたことを示唆しているのである。

ファミリ・タイプとその歴史的変化

　ここでは、選択した主な文化的背景ごとに、前章（p.94-95）で導入したファミリ・タイプが、どのような歴史的変化をしているかを明らかにして、そこから推定される老後の自立とファミリ・タイプとの関係について検討する。全てのファミリ・タイプごとに全体的な動きをみた後に、高齢者のいるファミリのタイプがどのように歴史的に変化したかみていく。

　ここで用いたファミリ・タイプは、(1)単独ヘッド、(2)カップル（夫婦）が基本、(3)親子が基本、(4)無関係、(5)その他である。(5)においては、カップルを基本として、あるいは、親子を基本としながら、他に養子、ステップ関係、がみられるケース、そして兄弟姉妹だけのケースについて、まとめた。

(1) 単独ヘッド

　高齢者の一人暮らしは寂しさの代名詞としてしばしば使われる（e.g., Rubinstein 1986）。しかし、約1世紀前も同様であったと考えてよいだろうか。その当時、高齢者の絶対数が少なかったことや、コミュニティ内に近親者が存在したであろうと考えると、単純にそうした想像をすることはできないと思われる。

　高齢者が単独で暮らしているケースは、全体的にみて、1910年に向けて増加していったといえる。しかし、全体のファミリ数の増加の方が大きいので、割合からすると数パーセントをしめているのにすぎない。1850年代のパイオニア・タウン時代において、イングランド系と米国東部系の人々の間ですでに一人暮らしがみられた。それにしても、その後、19世紀後半において、人口は増大していったのに、一人暮らしをする人はほとんどいなかったとみなしてよい。これは、移動する際に、ファミリがまとまって

移動したことによるものであろうし、親戚や知人を頼りに連鎖的移住（チェーン・マイグレーション）をして、先に居住した人のところに行って生活を始めたためであり、また、パイオニア・タウン時代には、ホテルやボーディング・ハウスがあり、そこで、知り合いのいない個人も数十人のまとまりをもって、生活していたためである。

　農場地域には、都会にあるような集団で居住できる施設は、教会の経営する孤児院のような施設の他にはなかった。ただし、小さな農場の家屋にしろ、点在する教会にしろ、必要ならば一時的に滞在できるほどの広さをもった所であっただろう。また、当時は、一人暮らしが衣食住の面から困難であったであろうし、一人暮らしそのものが社会的に受容された生活形態ではなかったのではないかと推測される。おそらくこうしたことから、農場地帯も都会においても、1880年まで、一人暮らしのケースがほとんどみられなかったといえるのである。

　ところが、1900年、さらに1910年になると、一人暮らしをする人の数が、全体からすると少ないながら、増加していったのである。この増加の仕方は、全体の人口増加があったためというより、むしろ、高齢者人口の増加があったためと解釈することができる。

　60歳以上の人が、なぜ、一人暮らしをするようになったのであろうか。次の３つの表を詳しくみると、1880年ですでに、高齢者が独居する傾向があらわれていたことがわかる。つまり、1880年から1900年の20年間に大きな変化が生じたというより、全体の高齢者が少ない時期から、老後と一人暮らしとが、結びつき始めていたのである。例えば、日本で高齢期になると隠居することがかつての慣行であり、同じ家の中の一角で、あるいは隣接する離れで、独居的な生活をしていた。これと同様に、身近な人がいても、ハウスのヘッドとして、別れて住むようになっていったということである。

　すでに、ハウスの所有について、持ち家を、ポーランド系では若いときから、他の文化的背景をもつ人々でも40代になって持ち家を持つことが一般的であったことをみてきた。このことを考慮すると、60歳以降、配偶者

第4章 高齢者の生活パターンの変遷と文化的背景

表4-6 リヴァーフロント市の単独ヘッドの数の変化

文化的背景	性別	1850	1860	1870	1880	1900	1910
カナダ	男			1	2	5(1)	4
	女				1	3(3)	3(1)
イングランド	男	1		1	1	4(1)	
	女				1(1)	2(1)	5(2)
ドイツ	男			2(1)	2	9(4)	11(6)
	女		1		1(1)	10(6)	14(10)
アイルランド	男				3(2)		3
	女				1(1)	5(4)	4(3)
ノルウェー	男				2	4(2)	4(3)
	女					2	1
ポーランド	男				1	1	7(5)
	女				1(1)	7(5)	14(9)
プロシャ	男			1(1)	2(1)		
米国東部	男	3			2	8(2)	19(10)
	女		1(1)		3(1)	14(8)	3(3)
米国北東部	男			1	1	4(1)	7(3)	3
	女					5(4)	6(5)

注：（　）内は60歳以上の高齢者のケースで内数。

表4-7 クラーク郡区の単独ヘッドの数の変化

文化的背景	性別	1860	1870	1880	1900	1910
イングランド	男				1	
ドイツ	男		1			
ポーランド	男				2(1)	10(7)
	女				2(1)	8(8)
プロシャ	男			1	1(1)	
	女			1		
米国北東部	男			1(1)		

注：（　）内は60歳以上の高齢者のケースで内数。

を失って一人暮らしとなっても、自分の持ち家にそのまま居住して、一人暮らしとなったケースが多いと考えられる。

　文化的背景による違いについてみると、1900年と1910年において、男性の高齢者の独居が女性の高齢者よりも多いのは、とくに1910年の、リヴァーフロント市の米国東部系であった。高齢者のみならず、男性の独居者の数

表4-8 レイクランド郡区の単独ヘッドの数の変化

文化的背景	性別	1860	1870	1880	1900	1910
ドイツ	男					2
	女				2(2)	2(1)
アイルランド	女			1(1)	1(1)	
ノルウェー	男			1	4(1)	4
	女			1(1)	3(2)	5(5)
プロシャ	男	1	1(1)			
	女			1(1)		
米国東部	男					1
	女				1	2(2)
米国北東部	男				1	2(1)
	女				1(1)	

注：（ ）内は60歳以上の高齢者のケースで内数。

が他の文化的背景よりも多かったのである。彼ら9人のうち、7人が50代で、そのうちの3人は、それぞれがファミリ・ヘッドでありながらも、実際には同じ敷地内の住居に住んでいたのであった。50代、60代の米国東部系の男性に独居が多いのは、まだパイオニア時代的な1850年代に生まれて、この町で男性の数のほうが圧倒的に多かった青年期に、自らと同じ文化的背景をもつ女性と出会う機会が少なかったためであったと思われる。パイオニア・タウン時代の男性に偏った人口の性比の影響が、1910年の高齢者の間にあらわれたと考えられるのである。

さらに、もう一つ顕著な特徴をもつのは、リヴァーフロント市のポーランド系である。1900年から1910年にかけて、単独ヘッドの、増加の度合いが、男女ともに、他の文化的背景の人々よりも大きかったのである。1910年において詳しくみてみると、どのケースも50歳以上の人たちであり、男性7人のうち3人が、そして、女性14人のうち6人が、複数のファミリをもつハウス内で暮らす人たちであった。都市部のポーランド系で1910年に増加したという特徴は、クラーク郡区のポーランド系にもみられた。20世紀に入ると、ポーランド系の人々の間で高齢期にはいる人々が多くなり、配偶者を失い一人になった後も、そのままファミリのヘッドとなるという考え方が広まっていったと考えられる。

(2) カップル（夫婦）を基本としたファミリ

　ここで扱うファミリの形態には、夫と妻を基本とするケースである。まず、カップルおよびその二人組に、子ども以外の次のような人々が加わった形態について扱う。それは、非親族の同居人、養子、継子・継親関係にある者、姻戚、兄弟姉妹、里子である。次に、夫婦 2 人だけのケース、そして最後に、カップルに非親族同居人のいるケースについてみていく。

　全体的にみると、カップルを基本としているファミリの形態は、全体の人口の増減と合った増減の変化をしていた。とくに1880年から1900年への人口増加と、1900年から1910年への人口減少が、文化的背景別のカップルを基本とするファミリの増減と対応していたのである。つまり、全体の数が増加すれば増加し、全体の数が減少すれば減少したのである。もちろん、後述するように、これには例外があり、この例外は、ポーランド系のアメリカ化を示唆する点で重要である。

　1880年から1900年にかけて、リヴァーフロント市内でカップルを基本とするファミリの数を増加させたのは、ドイツ系、アイルランド系、ノルウェー系、ポーランド系に、米国東部系も加わっていた。農場地域では、クラーク郡区のポーランド系、レイクランド郡区のノルウェー系であった。逆に、1900年から1910年にかけて、各文化的背景の人口は減少していて、それと連動していたかのように、カップルを基本とするファミリの数は全体的に顕著な変化がなく、むしろ減少傾向にあった。全体の人口が減少しているときに、カップルを基本としたファミリ形態をとることが広まったとはいえないということを意味しているのである。そうであるならば、唯一例外的に、1900年から1910年にかけて大きく数を増加させたポーランド系のケースをどのように理解したらよいであろうか。

　文化的背景別に、カップルを基本としたファミリの割合を各年次ごとに明らかにし、その変化を表 4 - 9 から表 4 - 11にみると、ポーランド系がとくに顕著な割合の変化を示しているわけではないことがわかる。ただし、ポーランド系の高齢者の場合は、1910年において、数の上では他の文化的背景よりも多いが、割合からすると、米国北東部系が11.1パーセントと最

も高く、順に、米国東部系、イングランド系、そしてポーランド系の6.7パーセントと続いていた。他の文化的背景では1割程度の人口減少をしているときに、ポーランド系は人口を急増させ、ポーランド系のカップルを基本とするファミリの割合が、米国東部・北東部系あるいはアングロサクソン系の値と近い値になったのである。このことから、この時期に、ポーランド系は、夫婦関係と親子関係の在り方を、アングロサクソン系に代表される当時のアメリカの主流に近づけていったと考えられるのである。

表4-9　リヴァーフロント市のカップルを基本としたファミリの割合変化

文化的背景		1850	1860	1870	1880	1900	1910
カナダ	%	37.5	12.5	13.2	7.7	8.5	10.8
	n	3	3	5(1)	4(1)	10(3)	9(3)
イングランド	%		18.2	18.8	13.7	10.2	13.4
	n		2	3(1)	7(3)	9(3)	9(5)
ドイツ	%		10.0	12.5	7.0	12.6	13.3
	n		2	3(1)	5	55(14)	49(18)
アイルランド	%		10.8	4.2	11.1	16.6	13.5
	n		4	2	11(3)	24(9)	14(6)
ノルウェー	%		10.0	11.8	13.0	15.5	17.3
	n		1	2	6	16(2)	13(4)
ポーランド	%		50.0		13.2	12.2	14.3
	n		1		12(2)	45(17)	89(42)
プロシャ	%		13.3	14.0	11.3		
	n		2	8(2)	8(1)		
米国東部	%	19.0	16.5	14.0	13.5	14.6	15.8
	n	8(1)	20(2)	13(3)	23(6)	47(18)	42(25)
米国北東部	%		22.4	13.5	23.0	9.7	18.9
	n		11(2)	5(2)	23(5)	12(6)	17(10)

注：（　）内は60歳以上の高齢者のいるファミリで内数。

　夫婦二人だけのファミリ・スタイルが、カップルを基本としたファミリの中で多数をしめていた。逆に、少数ながら文化的背景によって特異的な出現をしたのが、夫婦二人と非親族の同居人で構成されるファミリ・スタイルであった。それぞれについて、研究対象地域別にまとめた（表4-12から表4-14、および、表4-15から4-17）。

第4章　高齢者の生活パターンの変遷と文化的背景

表4-10　クラーク郡区のカップルを基本としたファミリの割合変化

文化的背景		1860	1870	1880	1900	1910
カナダ	%	20.0			33.3	
	n	1			1(1)	
イングランド	%				50.0	
	n				1	
ドイツ	%	28.6	20.0		9.6	5.3
	n	4	1		5(3)	1(1)
ノルウェー	%					100.0
	n					1
ポーランド	%	14.3			10.0	11.9
	n	2(1)			24(13)	40(24)
プロシャ	%		12.6	12.7	10.0	
	n		18(6)	33(17)	3(3)	
米国東部	%		33.3	20.0		
	n		3	1		

注：（　）内は60歳以上の高齢者のいるファミリで内数。

表4-11　レイクランド郡区のカップルを基本としたファミリの割合変化

文化的背景		1860	1870	1880	1900	1910
カナダ	%	20.0	25.0	20.0	11.1	30.0
	n	1	2	1(1)	1	3(1)
イングランド	%		40.0	23.1	20.0	40.0
	n		2	3(3)	2(2)	4(4)
ドイツ	%	16.7		10.0	17.2	7.0
	n	1(1)		1	11(2)	6(4)
ノルウェー	%	3.0	12.2	10.0	12.0	14.0
	n	1	9(2)	9(1)	20(11)	24(14)
ポーランド	%				5.6	13.0
	n				2(1)	6(4)
プロシャ	%		5.9	24.0		
	n		1	6(4)		
米国東部	%	19.4	12.2	22.2	13.0	18.8
	n	7(1)	6	12(5)	6(2)	9(3)
米国北東部	%	36.4	8.3	7.4	36.0	15.0
	n	4(1)	1(1)	2(1)	9(7)	3(1)

注：（　）内は60歳以上の高齢者のいるファミリで内数。

高齢者のカップルだけのケースは、カップルだけのファミリの中でどのくらいの割合をしめていたのだろうか。全体をみると、この割合が5割をしめている文化的背景もあるが、とくに米国北東部系が1900年にすでに高齢者カップルが半数をしめて、10年後もそれが維持されていた。その他の文化的背景で1910年に高齢者カップルが半数を越えていたのが、米国東部系とポーランド系である。どちらも1900年に、4割程度であったのが、次の10年間で、増加したのである。ここでも、ポーランド系と米国東部・北東部系とに数値上の類似点を見出すことができた。このことは、自立した老後についての考察に重要な点となるので、後に再び触れる。

　1880年から1900年にかけての増加は、農場地域のクラーク郡区のポーランド系と、レイクランド郡区のノルウェー系にみられた。また、リヴァー

表4-12　リヴァーフロント市のカップルだけのファミリの数の変化

文化的背景	1850	1860	1870	1880	1900	1910
カナダ	2	3	3(1)	3(1)	9(2)	7(1)
イングランド		1	2	6(3)	6(3)	9(5)
ドイツ		2	3(1)	4	44(13)	44(15)
アイルランド		3	2	8(2)	16(6)	12(4)
ノルウェー		1	1	4	12(1)	12(4)
ポーランド		1		12(2)	41(17)	75(39)
プロシャ		2	7(2)	6(1)		
米国東部	3	14(1)	9	11(3)	37(12)	35(21)
米国北東部		7(2)	5(2)	15(4)	9(5)	17(10)

注：（ ）内は60歳以上の高齢者のいるファミリで内数。

表4-13　クラーク郡区のカップルだけのファミリの数の変化

文化的背景	1860	1870	1880	1900	1910
カナダ	1				
イングランド				1	
ドイツ	4	1		5(3)	1(1)
ノルウェー					1
ポーランド		2(1)		20(11)	34(21)
プロシャ		17(6)	28(14)	3(3)	
米国東部			1	1	

注：（ ）内は60歳以上の高齢者のいるファミリで内数。

第4章 高齢者の生活パターンの変遷と文化的背景

表4-14 レイクランド郡区のカップルだけのファミリの数の変化

文化的背景	1860	1870	1880	1900	1910
カナダ	1	2		1	3(1)
イングランド		2	3(3)	2(2)	4(4)
ドイツ			1	10(2)	4(3)
ノルウェー	1	7(1)	8(1)	18(11)	17(11)
ポーランド				2(1)	4(4)
プロシャ			5(4)		
米国東部	2	5	7(4)	5(2)	7(2)
米国北東部	4(1)		1	4(4)	2(1)

注：（ ）内は60歳以上の高齢者のいるファミリで内数。

フロント市のポーランド系とドイツ系にみられた。つまり、ポーランド系では、都会生活者と農場生活者との間に違いがみられなかった。しかし、ノルウェー系では、都会と農場地域の間で違いがあったと推定されるのである。農場地域を全体的みて、一般化すると、どの文化的背景の場合も、数は少ないが、カップルで生活している人の多くは高齢者のカップルであったといえるのである。

　夫婦二人のカップルが、非血縁の同居人や姻戚関係のない同居人と暮らしているケースを、文化的背景別にみると、特徴的なファミリ・スタイルの存在が浮かび上がってくる。それは、実数が少ないにもかかわらず、リヴァーフロント市の米国東部系の人々の間で、1850年から1910年にかけて、持続的に存在していたファミリ・スタイルである。レイクランド郡区にも同様のことがいえる。この郡区は、既にみたように3つのスモール・タウンが郡区内に存在し、米国東部・北東部系の人々が早くから移住してきたところであり、そのまま残って定住している人も少なくなかったところである。いわゆるアングロサクソン系の人々で経済的に余裕があり、社会的地位の高い人々が、「使用人」「お手伝いさん」「家政婦」と呼ばれる人を雇うことによって、こうしたタイプが形成されたのである。また、明確な雇用関係になくとも、フィランソロピー精神をもとに、居住空間の提供をする側が、提供された側から家事労働のサーヴィスを受けるといった一種の交換関係にあったと推測されるのである。

表4-15 リヴァーフロント市のカップルが非親族と同居するファミリの数の変化

文化的背景	1850	1860	1870	1880	1900	1910
カナダ	1		1	1	1(1)	1
イングランド			1(1)	1	2	
ドイツ					4	1
アイルランド		1		1(1)	5	
ノルウェー			1	1	2	1
ポーランド					1	1
プロシャ				2		
米国東部	3(1)	4	2(1)	9(1)	4(2)	5(3)
米国北東部		4		6	2(1)	

注:（ ）内は60歳以上の高齢者を含むファミリで内数。表中のケース以外に、養子やインローがいて、さらに非親族が加わるケースも少しある。

表4-16 クラーク郡区のカップルが非親族と同居するファミリの数の変化

文化的背景	1860	1870	1880	1900	1910
カナダ				1(1)	
ポーランド				2(1)	
プロシャ		1			
米国東部		1			

注:（ ）内は60歳以上の高齢者のいるファミリで内数。

表4-17 レイクランド郡区のカップルが非親族と同居するファミリの数の変化

文化的背景	1860	1870	1880	1900	1910
ドイツ				1	
ノルウェー		2(1)		1	2
ポーランド					1
プロシャ		1			1
米国東部	4	1(1)	3	1(1)	1
米国北東部		1	1(1)	2(1)	1

注:（ ）内は60歳以上の高齢者のいるファミリで内数。

(3) 親子同居を基本としたファミリ

親子の同居を基本としたファミリを文化的背景別に考える際に、興味深い問題の一つとして、近代以降の特徴とされる核家族化の問題がある。19世紀後半のアメリカにおいて、どの文化的背景をもった人たちが、どれほど早い時期から核家族化を進行させていったのであろうか。一方、核家族

第4章　高齢者の生活パターンの変遷と文化的背景

とは対照的な位置におかれるファミリ内に同居人を含むファミリに関係した問題もある。前章で述べたように19世紀のアメリカにおける日常生活の特徴の一つとして、さまざまな同居人と生活をともにしていることが希なことでなかった。では、本研究の対象地域において、どの文化的背景をもつファミリが、そうした傾向をより強くもっていたのであろうか。さらに、高齢者の扶養との関係で、このタイプのファミリが、文化的背景の違いによって、どのように特徴的な歴史的変化をしてきたのであろうか。こうした問題について、本項で考えていくことにする。

　ここでの資料は、親子関係がみられるすべてのファミリであり、その下位分類の一つとして核家族に相当する「親と子だけ」のファミリがある。その他の下位分類としては、非親族の同居人がいるファミリと、姻戚（インロー）関係の同居人がいるファミリをそれぞれ別個にまとめた（表4-18から4-29）。非親族の同居人を含むファミリについては、カップルと同居する場合もあるので、先述した該当項目を参照されたい。

　表にまとめたパーセンテージとその歴史的変化を解釈する際に、忘れてはならない事項をここで再び確認したい。本章で扱ってきたファミリの5大分類のうち三つ（単独ヘッド、カップルを基本とするファミリ、そして、親子を基本とするファミリ）が、あわせると割合のほとんどをしめている。このことから、親子を基本とするファミリの割合の歴史的減少があった場合、その意味合いは、「単独ヘッド」か「カップルを基本とするファミリ」のいずれかが、あるいは両方の増加があったためである。逆に、親子を基本とするファミリの割合の歴史的増加があったとき、これら2つのタイプのファミリの、あるいはどちらかの減少があったためであるとみなすことができるのである。

　リヴァーフロント市における親子の同居を基本としたファミリの割合の変化について文化的背景別に全体的にみてみる（表4-18）。まず移民の場合を取り上げると、移民した時期の1860年あるいは1870年に、80パーセント台になり、それが多少の増減を経て、1910年に70パーセント台になった。どの文化的背景も絶対数の増減がかなり目立つにもかかわらず、割合の変

163

動の幅はそれほど大きくなく、80パーセントで推移していたことは注目すべき点である。一方、東部から移住してきた米国東部系と米国北東部系は、1860年に70パーセント台であったが、1870年になると、移民の場合と同様に80パーセント台に増加した。1900年まで多少の増減があった後、1910年になると、米国東部系は約75パーセント、米国北東部系は70パーセント弱にまで減少した。

　他の文化的背景と異なり、実数の減少が1860年から1870年にかけて、また、1900年から1910年にかけて2度あったことから、こうした割合の変化の背景を検討してみることにする。

　米国東部からの移住者の間では、このタイプのファミリは1850年に41あった。ヨーロッパからの移民の場合、主要な文化的背景として選択したファミリをすべてあわせても12であった。その当時、単独ヘッド及びカップルを基本とするファミリの数がわずかなことから、東部から移住してきたファミリの存在が移民のファミリよりも大きな位置をしめていたといえる。この傾向は、1850年代に、さらなる米国東部系及び米国北東部系の増加（2つの系の合計で130）があったとともに、このタイプの移民のファミリも増加し（主要な文化的背景の合計で101）、そのまま維持されてきた。ところが、1870年になると、米国系の数が110、移民系の数が170となり、数の上では、移民たちがこのファミリ・スタイルをとるケースのほうが多くなった。1860年代にこのファミリ・タイプをもつ東部系ファミリは、おそらく別な所へ移動してしまって、その数が減少したのであろう。

　しかし、割合からみると、この1860年代に、このタイプのファミリは逆に増加したのであった。このことが意味しているのは、この移動期に、割合の減り方が大きかったタイプは、親子を基本とするファミリ以外のタイプ（単身あるいはカップルを基本とする形態）だったのである。そして、この事実は、親子を基本とするファミリは、まだ荒っぽさの残る西部に移動しなかったことを、あるいは、移動しにくかったことを示唆しているのである。

　もう一つの1900年代における実数の減少期では、このタイプのファミリの割合も減少した。1860年代とは対照的な変化を示したのである。1900年

第4章　高齢者の生活パターンの変遷と文化的背景

代の移動期に、割合の減り方が大きかったのは、親子を基本とするファミリであったということである。そして、この事実が示唆するのは、親子を基本としたファミリが、荒っぽさが消えた西部へ移動しやすくなったということである。

今述べたことについて、下位分類の間で対照させると、変化のメカニズムをよりよく理解することができる。親子に非親族の同居人が加わったファミリについてまとめた表4-24をみると、米国東部系及び米国北東部系の人々の間に、やはり、さきほどみた1860年代の減少期と1900年代の減少期に対応した変化がみられる。この変動は他の表にはみあたらない。そこで、親子を基本としたファミリの数の変動は、非親族の同居人がいるファミリの数の変動によってもたらされたと推定できるのである。実際の変動の様子をみると、1860年に親子と非親族の同居人を含むファミリの数が13から37に増加しながら、1870年になると21に減少した。そして、1900年に52に増加しながら、10年後に20へと減少したのである。

非親族の同居人がいる親子を基本とするファミリは、米国東部系及び米国北東部系ともに、徐々に割合を減少させていった（表4-24）。つまり、各年次での割合からすると、19世紀後半が、非親族の同居人がいるファミリが減少していった時期にあたるのである。

これらの事柄をもとにして、高齢者の扶養との結びつきについて明らかにできることを、次にまとめて述べる。

(a) リヴァーフロント市において、ポーランド系は、19世紀後半の後半期に第4街区に集中して暮らすようになった。しかし、20世紀に入って、他の街区にもかなりの数が居住していたことは1910年の街区別人口分布から明らかである。この地域において、こうした背景をもつポーランド系の人々の間で、60歳以上の高齢者を含むファミリが、親子を基本とするタイプをとっていた割合は、他の文化的背景の割合よりも、興味深いことに、低かったのである。東ヨーロッパ系の移民の場合、ファミリの在り方が家父長的な親子関係を中心とすると思われる。しかし、高齢期に入った親と、子どもの世代（及びその家族）との同居（いわゆる「三世代同居」や、成人の子ど

もとの同居)の割合は、他の文化的背景よりも低いのである。実際の割合は、1880年から1910年にかけて、大きな変化を示さずに65から70パーセントの間で推移していた。このことから、市内では、高齢の親と子どもとの世代間関係が、人口の増加があったにもかかわらず変化しなかったと考えられる。

(b) リヴァーフロント市に東部から移住した60歳以上の高齢者を含むファミリのうちで、親子を基本としたファミリは、1900年と1910年に60パーセント台前後の比較的低い割合を示していた。これは、ポーランド系と同様の割合を示していた。興味深いことに、変化の結果、同様の傾向をもつようになったのである。このことは、カップルを基本としたタイプの項で指摘したことである。米国東部系は、高齢期においても、カップルを基本としたファミリの形態をとることは、全ての年次でみられ、一つの定着した高齢期の生活の仕方であったと考えられる。言い換えると、高齢期になって、親子を基本とするファミリ・スタイルに対して執着しなくなったのである。子どもとの同居を避ける傾向が、他の文化的背景よりも強かったのである。

(c) ポーランド系と米国東部系との対照点について、続けてみていくことにする。親子を基本とするファミリについてさらにいくつかに分類してまとめた表から、両者の相違点を明らかにできた(表4-21)。ポーランド系は、「親子だけ」のファミリの割合が50パーセント強を示していて、他の文化的背景の割合と近い傾向をもっていたようである。しかし、米国東部系は、ポーランド系よりも低い30パーセント台を中心に、ときには45パーセントまでの範囲で推移していた。この相違は、ポーランド系が、親子を基本とした場合に、非親族の同居人がほとんどいなかったのにたいして、米国東部系では10パーセント台の多さでこのタイプのファミリが、1860年当時からすでに、存在していたことによるものである。姻戚(インロー)関係を示す資料は1870年以降しか入手できないので、すべての年次をとおした変化を知ることはできないが、非親族の同居人をもつ割合と同じ程度の割合で、姻戚関係にある人(息子の嫁、娘婿など)との同居が米国東部系

第 4 章　高齢者の生活パターンの変遷と文化的背景

と米国北東部系でみられた（表4 -27）。ポーランド系では、姻戚関係にある人との同居があっても、その割合は米国系より小さかった。結婚した子どもとの同居のしめる割合は、ポーランド系よりも、米国東部系で多かったということである。

(d) これまで、ポーランド系と米国東部系に注目してきた。というのも、これらの文化的背景をもつ人々の示す変化の仕方が互いに対照的であることが多いためである。これら以外の文化的背景でみられた変化のパターンは、概ね、これら二つの文化的背景が示した変化のパターンの中間的な位置をしめていたようにみえる。実数の少なさの影響で、割合の変化がそうした中間的位置から逸脱してしまったケースもあるために、変化のパターンを適切に把握することは困難であった。

(e) 農場地域における、文化的背景別の、親子を基本とするファミリの割合の変化について、次にみていく。

クラーク郡区全体（表4 -19）では、ポーランド系、ドイツ系、そして一部の年次の米国東部系を除くと、100パーセントに近いファミリがこのファミリ・スタイルをとっていた。ポーランド系とドイツ系のファミリでは、年次によって多少の変動はあるが、80パーセント台であったのである。

その中で、高齢者を含むファミリに絞ってみると、大多数をしめるポーランド系（1870年から1900年のプロシャ系を含めて考える）以外の文化的背景をもつ人々の間で、実数は少ないが、ほとんどのファミリが親子を基本とするスタイルであった。一方、ポーランド系（プロシャ系を含む）の人々の間の全体をみると、70パーセント前後のファミリが親子を基本としていた。既にみたように、クラーク郡区のポーランド系は、高齢者の間で、カップルを基本としたファミリ・スタイル、そして、単独ヘッドのスタイルが、比較的多かった。すでにカップルのところで解釈を加えたように、ポーランド系（プロシャ系を含む）がもっていたこの傾向は、農場地域における居住形態を反映していたと考えられる。つまり、農場の一画に、老親とは別々の家屋をもつことが可能だったのである。このスタイルは、センサスの収集時に、別個の家屋のヘッドとして記入されるであろう。しかし、実際の

生活では、日常的な行き来が可能な距離であることも確かである。そうした距離の範囲の中で別々に住むことをしていたのである。

　こうした居住の仕方は、親子関係を軸にしたファミリの考え方を重要視すると思われるポーランド系の人々に対する、私たちのイメージに合致しないものである。高齢になった親と一緒に生活する、いわば三世代同居の生活を送っていただろうというイメージをもってしまうのである。しかし、このイメージは、この地域には、あてはまらないのであった。さらに、注目すべき点は、農場地域のポーランド系とリヴァーフロント市内のポーランド系とは、親子を基本としたファミリの割合とその変化が、似ているということである。このことは、ポーランド系の老親と子どもの関係は、生業形態の影響が薄いことを示しているのである。

　このポーランド系の傾向は、ノルウェー系でもあらわれるだろうか。農場地域のレイクランド郡区のノルウェー系は、リヴァーフロント市内のノルウェー系よりも、全体的にも、高齢者に絞っても、農場地域の方が、親子を基本とするファミリ・スタイルをとる割合が高かったようである（表4-20）。つまり、生業との関係からすると、農業者の方が、都会生活者よりも、ノルウェー系の場合、親子で生活をともにする傾向が多少強かったといえるようである。

　レイクランド郡区の場合、クラーク郡区と同様に、どの文化的背景おいても、ほとんどが、親子を基本とするファミリ・スタイルをもつ傾向にあった。しかし、19世紀後半の後期になると、いずれも、リヴァーフロント市内でのように、100パーセントを示すケースが少なくなり、レイクランド郡区におけるスモール・タウンの存在から、都会的な生活もある程度浸透していて、どの文化的背景も、親子を基本とするファミリ・スタイルの割合を減少させたといえる。この郡区の他の特徴は、ノルウェー系が米国東部・北東部系に近い割合で、非親族同居人を受け入れていたことで、彼らのアメリカ化の早さを示唆している（表4-26）。

第4章 高齢者の生活パターンの変遷と文化的背景

表4-18 リヴァーフロント市のファミリ中、親子を基本としたファミリの割合変化

文化的背景		1850	1860	1870	1880	1900	1910
カナダ	%	62.5	87.5	81.6	84.6	82.2	80.7
	n	5	21	31	44	97	67
	%	**100.0**	**100.0**	**83.3**	**77.8**	**74.1**	**82.6**
	n	**2**	**3**	**5**	**7**	**20**	**19**
イングランド	%	50.0	81.8	75.0	78.4	83.0	79.1
	n	2	9	12	40	73	53
	%			**50.0**	**50.0**	**80.0**	**78.1**
	n			**1**	**5**	**20**	**25**
ドイツ	%	100.0	85.0	79.2	88.7	82.4	78.9
	n	2	17	19	63	360	291
	%		**100.0**	**50.0**	**83.3**	**76.9**	**68.2**
	n		**1**	**2**	**5**	**83**	**73**
アイルランド	%	75.0	89.2	95.8	82.8	78.6	78.9
	n	3	33	46	82	114	82
	%	**100.0**	**100.0**	**100.0**	**73.9**	**70.5**	**71.9**
	n	**1**	**2**	**8**	**17**	**31**	**23**
ノルウェー	%		70.0	82.4	82.6	78.6	76.0
	n		7	14	38	81	57
	%			**100.0**	**100.0**	**81.8**	**73.1**
	n			**1**	**5**	**18**	**19**
ポーランド	%		50.0		84.6	85.1	82.0
	n		1		77	313	511
	%				**66.7**	**68.5**	**64.2**
	n				**6**	**50**	**102**
プロシャ	%		86.7	84.2	85.9		
	n		13	48	61		
	%		**100.0**	**57.1**	**90.0**		
	n		**1**	**4**	**18**		
米国東部	%	71.4	77.7	85.0	82.4	77.3	74.8
	n	30	94	79	140	249	199
	%		**64.3**	**76.9**	**70.8**	**67.0**	**61.4**
	n		**9**	**10**	**17**	**61**	**62**
米国北東部	%	100.0	73.5	83.8	73.0	79.0	68.9
	n	11	36	31	73	98	62
	%	**100.0**	**60.0**	**60.0**	**72.7**	**72.0**	**57.9**
	n	**1**	**3**	**3**	**16**	**36**	**22**

注:太字は、60歳以上の高齢者を含むファミリ全体の中での割合。

表4-19　クラーク郡区のファミリ中、親子を基本としたファミリの割合変化

文化的背景		1860	1870	1880	1900	1910
カナダ	%	80.0	100.0	100.0	66.7	
	n	4	2	1	2	
	%	**100.0**		**100.0**	**50.0**	
	n	**2**		**1**	**1**	
イングランド	%	100.0				
	n	1				
ドイツ	%	64.3	80.0	100.0	86.5	94.7
	n	9	4	3	45	18
	%	**100.0**		**100.0**	**81.0**	**88.9**
	n	**1**		**1**	**17**	**8**
アイルランド	%	100.0	100.0	100.0	100.0	100.0
	n	18	5	4	3	1
	%	**100.0**	**100.0**	**100.0**	**100.0**	
	n	**2**	**1**	**3**	**1**	
ノルウェー	%	100.0	100.0	100.0	100.0	
	n	2	6	4	1	
	%	**100.0**	**100.0**	**100.0**		
	n	**1**	**3**	**1**		
ポーランド	%	85.7			87.9	81.9
	n	12			210	275
	%	**50.0**			**79.7**	**65.8**
	n	**1**			**59**	**75**
プロシャ	%	100.0	86.7	86.2	86.7	
	n	9	124	224	26	
	%		**68.4**	**73.9**	**69.2**	
	n		**13**	**48**	**9**	
米国東部	%	100.0	66.7	75.0	100.0	100.0
	n	11	6	3	6	3
	%	**100.0**			**100.0**	**100.0**
	n	**1**			**1**	**1**
米国北東部	%	75.0	100.0	100.0	100.0	
	n	3	2	5	3	
	%			**100.0**	**100.0**	
	n			**2**	**1**	

注：太字は、60歳以上の高齢者を含むファミリ全体の中での割合。

第4章 高齢者の生活パターンの変遷と文化的背景

表4-20 レイクランド郡区のファミリ中、親子を基本としたファミリの割合変化

文化的背景		1860	1870	1880	1900	1910
カナダ	%	80.0	75.0	80.0	88.9	70.0
	n	4	6	4	8	7
	%	100.0	100.0		100.0	66.7
	n	1	1		2	2
イングランド	%	100.0	60.0	76.9	70.0	60.0
	n	2	3	10	7	6
	%			57.1	50.0	
	n			4	2	
ドイツ	%	83.3	100.0	90.0	79.7	88.4
	n	5	10	9	51	76
	%	50.0		100.0	77.8	79.2
	n	1		4	14	19
アイルランド	%	100.0		80.0	80.0	100.0
	n	1		4	4	10
	%				50.0	
	n				1	
ノルウェー	%	97.0	87.8	86.7	83.1	80.2
	n	32	65	78	138	138
	%	100	87.5	85.7	78.5	68.3
	n	2	14	18	51	43
ポーランド	%			100.0	94.4	87.0
	n			3	34	40
	%			100.0	85.7	55.6
	n			1	6	5
プロシャ	%	77.8	88.2	72.0		
	n	7	15	18		
	%	100.0	66.7	50.0		
	n	2	2	5		
米国東部	%	80.6	87.8	75.9	87.0	75.0
	n	29	43	41	40	36
	%	66.7	100.0	61.5	87.5	75.0
	n	2	5	8	14	15
米国北東部	%	63.6	91.7	92.6	56.0	75.0
	n	7	11	25	14	15
	%	50.0	75.0	83.3	42.9	80.0
	n	1	3	5	6	8

注：太字は、60歳以上の高齢者を含むファミリ全体の中での割合。

表4-21　リヴァーフロント市の親と子だけからなるファミリの割合変化

文化的背景		1850	1860	1870	1880	1900	1910
カナダ	%	25.0	66.7	60.5	50.0	61.0	61.4
	n	2	16	23	26	72	51
	%		33.3	30.0	30.0	55.5	56.5
	n		1	2	3	15	13
イングランド	%	25.0	72.7	56.3	52.9	63.6	58.2
	n	1	8	9	27	56	39
	%			50.0	10.0	60.0	46.9
	n			1	1	15	15
ドイツ	%	100.0	65.0	45.8	62.0	62.5	63.7
	n	2	13	11	44	273	235
	%				50.0	46.3	42.1
	n				3	50	45
アイルランド	%	25.0	70.3	79.2	59.6	51.0	65.4
	n	1	26	38	59	74	68
	%		100.0	100.0	52.2	40.9	56.3
	n		2	8	12	18	18
ノルウェー	%		60.0	35.3	50.0	60.2	61.3
	n		6	6	23	62	46
	%				40.0	50.0	53.8
	n				2	11	14
ポーランド	%		50.0		78.0	73.4	73.7
	n		1		71	270	459
	%				55.6	53.4	50.3
	n				5	39	80
プロシャ	%		66.7	78.9	57.7		
	n		10	45	41		
	%		100.0	57.1	40.0		
	n		1	4	8		
米国東部	%	33.3	42.1	55.9	50.0	51.2	61.3
	n	14	51	52	85	165	163
	%		28.6	30.8	45.8	35.2	45.5
	n		4	4	11	32	46
米国北東部	%	36.4	36.7	21.5	22.9	46.8	47.8
	n	4	18	20	39	58	43
	%	100.0	40.0	40.0	22.7	42.0	31.6
	n	1	2	2	5	21	12

注：太字は、60歳以上の高齢者を含むファミリ全体の中での割合。

第4章　高齢者の生活パターンの変遷と文化的背景

表4-22　クラーク郡区の親と子だけからなるファミリの割合変化

文化的背景		1860	1870	1880	1900	1910
カナダ	%	60.0	50.0	100.0	33.3	
	n	3	1	1	1	
	%	**50.0**		**100.0**	**50.0**	
	n	**1**		**1**	**1**	
イングランド	%	100.0				
	n	1				
ドイツ	%	57.1	80.0	100.0	73.1	68.4
	n	8	4	3	38	13
	%	**100.0**		**100.0**	**66.7**	**55.6**
	n	**1**		**1**	**14**	**5**
アイルランド	%	72.2	80.0	25.5	66.7	
	n	13	4	1	2	
	%	**100.0**	**100.0**	**33.3**		
	n	**2**	**1**	**1**		
ノルウェー	%	100.0	83.3	75.0	100.0	
	n	2	5	3	1	
	%	**100.0**	**66.7**	**100.0**		
	n	**1**	**2**	**1**		
ポーランド	%	85.7			77.4	66.1
	n	12			185	222
	%	**16.7**			**64.9**	**48.2**
	n	**1**			**48**	**55**
プロシャ	%	88.9	79.7	73.8	70.0	
	n	8	114	192	21	
	%		**57.9**	**52.3**	**38.5**	
	n		**11**	**34**	**5**	
米国東部	%	63.6	55.6	75.0	100.0	33.3
	n	7	5	3	6	1
	%	**100.0**			**100.0**	**100.0**
	n	**1**			**1**	**1**
米国北東部	%	75.0	50.0	75.0	66.7	
	n	3	1	3	2	
	%			**50.0**		
	n			**1**		

注：太字は、60歳以上の高齢者を含むファミリ全体の中での割合。

表4-23 レイクランド郡区の親と子だけからなるファミリの割合変化

文化的背景		1860	1870	1880	1900	1910
カナダ	%	60.0	50.0	80.0	77.8	40.0
	n	3	4	4	7	4
	%	100.0			100.0	25.0
	n	1			2	1
イングランド	%	100.0	40.0	30.8	60.0	40.0
	n	2	2	4	6	4
	%			14.3	50.0	
	n			1	2	
ドイツ	%		66.7	90.0	70.0	56.3	60.5
	n		4	9	7	36	52
	%				100.0	55.6	45.8
	n				4	10	11
アイルランド	%	100.0		60.0	60.0	90.0
	n	1		3	3	9
ノルウェー	%	87.9	68.9	64.4	53.0	57.0
	n	29	51	58	88	98
	%	100.0	62.5	38.1	46.2	39.7
	n	2	10	8	30	25
ポーランド	%			100.0	86.1	60.9
	n			3	31	28
	%			100.0	71.4	33.3
	n			1	5	3
プロシャ	%	77.8	70.6	40.0		
	n	7	12	10		
	%	100.0	33.3	10.0		
	n	2	1	1		
米国東部	%	52.8	57.1	44.4	56.5	41.7
	n	19	28	24	26	20
	%	33.3	40.0	30.8	43.8	35.0
	n	1	2	4	7	7
米国北東部	%	63.6	75.0	48.1	28.0	60.0
	n	7	9	13	7	12
	%	50.0	25.0	33.3	21.4	70.0
	n	1	1	2	3	7

注:太字は、60歳以上の高齢者を含むファミリ全体の中での割合。

第4章 高齢者の生活パターンの変遷と文化的背景

表4-24 リヴァーフロント市の親と子に非親族が加わったファミリの割合変化

文化的背景		1850	1860	1870	1880	1900	1910
カナダ	%	25.0	12.5	10.5	25.0	11.9	8.4
	n	2	3	4	13	14	7
	%	**50.0**			**33.3**	**7.4**	**4.3**
	n	**1**			**3**	**2**	**1**
イングランド	%	25.0	9.1	18.8	15.7	10.2	7.5
	n	1	1	3	8	9	5
	%				**20.0**	**4.0**	**6.3**
	n				**2**	**1**	**2**
ドイツ	%		20.0	25.0	21.1	10.0	6.0
	n		4	6	15	44	22
	%		**100.0**	**25.0**	**16.7**	**7.4**	**6.5**
	n		**1**	**1**	**1**	**8**	**7**
アイルランド	%	50.0	10.8	12.5	13.1	21.4	6.7
	n	2	4	6	13	31	7
	%	**100.0**			**8.7**	**13.6**	**6.3**
	n	**1**			**2**	**6**	**2**
ノルウェー	%		10.0	47.1	17.4	8.7	4.0
	n		1	8	8	9	3
	%			**100.0**	**20.0**	**4.5**	**7.7**
	n			**1**	**1**	**1**	**2**
ポーランド	%				4.4	4.1	1.9
	n				4	15	12
	%					**4.1**	**1.3**
	n					**3**	**2**
プロシャ	%		20.0	5.3	14.1		
	n		3	3	10		
	%				**15.0**		
	n				**3**		
米国東部	%	31.0	30.6	22.6	21.8	16.1	7.5
	n	13	37	21	37	52	20
	%		**21.4**	**15.4**	**8.3**	**11.0**	**5.9**
	n		**3**	**2**	**2**	**10**	**6**
米国北東部	%	63.6	28.6	27.0	24.0	21.0	10.0
	n	7	14	10	24	26	9
	%		**20.0**		**27.3**	**10.0**	**13.2**
	n		**1**		**6**	**5**	**5**

注：太字は、60歳以上の高齢者を含むファミリ全体の中での割合。

表4-25 クラーク郡区の親と子に非親族が加わったファミリの割合変化

文化的背景		1860	1870	1880	1900	1910
カナダ	%		50.0		33.3	
	n		1		1	
ドイツ	%		7.1		3.8	5.3
	n		1		2	1
アイルランド	%	2.8	20.0	75.0		
	n	5	1	3		
	%			**66.7**		
	n			**2**		
ノルウェー	%		16.7			
	n		1			
	%		**33.3**			
	n		**1**			
ポーランド	%				3.3	5.4
	n				8	18
	%				**4.1**	**3.5**
	n				**3**	**4**
プロシャ	%	11.1	6.3	6.2	3.3	
	n	1	9	16	1	
	%		**10.5**	**9.2**		
	n		**2**	**6**		
米国東部	%	36.4	11.1			33.3
	n	4	1			1
米国北東部	%		50.0	20.0		
	n		1	1		

注:太字は、60歳以上の高齢者を含むファミリ全体の中での割合。

第4章 高齢者の生活パターンの変遷と文化的背景

表4-26 レイクランド郡区の親と子に非親族が加わったファミリの割合変化

文化的背景		1860	1870	1880	1900	1910
カナダ	%	20.0	25.0			20.0
	n	1	2			2
	%		**100.0**			
	n		**1**			
イングランド	%		20.0	38.5		20.0
	n		1	5		2
	%			**28.6**		
	n			**2**		
ドイツ	%		10.0		14.1	15.1
	n		1		9	13
	%				**5.6**	**8.3**
	n				**1**	**2**
アイルランド	%				20.0	10.0
	n				1	1
	%				**50.0**	
	n				**1**	
ノルウェー	%	9.1	17.6	7.8	21.7	16.3
	n	3	13	7	36	28
	%		**18.8**	**4.8**	**20.0**	**17.5**
	n		**3**	**1**	**13**	**11**
ポーランド	%				5.6	19.6
	n				2	9
	%					**11.1**
	n					**1**
プロシャ	%		11.8	12.0		
	n		2	3		
米国東部	%	22.2	26.5	14.8	17.4	20.8
	n	8	13	8	8	10
	%		**20.0**	**7.7**	**18.8**	**20.0**
	n		**1**	**1**	**3**	**4**
米国北東部	%		8.3	18.5	16.0	15.0
	n		1	5	4	3
	%		**25.0**	**16.7**	**7.1**	**10.0**
	n		**1**	**1**	**1**	**1**

注:太字は、60歳以上の高齢者を含むファミリ全体の中での割合。

表4-27　リヴァーフロント市の親と子に姻戚が加わったファミリの割合変化

文化的背景		1870	1880	1900	1910
カナダ	%	5.3	9.6	8.5	8.4
	n	2	5	10	7
	%	**16.7**	**11.1**	**11.1**	**17.4**
	n	**1**	**1**	**3**	**4**
イングランド	%		9.8	6.8	11.9
	n		5	6	8
	%		**20.0**	**12.0**	**25.0**
	n		**2**	**3**	**8**
ドイツ	%	4.2	5.6	8.5	7.6
	n	1	4	37	28
	%	**25.0**	**16.7**	**22.2**	**17.8**
	n	**1**	**1**	**24**	**19**
アイルランド	%		9.1	5.5	5.8
	n		9	8	6
	%		**8.7**	**15.9**	**9.4**
	n		**2**	**7**	**3**
ノルウェー	%		15.2	8.7	8.0
	n		7	9	6
	%		**40.0**	**27.3**	**11.5**
	n		**2**	**6**	**3**
ポーランド	%		2.2	6.3	4.0
	n		2	23	25
	%		**11.1**	**11.0**	**8.8**
	n		**1**	**8**	**14**
プロシャ	%		14.1		
	n		10		
	%		**35.0**		
	n		**7**		
米国東部	%	3.2	10.0	8.7	6.0
	n	3	17	28	16
	%	**15.4**	**16.7**	**20.9**	**9.9**
	n	**2**	**4**	**19**	**10**
米国北東部	%		9.0	9.7	11.1
	n		9	12	10
	%		**18.2**	**18.0**	**13.2**
	n		**4**	**9**	**5**

注：1850年と1860年のセンサス手書き原簿においては姻戚を判別するのが困難なため、表に表記することができない。
　　太字は、60歳以上の高齢者を含むファミリ全体の中での割合。

第4章　高齢者の生活パターンの変遷と文化的背景

表4-28　クラーク郡区の親と子に姻戚が加わったファミリの割合変化

文化的背景		1870	1880	1900	1910
ドイツ	%			7.7	21.1
	n			4	4
	%			**9.5**	**33.3**
	n			**2**	**3**
アイルランド	%			33.3	
	n			1	
	%			**100.0**	
	n			**1**	
ポーランド	%			5.0	6.0
	n			12	20
	%			**6.8**	**12.3**
	n			**5**	**14**
プロシャ	%	0.7	3.1	13.3	
	n	1	8	4	
	%		**10.8**	**30.8**	
	n		**7**	**4**	
米国東部	%				33.3
	n				1
米国北東部	%			33.3	
	n			1	
	%			**100.0**	
	n			**1**	

注：1860年のセンサス手書き原簿においては姻戚を判別するのが困難なため、表に表記することができない。
　　太字は、60歳以上の高齢者を含むファミリ全体の中での割合。

表4-29 レイクランド郡区の親と子に姻戚が加わったファミリの割合変化

文化的背景		1870	1880	1900	1910
カナダ	%				10.0
	n				1
	%				**33.3**
	n				**1**
イングランド	%		7.7	10.0	
	n		1	1	
	%		**14.3**		
	n		**1**		
ドイツ	%		10.0	7.8	11.6
	n		1	5	10
	%			**16.7**	**25.0**
	n			**3**	**6**
アイルランド	%		20.0		
	n		1		
ノルウェー	%	1.4	8.9	4.8	4.7
	n	1	8	8	8
	%	**6.3**	**28.6**	**4.6**	**9.5**
	n	**1**	**6**	**3**	**6**
ポーランド	%			2.8	4.3
	n			1	2
	%			**14.3**	**11.1**
	n			**1**	**1**
プロシャ	%	5.9	12.0		
	n	1	3		
	%	**33.3**	**30.0**		
	n	**1**	**3**		
米国東部	%	4.1	11.1	13.0	8.3
	n	2	6	6	4
	%	**40.0**	**23.1**	**25.0**	**20.0**
	n	**2**	**3**	**4**	**4**
米国北東部	%	8.3	11.1	4.0	
	n	1	3	1	
	%	**25.0**	**16.7**	**7.1**	
	n	**1**	**1**	**1**	

注:1860年のセンサス手書き原簿においては姻戚を判別するのが困難なため、表に表記することができない。
　太字は、60歳以上の高齢者を含むファミリ全体の中での割合。

(4) 無関係の者との同居

　ここでいう「無関係の者との同居」とは、一つのファミリのヘッドと記入された個人を中心にみたときに、そのファミリの中にいる同居人と血縁関係や姻戚関係や親子関係にない場合をいう。このカテゴリの中には、60歳以上の高齢者が、ファミリのヘッドである場合だけでなく、同居人の中の一人である場合も含めた。

　このスタイルをとっているケースの実数は、すべての文化的背景にわたって少なかった。また、高齢者を含む場合のケースが、農場地域では、どの年次にもみられなかった。つまり、農場地域において、互いに無関係の複数の人間が同居している場合、その人たちの中に、60歳以上の高齢者はいなかったということである。

　一見、一人暮らしを余儀なくされているかのようにみえる単独ヘッドの高齢者であっても、そして実際に独居していたとしても、多くの場合、近隣に親戚の家族が存在していたのである。一方、一見、扶養する者がいてもおかしくないようにみえる複数人が一緒に暮らしているケースの場合、お互いに無関係であるならば、高齢者がそれに加わる余地がなかったということである。言い換えれば、農場地域においては、何らかの血縁・姻戚関係をもつ人々と暮らしていく中で、高齢者は年齢を経て高齢者となってしまうということである。高齢者が「誕生」する場所は、その人と血縁あるいは姻戚関係のある人との生活の場であったといえるだろう。

　リヴァーフロント市の場合、パイオニア時代に、このタイプの生活共同体があってもおかしくないように思えるが、実際にはなかったといってよい。これは、当時、ホテルあるいはボーディング・ハウスが家族によって営まれていたことを示している。そして、その家族を中心に、宿泊している人々のニーズにこたえる人員の配置をしていたと思われるので、そうした場所に、身寄りのない高齢者が滞在することも可能であったと推定される。

表4-30 リヴァーフロント市の無関係の者が同居するハウスの数の変化

文化的背景	1850	1860	1870	1880	1900	1910
カナダ			1	1(1)	3	
イングランド	1			2(1)		
ドイツ					3(1)	4
アイルランド	1			2	2	1
ノルウェー		1	1			
ポーランド					2(1)	2(1)
米国東部		3(1)	1	2	4(2)	3(1)
米国北東部			1		2(1)	2(1)

注:( )内は60歳以上の高齢者のいるハウスで内数。

表4-31 クラーク郡区の無関係の者同士が同居するハウスの数の変化

文化的背景	1860	1870	1880	1900	1910
ドイツ				1	
ポーランド				1	3
プロシャ		1	1		

注:高齢者を含むケースはない。

表4-32 レイクランド郡区の無関係の者同士が同居するハウスの数の変化

文化的背景	1860	1870	1880	1900	1910
イングランド				1	
ノルウェー				1	
プロシャ	1				

注:高齢者を含むケースはない。

(5) その他の同居人

前項(4)の「無関係の者との同居」の場合を除き、(1)から(3)で扱ったカテゴリの中には、それぞれの説明・検討の中に組み込めなかった同居人が存在するケースがあった。それらは、養子、ステップ関係(継子・継父・継母)(step-relation)、里子(foster-child)にある人々および兄弟姉妹である。実数が少なく、これらを使うと煩雑になるため、これまでのまとめの中には含めなかった。以下の説明においても、例数の少ない里子のケースは割愛する。

第4章　高齢者の生活パターンの変遷と文化的背景

養子

　養子のいるファミリを文化的背景別にまとめた（表4-33参照）。1850年から1870年までのセンサス資料には、養子として記入することがなかったために、この表にはあらわれていない。ポーランド系、アイルランド系、プロシャ系、そしてドイツ系の一部はカトリックであることから、宗教的に養子を受け入れやすい素地がこれらの文化的背景をもつ人々の間に存在することが示唆されている。とくにポーランド系において1910年に他の文化的背景に較べて大きな実数を示していることは、ポーランド系全体の人数の増加に伴ったものであろう。そして、夫婦二人に養子が加わることが他のファミリタイプよりも生じやすいことから、宗教的及び文化的背景との関連に加えて、結婚した夫婦の事情によっても、このファミリ・タイプが生じると指摘したい。子どものいない夫婦が養子をとることは、19世紀後半において、充分に理解できる親の判断の仕方であったと考えられる。

　高齢者との関係をみると、1880年に養子のいる8ファミリのうち、5ファミリが高齢者のいるファミリであった。1910年には、22のファミリのうち7ファミリが高齢者のいるファミリであった。高齢者のいるケースの分布をみると、夫婦二人（カップル）の場合だけでなく、親子を基本としたファミリにもみられるので、子どもがいないファミリが養子を迎えることもあれば、親子を基本とするファミリが養子を迎えることもあると判断できる。

　農場地域の養子を含むファミリは、クラーク郡区でポーランド系、レイクランド郡区でノルウェー系とポーランド系でみられた。リヴァーフロント市の高齢者のいるファミリの場合でみたように、養子がいるのは、夫婦二人（カップル）と、親子を基本とするファミリであった。クラーク郡区のポーランド系では、とくに1910年で、親子のファミリに養子が加わったタイプのケースが他の文化的背景に較べて顕著に多かった。このことから、子どもがいないために養子を迎えることは、むしろ普通ではなく、親子のいる家庭に養子が迎えられることが、より一般的であったようである。

表4-33 リヴァーフロント市の養子を含むファミリの数の変化

文化的背景	ファミリ・タイプ*	1880	1900	1910	合計
カナダ	fam-ad			1	1
	fam-ad+		1		1
ドイツ	cpl-ad	1	1		2
	cpl-il-ad			1(1)	1
	fam-ad		1	1	2
	fam-il-ad			1(1)	1
アイルランド	cpl-ad	1			1
	fam-ad			1	1
	fam-ad+	1(1)	1		2
	fam-il-ad			1(1)	1
ノルウェー	fam-ad			1	1
ポーランド	cpl-ad			7	7
	cpl-ad-fost			1(1)	1
	fam-ad			6(3)	6
プロシャ	fam-il-ad	1(1)			1
米国東部	cpl-ad	2(1)	2(1)	1	5
	cpl-il-ad	1(1)			1
	fam-ad		1		1
	fam-ad+		1		1
米国北東部	cpl-ad			1	1
	fam-ad+	1(1)			1

注：( )内は60歳以上の高齢者を含むケースで内数。* 本書94頁を参照。

表4-34 クラーク郡区の養子を含むファミリの数の変化

文化的背景	ファミリ・タイプ*	1880	1900	1910	合計
アイルランド	fam-ad+			1	1
ポーランド	cpl-ad			1	1
	cpl-il-ad			1(1)	1
	fam-ad		1	7	8
	fam-ad+		1(1)	1	2
	fam-ad-st			1	1
	fam-il-ad+			1(1)	1
プロシャ	fam-ad	1			1

注：( )内は60歳以上の高齢者を含むケースで内数。* 本書94頁を参照。

第4章 高齢者の生活パターンの変遷と文化的背景

表4-35 レイクランド郡区の養子を含むファミリの数の変化

文化的背景	ファミリ・タイプ*	1900	1910	合計
カナダ	fam-ad+	1		1
ドイツ	cpl-ad	1	1	
	fam-ad	1		1
	fam-il-ad	1(1)	1	
ノルウェー	cpl-ad	1	2	3
	fam-ad	2(1)	2	
	fam-ad+	1	1	
ポーランド	cpl-ad	1	1	
	fam-ad	1	1	
	fam-il-ad+	1	1	
米国東部	cpl-ad+	1(1)	1	
	fam-ad+	2	2	
米国北東部	cpl-ad	1(1)		1

注:( )内は60歳以上の高齢者を含むケースで内数。* 本書94頁を参照。

ステップ関係(継子・継父・継母)

ステップ関係のあるファミリは、養子のいるファミリよりもわずかに多かった。この関係は、センサスの記入のし方に影響された可能性がある。つまり、この関係を表すことばを意識的に使って、センサス収集者にこたえるようになった結果、その存在がより多く記録に残されるようになったと思われるのである。リヴァーフロント市の場合、1900年にケース数が増加した。もちろん、全体の人口増加に伴ったものであると解釈することもできる。クラーク郡区の場合は、1880年から1910年まであまり数の変化がなかった。レイクランド郡区の場合、むしろ1880年に多くみられたのが、1900年になると減少してしまった。それぞれの場所で、異なる変化を示している。

文化的背景別にみると、リヴァーフロント市で、ドイツ系とポーランド系の親子のいるファミリにステップ関係の者がいるケースが多くみられた。クラーク郡区では、ポーランド系でやはり同様のファミリの形態のところで多くみられ、レイクランド郡区では、ノルウェー系の親子のファミリの中にステップ関係がみられるケースが多かった。

表4-36　リヴァーフロント市のステップ関係を含むファミリの数の変化

文化的背景	ファミリ・タイプ*	1880	1900	1910	合計
カナダ	fam-st			1(1)	1
イングランド	fam-st		1	1	2
ドイツ	cpl-st		1		1
	fam-st		5(1)	5(2)	10
ノルウェー	fam-st		1		1
	fam-st+			1	1
ポーランド	cpl-il-st			1(1)	1
	cpl-st		1	1	2
	fam-st		5	8(3)	13
米国東部	fam-st		2		2
	fam-st+	1			1
米国北東部	fam-st		1		1
	fam-st+		1(1)		1

注：( )内は60歳以上の高齢者を含むケースで内数。＊ 本書94頁を参照。

表4-37　クラーク郡区のステップ関係のあるファミリの数の変化

文化的背景	ファミリ・タイプ*	1880	1900	1910	合計
ドイツ	fam-st		1(1)		1
ノルウェー	fam-st	1			1
ポーランド	cpl-st		1(1)	2(1)	3
	fam-ad-st			1	1
	fam-il-st		2		2
	fam-st		3(2)	5(1)	8
	fam-st+			1(1)	1
プロシャ	cpl-st		2(1)		2
	fam-st		6		6

注：( )内は60歳以上の高齢者を含むケースで内数。＊ 本書94頁を参照。

　ここでいうステップ関係とは、再婚を前提として発生するものである。この点からすると、再婚を経験した高齢者の存在を明示していることになる。高齢期になってから再婚したのか、あるいは、それ以前に再婚したのかの確定は、ここでまとめた資料からはできない。これができるのは、センサスの手書き原簿を用いて、再婚を示す記述を見付けることである。また、再婚をしても、連れ子がいなければ、ステップ関係の子どもが生じないので、再婚した者の数は、表に示される以上のケースがあると考えてよいだろう。

第4章　高齢者の生活パターンの変遷と文化的背景

表4-38　レイクランド郡区のステップ関係のあるファミリの数の変化

文化的背景	ファミリ・タイプ*	1880	1900	1910	合計
ドイツ	fam-st	1			1
ノルウェー	cpl-st			2(2)	2
	fam-st	3(1)	1(1)	1	5
	fam-st+	1(1)	2(2)		3
	fam-st-sib	1(1)			1
	one-st			1	1
プロシャ	cpl-st	1			1
	fam-st	1			1
米国東部	cpl-st	1			1
	fam-st	3			3
米国北東部	fam-st	2	1		3
	fam-st+	2(1)	1(1)		3

注：(　)内は60歳以上の高齢者を含むケースで内数。＊本書94頁を参照。

兄弟姉妹

　最後に、これまでのカテゴリに入らないものについて触れておく。このファミリ・スタイルは、兄弟姉妹によって構成されたファミリである。兄弟姉妹の存在は、当然ながら、複数の子どもがいる場合に、カップルを基本とするファミリ、及び、親子を基本とするファミリにもみられる。このファミリ・スタイルのケース数は少ないが、一つのスタイルとして社会的に存在することに注意する必要があり、後章でもこのファミリ・スタイルをめぐって議論を行うことになる。後章で詳しくみることになるフォーカル・ファミリの例から考えると、兄弟姉妹の同居形態は、親子を基本とするファミリにおいて、親が死亡した後、独身の子どもたちがそのまま生活していた住居に残ったことから生じたと考えられる。これは、農場地域においてもみられた。数人の子どもが独身のまま同じ農場に生活し続けることで、こうした形態のファミリが生まれたのである。高齢期になっても、そのままであるので、他の兄弟姉妹の死亡によって、残された者が単独ヘッドとなって生活するようになった場合もありうるのである。

第5章　ファミリ・ヒストリーの分析

　前章では、センサス手書き原簿の資料を文化的背景ごとにまとめ、ハウス単位あるいはファミリ単位で、自立した老後の形成と文化的背景との結びつき方の歴史的変化を数量的に明らかにしてきた。本章では、やはりセンサス手書き原簿からの資料を中心にしながら、これまでの数量的な分析から離れ、個々のファミリがどのような歴史的展開をしてきたのかを再構成して、その展開過程における自立した老後の形成過程についてみていきたい。そこで、実際に調査対象地域で生活をしていたファミリを、各年次のセンサスから取り出し、その家族構成の変化を明らかにして、これまでのまとめの中で明らかにしてきた高齢者の扶養の在り方についての全体的な特徴や文化的背景ごとの特徴が、個々のファミリ・ヒストリーのケースでどのようにあらわれるのかを検証していくことにする。

　以下で取り上げるファミリは、1890年を除く1850年から1910年までの6つの年次のセンサス手書き原簿のうちから少なくとも3つの年次に続けて出現するファミリから選択したもので、主要な文化的背景それぞれから選択するように配慮した。

　センサス手書き原簿から抽出されたファミリの各年次の家系図を年次毎に配列し、そのファミリの家族構成の歴史的変化を追いながら、高齢になった親と誰が同居するようになるのかについて、また、それに関連する事項について分析していくことにする。

　文化的背景ごとのファミリの数は次のとおりである。

　　リヴァーフロント市（13ファミリ）

　　　アイルランド系（5ファミリ）

　　　ノルウェー系（2ファミリ）

第5章　ファミリ・ヒストリーの分析

　　　ドイツ系（2ファミリ）
　　　ポーランド系（2ファミリ）
　　　米国東部系（2ファミリ）
　<u>クラーク郡区（12ファミリ）</u>
　　　ポーランド系（12ファミリ）
　<u>レイクランド郡区（10ファミリ）</u>
　　　ノルウェー系（5ファミリ）
　　　米国東部系（5ファミリ）

　本章で扱う家系図は、次のような表示の仕方をもとにして作成してある。
　(a) 個人を表す記号として△を男性、○を女性とした。／(斜線) は死亡者を表す。年号の後のカッコ内に、センサスで付けられたファミリ番号と、住所を記した。
　(b) 当該年の個人記号に名前がついた者が、その年次の構成員である。年次を経るごとに加わった成員は、家系図に順次、追加記入した。前年に成員であっても当該年にセンサス手書き原簿に記載されていない者は、個人の記号をそのまま残し、名前を削除した。ただし、子どもの世代全員がいなくなった場合など、わかりやすくするために、個人記号すべてを削除した場合もある。
　(c) 年齢がわかる場合は、名前の次にカッコで表した。
　(d) 成員のうちの1人（例えば、子ども）が、新しく世帯をもつことなどで居住地を変えたことが判断できる場合、新しい世帯を家系図に加えた。新しい世帯は、点線で区別し、センサスで付けられているファミリ番号をカッコ内に示した。住所もわかれば記した。
　(e) 職業が、センサスに明記されている場合、カッコ内で表した。
　(f) 同居人については、家系図の脇に記した。個人を表す記号の後に氏名、年齢、[ ]内に出生地、および特記すべき文化的背景、( )内に職業を付けた。この文化的背景から、雇い主のファミリの文化的背景との関係を知ることができる。

リヴァーフロント市（13ファミリ）

アイルランド系

A．クリフォード（I）・ファミリ（小売商人）、1870年—1910年（図5-1）

1870年に、ウィリアム・クリフォード（30歳）は、リヴァーフロント市に住む小売業者であった。12歳の娘をはじめとして、息子ジョン、続いて4人の娘がいて、すべてウィスコンシン生まれであったので、ウィリアムが18歳、アナが15歳のときに結婚したのは、ウィスコンシンの可能性がある。しかし、夫婦ともに年齢が若くして結婚したことから、おそらく、移民するまえにアイルランドで結婚した可能性のほうが高いと推定される。このファミリには、非親族の同居人が3人いた。プロシャ生まれの14歳の少女と、フランス生まれの45歳の女性、そして、この女性の息子（20歳、米国東部生まれ）であった。

図5-1　アイルランド系A、クリフォード（I）・ファミリ

1870年　クリフォード（I）（#637）（小売商）

```
                △ ＝ ○              同居人
          ウィリアム(30)｜アナ(27)      ○メアリ・サッツ(14)[PRU生]（家事ドメスティック）
           [IRE生]  ｜ [IRE生]        ○エリザベス・ソベイ(45)[FRA生]
                                    △エドワード・ソベイ(20)[U-E生:FRA]（農場者）

      ┌──────┬──────┬──────┬──────┬──────┐
      ○      △      ○      ○      ○      ○
   マーガレット ジョン   エラ   マリアン  アリス  テレサ
     (12)   (10)    (8)    (5)    (3)    (0)
```

1880年　クリフォード（I）（#966：第1街区、ストロングス通り）（製材業）

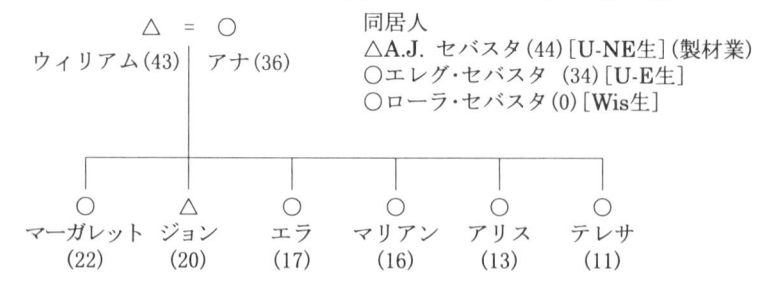

```
                △ ＝ ○              同居人
          ウィリアム(43)｜アナ(36)      △A.J. セバスタ(44)[U-NE生]（製材業）
                                    ○エレグ・セバスタ (34)[U-E生]
                                    ○ローラ・セバスタ(0)[Wis生]

      ┌──────┬──────┬──────┬──────┬──────┐
      ○      △      ○      ○      ○      ○
   マーガレット ジョン   エラ   マリアン  アリス  テレサ
     (22)   (20)   (17)   (16)   (13)   (11)
```

第5章　ファミリ・ヒストリーの分析

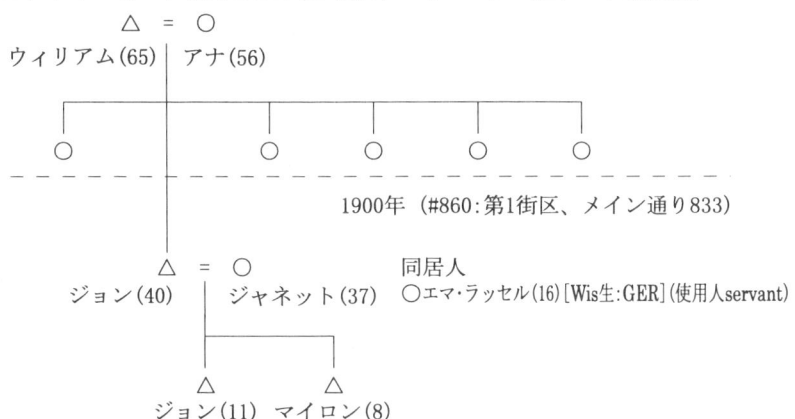

1900年　クリフォード(I)(#1441：第2街区、ストロングス通り433)(製材業)
　　　　　△　＝　○
　　ウィリアム(65)｜アナ(56)
　　　┌────┬────┬────┬────┐
　　　○　　　○　　　○　　　○　　　○
－－－－－－－－－－－－－－－－－－－－－－－－－－－－－－
　　　　　　　　　　　　1900年　(#860：第1街区、メイン通り833)
　　　　　　△　＝　○　　　同居人
　　　　ジョン(40)｜ジャネット(37)　○エマ・ラッセル(16)[Wis生：GER](使用人servant)
　　　　　　　┌────┐
　　　　　　　△　　　△
　　　　　ジョン(11)　マイロン(8)

1910年　クリフォード(I)(#1216：第2街区、ストロングス通り433)(製材業)
　　　　　△　＝　○
　　ジョン・W(75)｜マリア(70)
－－－－－－－－－－－－－－－－－－－－－－－－－－－－－－
　　　　　　　　　　　　1910年(#846：第1街区、クラーク(メイン)通り833)
　　　　　　　　　　　　　同居人
　　　　　△　＝　○　　　○アグネス・メカルスキ(27)[Wis生：POL]
　　　　ジョン(50)｜ジャネット(47)　　(使用人servant)
　　　　　　┌────┬────┐
　　　　　　△　＝　○　　△　　　○
　　　　ジョン(21)　エバ(21)　マイロン(18)　カサリーン(7)

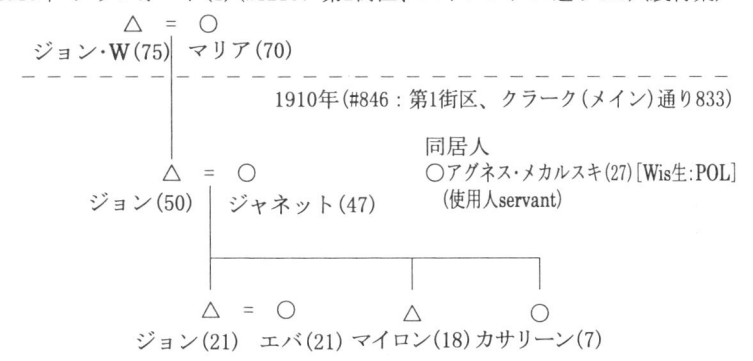

　1880年には、第1街区のストロングス通りに暮らしていた。子どもの数は変わらないが、長女と長男は既に成人に達していた。職業は、材木商(ランバーマン)に変わり、また、非親族の同居人は、以前と人数は変わらないながら、一つのファミリであり、ウィリアムとアナの世代と同世代の米国北東部系の夫と米国東部系の妻、そして生後すぐの娘の3人であった。この同居ファミリは、サーヴァントではなく、東部出身の同業者であり、一緒に事業をしていた仲間であったと思われる。
　1900年に、60歳をこえたウィリアムは、アナと夫婦だけの生活に入って

191

いた。前章で述べた分類に従うと高齢者のカップルだけのファミリということになる。彼らの一人息子ジョンは1880年代末に、28～29歳のときに、親と比べると遅い年齢で結婚し、2人の息子をもち、第1街区のメイン通りに居住していた。親の家とは徒歩で行き来できた距離である。ジョンの若いファミリには非親族の同居人として、ドイツ系の16歳の女子が使用人（サーヴァント）をしていた。使用人が必要なのは若いファミリであることを示唆するケースとなっている。

1910年にも、高齢者のカップルだけのファミリが続いていて、自立した老後を送っていた。ともに70代のウィリアム（ジョン）とアナ（マリア）は、以前と同じ家に暮らしていたのである。一方、息子ジョンのファミリでは、7年前に妻が40歳のときに3人目の子ども（娘）が生まれていた。農場地帯の大家族の場合にしばしばみられる、母親が40歳前後の出産が、都市生活者の大家族でないファミリにおいても見られることを示すケースになっている。

また、この息子ジョンの長男（ジョン）は21歳で結婚したばかりのためか、新婦とともに、親及び弟妹と同居していた。新婚者が新郎の親のファミリと同居したことを示すケースとなっている。このファミリは構成上、前章の分類からすると、親子を基本としたファミリであり、既婚息子のファミリとの同居をしているスタイルとなる。そして、非親族の同居人も1人いて、10年前と同様にサーヴァントをしていた。以前はドイツ系女性だったが、今回は27歳のポーランド系女性であった。

ウィリアムとアナの夫婦は6人の子ども、息子の世代では3人の子どもと、数が減少していて小家族化が進んでいた。息子のファミリの場合、最後の子どもを母親は40歳で出産していた。親の世代が末子を産んだのは母親が27歳のときであったのと対照的である。非親族の同居人をもつことは2世代をとおして共通しているが、そうした同居人を必要とするのは、高齢者のカップルではなく、幼い子どものいるファミリであったことがこのケースからわかる。高齢者のカップルだけのファミリとして居住していても、息子のジョンのファミリに加えて、おそらく5人の娘の中で何人かが

第5章　ファミリ・ヒストリーの分析

結婚後も市内に居住し続け、互いに徒歩で行き来できる範囲に暮らしていたと思われる。つまり、高齢者夫婦だけで暮らしていても、日常生活では、子どものファミリとは持続的に交流し合っていたであろう。

B．クリフォード（Ⅱ）・ファミリ（小売商人）、1870年―1910年（図5-2）
　このファミリは、前述したクリフォード（Ⅰ）・ファミリの親戚だったと思われる。1860年代末に、アイルランド生まれのマイケルは、移民後、21歳のときに2歳年上のニューヨーク州出身のメアリと、おそらくリヴァーフロント市（あるいはウィスコンシン）で結婚し、すぐ男の子がうまれた。1870年には若くして3人家族となっていただけでなく、非親族の同居人も3人（すべてウィスコンシン生まれ）いたのである。それほど余裕のある広さをもったハウスに暮らしていた、とするとどのように若くしてそうしたハウスを手に入れたのだろうか。おそらく事業を始められるほどの資金を既に手に入れていたのだろう。妻のメアリも事業に参加していたのか、赤ん坊の世話や家事の助けに米国中西部出身の20歳の女性が家政婦（ドメスティク）として働き、20歳の男性が、事務員として、マイケルの小売商を助けていたようである。そして、この男性と同姓の男の赤ん坊が同居人に含まれていたのである。この2人は父子である可能性があるが、そうだとしたら子どもの母親の存在は不明である。この父親が働きながら子どもを育てるには、同居人女性のいるこのファミリで同居することが適当なことであったのである。

図5-2　アイルランド系B、クリフォード（Ⅱ）・ファミリ
1870年　クリフォード（Ⅱ）（#598）
```
              △ ＝ ○              同居人
       マイケル(22) │ メアリ(24)     ○メアリ・ヘルバック(20)[Wis生:U-MW]（使用人）
        [IRE生]   │ [New York生]   △ジョン・プリーブ(20)[Wis生]（店員）
                  │                △ウィリアム・プリーブ(0)[Wis生]
                  △
             ジョン(1)[Wis生]
```

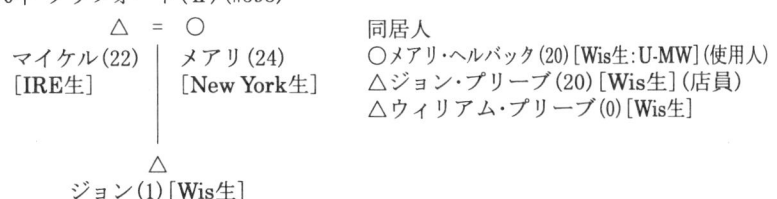

1880年 クリフォード（Ⅱ）（#354：第1街区、ブラウン通り）（小売商、雑貨店）

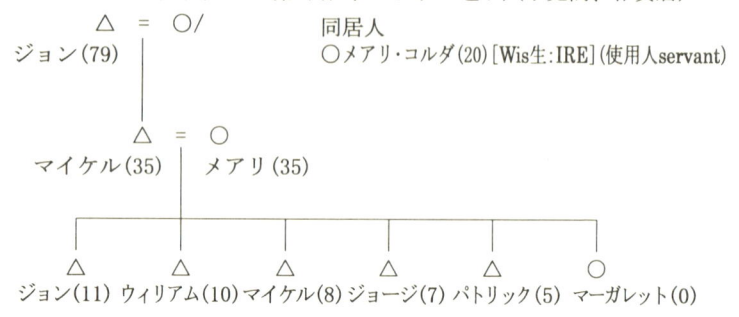

```
        △   =   ○/            同居人
      ジョン(79)                ○メアリ・コルダ(20)[Wis生：IRE]（使用人servant）
          |
          △   =   ○
      マイケル(35)  メアリ(35)
          |
   ┌──────┬──────┬──────┬──────┬──────┐
   △      △      △      △      △      ○
ジョン(11) ウィリアム(10) マイケル(8) ジョージ(7) パトリック(5) マーガレット(0)
```

1900年 クリフォード（Ⅱ）（#621：第2街区、ストロングス通り 312）（保険代理店）

```
   ○/  =  △  =  ○/            同居人
  マイケル(55) マーサ(46)        ○アグネス・マヒルスキ(19)[Wis生：POL]
                                   （使用人servant）
          |
   ┌──────┬──────┬──────┬──────┬──────┐
   ○      △      △      △      ○      ○
 アリス(17) エディ(14) ロバート(13) レイモンド(12) マリ(11) ジュネイブ(9)
```

1910年 クリフォード（Ⅱ）（#259：第2街区、ストロングス通り 312）

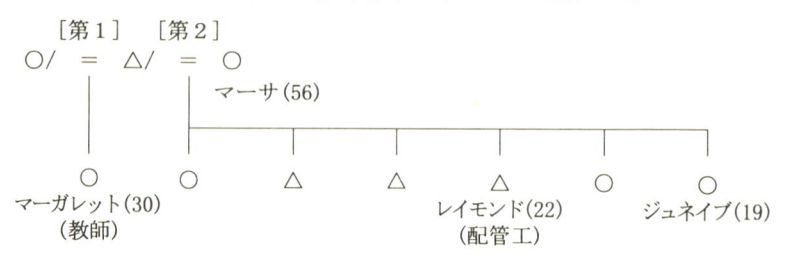

```
         ［第1］   ［第2］
   ○/  =  △/  =  ○
              マーサ(56)
          |
   ┌──────┬──────┬──────┬──────┬──────┐
   ○      ○      △      △      △      ○      ○
マーガレット(30)              レイモンド(22)   ジュネイブ(19)
 （教師）                     （配管工）
```

　1880年に、マイケルは、小売商を続けていて、発展途上にある町での商売も拡大していたと思われる。彼のファミリも拡大して、子どもは6人になっていた。上から男5人に末子が赤ん坊の女の子であった。これまでの同居人3人はすでに去り、新しくアイルランド系20歳の女性がサーヴァントとして同居していた。そして、マイケルの父親のジョン（79歳）がセンサスに記載されていて、彼の存在はさまざまな示唆を与える。10年前のセンサス原簿には彼の父親の存在がなかったのに、どのようにして高齢の父親が現れたのだろうか。子どもたちがファミリを築いて、仕事も成功して

第5章　ファミリ・ヒストリーの分析

いるところへ、70代になってから移住してきたのか、それとも、アメリカのどこかに既に移住していて、成功した息子のところで老後の生活を送ろうとして、移動してきたのであろうか。いずれにしろ、高齢の父親が息子のファミリに入り込むことで同居が始まり、その結果、高齢者を含む親子を基本としたファミリ・スタイルを表すケースとなったのである。父親が老後になって入り込んだファミリのヘッドであるマイケルは、父親のジョンが44歳のときの子どもであった。おそらく、そのとき母親は40歳前後であっただろう。このケースも、老親が同居の相手に選んだ既婚の息子は、親が40歳前後のときに生まれた子どもであることを表しているのである。

　20年後の1900年までに、マイケル・クリフォードの名前をもつ者は、前述した1880年のマイケルと同一人物であるとすると（年齢は符合する）、彼のファミリ構成をすべて変えてしまっていた。彼の職業は保険代理人に変わり、住所も市内で転居したことになる。彼の妻の名が変化していることと、年齢が20年前と符合しないことから、再婚した可能性が高いと推定できる。再婚した妻との間に6人の子どもがいた。そして、アイルランド系20歳の女性がサーヴァントとして家事と小さな子どもの世話にあたっていた。再婚後に最初の子どもが、家系図に表示されている17歳の娘とすると、再婚の時期は17〜18年前ということになる。また、前妻との子どものうち末子のマーガレットは既に20歳となった娘であるので、後述するように結婚以外の理由で家を離れていたと推定できる。

　1910年に、この娘マーガレットは30歳で未婚の教師として亡父マイケルのファミリと同居していた。1900年にこの娘は教育を受けるために家を離れていたか、既に教師となって田舎で勤めていた可能性が高い。マイケル自身は死亡していて、マーガレットは継母との生活をしていたことになる。後妻の子どもたちのうち、第4子の息子（配管工、22歳）と末子の娘（19歳）とが生活を一緒にしていた。この家族に非親族の同居人はいない。10年前には子どもが小さかったことから同居人がいたが、母親が後数年で高齢期に入ろうとしていた。そのときにはまた、亡くなった時期は不明であるが、マイケルが高齢期に入っていた。それにもかかわらず、マーガレットが一

緒にすむようになったこともあってか、非親族の同居人はいなかったのである。ここにも、非親族の同居人は、高齢者の存在とではなく、小さな子どもの存在と結びついていたことが示唆されている。

C．クラーク・ファミリ、1870年－1910年（図5-3）

1870年に第2街区に住んでいたクラーク・ファミリは、高齢者を含む親と子だけからなるファミリ・スタイルをとっていた。88歳のオエンはアイルランドからの移民で、すでに引退し、妻を失っていた。同居している2人の息子は、33歳と30歳でともにニューヨーク州生まれである。リヴァーフロント地域にこのファミリがいつ移住してきたのか不明である。弟のほうは製材所（ソーミル）の所有者であることから、オエンが製材業に携わっていたことは確かなようである。3歳違いの兄は未婚で、当時30歳の弟のほうは父と同じ名をもち、1～2年前の28～29歳のときに2歳年下の女性と結婚した。この既婚の息子は、オエンが58歳のときの子どもであった。夫との年齢から推定すると、このとき母親は40代であっただろう。後に他の例でみるように、母親が40代のときの出産は当時少なくなかったのである。フランス生れの同居人男性も製材所で働いていた。

1880年に、もし生きていれば98歳となるオエンはすでに死亡していて、製材所で働く息子のジョンは3年前頃に38歳前後で11歳年下の女性と結婚していた。おそらく、結婚したときに、第2街区にあった弟のオエンの家

図5-3　アイルランド系C、クラーク・ファミリ

1870年　クラーク（#1523：第2街区）

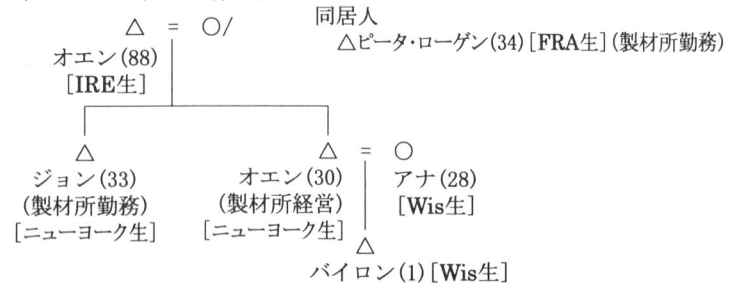

```
            △ ＝ ○／         同居人
         オエン(88)            △ピータ・ローゲン(34)［FRA生］（製材所勤務）
         ［IRE生］
    ┌─────────┴─────────┐
    △              △    ＝    ○
  ジョン(33)       オエン(30)      アナ(28)
 （製材所勤務）  （製材所経営）    ［Wis生］
 ［ニューヨーク生］［ニューヨーク生］
                            │
                            △
                         バイロン(1)［Wis生］
```

196

第5章 ファミリ・ヒストリーの分析

1880年 クラーク

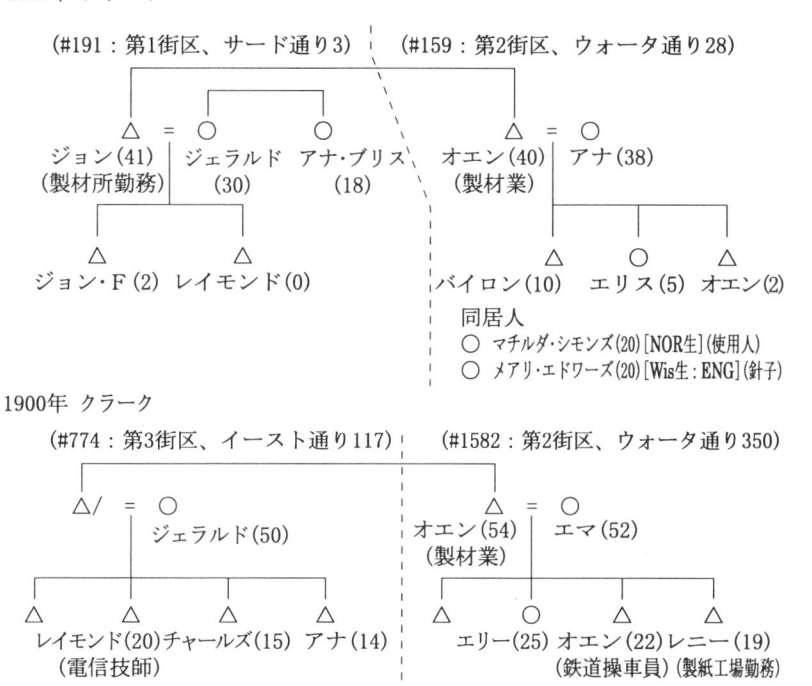

(#191：第1街区、サード通り3)　(#159：第2街区、ウォータ通り28)

△＝○　　　　　　　　　△＝○
ジョン(41)　ジェラルド　アナ・ブリス　オエン(40)　アナ(38)
(製材所勤務)　(30)　(18)　(製材業)

△　　△　　　　　　△　　○　　△
ジョン・F(2)　レイモンド(0)　　バイロン(10)　エリス(5)　オエン(2)

同居人
○ マチルダ・シモンズ(20)[NOR生](使用人)
○ メアリ・エドワーズ(20)[Wis生：ENG](針子)

1900年 クラーク

(#774：第3街区、イースト通り117)　(#1582：第2街区、ウォータ通り350)

△/ ＝○　　　　　　　　△ ＝ ○
ジェラルド(50)　　　　　オエン(54)　エマ(52)
　　　　　　　　　　　　(製材業)

△　△　△　△　　　　△　○　△　△
レイモンド(20)チャールズ(15)アナ(14)　エリー(25)　オエン(22)　レニー(19)
(電信技師)　　　　　　　　　　(鉄道操車員)(製紙工場勤務)

1910年 クラーク

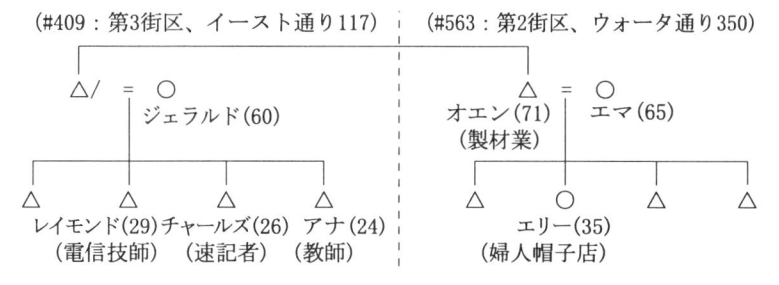

(#409：第3街区、イースト通り117)　(#563：第2街区、ウォータ通り350)

△/ ＝○　　　　　　　　△ ＝ ○
ジェラルド(60)　　　　　オエン(71)　エマ(65)
　　　　　　　　　　　　(製材業)

△　△　△　△　　　　△　○　△　△
レイモンド(29)チャールズ(26)アナ(24)　　　エリー(35)
(電信技師)　(速記者)　(教師)　　　　　(婦人帽子店)

を離れて、第1街区に住居を構えたのであろう。ジョンの家には2人の息子（2歳、0歳）がいて、さらに親族の同居人として妻の妹（18歳）がいた。妻が30歳なので12歳違いであった。一方、ジョンの弟オエンの方は、10年前と同じ家に住み続けていて、子どもは娘と息子が1人ずつ増えて3人と

なった。経営者ということで裕福であり、かつ、子どもが小さいために、非親族の同居者が2人いた。1人は、サーヴァントとしてノルウェー系の20歳の女性、もう1人は、イングランド出身の20歳の女性で針子をしていた。おそらく、この家だけでなく、事業で雇用される人々のために針仕事をしていたのだろう。当時、衣類はほとんどが手作りだったのである (Helvenston and Bubolz 1999)。

　ジョンとオエンの兄弟のそれぞれのファミリは、1910年まで追跡できた。その間、弟オエンのファミリの構成は変化しなかったが、兄ジョンのファミリは1880年から1900年の間に第1街区から第3街区に引っ越していた。

　1900年の家系図をみると、兄ジョンは51歳になる前に死亡していて、子どもは、息子と娘の順で1人ずつ増え、合計で4人いた。このとき年長の息子(22歳)は既に家を離れていた。あとの3人は、1910年でも60歳の高齢となった母親と一緒に住んでいた。娘は24歳になっていて、婚出していてもおかしくない年齢であるにもかかわらず、教師として働いていて、実家に残り、母親と暮らしていた。

　一方、弟のオエンのファミリでは息子(19歳)が1人増えていて、そのかわり長男(30歳)が家を離れていたので、人数の変化はなかった。10年後の1910年には高齢者夫婦に未婚の子ども1人が同居しているファミリ・スタイルをとるようになり、35歳になった一人娘がミリナー(女物の小物を作る人)として残っていた。娘が実家に残ることは、兄ジョンの家でも教師をしている娘にみられたので、従姉妹をモデルにして家に残っていたのかもしれない。娘が職業をもって、実家に残って親と同居生活をしているのは、このようにして、しばしば見られたのである。

D．コリンズ・ファミリ(鍛冶師)、1870年－1910年 (図5-4)

　1870年に、カナダ生まれのアイルランド系鍛冶師のパトリック(32歳)と12歳年下のエリザベス(東部生まれ)は、数年前にウィスコンシンで出会って結婚し、生後1年の男の子とともに新しいファミリを築き上げ始めていた。その後10年の間に3人の娘が加わり、さらに妻エリザベスの2歳年上

の姉メアリ・マギルが同居していた。この姉妹はパトリックと同じアイルランド系であった。住所は、第1街区内でダウンタウンに近い場所に鍛冶屋を開いていた。

図5-4　アイルランド系D、コリンズ・ファミリ

1870年　コリンズ（#957）（鍛冶師）
```
        △  =  ○
  パトリック(32) │ エリザベス(20)
  ［カナダ生］   │ ［東部生］
              △
        ウィリアム(1)［Wis生］
```

1880年　コリンズ（#200：第1街区、サード通り36）（鍛冶師）
```
            ┌──────────────────┐
        △ = ○                     ○
  パトリック(40) │ エリザベス(28)   メアリ・マギル(30)
         ┌────┬────┬────┐
         △    ○    ○    ○
   ウィリアム(11) メアリ(7) アナ(5) グレッタ(2)
```

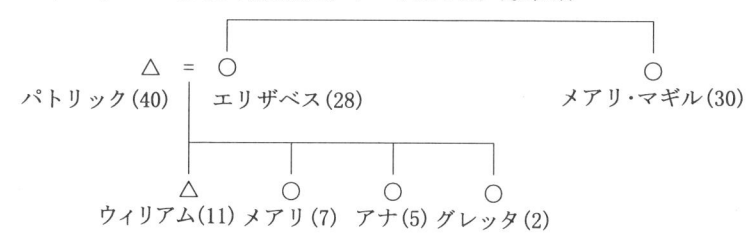

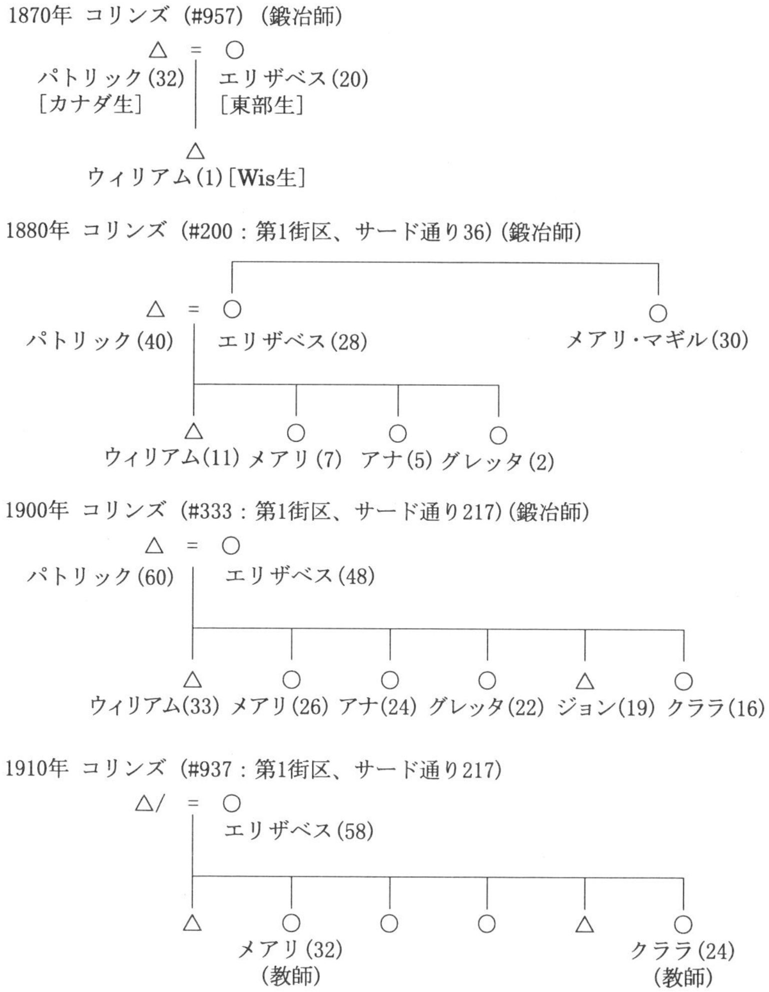

1900年　コリンズ（#333：第1街区、サード通り217）（鍛冶師）
```
        △  =  ○
  パトリック(60) │ エリザベス(48)
     ┌────┬────┬────┬────┬────┐
     △    ○    ○    ○    △    ○
 ウィリアム(33) メアリ(26) アナ(24) グレッタ(22) ジョン(19) クララ(16)
```

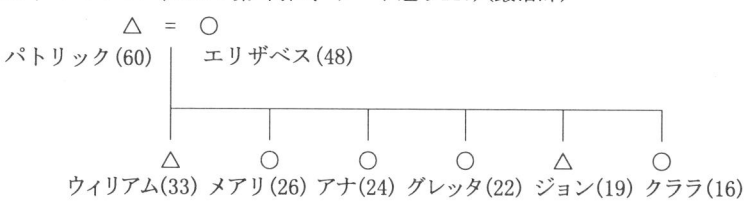

1910年　コリンズ（#937：第1街区、サード通り217）
```
        △/ =  ○
              │ エリザベス(58)
     ┌────┬────┬────┬────┬────┐
     △    ○    ○    ○    △    ○
         メアリ(32)                   クララ(24)
         (教師)                       (教師)
```

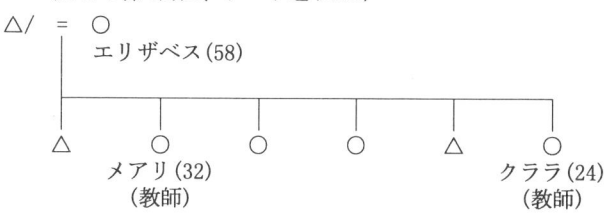

1900年にパトリックは60歳になり高齢期に入った。子どもに新しく息子と娘が加わっていたが、妻の姉はすでにこのファミリにはいなかった。鍛冶の仕事はこれまでと同じ場所で続けられていた。子どもたちは、30歳の長男をはじめとして、上から4人のこどもは20代であったにもかかわらず、結婚せずに、全員家に残っていた。

　1910年までに、パトリックは死亡し、妻のエリザベスのほうは58歳でまだ高齢期に入っていなかった。彼女は、長女（32歳）と末娘（24歳）と女3人で、少なくとも10年前と同じ家で生活していた。アイルランド系で英語がしっかりしていることから、これら2人の娘は教師という職につくのに有利であったと考えられる。長女の方は年齢からすると、未婚のまま職につきながら実家に居続ける成人した子どもの例となっている。言い換えると、当時、30歳前後で独身のまま親と同居を続ける例に教師の職に就いている娘の場合があったのである。教師が女性の知的職業として唯一特徴的であったと思われる一方で、公の仕事についているという誇りから、適当な結婚相手を見いだす機会が少なかったと推察できる。

E．チャンベル・ファミリ（大工）、1860年－1900年（図5-5）

　アイルランド生まれのウィリアム（31歳）と2歳年上のスコットランド生まれのマーガレットは、米国東部で出会って結婚し、それから6年程経った1860年に、東部で生まれた娘と息子の2人の子どもと4人で暮らしていた。おそらく1～2年前に、リヴァーフロントが市となった話を聞いてすぐに移住してきたのであろう。市制が施行されることで、住宅建設の需要が増大することが、移住の動機の一つとなったと思われる。

　マーガレットは大工職人のウィリアムと結婚したとき26歳前後であった。当時、東部では、西部に向う男性が多かった中で、年上の女性との結婚はそれほど大きな問題ではなかっただろう。その後10年の間に、子どもが3人増えた。末子はマーガレットが40歳のときに生まれている。女性がこの年齢で子どもを産んでいたことは既にみてきた。

　1880年に、パトリックは51歳になる前に死亡していて、残されたマーガ

第5章 ファミリ・ヒストリーの分析

図5-5 アイルランド系E、チャンベル・ファミリ

1860年チャンベル（#952）（大工）

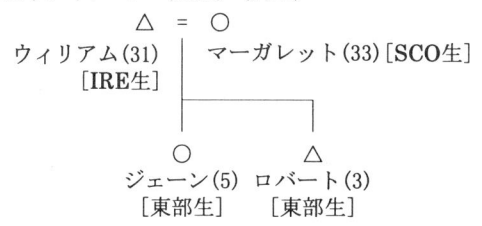

```
         △    =    ○
  ウィリアム(31)  │  マーガレット(33)[SCO生]
    [IRE生]     │
                │
         ┌──────┴──────┐
         ○              △
      ジェーン(5)    ロバート(3)
       [東部生]       [東部生]
```

1870年 チャンベル（#434）

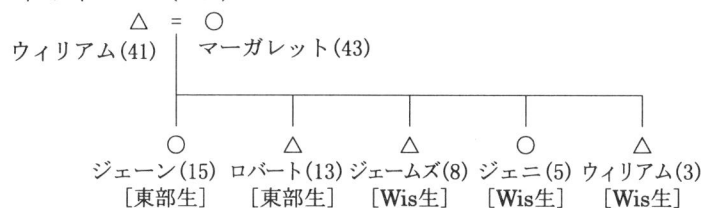

```
         △    =    ○
  ウィリアム(41)  │  マーガレット(43)
                 │
    ┌────────┬───┴───┬────────┬────────┐
    ○        △       △        ○        △
 ジェーン(15) ロバート(13) ジェームズ(8) ジェニ(5) ウィリアム(3)
  [東部生]   [東部生]   [Wis生]   [Wis生]   [Wis生]
```

1880年 チャンベル（#280：第1街区、ブラウン通り）

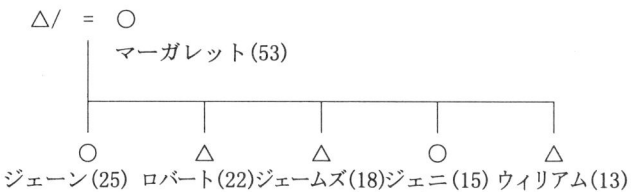

```
        △/  =   ○
              │ マーガレット(53)
              │
    ┌────────┬───┴───┬────────┬────────┐
    ○        △       △        ○        △
 ジェーン(25) ロバート(22) ジェームズ(18) ジェニ(15) ウィリアム(13)
```

1900年 チャンベル（#1059：第1街区、ブラウン通り405）

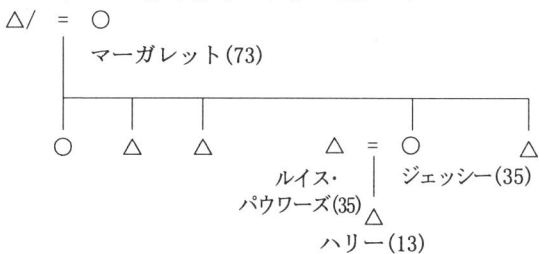

```
        △/  =   ○
              │ マーガレット(73)
              │
    ┌────┬────┬──────────┬────────┐
    ○    △    △          △  =  ○      △
                        ルイス・  │  ジェッシー(35)
                       パウワーズ(35) △
                                 ハリー(13)
```

201

レットは、末子を除いた4人のこどもと一緒に市内第1街区で暮らしていた。末子は、幼児死亡したか、事故で亡くなった可能性がある。

20年後の1900年に、高齢者となったマーガレットは娘2人のうち妹のほうのファミリと暮らしていた。義理の息子と1人の孫と一緒に、合計4人で生活していた。住所からすると、20年前と同じ家であるので、この娘は結婚して、そのまま、寡婦となった実の母親と一緒に生活することを選択したことになる。マーガレットがこの娘を産んだときの年齢は38歳であった。つまり、このように高齢になった後に同居する子どもは、40歳前後に産んだ子どもであることを例証しているのである。

1910年に、同じ住所でこの家族を確認できなかったことは、マーガレットが死亡したためであると考えられる。そして、既婚の娘の家族がこの家から離れたことも事実で、離れた時期については、マーガレットの死去によるものかどうか判断できない。

ノルウェー系
A．グンダーソン・ファミリ（大工）、1870年―1910年（図5-6）

リヴァーフロント市がまだパイオニアタウンの様相を残していたと思われる1865年頃にリヴァーフロントで出会った、ともにノルウェーからの移民であった大工のハンス（32歳）と12歳年下のサラ（20歳）の結婚は、いわゆる適齢期を過ぎた男性が未婚のまま多く残されていた時代に、年齢差の大きい相手と結婚した例を示している。結婚後まもなく、3人の息子が生まれた。ハンス自身は、住宅建設の増加が見込まれるリヴァーフロントで仕事をしようと移住してきたのであろう。

1880年に、市内第1街区で暮らしていて、サラが26歳のときに生まれた息子が加わり、5人家族となり、その後、子どもの数は変わらなかった。当時、40歳前後まで母親が出産をしなかった例であるとともに、子どもの数が少ない「小家族」を形成していた例となっている。ハンスの材木関係の仕事が拡大して雇用されたと思われる非親族の同居人でノルウェー系の男性（30歳）が1人加わっていた。同じ文化的背景をもった者を雇用する

第5章 ファミリ・ヒストリーの分析

図5-6　ノルウェー系A、グンダーソン・ファミリ

1870年　グンダーソン(#888)（大工）

```
        △  =  ○
   ハンス(37) | サラ(25)
   ［NOR生］ | ［NOR生］
        ┌───┴───┐
        △       △
   サミュエル(4) カール(1)
   ［Wis生］  ［Wis生］
```

1880年　グンダーソン(#648)（大工）

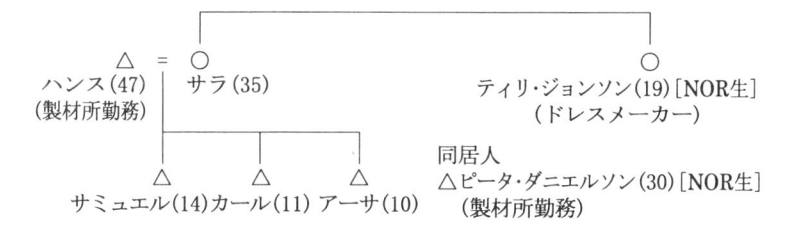

```
        △  =  ○                        ○
   ハンス(47) | サラ(35)         ティリ・ジョンソン(19)［NOR生］
   (製材所勤務)|                      (ドレスメーカー)
    ┌────┼────┐        同居人
    △    △    △      △ピータ・ダニエルソン(30)［NOR生］
 サミュエル(14)カール(11)アーサ(10)    (製材所勤務)
```

1900年　グンダーソン(#733：第1街区、クラーク通り803)

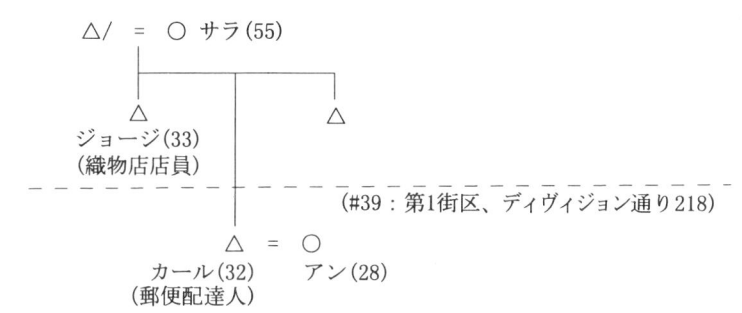

```
      △/ = ○ サラ(55)
        ┌───┴───┐
        △           △
    ジョージ(33)
    (織物店店員)
  ─ ─ ─ ─ ─ ─ ─ ─ ─ ─ ─ (#39：第1街区、ディヴィジョン通り218)
              △  =  ○
          カール(32)  アン(28)
          (郵便配達人)
```

1910年　グンダーソン(#779：第1街区、クラーク通り803)

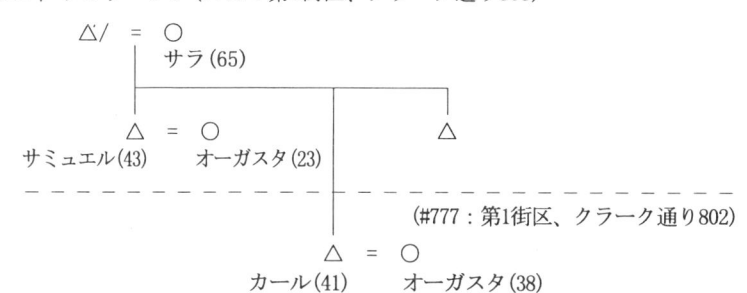

```
      △/ = ○
           サラ(65)
        ┌───┴───┐
        △  =  ○       △
    サミュエル(43) オーガスタ(23)
  ─ ─ ─ ─ ─ ─ ─ ─ ─ ─ ─ (#777：第1街区、クラーク通り802)
              △  =  ○
          カール(41)  オーガスタ(38)
```

203

ことが当時一般的であったようにみえる。さらに親族の同居人として、サラの17歳年下の妹が、ドレスメーカーとしての仕事をしながら同居していた。どのような経緯か不明であるが、姉夫婦のファミリのもとで、この妹は仕事を手につけて経済的自立ができるように努力していたようにみえる。当時はまだ大量消費時代に入っていなかった時代で、手作りされた衣服が売買されていた時代であり、ドレスメーカーは、家庭内生産者として重要な職であったのである。年齢差の大きいこの妹の存在から、妻のファミリは、大家族であったようにみえる。とすると、このグンダーソン夫妻は、少子化を選択したノルウェー系のパイオニア的存在となる。

1900年に、ハンスは既に死亡していて、寡婦となったサラはまだ高齢期に入っていなかった。彼女は雑貨商の店員である長男と2人だけで暮らしていた。郵便配達人の次男は、結婚していて、市内第1街区の別の家に移り住んでいた。この次男の妻の年齢が28歳で、子どもがまだいないことから結婚して間もなかったと思えるが、次に述べるように、そうではなかったようである。30歳になっているはずの三男は、この家を離れていた。

1910年に、高齢となったサラは、10年前と同じ家で、長男夫婦と暮らしていた。この10年の間にこの息子が結婚したのである。当時彼が43歳、妻である義理の娘が23歳であり、まだ子どもがいないことから、結婚して間もなかったことがわかる。一方、次男には、子どもの記載がセンサス原簿になく、おそらく子どもがいなかったのであろう。この夫婦は、母親の家の通り向かいに転居していたので、高齢になったサラにとっては、孫の顔はまだみていないが、身近に、2人の息子のファミリがいたのである。

B．ハルヴァーソン・ファミリ（長靴工）、1870年−1910年（図5-7）

1870年の靴製造職人であるヘンリー（30歳）とメアリ（31歳）夫婦はともにノルウェーからの移民で、彼のファミリには、ヘンリーの高齢の母親（67歳）と小さな2人の息子との三世代が同居したファミリであった。子どもたちの年齢から、彼らが5年ほど前にこの地域に移住していたことがわかる。おそらくノルウェーで結婚した若い夫婦は、夫の両親をともなっ

第5章　ファミリ・ヒストリーの分析

図5-7　ノルウェー系B、ハルヴァーソン・ファミリ

1870年　ハルヴァーソン（#1135）（製本師）

```
△／ ＝ ○         同居人
     │ エマ(67)[NOR生]  △オレ・ハンソン(26)[NOR生](労働者)
     │               △ベン・ラーソン(30)[NOR生](労働者)
     △ ＝ ○         ○リナ・ギルバートソン(25)[NOR生](使用人domestic)
ヘンリ(30) │ メアリ(31)[NOR生]
(長靴製造)│
[NOR生] │
       ├────┐
       △    △
     ハリー(4) ギルバート(2)
     [Wis生]   [Wis生]
```

1880年　ハルヴァーソン（#759：第2街区、エルク通り）

```
△／ ＝ ○
     │ メアリ(78)
     △ ＝ ○
ヘンリ(42) │ メアリ(42)
(靴製造)  │
[NOR生]  │
    ┌────┬────┬────┬────┐
    △    △    ○    △    ○    △
ハルバー(14) エマ(9) ギルバート(7) エラ(4) ジョン(2)
(食品雑貨店店員)
```

1900年　ハルヴァーソン（#822：第2街区、エルク通り710）

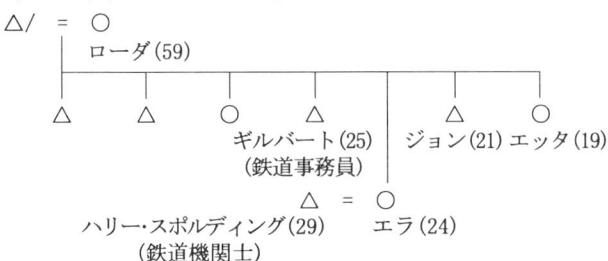

```
△／ ＝ ○
     │ ローダ(59)
 ┌───┬───┬───┬───┬───┐
 △   △   ○   △          △   ○
         ギルバート(25)   ジョン(21) エッタ(19)
         (鉄道事務員)
                    △ ＝ ○
            ハリー・スポルディング(29) エラ(24)
                    (鉄道機関士)
```

1910年　ハルヴァーソン（#467：第2街区、エルク通り710）

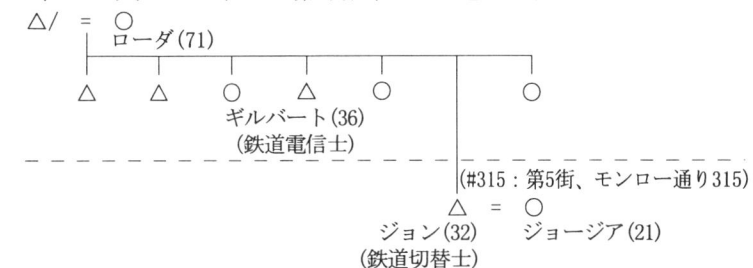

```
△／ ＝ ○
     │ ローダ(71)
 ┌───┬───┬───┬───┬─────────┐
 △   △   ○   △   ○          ○
         ギルバート(36)
         (鉄道電信士)
 ─ ─ ─ ─ ─ ─ ─ ─ ─ ─ ─ ─ ─ ─
                    (#315：第5街、モンロー通り315)
                    △ ＝ ○
                 ジョン(32) ジョージア(21)
                 (鉄道切替士)
```

て移民したのだろう。あるいは、結婚後、ヘンリーだけが先に移民してきて、その後、妻と両親を連れて、再び大西洋を渡ったのかもしれない。

非親族の同居人として、レイバラーであった2人のノルウェー系男性（26歳と30歳）、および家政婦として25歳のノルウェー系女性がいた。同居人には、やはり、同じ文化的背景をもつ者が選ばれていた。男性の同居人は、ヘンリーの靴仕事を手伝っていたか、あるいは、下宿していたか不明である。というのも、10年後に同じ仕事をヘンリーがしているにも関わらず、男性同居人がいなかったからである。

1880年の特徴として、同居人がいなくなったこと、子どもが新たに4人増えたこと、そして、12歳であるはずの次男ギルバートの記載がないことから、過去10年のうちに、おそらく病気か事故で死亡したと推量できる。一番下の子どもを産んだときのメアリの年齢は40歳であり、これまでみたように、母親が40歳前後で末子を出産する例となっている。また、長男が、当時14歳ですでに商店の店員として働き始めていたのだった。小学校を修了してすぐに働きに出たのである。

1900年には、ヘンリーが50代ですでに死亡しており、まだ高齢期に入っていない寡婦となったメアリ（ローダ）は、42～43歳で産んだ末子を含めて、下から4人目までの子どもと一緒に暮らしていた。そのうちの娘1人が結婚して、夫と一緒にこの家に残っていた。おそらく結婚して間のない若い夫婦が最初どこに居住するかを決定する際に、新婦の父親が既に亡くなって母親と兄弟が残っていることが考慮されたであろうし、相手の男性がこの地域内に身内をもたなかったことが、考慮されたであろう。というのは、相手の職業が鉄道関係であり、同居しているすぐ上の兄がやはり鉄道会社の事務員をしていることから、お互いに顔見知りであったことが示唆され、そして、相手は鉄道機関士としてリヴァーフロント市に働いているとすると、よその土地の出身者であり、親戚関係がこの土地にないと推量されるからである。結局、前述したファミリのケースと比較すると、寡婦となった母親と暮らすのは、息子のファミリであるだけでなく、娘のファミリとの同居も、ノルウェー系でありうることを示していて、前章で注

目しておいた、ノルウェー系の多いレイクランド郡区における、特徴として、息子と娘が同等に、同居の相手となりうることを例証している。

　10年後の1910年になると、この娘夫婦は去っていて、高齢のメアリ（ローダ）は、鉄道に勤める独身の息子（36歳）だけと暮らしていた。10年前に一緒に生活していた年下の息子は、結婚して第5街区で新婚生活を始めていて、やはり鉄道会社で線路切替士として働いていた。兄弟間の仕事に共通性があるのは、お互いに情報交換し、あるいは、先に勤めていた者が仲介役となって、職に就く機会を得やすくするし方があったことを示唆している。当時、地元産業界に製紙工場が加わり、そこで定職を得ることは、この町で安定した収入を得ることを意味していたので、縁故を頼って職を得ることがあったことが、民族誌的インタビューを通してわかっている。地元の就労先として鉄道も一つの役割を地元で果たしていたので、ここにも縁故が利いていた可能性があるのである。

　このケースは、都市部において、高齢の母親と息子が独身のまま同居し続ける例となっていて、高齢者を世話するのに息子1人で可能かどうかの疑問が生じる。しかし、このファミリ・スタイルは決して稀なケースではないので、実際には不可能ではないことは、後章のフォーカル・ファミリの事例から推測できる。ただし、その場合でも親戚関係のあるものが身近な場所に何人か存在していて、親戚の間での相互支援が、高齢の母と成人の息子だけのファミリの存在を可能にしていると考えられるのである。この例でも、メアリ（ローダ）の娘3人が近隣に生活していたと思われるのである。

ドイツ系

A．クール・ファミリ（高級家具師）、1860年－1910年（図5-8）

　1860年、キャビネット製造職人であるドイツ出身のアントンは、ウィスコンシン生まれの3歳の息子と生活していた。妻（あるいは子どもの母親）の記載はセンサス原簿になかったことから、離婚したのか、死別したのかであろう。もちろん、記載もれの可能性がないわけではないが、その後1〜

2年して再婚したので、その可能性は小さいのである。1870年までに、ビール製造人となっていて、再婚した9歳年下の、やはりドイツ生まれのクリスティとの間に、5人の子どもが2年間隔で生まれた。5年の間隔を置いて、母親が40歳のときに末娘フランシスが生まれた。フランシスの誕生は、母親が40歳前後で末子を出産するという当時一般的にみられた出産パターンの一例である。また、新しく非親族のハンガリー系男性（36歳）が同居していて、おそらくこのファミリのためにいるのではなく、アントンの事業のビール製造を助けていたのであろう。

図5-8　ドイツ系A、クール・ファミリ

```
1860年　クール(#378)（高級家具製造）
        △  ＝  ○/
    アントン(34)    │
    ［GER生］      │
                   △
    フィリップ(3)［Wis生］

1870年　クール(#562)
            ［第1］［第2］
              △［＝○/］＝ ○
        アントン(44)    │ クリスティ(35)［GER生］
        (ビール製造)    │
        ［GER生］       │
         ┌──────┬──────┬──────┬──────┬──────┐
         △     △     △     ○     △     △
     フィリップ(13) チャールズ(8) リッキー(6) クリスティン(4) アダム(2) フレッド(0)
                    ［子どもすべて、Wis生］

1880年　クール(#387：第1街区、ブラウン通り)
            △［＝○/］＝ ○           同居人
        アダム(53)   │ クリスティ(45)  △ジョン・カーナー(36)［HUN生］
        (ビール醸造) │
         ┌──────┬──────┬──────┬──────┬──────┬──────┐
         △     △     △     ○     △     △     ○
    フィリップ(24) チャールズ(17) リッキー(16) クリスティン(14) アダム(12) フレッド(10) フランシス(5)
```

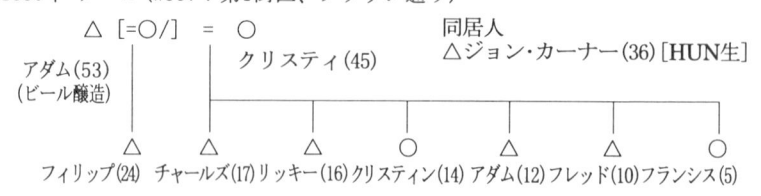

第5章 ファミリ・ヒストリーの分析

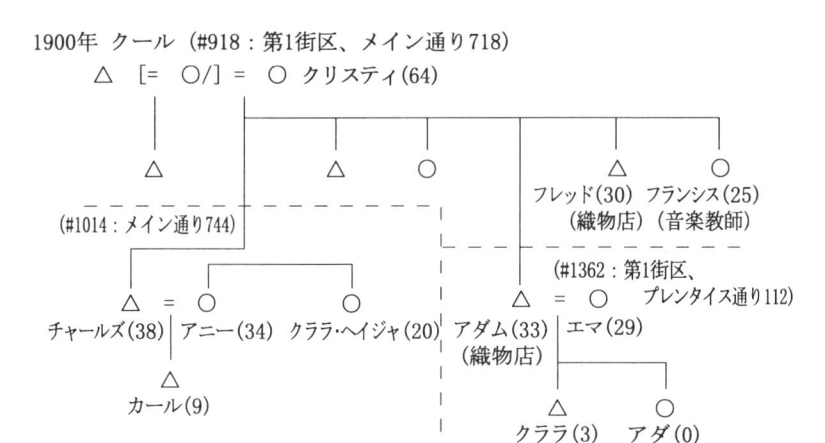

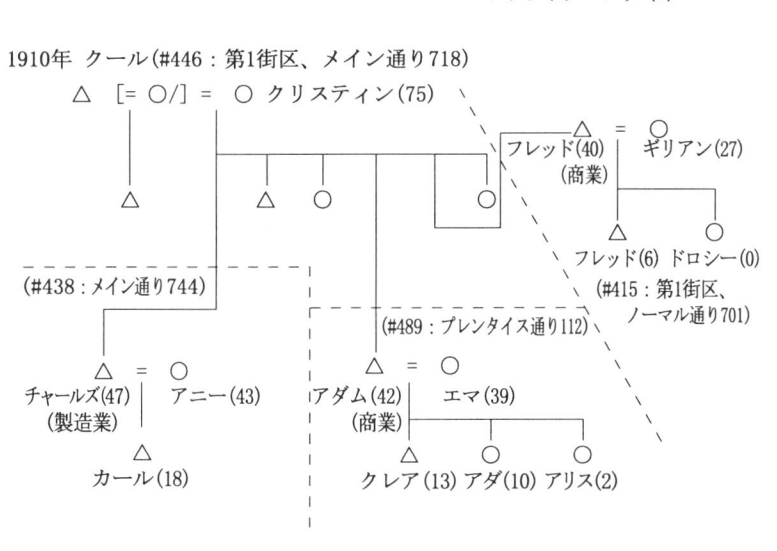

1900年 クール（#918：第1街区、メイン通り718）
△ [= ○/] = ○ クリスティ(64)

フレッド(30) フランシス(25)
（織物店）（音楽教師）

(#1014：メイン通り744)

(#1362：第1街区、
プレンタイス通り112)

チャールズ(38) = アニー(34) クララ・ヘイジャ(20) アダム(33) = エマ(29)
　　　　　　　　　　　　　　　　　　　　　　　　　（織物店）

カール(9)

クララ(3) アダ(0)

1910年 クール(#446：第1街区、メイン通り718)
△ [= ○/] = ○ クリスティン(75)

フレッド(40) = ○ ギリアン(27)
（商業）

フレッド(6) ドロシー(0)

(#438：メイン通り744)

(#489：プレンタイス通り112)

(#415：第1街区、
ノーマル通り701)

チャールズ(47) = アニー(43)　アダム(42) = エマ(39)
（製造業）　　　　　　　　　（商業）

カール(18)　　　　クレア(13) アダ(10) アリス(2)

1900年に、このファミリは同じ第1街区内の別の住所に暮らしていた。これは同じ街区内で移動（転居）した例となっている。ファミリ・ヘッドであったアントン（アダム）はすでに死亡していたため、寡婦となった64歳のクリスティは高齢者となり、40歳頃に産んだ末娘（25歳、音楽教師）とそのすぐ上の息子（30歳、商店経営）と同居していた。継子はどこにいるのか不明であるが、自分の第1子である息子は結婚していて、同じブロック

209

内に住んでいた。この息子のファミリ構成は、男の子1人と同居人である妻の妹一人の計4人であった。自分で産んだ4番目の子どもも結婚していて市内のあまり遠くないところに住んでいた。この息子には小さい子どもが2人いた。このように、自分の未婚の子どもとの同居、そして既婚の子どものファミリが市内に暮らしていたことから、この町で高齢になった寡婦がどのように近親者に囲まれて暮らしているかをよく表しているケースとなっている。

　1910年になると、同居していた息子は結婚していて、やはり、あまり遠くない距離のところに小さな子ども2人と生活していた。クリスティの居住地は変わらず、それまで何年も住んでいた家に1人で住んでいた。他の2人の息子それぞれも家族とともに10年前と変わらない場所に住んでいて、年長の方の家族では、同居人であった妻の妹がいなくなり、子どもの数は変化せずに3人家族のままで、年下の息子のファミリは、新たに子どもが1人増えて父親40歳、母親37歳のときの子どもとなった。再び、母親が40歳前後で末子を出産したケースである。

　クリスティは、1人で自立して暮らす高齢の70代女性である。自立を支える、身近な親族の存在として、数10メートルの距離に息子ファミリがいて、他の2人の息子も結婚してファミリをもちそれぞれが母親の家から徒歩距離圏内にいたので、クリスティが孤独な生活を送っていたとは考えられない。

B．ルーテス・ファミリ（ビール製造）、1870年－1910年（図5-9）

　1870年に、ビール製造者であるアンドリュー（48歳）と妻のエリザベス（46歳）は、親子を基本とするファミリを作っていて、さらに、寡夫となった高齢の父親と、未婚の兄弟、そして親族の同居人を含むことから、複合したファミリの例となっていた。この夫婦は、24歳の息子を筆頭に子ども7人、78歳の高齢の父親、弟、それに親戚の男性と一緒に生活していた。この夫婦は、ともにドイツで出会って結婚し、上から3人の子どもはドイツ生まれであった。この子どもの年齢から、このファミリは、高齢の夫の

両親と、夫の兄弟とともに、15年ほど前の1855年ごろにドイツから移民してきた。比較的早くから移民してきたファミリであった。

このファミリは、ビールの製造を家族経営で行っていたようである。ドイツにいたときにその技術を身に付けていたのであろう。アンドリューは父親が30歳のときの子どもであった。アンドリューが父親と同居するよう

図5-9　ドイツ系B、ルーテス・ファミリ

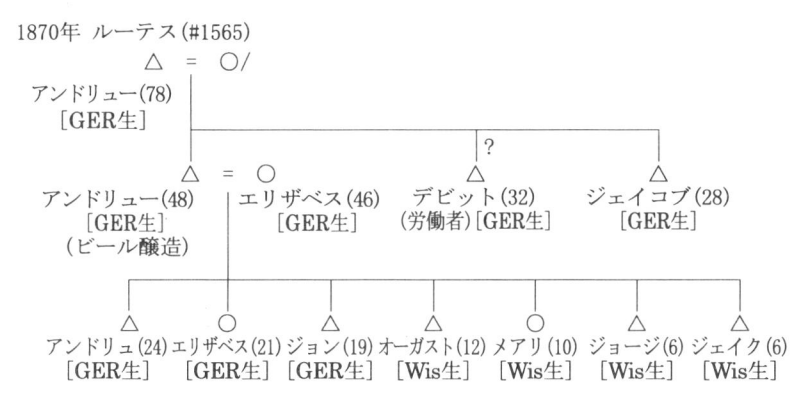

1870年　ルーテス（#1565）
　　　　　△ ＝ ○/
アンドリュー(78)
[GER生]
　　　　　　　　　　　　　　　　?
△ ＝ ○　　　　　　△　　　　　△
アンドリュー(48)　エリザベス(46)　デビット(32)　ジェイコブ(28)
[GER生]　　　　[GER生]　　　　(労働者)[GER生]　[GER生]
(ビール醸造)

△　　○　　△　　△　　○　　△　　△
アンドリュ(24) エリザベス(21) ジョン(19) オーガスト(12) メアリ(10) ジョージ(6) ジェイク(6)
[GER生]　　[GER生]　　[GER生]　　[Wis生]　　[Wis生]　　[Wis生]　　[Wis生]

1880年　ルーテス（#44：第3街区、プランク通り）

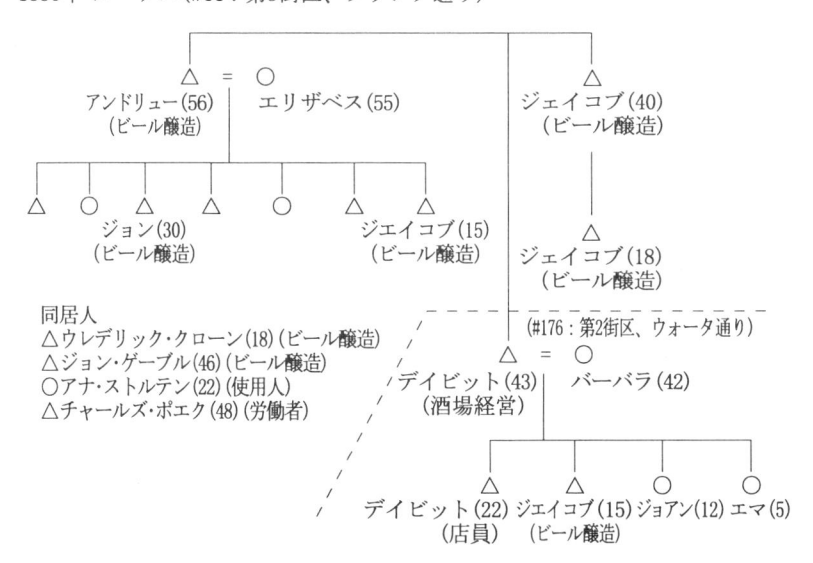

　　　　　△ ＝ ○　　　　　　　　△
アンドリュー(56)　エリザベス(55)　ジェイコブ(40)
(ビール醸造)　　　　　　　　　　(ビール醸造)

△　○　△　　○　△　　　　　　△
ジョン(30)　　　　　　ジェイコブ(15)　ジェイコブ(18)
(ビール醸造)　　　　　(ビール醸造)　(ビール醸造)

同居人
△ウレデリック・クローン(18)(ビール醸造)
△ジョン・ゲーブル(46)(ビール醸造)
○アナ・ストルテン(22)(使用人)
△チャールズ・ポエク(48)(労働者)

(#176：第2街区、ウォータ通り)
　　　　△ ＝ ○
デイビット(43)　バーバラ(42)
(酒場経営)

△　　△　　○　　○
デイビット(22) ジェイコブ(15) ジョアン(12) エマ(5)
(店員)　　(ビール醸造)

211

図5-9 （続き）

1900年 ルーテス（#526：第6街区、ウォーター通り1059）

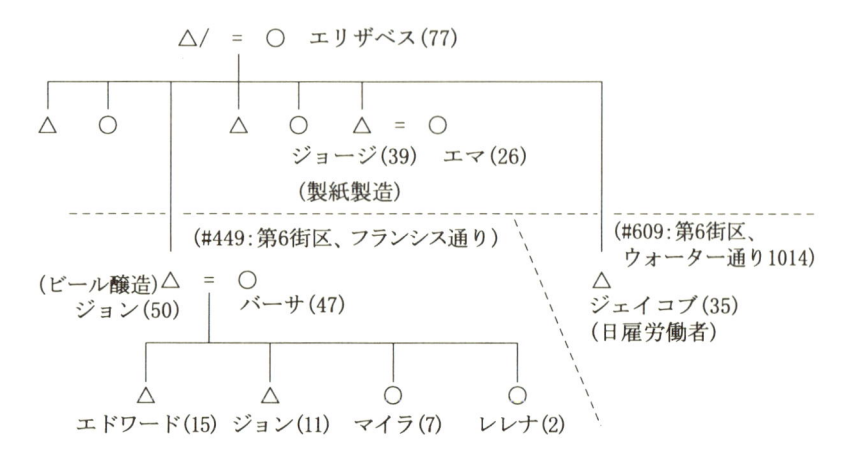

△/ ＝ ○ エリザベス（77）
├─△ ─○ ─△ ─○ ─△ ＝ ○
                   ジョージ（39） エマ（26）
                   （製紙製造）

（#449：第6街区、フランシス通り）　　　　（#609：第6街区、ウォーター通り1014）

（ビール醸造）△ ＝ ○
ジョン（50）　バーサ（47）　　　　　　　　　△
　　　　　　　　　　　　　　　　　　　　ジェイコブ（35）
　　　　　　　　　　　　　　　　　　　　（日雇労働者）
├─△ ─△ ─○ ─○
　エドワード（15） ジョン（11） マイラ（7） レレナ（2）

1910年 ルーテス（#611：第6街区、プレイリー通り124）

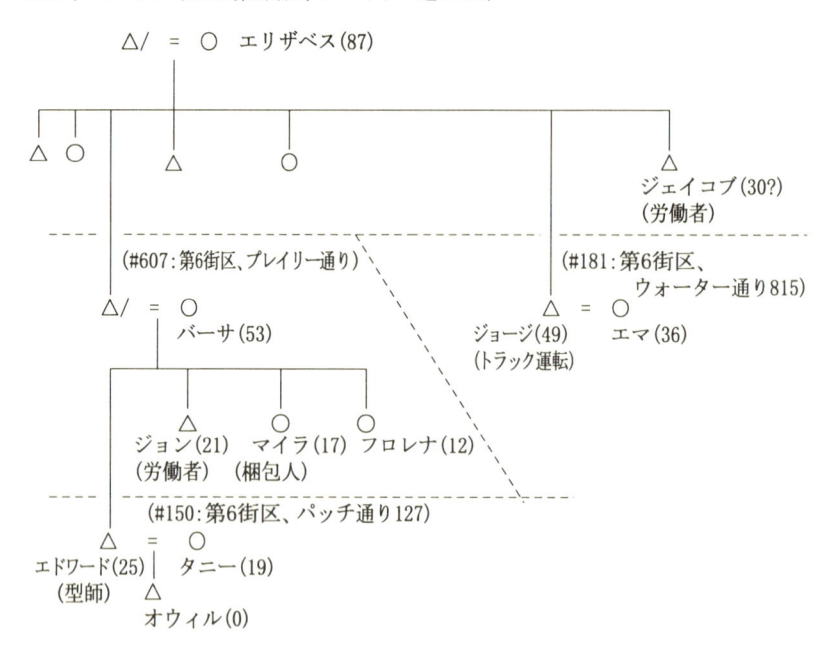

△/ ＝ ○ エリザベス（87）
├─△ ─○ ─△ ─○
　　　　　　　　　　　　　　　　　　　　△
　　　　　　　　　　　　　　　　　　ジェイコブ（30?）
　　　　　　　　　　　　　　　　　　（労働者）

（#607：第6街区、プレイリー通り）　　（#181：第6街区、ウォーター通り815）

△/ ＝ ○
　　　バーサ（53）　　　　　　　　　　△ ＝ ○
　　　　　　　　　　　　　　　　ジョージ（49） エマ（36）
　　　　　　　　　　　　　　　　（トラック運転）
├─○ ─○ ─○
　ジョン（21） マイラ（17） フロレナ（12）
　（労働者） （梱包人）

（#150：第6街区、パッチ通り127）

△ ＝ ○
エドワード（25） タニー（19）
（型師）　△
　　　　オウィル（0）

になった理由は不明である。弟が同居していて、生業が家族経営による自営業であったようであることから、亡くなった母親も生前はともに暮らしていたと思われる。この弟の1人は、28歳のジェイコブで、父親が50歳のとき、母親がおそらく40代の子どもである。彼はおそらく末子で、これまで本書でみてきたように、この末子が老父と同居するパターンになっても不思議ではなかったが、兄アンドリューのファミリも残って同居していた。

　1880年に、アンドリューの父親は既に死亡していて、アンドリュー夫妻の次男（30歳）と末子で五男（15歳）の2人が、父親と同じビール製造業に携わっていた。彼らは独身のまま家にいた。同居していたアンドリューの親戚の男性は既婚で、おそらくアンドリューが移民した後を追う形で移住して来たのだろう。彼は妻と4人の子どもたちとともに第2街区に暮らすようになっていた。2人の息子のうちの1人がビール製造業に携わっていたのは、親戚にあたるアンドリューの経営するビール製造所で働けるようになったからであろう。非親族の同居人の数が他のファミリのケースよりも多く、4人もいた。そのうちの男性2人は、18歳と46歳と年齢の違いが大きいが、ともにビール製造人であり、もうひとりの中年男性は、レイバラー、そして、唯一の女性がサーヴァントとして働いていた。この家族経営的なビール製造所が、当時、最盛期をむかえていたことを示している。

　1900年には、アンドリューがすでに亡くなっていて、77歳と高齢者となった妻エリザベスは、20年前には一緒に暮らしていなかった第六子で四男のジョージと彼の妻の3人で一緒に暮らしていた。一方、ビール製造業を継承した次男のジョンは、1880年代半ばに45歳前後で結婚し、4人の子どもをもつようになっていた。ジョンの結婚年齢が、40歳を越していても決して問題はなかったと思われる。このことについては、既述のように、民族誌的インタビューによって明らかにすることができた例があり、この例については詳しく、後章で述べる。末子のジェイコブのほうは、母親エリザベスの住んでいる家と同じ市街ブロック内の家に1人暮らししていた。やはり、実家に近い家に居住した例で、仕事の関係もあったであろうが、高齢の親の存在によって近隣に自立するための家を見つけた例となっている。

213

この年には、どの家も非親族の同居人がいるファミリはなくなった。非親族の同居人の姿は町全体からなくなっていった時代となっていた。

1910年に87歳を迎えたエリザベスは、次男ジョンに先立たれていた。おそらくさらに高齢になったせいか、四男のジョージ夫妻のところを離れ、確定的ではないが五男のジェイコブと2人で暮らしていたようである。亡くなったジョンのファミリのほうでは、まだ50代のジョンの妻は、3人の独身のこどもたちと暮らしていて、結婚して新居に移っていた長男夫妻（ゼロ歳の赤ん坊と3人暮らし）との同居を選択しなかった。義理の娘との接触を避ける動きがあったことが示唆される。

ポーランド系
A．ブレツキ・ファミリ、1870年－1910年（図5-10）

プロシャ出身のウィリアムは、兄のファミリと同居していた独身時代から、40年後の1910年には、自ら高齢となり、夫婦だけで暮らす時代へとライフスタイルを変化させていった。ウィリアムは生涯にわたり鉄道関係の警備員の仕事をしていた。結婚後も子どもの数は少なかった。ポーランド系としては職業の面でも、ファミリ・タイプの面からも、家の所在（第2街区）の面からも、一般的な例を示すファミリではなく、そうであるからこそ、ポーランド系の中にも彼のファミリのようなライフスタイルを送るファミリがあったことに注意を喚起させる好例となっている。

1870年に、ウィリアムは、兄フレッドのファミリと同居していた。フレッドは、20代半ばにおそらくリヴァーフロント地域で、4歳年下のオーガスタと結婚し、4人の息子をもうけた。同居人が、6歳年下の弟ウィリアムであった。このフレッドとウィリアムの兄弟は、ヨーロッパから一緒に移民してきたのか、あるいは、兄が先に移民して、結婚して定住を進めているときに、後から、弟が移民してきたのかもしれない。

1880年に、フレッドの家族はセンサス手書き原簿に記載がなくなった。一方、ウィリアムは、結婚していて、すでに子ども2人をもち、市内第2街区に暮らしていた。同居人は、妻ミニの実兄のファミリ（妻と2人の子ど

第5章　ファミリ・ヒストリーの分析

図5-10　ポーランド系A、ブレツキ・ファミリ

1870年　ブレツキ（#168）

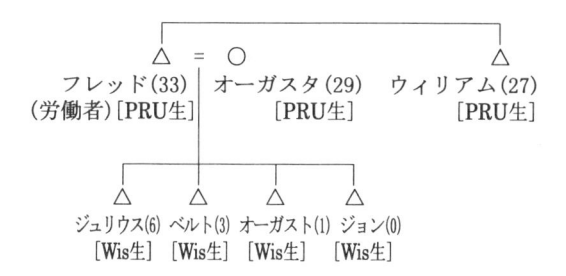

```
        △  =  ○        △
   フレッド(33) オーガスタ(29) ウィリアム(27)
   (労働者)[PRU生]  [PRU生]    [PRU生]
        │
   ┌────┬────┬────┐
   △    △    △    △
ジュリウス(6) ベルト(3) オーガスト(1) ジョン(0)
 [Wis生]  [Wis生]  [Wis生]  [Wis生]
```

1880年　ブレツキ（#298：第2街区、ウォーター通り）

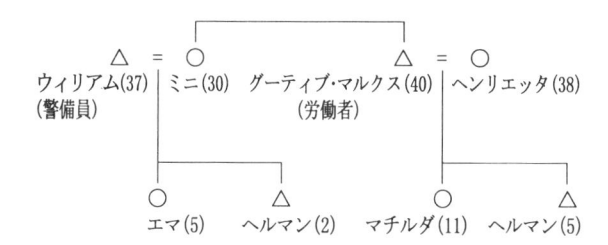

```
     △  =  ○        △  =  ○
ウィリアム(37) ミニ(30) グーティブ・マルクス(40) ヘンリエッタ(38)
 (警備員)           (労働者)
     │                  │
   ┌─┴─┐            ┌─┴─┐
   ○   △            ○   △
  エマ(5) ヘルマン(2)  マチルダ(11) ヘルマン(5)
```

1900年　ブレツキ（#900：第2街区、ウォーター通り703）

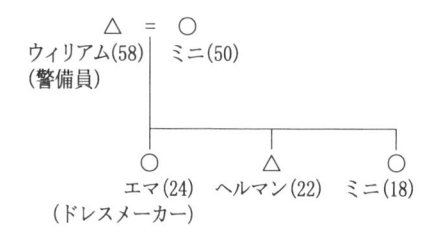

```
     △  =  ○
ウィリアム(58) ミニ(50)
 (警備員)
     │
   ┌─┼─┐
   ○  △  ○
  エマ(24) ヘルマン(22) ミニ(18)
 (ドレスメーカー)
```

1910年　ブレツキ（#651：第2街区、ウォーター通り703）

```
     △  =  ○
ウィリアム(67) ミニ(60)
 (警備員)
```

215

も）であった。ポーランド系のファミリが市内第4街区に集中していった時代に、すでに別の街区にもハウスを構えていたポーランド系ファミリがいたことを示すケースとなっている。1882年に、ウィリアムの妻ミニが32歳で末娘を出産した。これ以上子どもの数が増えなかったことから、このポーランド系ファミリは、米国東部系で一般的になっていたように少子化を実践したポーランド系では先駆的なケースであった。

　1900年に、ウィリアムのファミリはそのまま同じ場所で暮らしていた。同居していた妻ミニの兄のファミリは去っていた。ウィリアムの長女は24歳であったが未婚のままで、ドレスメーカーとして仕事をしていた。

　1910年には、2人の娘と1人の息子はすべて親元を離れて、ウィリアムは仕事をもちながら妻とカップルだけの自立した暮らしに移っていた。ドレスメーカーとなっていた長女はおそらく結婚して、市内のどこかに暮らしていたと思われる。老夫婦の住んでいた住所は、1880年から1910年まで変化なく、転居せずに一生涯市内に根付いた定住者の典型的なケースであった。また、ポーランド系としては、他の面では典型的ではないが、1910年に増加した高齢者のカップルだけのファミリ・スタイルをもつようになったという点で典型例となっている。

　<u>B．ドレフチンスキ（労働者）、1870年－1910年</u>（図5-11）
　1843年にプロシャで生まれたジョン・ドレフチンスキは、50代までの生涯を労働者（レイバラー）として仕事を続けた。1870年当時、27歳であった彼は、やはりプロシャ生まれのヴィクトリアと結婚し、この7歳下の妻と、おそらく市内第4街区で暮らしていた。この夫婦の年齢差が比較的大きくみえるのは、ポーランド系の移民者の中に若い女性が少なく、男性が同年代の相手を見出す機会が少なかったことを示唆している。そして、1870年に若いポーランド系として市内に生活を始めたということは、このファミリがポーランド系としてパイオニア的存在であったことを意味している。

第5章　ファミリ・ヒストリーの分析

図5-11　ポーランド系B、ドレフチンスキ・ファミリ

1870年　ドレフチンスキ（#199）

```
        △    =    ○
    ジョン(27)   ヴィクトリア(20)
    [PRU生]      [PRU生]
```

1880年　ドレフチンスキ（#368：第4街区、メドウ通り）

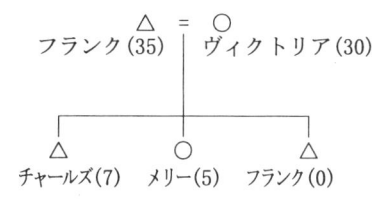

```
        △    =    ○
    フランク(35)  ヴィクトリア(30)
        ┌────────┼────────┐
        △        ○        △
    チャールズ(7) メリー(5) フランク(0)
```

1900年　ドレフチンスキ（#2154：第4街区、シックス通り700）

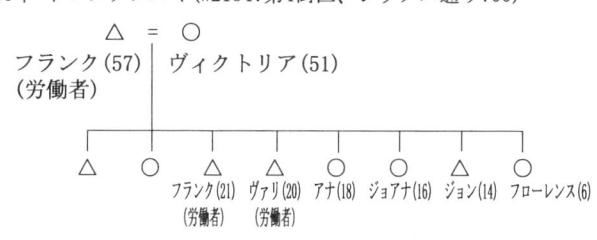

```
           △     =    ○
       フランク(57)  ヴィクトリア(51)
       (労働者)
   ┌────┬────┬────┼────┬────┬────┐
   △    ○    △    ○    ○    ○    △    ○
      フランク(21) ヴァリ(20) アナ(18) ジョアナ(16) ジョン(14) フローレンス(6)
      (労働者)    (労働者)
```

1910年　ドレフチンスキ（#1880：第4街区、シックス通り700）

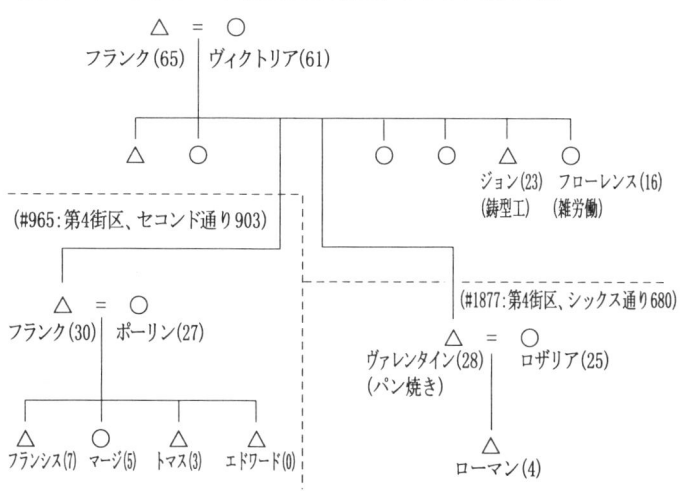

```
           △    =    ○
       フランク(65)  ヴィクトリア(61)
   ┌────┬────────┬────┬────┬────┐
   △    ○        ○    ○    △    ○
                           ジョン(23) フローレンス(16)
                           (鋳型工)   (雑労働)

(#965：第4街区、セカンド通り903)

                        (#1877：第4街区、シックス通り680)

    △   =   ○                        △    =    ○
 フランク(30) ポーリン(27)         ヴァレンタイン(28) ロザリア(25)
                                     (パン焼き)
 ┌──┬──┬──┐                              │
 △  ○  △  △                              △
フランシス(7) マージ(5) トマス(3) エドワード(0)   ローマン(4)
```

217

1880年に、彼らが第4街区に住んでいたことは明らかであり、この10年の間に新たに子どもが3人増えていた。次の20年の間に、さらに5人の子どもが新たに生まれたので、1900年までに、10人家族となった。都会のポーランド系大家族となっていたのである。都会でも、農場で生活するファミリと同様に大家族が出現する例をこのケースは示している。おそらく、前述したようにパイオニア的なファミリであったので、都会生活者であることが大きな意味をもつのではなくて、ポーランド系であることに生活の価値を置いたファミリであったのだろう。当時、それでも20代となった上から2人の子どもは、ポーランド系で一般にみられるように、すでに親の家から離れていた。末の子どもを産んだとき、母親の年齢は45歳で、本研究のケースの中でも最も高齢で出産したケースとなっている。

　1910年になると、20代になった子どもが親元を離れることは確実に行われていて、下の子ども2人（23歳と16歳）を除いてすべてが家を離れていた。離れた子どものうち追跡できたのは、第三子の息子ファミリと、第四子の息子ファミリであり、ともに市内第4街区に居住していた。娘が結婚後にどこに暮らしているかを明確に追跡できる資料がないので、息子のファミリの追跡しか述べられないが、娘の何人かが結婚後も市内にとどまっていたと考えると、大家族をもったおかげで、市内に子どものファミリが分散して、比較的身近に暮らしていたに違いない。ジョンとヴィクトリアの夫妻がさらに高齢になった場合、カップルだけで生活するようになっても、日常的な子どもたちからのサーヴィス、さらに孫の世代からのサーヴィスを受けながら、ポーランド系高齢者カップルとして自立した老後を送っていったケースであった。

米国東部系

A．ハマカー・ファミリ（小売商人）、1870年－1910年（図5-12）

　この東部系のファミリは、前述したポーランド系のブレツキ・ファミリよりも子どもの数が多く、6人いた。この事実は、19世紀半ばにおいて、ポーランド系は大家族、東部系でいわゆるヤンキーと呼ばれる人たちが小

第5章 ファミリ・ヒストリーの分析

図5-12 米国東部系A、ハマカー・ファミリ

1870年 ハマカー(#604)

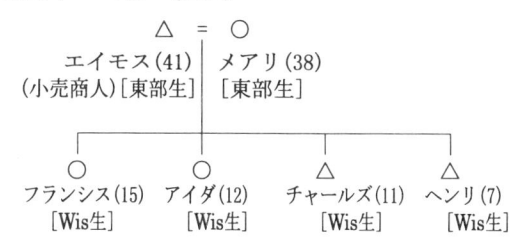

```
        △    =    ○
   エイモス(41)  メアリ(38)
   (小売商人)[東部生] [東部生]
        │
   ┌────┬────┬────┬────┐
   ○         ○         △         △
フランシス(15) アイダ(12) チャールズ(11) ヘンリ(7)
  [Wis生]   [Wis生]   [Wis生]   [Wis生]
```

1880年 ハマカー(#879:第1街区、メイン通り)

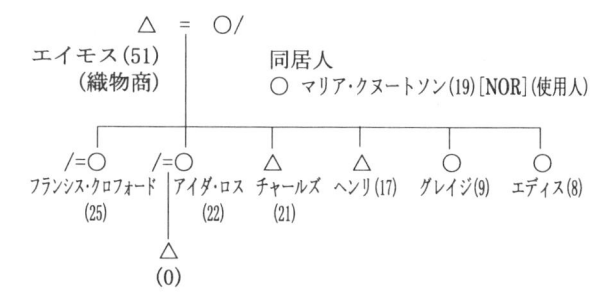

```
        △    =    ○/
   エイモス(51)     同居人
   (織物商)       ○ マリア・クヌートソン(19)[NOR](使用人)
        │
   ┌────┬────┬────┬────┬────┐
  /=○  /=○   △     △     ○     △
フランシス・クロフォード アイダ・ロス チャールズ ヘンリ(17) グレイジ(9) エディス(8)
  (25)        (22)    (21)
              │
              △
              (0)
```

1900年 ハマカー(#834:第1街区、メイン通り709)

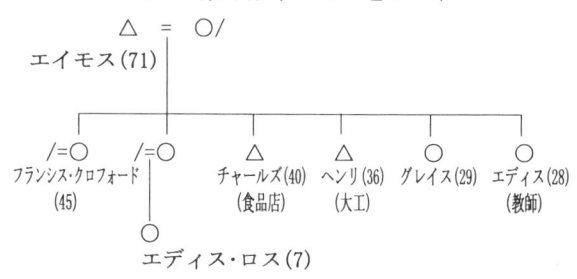

```
        △    =    ○/
   エイモス(71)
        │
   ┌────┬────┬────┬────┬────┐
  /=○  /=○    △        △       ○       ○
フランシス・クロフォード  チャールズ(40) ヘンリ(36) グレイス(29) エディス(28)
  (45)        (食品店)   (大工)            (教師)
              │
              ○
           エディス・ロス(7)
```

1910年 ハマカー(#563:第1街区、メイン通り709)

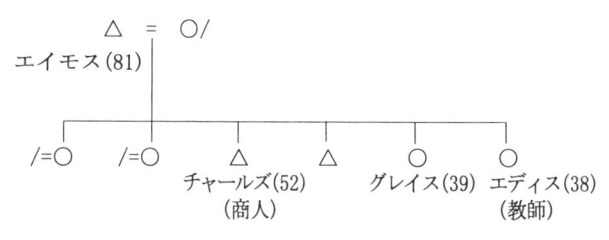

```
        △    =    ○/
   エイモス(81)
        │
   ┌────┬────┬────┬────┐
  /=○  /=○    △         ○         ○
          チャールズ(52)  グレイス(39) エディス(38)
           (商人)                   (教師)
```

家族を形成していたとみなすのが危険であることを示している。

　1870年に、ともに東部出身の夫のエイモス（41歳）と3歳年下の妻のメアリ（38歳）は、おそらくリヴァーフロントで出会って結婚したのであろう。彼らはダウンタウンで小売商を営んでいて、当時、すべてウィスコンシン生まれの4人の子どもがいた。その10年後には、あらたに子どもが2人増えていた。しかし、母親のメアリの記載は、この年次にはなかった。記載された一番下の娘が8歳であることから、7年前頃に、死亡したか、あるいは他の原因でこのファミリを離れたようである。出産時に母親が死亡するケースも皆無ではなかった時代であるので、こうした原因もこのファミリにあてはめて考えることができる。サーヴァントとして19歳のノルウェー系の女性が非親族同居人として雇われていたのは、小学生の年代の子どもがまだいたからであろう。この年次のこのファミリの構成には、他のケースではほとんどみることのない特徴がある。それは、第一子と第二子の2人の娘が結婚して姓を変えてからその後に、同居していたことである。いずれの娘も配偶者が記載されていないので、離婚か死別してから実家に戻ってきたと考えるのが妥当である。二番目の娘にはすでにゼロ歳の赤ん坊がいた。おそらく母親であるメアリが死亡したために、家族経営の商売を支える必要があることも理由となって、娘たちが戻ってきたのであろう。

　1900年に、エイモスは71歳の高齢者となり、戻ってきていた長女は再婚せずに、そのまま実家に残っていた。他のこどもたちも、末子が28歳で、すべて結婚していても不思議ではない年齢であるのに、家に残っていた。ただし、二番目の娘はすでに去っていて、子どもを実家に残したままにしていた。この年次では、エイモスの職業が記載されていないことから、小売業から引退していたのだろう。そのかわり独身で残っていた長男が生鮮雑貨の商売をしていた。他の子どもたちも下から二番目の娘以外に職業が記載されていて、他の息子は大工職人、末子の娘が教師をしていた。子どもたちはそれぞれに仕事をもって経済的な自立を、達成しながら、実家に残っていたのである。

1910年に、エイモスは81歳となった。子どものうち、長女（55歳）、次女の娘（17歳）、大工職人だった息子の3人が、実家から去っていた。他の3人の子ども、商人である長男（52歳）と教師である末娘（38歳）、そして職が明記されない下から二番目の娘（39歳）の3人が、独身のまま残っていた。このファミリ構成が継続されると、父親が死んだ後も、兄弟3人が（そして、ときには別なところにいた兄弟姉妹も加わって）、兄弟姉妹同士で生活を送り続けるファミリ・スタイルを形成することになったであろう。さらに、そのまま各自が高齢者となっていったとすると、高齢になった兄弟姉妹同士のファミリ・スタイルを形成することになっただろう。このファミリはそうした意味で、示唆的なケースとなっているのである。

B．ハーウェン・ファミリ（river man 筏師）、1870年－1910年（図5-13）

1870年に、筏流し職人であった東部出身のジョン（44歳）と10歳年下のマイラ（34歳）夫妻には、ウィスコンシン生まれの3人の子どもがいた。長女が16歳なので、ジョンが28歳、マイラが18歳のときの子どもとなる。マイラはウィスコンシン出身であるので、1850年代半ばに、ジョンが東部からリヴァーフロント地域に移住してきて、マイラと出会い結婚したことになる。

1880年に、市内第3街区に居住していた。長女は結婚後、同じ第3街区内で、夫と小さな子ども1人の3人で暮らしていた。当時、マイラは44歳となっていて、2年前に末子を出産していた。母親が42歳前後で最後の出産をする例に、彼女のケースは当てはまっている。

1900年に、ジョン（75歳）だけでなくマイラ（64歳）も高齢者になっていた。20年前と異なるのは、居住地が変わったことである。そして、別なところに住んでいた長女の家族が、新しい居住地で一緒に暮らしていたことである。息子2人は、このファミリには残らず去っていた。一方、32歳となった娘は教師をしていて、未婚のままで両親のところに残っていた。

また、非親族の同居人である18歳のポーランド系の女性がサーヴァントとして働いていた。この場合の同居人は、高齢者夫婦の世話のために雇わ

図5-13　米国東部系B、ハーウェン・ファミリ

1870年　ハーウェン(#1325)

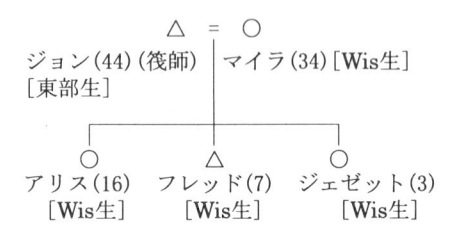

```
                    △   =   ○
       ジョン(44)(筏師) │ マイラ(34)[Wis生]
       [東部生]        │
            ┌─────────┼─────────┐
            ○         △         ○
         アリス(16)  フレッド(7)  ジェゼット(3)
         [Wis生]    [Wis生]    [Wis生]
```

1880年　ハーウェン(#491：第3街区、オーク通り)

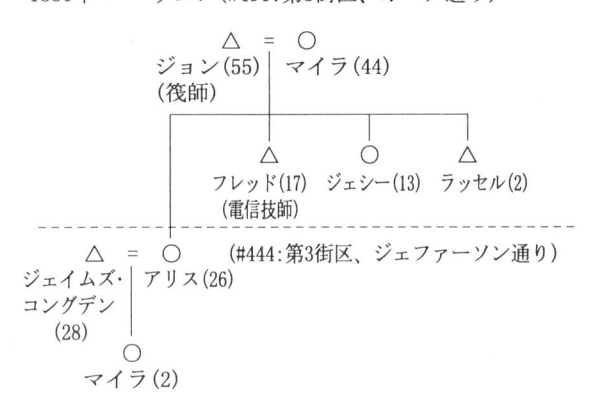

```
                   △   =   ○
              ジョン(55) │ マイラ(44)
              (筏師)    │
                 ┌──────┼──────┬──────┐
                 │      △      ○      △
                      フレッド(17) ジェシー(13) ラッセル(2)
                      (電信技師)
```

- -

```
         △   =   ○        (#444：第3街区、ジェファーソン通り)
  ジェイムズ・│ アリス(26)
  コングデン  │
    (28)    │
            ○
         マイラ(2)
```

1900年　ハーウェン(#727：第3街区、ディビジョン通り216)

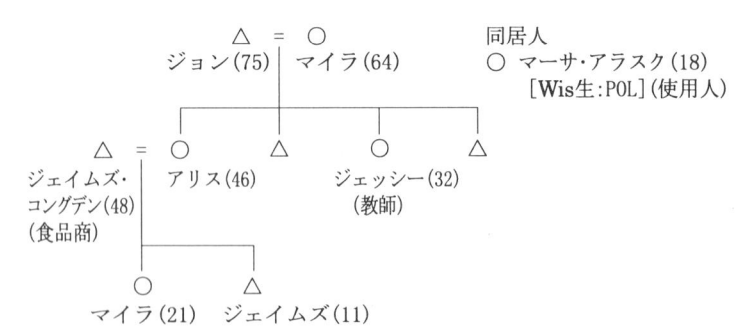

```
                    △   =   ○          同居人
               ジョン(75) │ マイラ(64)   ○ マーサ・アラスク(18)
                         │                [Wis生：POL](使用人)
               ┌─────────┼─────────┬─────────┐
               △    =    ○         △         ○         △
   ジェイムズ・ │ アリス(46)     ジェッシー(32)
   コングデン(48)│               (教師)
   (食品商)    │
         ┌────┴────┐
         ○         △
      マイラ(21) ジェイムズ(11)
```

222

第5章　ファミリ・ヒストリーの分析

1910年　ハーウェン（#392:第3街区、ディビジョン通り216）

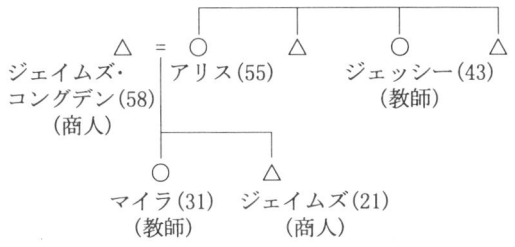

```
      △   =   ○        △        ○        △
ジェイムズ・   アリス(55)  ジェッシー(43)
コングデン(58)           (教師)
  (商人)
              ○           ○
           マイラ(31)  ジェイムズ(21)
            (教師)       (商人)
```

れたのか、それとも、11歳以上になっている子どもの世話のためだったのだろうか。娘が2人いることから高齢者のためという可能性は小さいように思われる。世話の必要な小さな子どもがいるわけではなく後者の理由も可能性が少ない。独身の娘が学校の教師をしているので、この娘自身の世話も必要であるのかもしれない。さらに、長女の配偶者は生鮮食料品店を営んでいるので、長女も経営に加わっていたのかもしれない。結局、これらのことが組み合わさって、使用人の雇用をもたらしたと考えられるのである。

　1910年に、高齢の両親はともに亡くなっており、残された長女のファミリと、44歳で独身のまま教師を続けていた次女がそのまま生活をともにしていた。居住地は前と変化していないが、長女の子どもたちのうち娘（31歳）は、同居していた彼女の叔母と同じ教師になり、息子（21歳）は、父親の商売に加わって働き始めていた。当時、東部系の女性が教師の職についてキャリアを積むことで、結婚する機会を見出せなかった例となっている。19世紀末から20世紀始めは、全米で公教育体系が整備され、リヴァーフロント市にこの地域で唯一の師範学校が設立されて、教員を輩出していた時代にあたり、女性の社会進出の道筋として教員は身近にある職業となっていた。とくに、東部系の多くの若い女性がこの職業についたのであった。その当時には、男性は、高等教育を受けるために町の外に出て、大きな都市でキャリアを積み上げていく道があったのにたいして、女性には、地元

に残って、地元の教師として生涯のキャリアを積み上げる道があったということになる。その場合、適当な結婚相手と出会う機会は少なかったであろうし、独身のまま一人だけで自立した生活を送ることは受け入れられていなかったことから、高齢になった父母との同居が残されたライフスタイルであったと考えられる。

クラーク郡区（12ファミリ）

ポーランド系

A．カザコスキ・ファミリ（農場者）、1870年－1910年（図5-14）

1870年に、農場主のマイケル（59歳）とフランシス（52歳）は、上から4人の息子と下の2人の娘、計6人の子どもと暮らしていた。末子のマーサが生まれたのは、母親のフランシスが40歳半ばのときで、これまで繰り返し述べてきた40歳前後の出産のケースよりもさらに高い年齢で出産したケースである。この夫妻は中年のときに子どもを連れてアメリカに来た。子どもの年齢から、移民の時期は、15～20年前、つまり、1850年から55年の間であったと考えられる。19世紀におけるポーランドの移民一世の中でも初期の移民であり、早くから高齢者となった世代であった。

1880年に、マイケル夫妻はともに高齢者となっていた。19歳以下の息子2人と娘1人と一緒に暮らしていた。16歳の娘はこのファミリの中に残っていないことから、おそらく、すでに婚出してしまっていたか、あるいは、使用人や家政婦などとして都会に出て他のファミリの同居人となっていたと考えられる。ポーランド系の農場者のファミリで、20歳近くになると、就業（ときには就学）のために、農場を去って行くのが、民族誌的インタビューの結果、1920年代に普通であることがわかっている。このファミリは、それよりも40年も前のこの時代からすでに、こうした若者の成長のパターンがあったことを暗示しているケースである。

長男は、6～7年前に結婚し、すでに3人の子どもがいて、親の家の隣家にファミリを築いていた。隣家といっても農場なので、実際に数10メートル離れて家を建てることもあれば、同じ農場の敷地内でも少し離れた距

第5章　ファミリ・ヒストリーの分析

図5-14　ポーランド系A、カザコスキ・ファミリ

1870年　カザコスキ(#684)

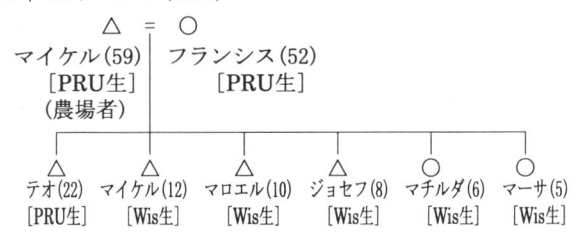

```
        △  =  ○
   マイケル(59)  フランシス(52)
    [PRU生]      [PRU生]
   (農場者)
    ┌──────┬──────┬──────┬──────┬──────┐
    △      △      △      △      ○      ○
  テオ(22) マイケル(12) マロエル(10) ジョセフ(8) マチルダ(6) マーサ(5)
  [PRU生]  [Wis生]  [Wis生]  [Wis生]  [Wis生]  [Wis生]
```

1880年　カザコスキ(#57)

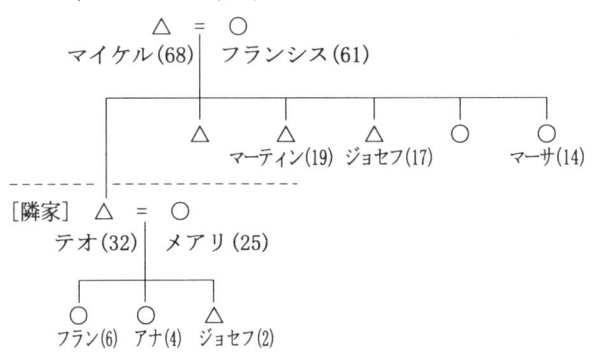

```
        △  =  ○
   マイケル(68)  フランシス(61)
         ┌──────┬──────┬──────┐
         △      △      ○      ○
      マーティン(19) ジョセフ(17)  マーサ(14)
```

[隣家]　△ ＝ ○
　　　テオ(32)｜メアリ(25)
　　　┌───┬───┐
　　　○　　○　　△
　　フラン(6) アナ(4) ジョセフ(2)

1900年　カザコスキ(#435)

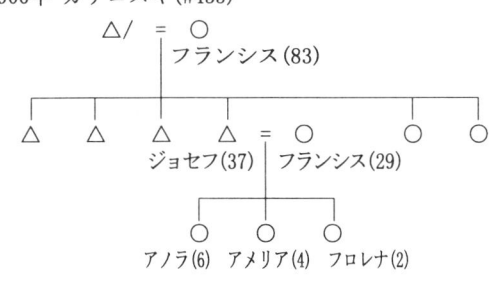

```
        △/ =  ○
             フランシス(83)
  ┌────┬────┬────┬────┬────┬────┐
  △    △    △    △    ○    ○    ○
                 ジョセフ(37)｜フランシス(29)
                      ┌───┬───┐
                      ○    ○    ○
                   アノラ(6) アメリア(4) フロレナ(2)
```

1910年　カザコスキ(#979)

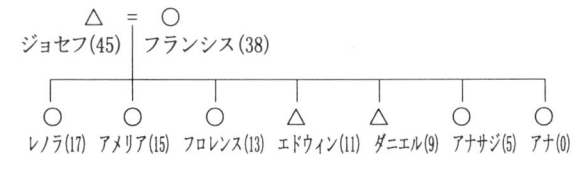

```
        △  =  ○
    ジョセフ(45)｜フランシス(38)
  ┌────┬────┬────┬────┬────┬────┬────┐
  ○    ○    ○    △    △    ○    ○
 レノラ(17) アメリア(15) フロレンス(13) エドウィン(11) ダニエル(9) アナサジ(5) アナ(0)
```

225

離に建てることもある。いずれにしろ、センサス収集者が道沿いに隣の家へと訪ずれて行った結果が、センサス原簿の記載に反映されている場合が多いことから、この長男の息子のファミリは隣家に暮らしているとわかるのである。

　1900年に、マイケルが亡くなって、寡婦となったフランシス（83歳）と暮らしているのが、四男のジョセフのファミリだけとなった。ジョセフはフランシスが40歳半ばで産んだ息子の中で一番若い子どもであった。農場地域で、寡婦となった母親が、息子のファミリと同居するようになる例を示している。

　1910年に、フランシスは亡くなっていて、ジョセフ夫妻の子どもは、3人から7人に増え、大家族を形成していた。このファミリの長男はまだ11歳なので、農場での仕事を手伝い始めたところであろう。末子が生まれたのは母親が36歳のときであったので、さらに、彼女が42歳になる頃まで、子どもが増えていった可能性がある。この子どもたちの世代の人々が、後章で述べる、民族誌的インタビューによる資料をもとにしたファミリ分析の対象となったのである。

B．ベロフスキ・ファミリ（農場者）、1870年－1910年（図5-15）

　1870年に、ともに50代前半のピーターとジョセフィン夫妻と4人の子どもが、このファミリの構成員で、全員がプロシャ生まれであった。この4人の子どものうち、末子のフランクは、母親が41歳のときに生まれた。通例、母親がこの年齢で出産するのが最後となることがほとんどであることから、子どもの数がこれ以上増えなかったのは不思議ではない。むしろ、センサスに記載されていない年長の子どもが何人かいた可能性が高い。そのため、この資料だけで、このファミリがポーランド系の農場者としては子どもの数が少なかったということはできない。また、このケースは、各年次のセンサスに記載された年齢に整合性を多少欠いているので、家族関係を推定するのに注意が必要である。

第5章　ファミリ・ヒストリーの分析

図5-15　ポーランド系B、ベロフスキ・ファミリ

1870年　ベロフスキ(#784)［全員PRU生］

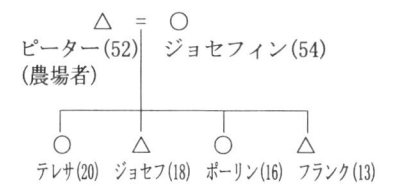

```
        △  =  ○
    ピーター(52)  ジョセフィン(54)
    (農場者) │
    ┌───┬───┼───┬───┐
    ○   △   ○   △
  テレサ(20) ジョセフ(18) ポーリン(16) フランク(13)
```

1880年　ベロフスキ(#206)

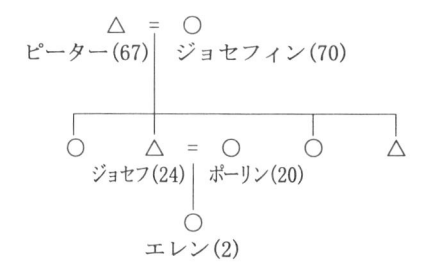

```
        △  =  ○
    ピーター(67)  ジョセフィン(70)
              │
    ┌───┬───┼───┬───┐
    ○   △ = ○   ○   △
  ジョセフ(24) ポーリン(20)
              │
              ○
            エレン(2)
```

1900年　ベロフスキ(#1294)

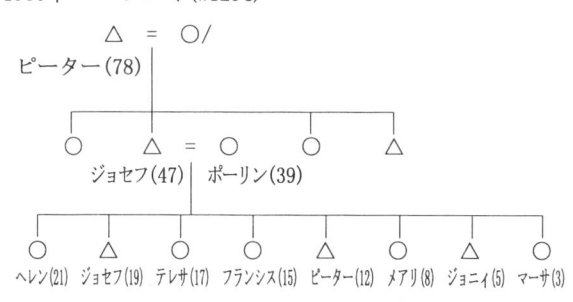

```
        △  =  ○/
    ピーター(78)
              │
    ┌───┬───┼───┬───┐
    ○   △ = ○   ○   △
       ジョセフ(47) ポーリン(39)
              │
  ┌───┬───┬───┬───┬───┬───┬───┐
  ○   △   ○   ○   △   ○   △   ○
ヘレン(21) ジョセフ(19) テレサ(17) フランシス(15) ピーター(12) メアリ(8) ジョニィ(5) マーサ(3)
```

1910年　ベロフスキ(#267)

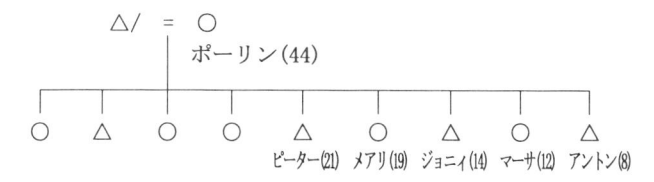

```
        △/ =  ○
           ポーリン(44)
              │
  ┌───┬───┬───┬───┬───┬───┬───┐
  ○   △   ○   ○   △   ○   △   ○
                ピーター(21) メアリ(19) ジョニィ(14) マーサ(12) アントン(8)
```

227

1880年に、この夫妻は、息子のジョセフ（24歳）のファミリとともに暮らしていた。他の兄弟姉妹はすでに、このファミリから離れていた。ジョセフは22歳頃に結婚していて、相手のポーリンが18歳頃のときであった。

　1900年になると、息子ジョセフのファミリは大家族となっていた。父親のピーター（78歳）は寡夫となっていて、彼の孫が、21歳を筆頭にして8人にもなっていた。年長の娘たちは、ハイティーンであるので、高齢の祖父の世話を充分に果たすことができたであろう。寡夫となった父親がそのまま、息子のファミリと同居する例となっている。

　1910年になると、ポーリンは寡婦となっていた。ジョセフはおそらく50歳前半で亡くなったと思われる。ジョセフの父ピーターもこの間に亡くなっていた。子どもたちは、年長の4人が親元を離れていた。子どもの年齢から、家を離れるタイミングが21歳前後にあることを例示している。

C．グロドフスキ（I）・ファミリ（農場者）、1870年－1910年（図5-16）

　1870年に、農場をもつアンソニー（36歳）とジュリア（28歳）夫婦はともにポーランド出身で、おそらくリヴァーフロント地域で出会って結婚したと思われる。当時、まだファミリを作り始めて4～5年たったばかりでありながら、すでに3人の男の子がいた。

　10年後の1880年には子どもが新たに5人増えて8人となり、大家族を形成していた。その年に最も年下であった子どもが誕生したのは、ジュリアが30代末のときで、彼女はその後8年間でさらに4人の子どもを出産している。母親が40歳前後まで出産することは既に述べてきたようにしばしばみられる。しかし、このケースはさらに年長になるまで出産したケースとなっている。

　合計で12人の子どものうち、1900年にアンソニーが66歳の高齢者になっていたときに、同居していたのは、19歳以下の4人で、20歳前後で子どもが家を離れる慣行の存在を明らかに示している。

　1910年に、69歳のジュリアが誰と同居していたのかをみると、一番年下の息子ジョンのファミリであった。ジョンは、4年前、22歳ごろに2歳年

第5章　ファミリ・ヒストリーの分析

図5-16　ポーランド系C、グロドウスキ（I）・ファミリ

1870年　グロドウスキ(I)(#724)

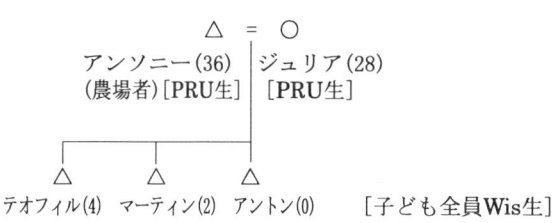

```
          △  =  ○
    アンソニー(36) │ ジュリア(28)
    (農場者)[PRU生] │ [PRU生]
       ┌──────┼──────┐
       △      △      △
  テオフィル(4) マーティン(2) アントン(0)    [子ども全員Wis生]
```

1880年　グロドウスキ(I)(#390)

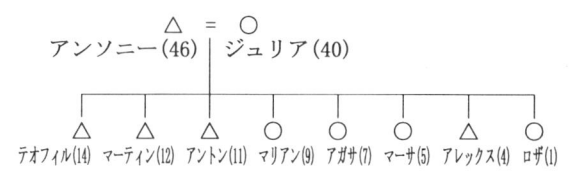

```
                    △  =  ○
              アンソニー(46) │ ジュリア(40)
   ┌────┬────┬────┬────┬────┬────┬────┐
   △    △    △    ○    ○    ○    △    ○
テオフィル(14) マーティン(12) アントン(11) マリアン(9) アガサ(7) マーサ(5) アレックス(4) ロザ(1)
```

1900年　グロドウスキ(I)(#321)

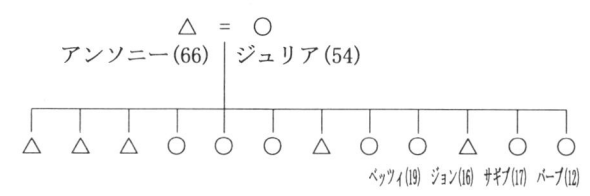

```
                    △  =  ○
              アンソニー(66) │ ジュリア(54)
   ┌────┬────┬────┬────┬────┬────┬────┐
   △    △    △    ○    ○    ○    △    ○    ○    ○
                          ベッツィ(19) ジョン(16) サギブ(17) バーブ(12)
```

1910年　グロドウスキ(I)(#1041)

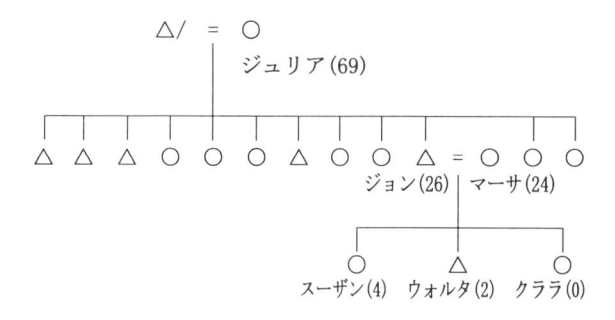

```
                    △/  =  ○
                        ジュリア(69)
   ┌──┬──┬──┬──┬──┬──┬──┬──┬──┬──┐
   △  △  △  ○  ○  △  ○  △ = ○  ○  ○
                              ジョン(26)│マーサ(24)
                               ┌────┼────┐
                               ○    △    ○
                           スーザン(4) ウォルタ(2) クララ(0)
```

229

下のマーサと結婚し、すぐに子どもができて3人いた。ジョンが結婚したときに、残っていた妹もすでに18歳になっていたので、ジョンよりも先に結婚して家を離れていたかもしれない。つまり、農場を継承するのは、しばしばみられるように、息子のうちでも最年少の息子にあてられている例となっている。寡婦となった母親も、農場継承者のファミリとともに残った。実の娘のファミリと一緒に生活するほうが楽であったとしても、その選択をすることができなかったのである。

D．グロドウスキ（Ⅱ）・ファミリ（農場者）、1870年－1910年（図5-17）

1870年、農場をもつジョン（42歳）と10歳年下のアントニア（32歳）は4人の子どもをもっていた。長女メアリは10歳で次の長男ジョンとの年齢差は5年であった。普通ポーランド系の人々が大家族をもつときの子どもの出産間隔は2年ないし3年なので、5年の間隔は、空きすぎていると判断してもよい。このファミリの場合、長女は、ヨーロッパで生まれていて、長男はウィスコンシン生まれであることから、ジョンとアントニアはプロシャで結婚して、最初の子どもが生まれてから、アメリカに移民したことになる。そのため、出産間隔が長くなったのであろう。

1880年に、子どもの数が8人になっていた。20歳になる長女は、すでにこのファミリから離れていて、おそらく婚出したと思われる。

1900年に、ジョンとアントニアは亡くなっていて、高齢期をどのような同居関係で過ごしていたのかを明確にすることができないケースとなった。子どもたちも末子ですでに20歳であるから、長男（35歳）の家族を除いて、このファミリから離れていた。結局、長男のファミリが、ジョンとアントニア夫婦を継承したことになるので、高齢の父母と同居しているのはこのファミリであったのであろう。長男のジョンが結婚したのが15年前の25歳とすると、おそらく、ジョンとアントニアとだけでなく、他の弟や妹とも同居していた可能性が高い。

1910年に、子どもの数が10人となったが、そのうちの3人がすでにファミリを離れていた。22歳のフェリックスは残っているが、すぐ下の妹は19

第5章　ファミリ・ヒストリーの分析

図5-17　ポーランド系D、グロドウスキ（Ⅱ）・ファミリ

1870年　グロドウスキ（Ⅱ）(#718)（農場者）

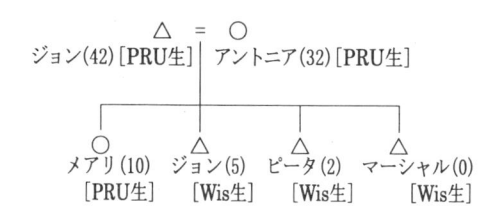

```
            △  =  ○
      ジョン(42)[PRU生]│アントニア(32)[PRU生]
          ┌───────┼───────┬───────┐
          ○       △       △       △
       メアリ(10) ジョン(5) ピータ(2) マーシャル(0)
       [PRU生]   [Wis生]  [Wis生]   [Wis生]
```

1880年　グロドウスキ（Ⅱ）(#379)

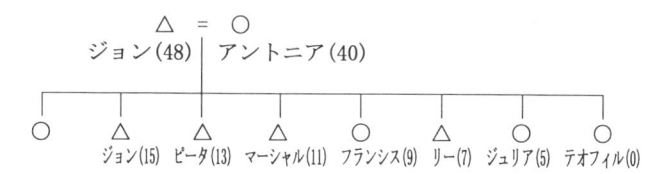

```
                △  =  ○
            ジョン(48)│アントニア(40)
    ┌────┬────┬────┬────┬────┬────┬────┐
    ○    △    △    △    ○    △    ○    ○
       ジョン(15) ピータ(13) マーシャル(11) フランシス(9) リー(7) ジュリア(5) テオフィル(0)
```

1900年　グロドウスキ（Ⅱ）(#327)

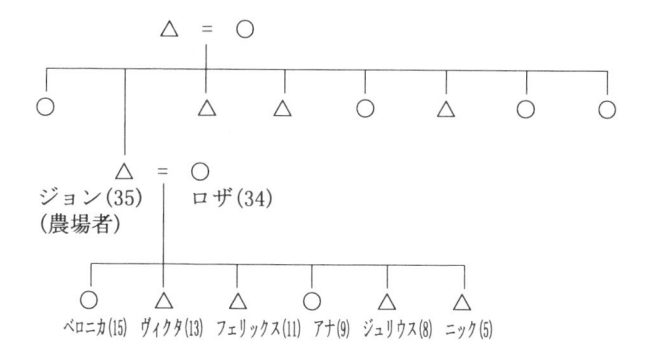

```
                △  =  ○
    ┌────┬────┬────┬────┬────┬────┐
    ○    △    △    ○    △    ○    ○
```

```
         △   =   ○
      ジョン(35)  ロザ(34)
      (農場者)
    ┌────┬────┬────┬────┬────┐
    ○    △    △    △    △    △
  ベロニカ(15) ヴィクタ(13) フェリックス(11) アナ(9) ジュリウス(8) ニック(5)
```

1910年　グロドウスキ（Ⅱ）(#1047)

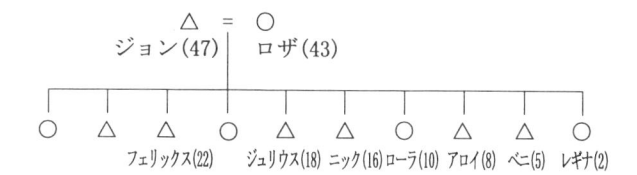

```
            △  =  ○
        ジョン(47)│ロザ(43)
  ┌────┬────┬────┬────┬────┬────┬────┐
  ○    △    △    △    ○    △    ○    ○
      フェリックス(22) ジュリウス(18) ニック(16) ローラ(10) アロイ(8) ベニ(5) レギナ(2)
```

231

歳で、おそらく婚出してしまっていたのだろう。男性の方が家を離れる年齢が遅いことを示す例である。男性の場合は結婚が必ずしも家を離れる理由とはならないからであろう。ジョンの妻ローザが末子を出産したのは、彼女が41歳のときであった。

E．シュナイダー・ファミリ（農場者）、1870年－1910年（図5-18）

本研究の一部である民族誌的研究の中で焦点を合わせたフォーカル・ファミリの一つと同一の姓をもっているが、類縁関係は不明である。

1870年、フランク（34歳）とメアリ（21歳）は、赤ん坊が1人いる、新しいファミリを作り始めたばかりの夫婦であった。夫婦の年齢差が大きいことは、フランクが移民であることを反映している。メアリも移民であるが、女性の場合の結婚適齢期が20歳までに設定されていて、それに合わせるように結婚していくのに対して、男性の場合は、移民の過程などにより、結婚の時期が遅れる傾向があることを示している。相手の女性の方が20歳ほどであれば、男性側の年齢にかかわらず、大家族をもてる条件は整っていると考えられる。

1880年に、3人の子どもが加わっていた。1900年には、フランクが62歳の高齢者となっていて、子どもは7人となっていた。しかし、子どものうち上から3人はすでにファミリを離れていて、22歳の息子を筆頭に下の子どもが残っていた。結局、このファミリは、父親が引退の時期に残っていた息子のうちから農場の継承者が生まれる例となっている。こうして、自立した老後を送る形になったのかどうかは資料からは不明である。

1910年に、フランクとメアリはともに亡くなっていた。10年前に残っていた子どもの中で最も年上のフランクが結婚してファミリをもちはじめ、この農場を継承した。いったんファミリを離れたと思われた長男が独身のまま戻ってきて、弟のファミリと一緒に生活していた。農場が、独身者が何らかの理由で、戻って生活することのできる場となっていて、農場での生活が包容力をもっていることが示されている。この包容力は、自立した老後をしようとする場合にも、それを、離れや、農場の一角を住居にあて

第5章 ファミリ・ヒストリーの分析

図5-18 ポーランド系E、シュナイダー・ファミリ

1870年 シュナイダー(#709)（農場者）

```
      △   =   ○
フランク(34) │ メアリ(21)
 [PRU生]  │  [PRU生]
        ○
      アナ(0)
      [Wis生]
```

1880年 シュナイダー(#368)

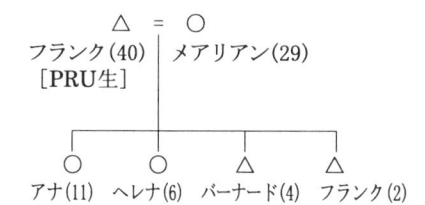

```
         △   =   ○
    フランク(40) │ メアリアン(29)
    [PRU生]    │
    ┌────┬────┼────┬────┐
    ○    ○    △    △
  アナ(11) ヘレナ(6) バーナード(4) フランク(2)
```

1900年 シュナイダー(#381)

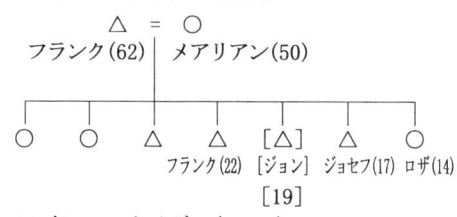

```
            △   =   ○
       フランク(62) │ メアリアン(50)
  ┌──┬──┬──┬──┼──┬──┐
  ○  ○  △  [△] △  ○
       フランク(22) [ジョン] ジョセフ(17) ロザ(14)
              [19]
```

1910年 シュナイダー(#1026)

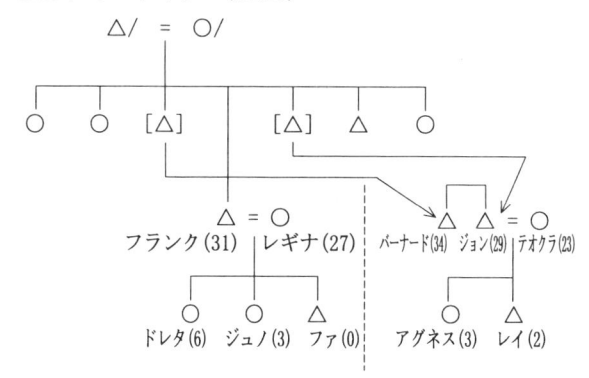

```
            △/  =  ○/
  ┌──┬──┬──┬──┬──┐
  ○  ○ [△] [△] △  ○
        │    │
        ↓    ↓
     △ = ○   △ △ = ○
  フランク(31)│レギナ(27)　バーナード(34) ジョン(29)│テオクラ(23)
     ┌──┬──┐          ┌──┐
     ○  ○  △           ○  △
   ドレタ(6) ジュノ(3) ファ(0)   アグネス(3) レイ(2)
```

233

るなどして、可能にする力を持っていることをも意味している。

F．オコネキ・ファミリ（農場者）、1870年－1900年（図5-19）

このファミリは1870年、1880年及び1900年の三回にわたって追跡された。1870年と1880年の家系図を比較してみるとわかるように、夫婦であるバレンタインとカサリンの年齢は整合していない。しかし、夫妻の名、および、子どもの名と出生順が、両年次で整合するので、同一のファミリと判断した。1900年の資料から判断すると、カサリンは1880年に50歳ではなく、42～45歳であったと推定できる。この約5年の違いをどのように解釈すべきであろうか。ポーランド系の多い地域のセンサス手書き原簿資料に記されている年齢にしばしば、5年のずれを見出すことがある。この理由とし

図5-19　ポーランド系F、オコネキ・ファミリ

1870年　オコネキ（#394）（農場者）

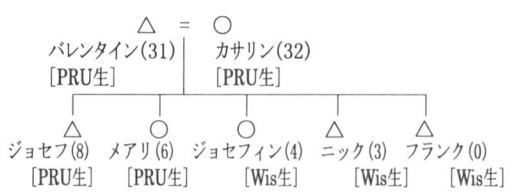

```
        △    =    ○
   バレンタイン(31)  カサリン(32)
     [PRU生]       [PRU生]
   ┌────┬────┬────┬────┬────┐
   △    ○    ○    △    △
 ジョセフ(8) メアリ(6) ジョセフィン(4) ニック(3) フランク(0)
  [PRU生]  [PRU生]   [Wis生]    [Wis生]  [Wis生]
```

1880年　オコネキ（#466）

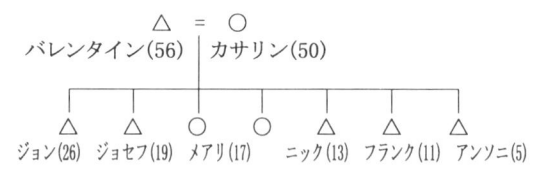

```
        △    =    ○
   バレンタイン(56)  カサリン(50)
   ┌───┬───┬───┬───┬───┬───┐
   △   △   ○   ○   △   △   △
  ジョン(26) ジョセフ(19) メアリ(17) ニック(13) フランク(11) アンソニ(5)
```

1900年　オコネキ（#1206）

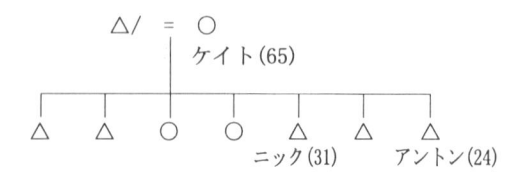

```
        △/   =    ○
              ケイト(65)
   ┌───┬───┬───┬───┬───┐
   △   △   ○   △   △
          ニック(31)    アントン(24)
```

234

て、本人あるいは家族の誤った申告や、センサス収集者の誤記の可能性が高いが、他にもここでは推定できないような理由があるように思える。

　1870年に、5人の子どもがいて、上から2人は、両親と同じくプロシャ生まれであった。子どもの年齢から判断すると、5年前の1865年に、この4人が一緒にアメリカに移住してきてウィスコンシンに定着したと思われる。

　1880年に、センサス原簿に記載されている子どもが2人増えた。1人は末子でまだ5歳の息子であった。もう1人は、26歳の息子で、10年前には、どこで暮らしていたのか不明である。もしこの息子ジョンが、個別に移民してきたとしたら、リヴァーフロントで両親兄弟と合流したことになる。

　1900年に、ヴァレンタインは死亡していて、カサリン（ケイト）が65歳で残っていた。彼女と同居していたのは、下の息子2人（31歳と24歳）でともに独身であった。下の息子は、母親が40歳前後で出産した子どもであった。おそらく、母親が死亡するまで、この2人の独身の息子が一緒にいて農場を経営していたであろう。ここでも、高齢となった寡婦の母親と一緒に暮らすのは、実の娘のファミリではないことが示されている。これは、既にみたように、農場継承者が息子になっているためである。それで、息子は結婚して残るのではなく、未婚のままでいて、母親と義理の娘との関係が生じるのを防いでいる面があることを見過ごしてはならないだろう。

G．<u>ソメグ（Ⅰ）・ファミリ</u>（農場者）、1860年－1880年（図5-20）
H．<u>ソメグ（Ⅱ）・ファミリ</u>（農場者）、1870年－1900年（図5-20）

　ソメグ（Ⅱ）・ファミリは、ソメグ（Ⅰ）・ファミリから派生したファミリなので、この二つの家系図は、並置・継続させて図示してある。図からわかるように、個人の年齢や名前に注目すると、必ずしもセンサスの表記が正確でないことがわかる。しかし、家族構成上、異なる年次のセンサスを通して、特定の家族を追跡できたことから、センサス情報の「不正確さ」は、本書において大きな困難をもたらすというよりも、分析過程で現れる確認すべき事項を意識的に取り扱う契機となったので、むしろ分析上プラスの効果をもっていた。

図5-20 ポーランド系GとH、ソメグ・ファミリ（Ⅰ）（Ⅱ）

1860年 ソメグ（#322）（農場者）

```
            △   =   ○
    ジョン(50)[PRU生]  マデライン(50)[PRU生]
        ┌───────┼───────┐
        △       △       △
   ジョン(22) クラレンス(20) ピータ(0)
   [PRU生]    [PRU生]    [PRU生]
```

1870年 ソメグ（#497）

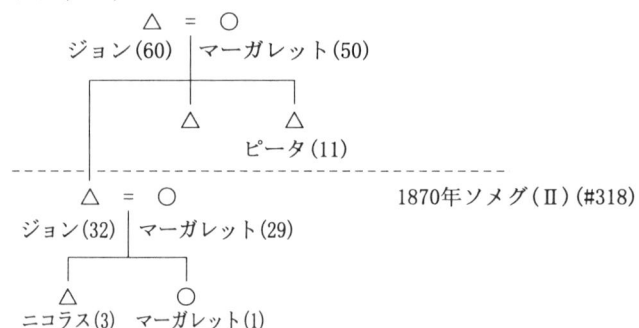

```
            △   =   ○
        ジョン(60)  マーガレット(50)
              ┌────┴────┐
              △         △
                   ピータ(11)
─────────────┼──────────────────── 1870年ソメグ(Ⅱ)(#318)
          △   =   ○
      ジョン(32)  マーガレット(29)
           ┌────┴────┐
           △         ○
       ニコラス(3)  マーガレット(1)
```

1880年 ソメグ（Ⅰ）（#1076）

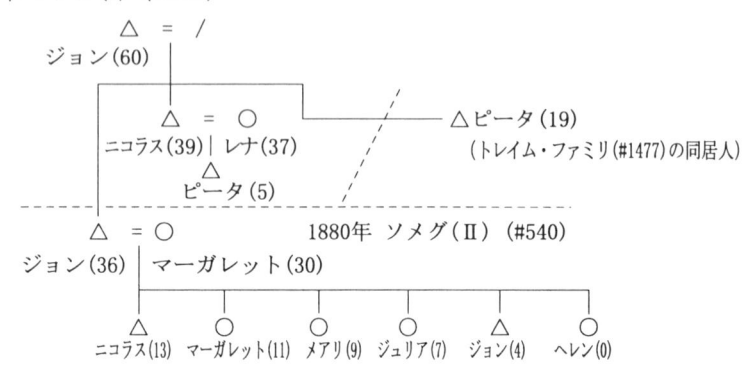

```
        △   =   /
    ジョン(60)
        │   ┌────────────────┐
        │   △   =   ○          △ピータ(19)
        │ ニコラス(39)│レナ(37)   (トレイム・ファミリ(#1477)の同居人)
        │        △
        │      ピータ(5)
─────────┼──────────────────────
    △   =   ○       1880年 ソメグ(Ⅱ)(#540)
 ジョン(36)│マーガレット(30)
    ┌────┬────┬────┬────┬────┐
    △    ○    ○    ○    △    ○
ニコラス(13) マーガレット(11) メアリ(9) ジュリア(7) ジョン(4) ヘレン(0)
```

1900年 ソメグ（Ⅱ）（#1862）ソメグ（Ⅰ）は記載なし。

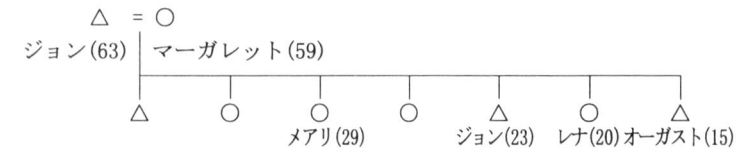

```
        △   =   ○
    ジョン(63)  マーガレット(59)
    ┌────┬────┬────┬────┬────┐
    △    ○    ○    ○    △    ○    △
              メアリ(29)      ジョン(23) レナ(20) オーガスト(15)
```

1860年に、ともにプロシャ出身のジョンとマデライン（マーガレット）夫妻は同年齢の50歳で、この時代に、ポーランド系移民で50歳という年齢は20〜30代を中心とする移民の中でも比較的年齢の高い層に属するといえる。記載されている3人の子どものうち、赤ん坊ピーター（0歳）が、ジョンとマデラインの実の子どもであるかは不明である。仮に、母親が40歳で出産した子どもであったとすると、マデラインの子どもである可能性は高い。もしそうであるなら、この赤ん坊の出身地もプロシャなので、この赤ん坊を出産してすぐにアメリカに移住してきたことになる。

1870年に、末息子のピータだけが、この夫婦のもとに残っていた。長男は、別の農場で、自分のファミリと生活していた。

1880年に、寡夫となっていたジョンの年齢は70歳であるはずのところを60歳と記載されていた。1870年に残っていたピータは、別な農場で寝泊まりをするようになっていた。おそらく農場労働者として働いていたのだろう。それで、高齢のジョンは、二番目の息子ニコラスのファミリと同居するようになっていた。どのような経緯でそうなったのかの推測は難しい。一つの可能性として、ニコラスは、彼の子どもが5歳なので、数年前に結婚して、農場後継者となったと考えられる。一方、息子ジョンのファミリは、子どもを増やしていた。寡夫の父親と同居していたのは、息子ファミリであった例である。

1900年に、生存していれば90歳であるジョンを見いだせなかった。一方、彼の息子ジョンのファミリでは、ジョンが60歳を越えた高齢者となっていて、マーガレットの他に、30代になった子ども以外は、まだ、4人も家に残っていた。1910年のセンサスに記載があれば、さらに高齢になった夫婦と子どものうち誰が同居するようになったのかを明確に知ることができたのであるが、記載がないので不明である。

1．オステウスキ（I）・ファミリ（農場者）、1870年－1900年（図5-21）

1870年に、カシミア（42歳）とロザリン（36歳）夫婦に、6人の子どもがいた。一番下の子どもがウィスコンシン生まれで、それ以外は、すべてプ

図 5-21　ポーランド系 I、オステウスキ（I）・ファミリ

1870年　オステウスキ（I）(#58)（農場者）

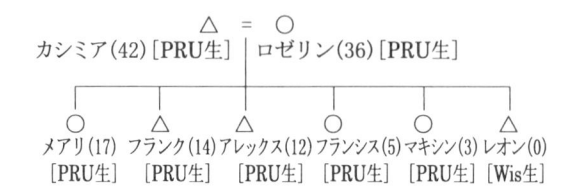

```
              △  =  ○
         カシミア(42)[PRU生] │ ロゼリン(36)[PRU生]
    ┌─────┬─────┬─────┼─────┬─────┬─────┐
    ○     △     △     ○     △     △
  メアリ(17) フランク(14) アレックス(12) フランシス(5) マキシン(3) レオン(0)
  [PRU生]  [PRU生]  [PRU生]  [PRU生]  [PRU生]  [Wis生]
```

1880年　オステウスキ（I）(#1188)

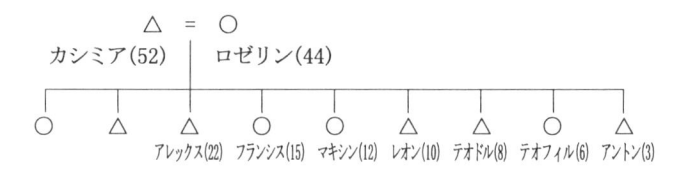

```
              △  =  ○
           カシミア(52) │ ロゼリン(44)
  ┌───┬───┬───┬───┬───┬───┬───┬───┐
  ○   △   △   ○   ○   △   △   ○   △
          アレックス(22) フランシス(15) マキシン(12) レオン(10) テオドル(8) テオフィル(6) アントン(3)
```

1900年　オステウスキ（I）(#544)

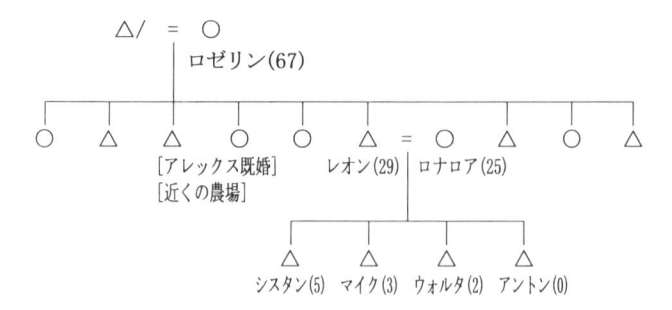

```
              △/ =  ○
                  │ ロゼリン(67)
  ┌───┬───┬───┬───┬───┬───┬───┐
  ○   △   ○   ○   △   ○   △   △
         [アレックス既婚]         レオン(29) = ロナロア(25)
         [近くの農場]
                          ┌───┬───┬───┐
                          △   △   △   △
                        シスタン(5) マイク(3) ウォルタ(2) アントン(0)
```

ロシャ出身であったので、このファミリは、1〜2年前におそらく家族全員で、移民してきたばかりであったと思われる。年長の子どもは農場の仕事を手伝えるティーンエイジャーであったことから、幼児2人を連れて移民することができたのであろう。

　10年後の1880年に、あらたに3人の子どもが生まれていて、子どもが9人の大家族となっていた。しかし、上の2人の子どもたち、長女（27歳）と長男アレックス（24歳）がすでに家を離れていて、残っていた子どもは22歳の息子を筆頭にして7人だった。このとき末子が3歳であるので、ロ

第5章　ファミリ・ヒストリーの分析

ザリンは40代はじめにこの息子を出産したことになる。

1900年に、ロザリンは高齢の寡婦となっていて、同居していたのは、6番目の子どもで三男のレオンのファミリであった。ここに、寡婦となった母親が農場継承者の息子ファミリと同居するポーランド系に一般的な例となっていることがわかる。アレックスは結婚して近所の農場で自分のファミリを築いていた。年長の息子が農場の仕事を希望した場合には、親が新たな農場を獲得することが一般的に行われていたようである。農場の継承者としては、おそらく、カシミアが死亡したときの、息子の年齢が大きく左右していたのであろう。1910年のセンサスにはこのファミリの記載がないために、レオンのファミリがそのまま農場の継承者として農場を持ちつづけていたのかは確認できない。

J．オステウスキ（Ⅱ）・ファミリ（農場者）、1880年－1910年（図5-22）

このファミリは前項のファミリと同じ姓であるが、互いの関係については明確でない。

1870年代半ばに結婚したアンドリュー（31歳）とメアリ（28歳）は、ともにプロシャ生まれであった。1880年に、すでに3人の幼い息子がいて、すべてウィスコンシン生まれであるので、この夫婦はプロシャで結婚後すぐに移民としてアメリカに来たか、あるいは、ウィスコンシンで出会って結婚したかであろう。いずれにしても1870年代の東ヨーロッパからの移民の波の中で移動してきたといえる。この夫婦は、その後20年間に、新たに5人の子どもをもつようになって、大家族を形成していった。

1900年に、幼い子どもであった長男（25歳）と次男（23歳）が20代の始めにまで成長していて、すでに親元を離れていた。これまでのクラーク郡区のポーランド系のファミリと同様に、20歳以下の子どもたち6人がまだ家に残っていた。末子は3歳であるので、母親のメアリが45歳頃に出産した子どもである。

1910年に、アンドリューは64歳、メアリは58歳で、夫婦として高齢期へ移行していく時期にあった。この時期に同居していたのは、年下の2人の

239

図5-22　ポーランド系J、オステウスキ（Ⅱ）・ファミリ

1880年　オステウスキ（Ⅱ）（#1357）（農場者）

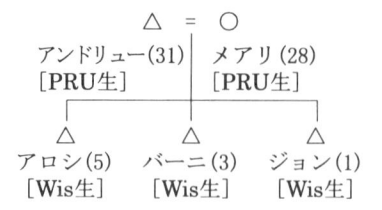

```
            △  =  ○
      アンドリュー(31)│メアリ(28)
       [PRU生]    │ [PRU生]
         ┌────────┼────────┐
         △        △        △
      アロシ(5)  バーニ(3)  ジョン(1)
      [Wis生]   [Wis生]   [Wis生]
```

1900年　オステウスキ（Ⅱ）（#630）

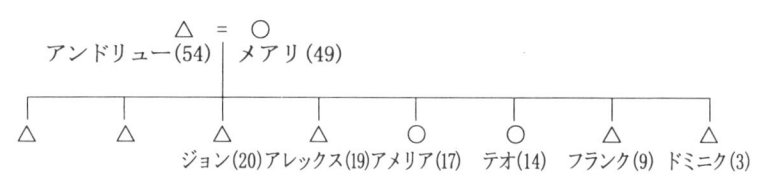

```
                 △ = ○
           アンドリュー(54)│メアリ(49)
   ┌────┬────┬────┬────┬────┬────┬────┐
   △    △    △    △    ○    ○    △    △
              ジョン(20) アレックス(19) アメリア(17) テオ(14) フランク(9) ドミニク(3)
```

1910年　オステウスキ（Ⅱ）（#1477）

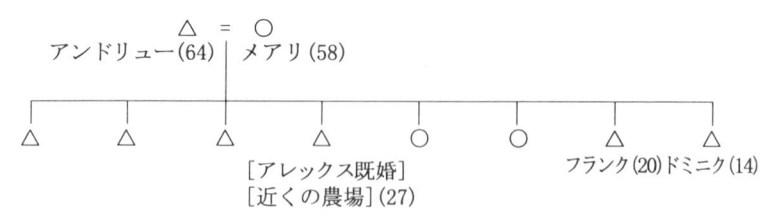

```
                 △ = ○
           アンドリュー(64)│メアリ(58)
   ┌────┬────┬────┬────┬────┬────┬────┐
   △    △    △    △    ○    ○    △    △
              [アレックス既婚]
              [近くの農場](27)         フランク(20) ドミニク(14)
```

息子（20歳と14歳）であった。四男（27歳）は結婚していて、農場者になることを希望したことがあって、近隣の農場でファミリを築き始めていた。この子どもは農場継承者になることはないので、残っていた息子のうちのどちらかが継承することになっただろう。残っていた息子は、将来についてそれほど選択肢が広くはなかったことになる。どちらの息子が継承するかが決まるのは、父親が死亡したときの息子の年齢や結婚の有無によって、影響を受けると考えられる。いずれの息子になるにしろ母親が寡婦となることになるので、結局、将来は、息子のファミリと同居の生活を送るという一般的なパターンとなったと思われる。あるいは、息子は独身のままでい続けたかもしれない。

240

K．メロンク・ファミリ（農場者）、1870年―1910年（図5-23）

　1870年に、プロシャ生まれのジョン（33歳）とバーバラ（28歳）は、おそらくこの地域で数年前に結婚していて、すぐに子どもができて、ゼロ歳と2歳の2人とともに、新しいファミリを作り始めたところであった。このファミリは、早婚ではないが、30年後の1900年までに、11人の子どもをもつ大家族を形成していた。末子の息子スティーブが生まれたのは母親のバーバラが43歳のときであったので、出産間隔は、数年間隔となって、他のファミリよりも短い間隔であった。もう少し早く結婚していたとすると、さらに子どもの数が増えていた可能性があったであろう。

　このファミリの場合も、子どもは20歳を過ぎると、親元を離れる慣行を守っていた。1900年に、残っていた子どもは8番目の20歳の息子ニックと、彼より年下の弟3人全員であった。かれらすべてが息子であったので、この4人の中から誰が、ジョンとバーバラが高齢期にはいったときに同居するようになったかを知ることは、老後の扶養のパターンを理解するのに重要である。

　1910年に、結局、高齢の夫婦には、ニックのファミリが継承者として残っていただけであった。つまり、この年に20歳以上になっていたニックの弟たち3人はすべて親元から離れてしまっていたのである。末子でも22歳となっていたので、家から離れていたのである。結局、夫婦ともども60歳を越したカップルに残ったのは、親が62～63歳頃になったときに、26～27歳で結婚したニックであった。おそらく、1900年のとき、20歳であったニックは、両親が60歳に近づいたことから、家を出ることをせずに、そのまま残って農場の継承者となり、27歳頃に結婚したのであろう。その当時は、近隣の農場ファミリから結婚相手を見つけることがよく行われていて、双方の親同士の合意が婚姻成立のための重要なステップであった。この過程の中で、両親にとって適当であると思われる義理の娘が選択されることになったと思われ、老後の扶養関係が容易になるような配慮もその選択の中に含まれていたであろう。

図5-23 ポーランド系K、メロンク・ファミリ

1870年 メロンク（#196）（農場者）

```
            △  =  ○
    ジョン(33)[PRU生] │ バーバラ(28)[PRU生]
         ┌──────┴──────┐
         △            △
      フランク(2)      ジョン(0)
       [Wis生]        [Wis生]
```

1880年 メロンク（#1509）

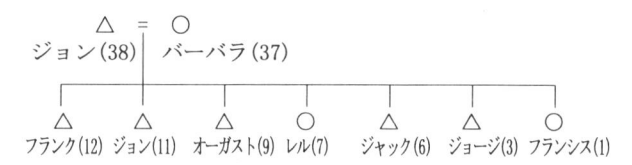

```
              △  =  ○
          ジョン(38) │ バーバラ(37)
   ┌─────┬─────┬─────┼─────┬─────┬─────┐
   △     △     △     ○     △     △     ○
フランク(12) ジョン(11) オーガスト(9) レル(7) ジャック(6) ジョージ(3) フランシス(1)
```

1900年 メロンク（#1582）

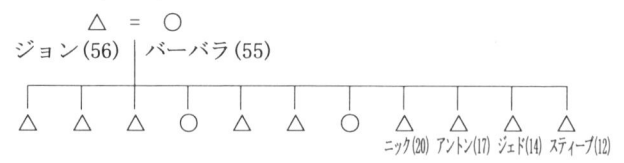

```
              △  =  ○
          ジョン(56) │ バーバラ(55)
 ┌──┬──┬──┬──┬──┬──┬──┬──┬──┬──┐
 △  △  △  ○  △  △  ○  △  △  △  △
                          ニック(20) アントン(17) ジェド(14) スティーブ(12)
```

1910年 メロンク（#1346）

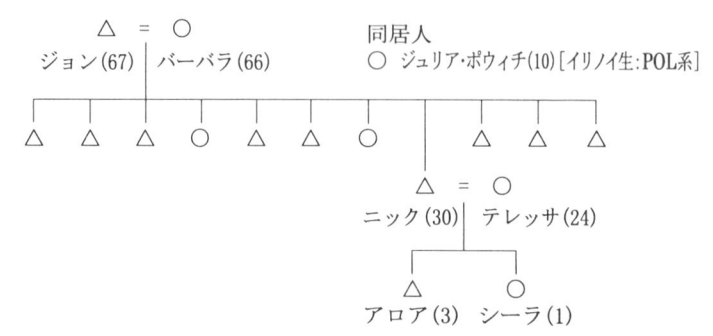

```
              △  =  ○          同居人
          ジョン(67) │ バーバラ(66)     ○ ジュリア・ポウィチ(10)[イリノイ生：POL系]
 ┌──┬──┬──┬──┬──┬──┬──┬──┬──┐
 △  △  △  ○  △  △  ○  △  △  △
                       │
                    △  =  ○
                 ニック(30) │ テレッサ(24)
                    ┌───┴───┐
                    △       ○
                 アロア(3)  シーラ(1)
```

第5章　ファミリ・ヒストリーの分析

L．プラット・ファミリ（農場者）、1870年―1910年（図5-24）

このファミリは、前項のメロンク・ファミリによく似たファミリ構成とその変化を表していた。

図5-24　ポーランド系L、プラット・ファミリ

1870年　プラット（#593）（農場者）

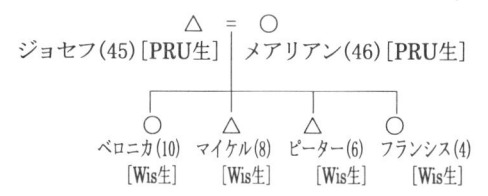

```
           △ = ○
ジョセフ(45)[PRU生] │ メアリアン(46)[PRU生]
    ┌──────┼──────┬──────┐
    ○     △     △     ○
 ベロニカ(10) マイケル(8) ピーター(6) フランシス(4)
  [Wis生]   [Wis生]    [Wis生]    [Wis生]
```

1880年　プラット（#1545）

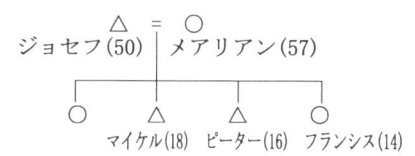

```
          △ = ○
       ジョセフ(50) │ メアリアン(57)
       ┌────┼────┬────┐
       ○    △    △    ○
           マイケル(18) ピーター(16) フランシス(14)
```

1900年　プラット（#1676）

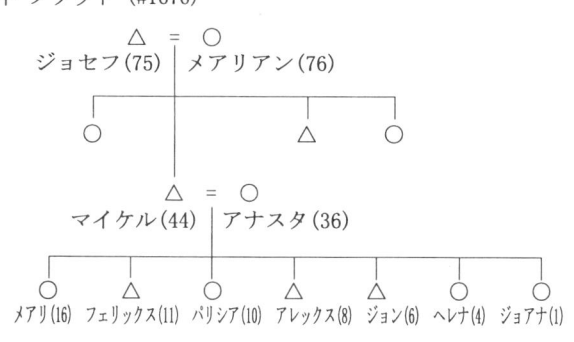

```
          △ = ○
       ジョセフ(75) │ メアリアン(76)
       ┌────┼─────┐
       ○           △     ○
                △ = ○
             マイケル(44) │ アナスタ(36)
    ┌────┬────┬────┬────┬────┬────┐
    ○    △    ○    △    ○    ○    ○
  メアリ(16) フェリックス(11) パリシア(10) アレックス(8) ジョン(6) ヘレナ(4) ジョアナ(1)
```

1910年　プラット（#596）

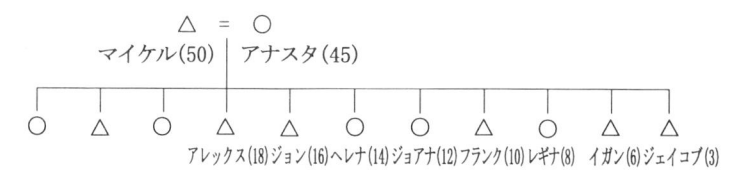

```
              △ = ○
           マイケル(50) │ アナスタ(45)
  ┌────┬────┬────┬────┬────┬────┬────┬────┐
  ○    △    ○    △    ○    △    ○    △    △
     アレックス(18) ジョン(16) ヘレナ(14) ジョアナ(12) フランク(10) レギナ(8) イガン(6) ジェイコブ(3)
```

243

1870年に、ジョセフ（45歳）とメアリアン（46歳）は、ともにプロシャ出身で、年齢からすると、センサス原簿に記載された4人の子ども以外にも年長の子どもがいた可能性がある。しかし、一般に、10代の子どもは親元にいるはずであるのに、この夫婦にはいないことは、比較的遅く結婚した可能性も皆無ではない。いずれにしろ、末子の娘は4歳なので、メアリアンが42歳のときの子どもであった。つまり、晩婚であったにせよ、この出産年齢まで出産することが可能であれば、農場の継承者を子どもの中に求めることが、他の大家族をもつファミリと同様におこなえることを示すケースとなっているのである。言い換えれば、老後の扶養の問題について、子どもからの扶養を期待する場合の方略として、夫婦ともに40歳前後に数人の子どもをもつことができるならば、ファミリ農場の継承も完全に行われうるであろうし、老後の扶養も一般的なパターンで実現させることができるのである。

1880年に、一番年上の娘が20歳になる前に親元を離れていた。当然のことながら、子どもの数に変化はなかった。この3年後ほどに、マイケルは、8歳年下のアナスタシアと結婚して、次の20年の間に、7人の子どもをもうけた。20年後の1900年には、弟と妹がすでに親元から離れているので、マイケルが結婚して遅くとも数年後には、彼らは次々と、家を出て行ったのであった。

1900年に、ジョセフ夫婦はともに70代半ばの高齢カップルとなっていた。残っていたのは、息子のマイケル（44歳）であり、農場者としてファミリの中心的役割を果たしていた。マイケルの妻アナスタは、数年間隔で、出産を続けていた。年長の娘が年少の兄弟姉妹を世話するようになっていたであろう。

両親が60歳に近づいた頃、マイケルは、22〜23歳で、他に兄弟がいれば、本人は家を離れた年齢であったが、男の兄弟には下に弟がいるだけであったので、マイケルが農場を継承することになったようである。それでも、マイケルの結婚した年齢は28歳頃であったので、継承することになっても数年は独身で家にいて農場の仕事をしていたというステップを踏んでいた

ことがわかる。相手は8歳年下で、20歳のアナスタであった。彼女の結婚年齢は、当時のポーランド系女性の間では普通であっただろう。この年齢で結婚して、後に42歳位まで子どもを出産することになった。結果として、大家族が形成された。

1910年に、ジョセフとメアリアンの夫婦は亡くなっており、マイケルの子どもは、11人となっていた。年長の子ども3人はすでに、家から去っていて、残っている子どもの筆頭が18歳であることから、20歳前後になると、女性も男性も家を離れることが慣行として徹底していた。

この1910年には、まだ中年の夫婦であるので、老後の問題をどのように解決しようとするかを判断する資料はない。それでも、これまでのケースでみてきたことから、マイケルとアナスタシア夫妻の後継者となる子どもを予測すると、おそらく、1910年で10歳のフランクであるだろう。というのも、両親が60歳に近づいたときに、フランクが20歳になって、家を離れるかどうかの決断をするときになっただろうからである。

レイクランド郡区（10ファミリ）

ノルウェー系

A．グンダーソン・ファミリ（農場者）、1860年－1900年（図5-25）

1860年、ともにノルウェー生まれのターベン（28歳）とアン（30歳）は、数年前に結婚していて、すでに5歳と2歳の息子をもつ夫婦であった。2人の年齢が比較的若いことから、若くして移民してきたとすると、ノルウェー系の人々が集まるこの近隣にどのような親戚がいたのか興味深いが明らかでない。アンは、次の10年間で新たに3人の子どもを、さらにその数年後の43歳のときに6番目となる末子の娘を出産した。末子の出産年齢は、クラーク郡区のポーランド系でみた高年出産の例と同じである。

このファミリは高齢者の扶養の面で特徴的である。1870年にターベンの父親（86歳）がファミリに加わったが、1880年には、おそらく死亡したために、このファミリからいなくなっている。その入れ替わりであるかのように、同年に、アンの母親（95歳）がこのファミリに加わっていた。ター

図5-25 ノルウェー系A、グンダーソン・ファミリ

1860年 グンダーソン(#220)(農場者)

```
        △ = ○
ターベン(28)[NOR生]  アン(30)[NOR生]
        ├────┐
        △    △
     ジョージ(5) ベン(2)
     [Wis生]  [Wis生]
```

1870年 グンダーソン(#483)

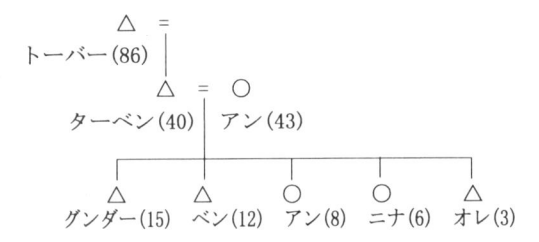

```
     △ =
  トーバー(86)
      │
      △ = ○
   ターベン(40) アン(43)
      ├──┬──┬──┬──┐
      △  △  ○  ○  △
  グンダー(15) ベン(12) アン(8) ニナ(6) オレ(3)
```

1880年 グンダーソン(#211)

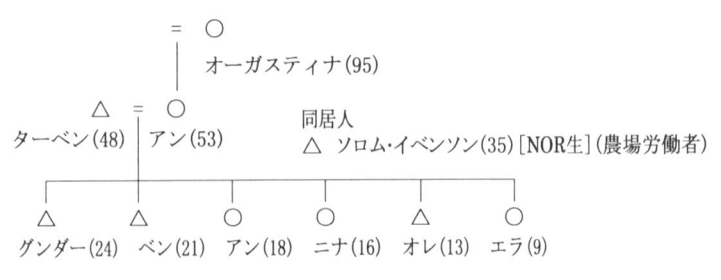

```
           = ○
         オーガスティナ(95)
           │
        △ = ○           同居人
     ターベン(48) アン(53)  △ ソロム・イベンソン(35)[NOR生](農場労働者)
        ├──┬──┬──┬──┬──┐
        △  △  ○  ○  △  ○
    グンダー(24) ベン(21) アン(18) ニナ(16) オレ(13) エラ(9)
```

1900年 グンダーソン(#1112)

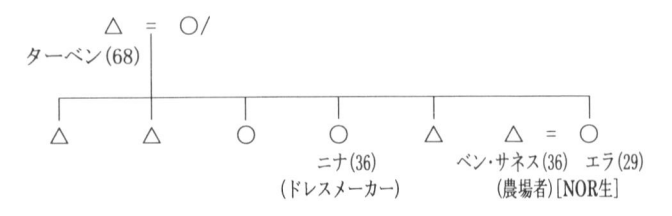

```
         △ = ○/
      ターベン(68)
         ├──┬──┬──┬──┬──┬──┐
         △  △  ○  ○  △  △ = ○
                  ニナ(36)    ベン・サネス(36) エラ(29)
                (ドレスメーカー) (農場者)[NOR生]
```

ベンの父親およびアンの母親がいつ頃（何歳のときに）移民してきたのか明らかでない。ここで興味深いのは、夫方妻方がどちらかに偏重していたというよりも、むしろ同等の重みがかけられていたのではないかと推量させる資料となっていることである。こうした人の動きはポーランド系ではみられなかったので、文化的背景との結びつきが深いことを示唆している。

また、1880年に、ポーランド系の農場ファミリにはいなかった非親族の同居人（ノルウェー系35歳）が農場労働者としてこのファミリに加わっていた。息子も24歳と21歳と農場の仕事をこなせる年代であるのに、さらに人手が必要であったということは、農場の拡大を行ったためと推測される。当時、リヴァーフロント市内でもノルウェー系では非親族の同居人がいたのに対して、ポーランド系ではいなかったのと同様に、非親族の同居人の存在はノルウェー系では受け入れられていたのである。

1900年に、アンは亡くなっていて、寡夫となっていたターベンは、第4子の未婚の娘ニナ（36歳）と、末子の娘（29歳）夫婦との4人で暮らしていた。ニナはドレスメーカーとして手に仕事をもっていた。義理の息子もやはりファーマーであった。おそらく、3人いる息子の誰もが親の農場を継承せずに、末の娘の配偶者が継承したのであろう。ターベンが60歳の引退する時期に、最も若い息子オレが既に20代後半に入っていて、この息子は、別な職業に就くために、あるいは別な農場で働くために、家を離れてしまっていた可能性が高いのである。

1910年に、このファミリのことは記載されていなかった。ターベンの死亡によるものであろう。独身で残っていたドレスメーカーの娘ニナの行き先にはどのようなところがありえたのかは不明である。

B．ピーターソン・ファミリ（農場者）、1860年－1910年 （図5-26）

このノルウェー系の夫婦は、前のケースと同じ世代にあった。このことは、前のケースもこのケースも妻の方が先に死亡していることと関係しているように思える。なぜなら、この死亡が出産に関係している可能性があるからである。

図5-26　ノルウェー系B、ピーターソン・ファミリ

1860年　ピーターソン(I)(#234)(農場者)

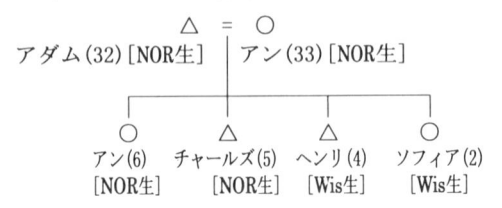

```
              △  =  ○
     アダム(32)[NOR生] │ アン(33)[NOR生]
         ┌──────┼──────┬──────┐
         ○      △      △      ○
      アン(6) チャールズ(5) ヘンリ(4) ソフィア(2)
     [NOR生]  [NOR生]    [Wis生]  [Wis生]
```

1870年　ピーターソン(I)(#233)

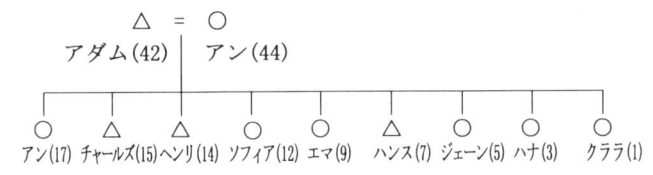

```
              △  =  ○
         アダム(42) │ アン(44)
    ┌────┬────┬────┬────┬────┬────┬────┬────┐
    ○    △    △    ○    ○    △    ○    ○    ○
  アン(17)チャールズ(15)ヘンリ(14)ソフィア(12)エマ(9)ハンス(7)ジェーン(5)ハナ(3)クララ(1)
```

1880年　ピーターソン(I)(#659)

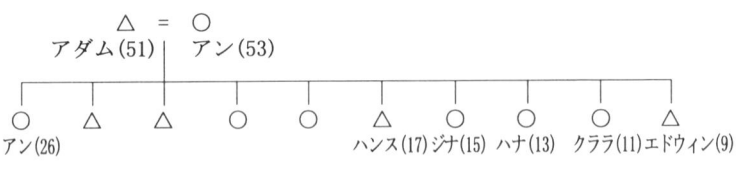

```
              △  =  ○
         アダム(51) │ アン(53)
    ┌────┬────┬────┬────┬────┬────┬────┬────┐
    ○    △    △    ○             △    ○    ○    ○    △
  アン(26)                     ハンス(17)ジナ(15)ハナ(13)クララ(11)エドウィン(9)
```

1900年　ピーターソン(I)(#805)

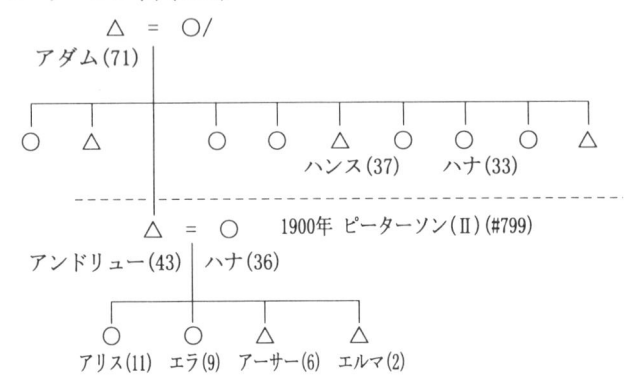

```
              △  =  ○/
         アダム(71) │
    ┌────┬────┬────┬────┬────┬────┬────┬────┐
    ○    △    ○    ○    △    ○    ○    ○    △
                        ハンス(37)  ハナ(33)
              - - - - - - - - - - - - - - - - - - - -
              △  =  ○   1900年　ピーターソン(II)(#799)
       アンドリュー(43)│ ハナ(36)
         ┌────┬────┬────┐
         ○    ○    △    △
      アリス(11) エラ(9) アーサー(6) エルマ(2)
```

1910年 ピーターソン(I)及び(II)が合同(#1018)

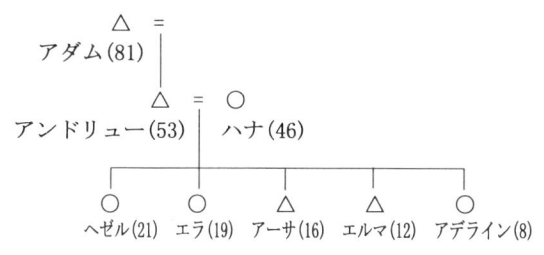

```
       △ =
アダム(81) │
          △ =   ○
アンドリュー(53) │ ハナ(46)
      ┌───┬───┼───┬───┐
      ○   ○   △   △   ○
   ヘゼル(21) エラ(19) アーサ(16) エルマ(12) アデライン(8)
```

　農場をもつアダム（32歳）とアン（33歳）は、それぞれ20代半ば過ぎに結婚し、2人の子どもをもった後に子どもを連れてノルウェーから移民し、その後1860年までにさらに2人、合計4人の子どもをもっていた。続く10年間のうちに、新たに子どもが5人加わった。末子が生まれたのはアン（アナ）が43歳の時で、やはり、ポーランド系でよくみてきたのと同様に40歳前後まで出産を続けていたケースとなっている。それによって夫婦含めて11人構成の大家族となったのであった。

　1880年に、19歳あるいは20歳になる子どもたちは、その時点で家を離れていったようで、4人の子どもが去っていた。この例外として、26歳の長女が残っていた。22歳と19歳になる妹2人はすでに家を去っていたので、長女が残っている理由は何であったのだろうか。おそらく、何らかの理由で（例えば、母親の体調が思わしくなかったなど）、年少の兄弟姉妹の世話を任せられていたのだろう。その後の20年間の動向を把握できないが、この20年間の間に母親が亡くなっているのは、先にあげた理由の可能性を示唆しているのである。

　1900年、寡夫となったアダム（71歳）は、彼が60歳前後になったときに26歳であった独身の息子ハンス（37歳）と、娘の1人でやはり独身のハナ（33歳）と同居していた。ハンスは農場の後継者であって、ハナはおそらく、長女のアンが、母親の代わりに家事に従事していたのを、アンが婚出するのにあわせるように、受け継いだのであろう。

なぜ、農場継承者がハンスであったかは、彼の前後に男の兄弟がいなかったことが挙げられる。もし、4～5年下の弟がいたとすると、その弟の方が農場を継承した可能性があったのである。20年前に家を離れていた第三子の次男アンドリューが、1900年にファミリと近隣の農場で暮らしていたことがわかっている。彼は、11～12年前に結婚していて、その後、新しい農場で暮らし始めていたのである。

　1910年に、アダム（81歳）は健在で、農場後継者となったと判断されたハンスとではなく、近隣に農場をもったアンドリューのファミリと一緒に生活するようになっていた。なぜ、アンドリューのファミリと一緒に暮らすようになったのか。アダムがさらに高齢となって、介護が必要になり、それには女手が適当であると判断された可能性がある。アンドリューのファミリには年長の娘が2人いて、充分に介護の担い手になれたからである。一方、実の娘であるハナのほうは、推定であるが、30代で結婚し、父親の世話にあたれなくなった可能性があるのである。

C．ストロンボーグ・ファミリ（農場者）、1880年－1910年（図5-27）

　このファミリは、本研究の一部をなす民族誌的調査の中で私たちが焦点を合わせたファミリの一つである。

　1880年に、ノルウェー生まれの既に高齢期に入ったジョン（63歳）とバーサ（55歳）は、バーサが40歳のときに出産したルイスと一緒に農場で生活していた。ジョンが引退の時期に、残った息子ルイスはまだ15歳であったが、そのまま、ルイスが農場を継承したことが、1900年のセンサス原簿からわかる。

　1900年に、ジョンは亡くなっていて、寡婦となっていたバーサ（75歳）は、ルイス（35歳）のファミリと暮らしていた。彼が結婚したのは11年程前の24歳頃であった。その間に子どもが4人となった。そして、1880年から20年間のうちに、いつジョンが亡くなったのかは不明だが、農場の仕事と家庭を維持するために、ノルウェー系の非親族の同居人（男2人女1人）が、このファミリに雇われていた。男性2人のうち1人は、17歳でまだ学

図5-27　ノルウェー系C、ストロンボーグ・ファミリ

1880年　ストロンボーグ (#89)（農場者）

```
      △   =   ○
ジョン(63) │ バーサ(55)
[NOR生]   │ [NOR生]
          △
       ルイス(15)
       [Wis生]
```

1900年　ストロンボーグ (#596)

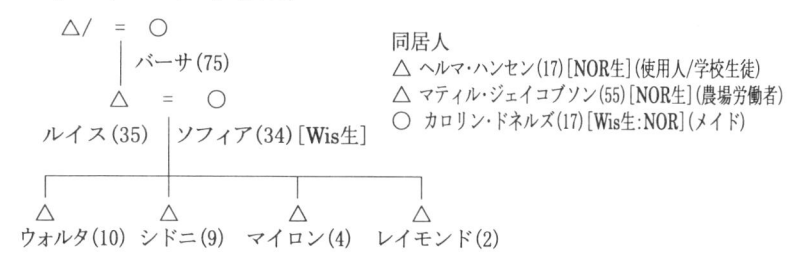

```
    △/  =  ○                 同居人
         │ バーサ(75)          △ ヘルマ・ハンセン(17)[NOR生](使用人/学校生徒)
    △   =   ○                △ マティル・ジェイコブソン(55)[NOR生](農場労働者)
 ルイス(35) │ ソフィア(34)[Wis生]  ○ カロリン・ドネルズ(17)[Wis生:NOR](メイド)
    ┌──────┼──────┬──────┐
    △      △      △      △
 ウォルタ(10) シドニ(9) マイロン(4) レイモンド(2)
```

1910年　ストロンボーグ (#1091)

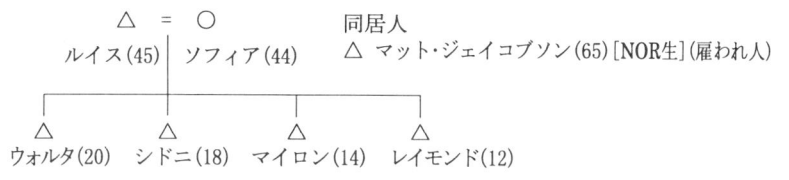

```
    △   =   ○             同居人
 ルイス(45) │ ソフィア(44)    △ マット・ジェイコブソン(65)[NOR生](雇われ人)
    ┌──────┼──────┬──────┐
    △      △      △      △
 ウォルタ(20) シドニ(18) マイロン(14) レイモンド(12)
```

校に行きながら農場の仕事をしていて、もう1人は55歳で、農場を手伝っていたようである。女性は17歳でハウスメイドとして働いていた。彼女が雇われている理由は、おそらくルイスの子どもがまだ4人とも10歳以下であることと、高齢の母親の扶養とが重なったものであろう。

1910年に、バーサは既に亡くなっていて、このこと以外は、ルイスの家族の構成は変化していなかった。子どもたちのうちで年長のウォルターは20歳になっているが、ルイスがまだ45歳で働き盛りであること、また、非親族の同居人で10年前にいた3人のうち年長者のマット（65歳）が残って農場の仕事をしてくれていたことから、これから先、おそらく順々に4人の息子たちは家を離れて行くことになったであろう。

D．ネルソン・ファミリ（農場者）、1860年－1910年（図5-28）

　ノルウェー系の場合、既述したように非親族の同居人のいるファミリがしばしばみられる。これは、農場地帯のポーランド系にはみられない特徴である。ネルソン・ファミリもそのうちの一つであった。

　1860年に、ともにノルウェー生まれのネルス（26歳）とメアリ（20歳）は、ウィスコンシンで生まれた3歳と1歳の幼児を抱え、さらにノルウェー系の36歳の女性がサーヴァントとして同居していた。中年女性を雇用する理由として、幼い子どもの世話が考えられる。このケースにおいて他にどのような理由がありうるのかは不明である。

　1870年に、同居者はいなかった。過去10年でさらに3人の子どもがあらたに加わった。しかし、計5人になっているはずであったが、11歳になっているはずの第二子のウィリアムはこのファミリには存在せず、3歳の末子がウィリアムと名付けられていた。このことは、次男のウィリアムが病気か事故で亡くなっていて、新しく生まれた男の子に同一の名前を付けたのではないかと思われる。

　その後の10年間に、さらに5人の子どもが加わった。この年、第一子のネルスは22歳で、農場の仕事ではなく、製粉所の仕事をしながら家に残っていたが、そろそろ家を離れる年齢となっていたと思われる。

　1900年に、このファミリは大きく変化していて、高齢となってそれほど間もないネルスが亡くなっていて、寡婦となったメアリ（60歳）は、子どもたちの中で年下の4人と生活していた。年上の2人の息子と、3人の娘は家を離れていて、息子たちがどのような職についているか、そして長男はファーマーをやめてしまったのかどうかは、不明である。このファミリとしては農場を継承する者はいなくなったことをあらわしている。

　残った子どもたちのうち3人の子どもたちは、定置機関技師、大工見習い、教師（末娘も教師）といった、農業と無関係の仕事をしていた。このことは、ノルウェー系の人々の間で、親の世代が自ら携わっている農業を、子どもたちに継承させることにこだわっておらず、むしろ、都会的な仕事に就くことを子どもたちに勧めていることのあらわれと考えてよい。

第5章　ファミリ・ヒストリーの分析

図5-28　ノルウェー系D、ネルソン・ファミリ

1860年　ネルソン（#9）（農場者）

△ ＝ ○
ネルス(26)　メアリ(20)　同居人
[NOR生]　[NOR生]　○ メアリ・ウィリアムソン(36)[NOR生]（使用人）

△　　　　△
ネルス(3)　ウィリアム(1)
[Wis生]　[Wis生]

1870年　ネルソン（#263）

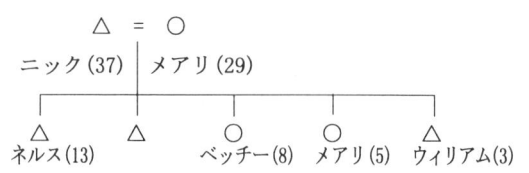

△ ＝ ○
ニック(37)　メアリ(29)

△　　△　　○　　○　　△
ネルス(13)　ベッチー(8)　メアリ(5)　ウィリアム(3)

1880年　ネルソン（#1）

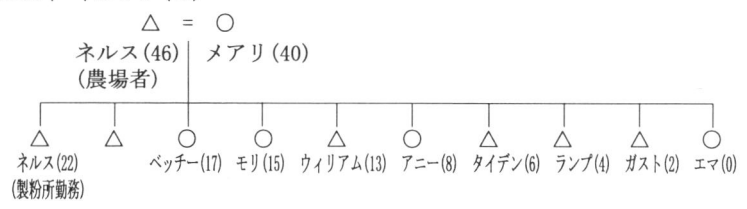

△ ＝ ○
ネルス(46)　メアリ(40)
（農場者）

△　△　○　○　△　○　△　△　△　○
ネルス(22)　　　ベッチー(17)　モリ(15)　ウィリアム(13)　アニー(8)　タイデン(6)　ランプ(4)　ガスト(2)　エマ(0)
（製粉所勤務）

1900年　ネルソン（#1614）

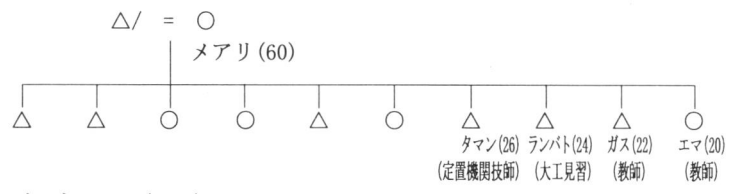

△/ ＝ ○
　　　メアリ(60)

△　△　○　○　△　○　△　　　　○　　　　△　　　○
　　　　　　　　　　　　　タマン(26)　ランバト(24)　ガス(22)　エマ(20)
　　　　　　　　　　　　（定置機関技師）（大工見習）（教師）（教師）

1910年　ネルソン（#492）

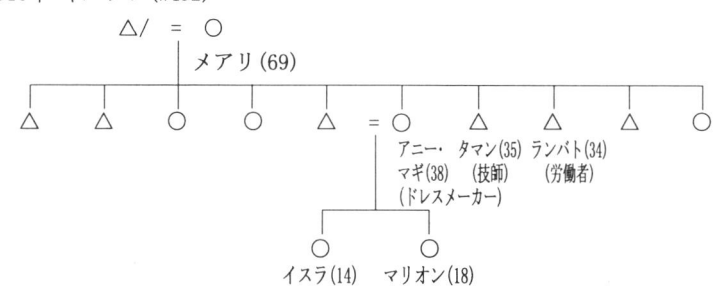

△/ ＝ ○
　　　メアリ(69)

△　△　○　○　△ ＝ 　　△　　　　△　　　△　　○
　　　　　　　　　アニー・　タマン(35)　ランバト(34)
　　　　　　　　　マギ(38)（技師）（労働者）
　　　　　　　　　（ドレスメーカー）

○　　○
イスラ(14)　マリオン(18)

1910年に、寡婦のメアリ（69歳）は健在で、残っていた4人の子どものうち、ともに教師をしていた下の2人が、先に家を離れていた。残った2人の息子（35歳と34歳）はそれぞれ10年前と同様の仕事を続けていた。そして、一旦、20歳で結婚して家を離れた娘のアニー（38歳）が子ども2人とともに同居するようになっていた。アニーの配偶者は、このファミリに記載されていないので離婚あるいは死別によって、実家に戻ったと考えられるが、センサス手書き原簿には、まだ既婚の印が残っているので、他の事情で、配偶者をおいたまま、子ども2人を連れて実家に戻ったと考えておいたほうが妥当であろう。彼女は実家に戻ってもドレスメーカーとして仕事をしていたようである。高齢のメアリにとって、娘の1人が戻ってきていることは、生活を送る面でプラスとなったにちがいない。

E．オルソン・ファミリ（農場者）、1870年－1910年（図5-29）

　1870年の時点からさかのぼること7～8年前に、オレ（43歳）とバーサ（ベッチー）（36歳）の夫妻は、2人の子ども、おそらくそれに加えて、オレの母親メアリ（70歳）とともにノルウェーから移民してきた。メアリが移民してきたのが60代はじめとすると、大西洋を越えて移動するのに充分な体力があったということであろう。アメリカに来てから、ウィスコンシンで3人の子どもが生まれた。おそらくレイクランド郡区の農場に落ち着いてから生まれたと思われる。

　1880年に、三世代家族の形態はそのままで、子どもがあらたに3人増えて、計8人となった。しかし、長女マチルダ（21歳）と第5子で三女のメアリ（11歳）は同居していなかった。マチルダは、おそらく、婚出したであろう。メアリは、事故か病気で亡くなった可能性がある。

　1900年、オレ（72歳）とバーサ（56歳）は高齢のカップルとなり、独身の息子と同居していた。他の子どもたちはこの20年間で家を離れてしまっていた。年下の息子たちが家を離れたのは、まだほんの数年前のことであった。オレが60歳前後になったときに、20歳前後の息子は、ジョンであった。この年齢差が、農場の継承者が息子のうちの誰になるかを決定している要

第5章　ファミリ・ヒストリーの分析

図5-29　ノルウェー系E、オルソン・ファミリ

1870年　オルソン（#139）（農場者）

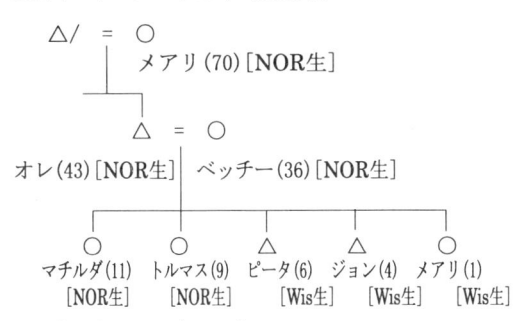

```
   △/  =  ○
        |  メアリ(70)[NOR生]
        |
        △  =  ○
オレ(43)[NOR生] | ベッチー(36)[NOR生]
        |_____
        ○       ○       △       △       ○
     マチルダ(11) トルマス(9) ピータ(6) ジョン(4) メアリ(1)
     [NOR生]   [NOR生]  [Wis生]  [Wis生]  [Wis生]
```

1880年　オルソン（#1163）

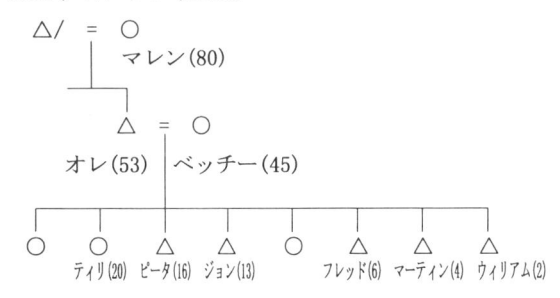

```
   △/  =  ○
        |  マレン(80)
        |
        △  =  ○
     オレ(53) | ベッチー(45)
        |_____
   ○   ○   △   △          △    △    △
  ティリ(20) ピータ(16) ジョン(13)   フレッド(6) マーティン(4) ウィリアム(2)
```

1900年　オルソン（#459）

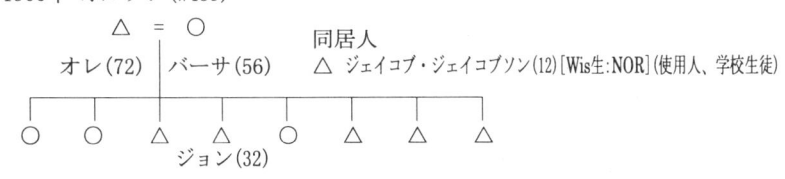

```
        △  =  ○        同居人
     オレ(72) | バーサ(56)   △ ジェイコブ・ジェイコブソン(12)[Wis生:NOR](使用人、学校生徒)
        |_____
   ○   ○   △   △   ○   △   △   △
           ジョン(32)
```

1910年　オルソン（#1495）

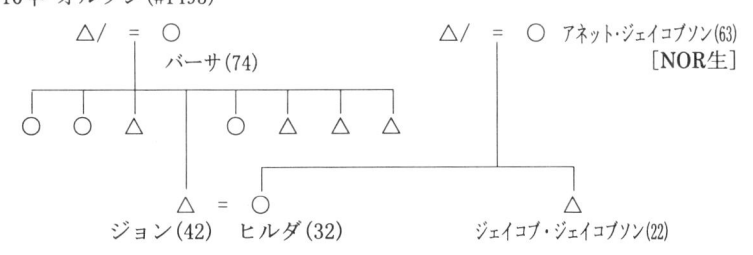

```
        △/  =  ○                    △/  =  ○ アネット・ジェイコブソン(63)
            |  バーサ(74)                                [NOR生]
        ____|_____                          |
       ○ ○ △   ○ △ △ △                       |
           |_____|
                    △  =  ○              △
                 ジョン(42) ヒルダ(32)   ジェイコブ・ジェイコブソン(22)
```

255

因となっていることを示している。この3人のファミリに、非親族の同居人が加わっていた。学校に通う12歳のノルウェー系の少年で、サーヴァントとして働いていた。住むところと食事を提供されて、学校に行きながら、高齢の夫婦の世話や農場の仕事を手伝うことをしていたのであったと推測される。

1910年に、オレは亡くなっていて、寡婦となっていたバーサ（74歳）は健在であった。10年前にいた使用人の少年も、22歳になって同居を続けていた。ここでは、彼の姉のヒルダ（32歳）がバーサと同居していた息子のジョンと結婚したのであった。おそらく数年前に、ジョンが40歳程になって結婚したのであろう。農場に寡婦となった母親と同居を続けた息子が40歳前後に結婚することは、民族誌的調査でインタビューから明らかになったことと合致する。このケースにおいて、同居使用人が、結婚の橋渡しをしたように思える。そして、ジョンの配偶者をもたらしただけでなく、寡婦である彼らの高齢の母親アネット・ジェイコブソン（63歳）も、このファミリと一緒に暮らしはじめたのである。

米国東部系

A．ウィルソン・ファミリ（農場者）、1860年－1910年（図5-30）

レイクランド郡区には、米国東部系のファミリが19世紀前半から定住していて、その後、1910年まで、ある程度の数が移動せずに残っていた。そのうちの一つが、このウィルソン・ファミリである。

1860年のファミリ構成、とくに、子どもの年齢と出身地から、このファミリがいつ頃移住してきたかがわかる。ジェイムズ（42歳）とサラ（37歳）夫婦は、ニューヨーク州で結婚して、6人いる子どものうち、長女がペンシルバニア州生まれで、次の4人までニューヨーク州出身であった。この5人のうち最も若いカサリンは7歳、末子のサラは3歳でウィスコンシン生まれである。この子どもの年齢の違いから、1855年頃にウィルソン・ファミリがこの地域にニューヨーク州から移住してきたことがわかる。

第5章 ファミリ・ヒストリーの分析

図5-30 米国東部系A、ウィルソン・ファミリ

1860年 ウィルソン(#96)（農場者）

```
            △  =  ○
      ジェイムズ(42) │ サラ(37)
      [ニュージャージ生][ニューヨーク生]
            ┌────┬────┬────┬────┬────┐
            ○    △    △    ○    ○    △
         メアリ(16) レンベン(14) ジョン(12) スザン(9) キャス(7) サラ(3)
         [ペンシルバニア生][ニューヨーク生][ニューヨーク生][ニューヨーク生][ニューヨーク生][Wis生]
```

1870年 ウィルソン(#686)

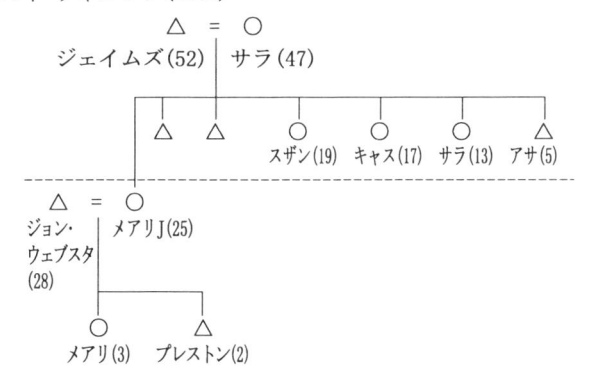

```
            △  =  ○
      ジェイムズ(52) │ サラ(47)
            ┌──┬──┬──┬──┬──┐
            △  △  ○   ○   ○   △
                   スザン(19) キャス(17) サラ(13) アサ(5)
      ─────────────────────────────────
      △  =  ○
   ジョン・ メアリJ(25)
   ウェブスタ
   (28)
      ┌──┐
      ○   △
   メアリ(3) プレストン(2)
```

1880年 ウィルソン(#491)

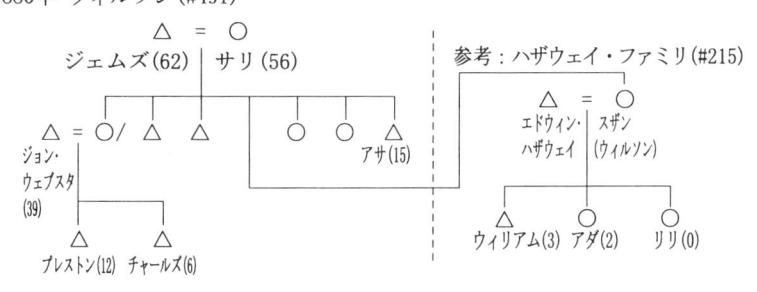

```
            △  =  ○                    参考：ハザウェイ・ファミリ(#215)
      ジェムズ(62) │ サリ(56)
      ┌─┬─┬─┬─┬─┐                      △  =  ○
   △ = ○/ △ △  ○ ○ △                エドウィン・スザン
 ジョン・           アサ(15)           ハザウェイ (ウィルソン)
 ウェブスタ                                  ┌──┬──┐
 (39)                                        △   ○   ○
   ┌─┐                                   ウィリアム(3) アダ(2) リリ(0)
   △  △
 プレストン(12) チャールズ(6)
```

1900年 ウィルソン(#1290)

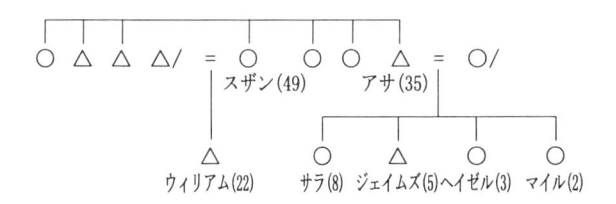

```
         ┌──┬──┬──┬──┬──┐
         ○  △  △  △/ = ○  ○  △ = ○/
                   スザン(49) アサ(35)
                      │        ┌──┬──┬──┐
                      △        ○  △  ○  ○
                   ウィリアム(22) サラ(8) ジェイムズ(5) ヘイゼル(3) マイル(2)
```

257

図5-30 （続き）

1910年 ウィルソン（#378）

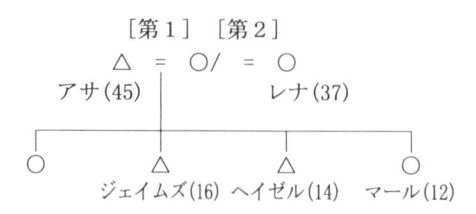

```
              ［第1］ ［第2］
              △ ＝ ○／＝ ○
            アサ(45)      レナ(37)
    ┌──────┼──────┬──────┐
    ○     △        △        ○
        ジェイムズ(16) ヘイゼル(14) マール(12)
```

　1870年に、長女メアリ（25歳）がすでに結婚していて、両親の農場とは別の農場で、やはりメイン州生まれの夫と2人の子どもとの4人で暮らしていた。すぐ下の息子2人は、それぞれ24歳、22歳になっていて、既にこの家から離れていた。他の文化的背景の人々と同様に、20歳頃までに、男女ともに、家から離れたのであった。年長の子どもが家から出る一方で、5年前の1865年に、新しい赤ん坊が家に入ったのである。サラが42歳のときに末子の息子アサを出産したのだった。一つ上の娘とは8歳の差があるので、妊娠は偶然であったとしても、母親の年齢が意識されていなかったということはなかったということができる。なぜなら、最後の出産が、一般的に、母親がこの年齢にあるときであると広く知られていたはずであるからである。

　1880年に、ジェイムズ（62歳）とサラ（サリー）（56歳）はともに高齢期に移行していた。一方で、子どもたちは末子のアサだけが残っていた。さらに、長女メアリのファミリが同居し始めていた。その理由は、メアリが亡くなって、小さな子どもが残されたためで、夫と3人いたはずの子どものうち下の2人が同居していた。ジェイムズがまだ60代はじめのため、農場は義理の息子と維持することができたであろう。第四子で次女のスーザンのファミリが、同じレイクランド郡区の別の農場で暮らしていた。

　20年後の1900年に、このファミリの家族構成は、大きく変化した。ジェイムズとサラ（サリー）夫婦は既に亡くなり、農場後継者であったアサ（35歳）は、結婚して4人の子どもができたが、この一年ほど前に配偶者が亡

くなってしまっていた。こうした変化を、的確に把握するには1890年のセンサス手書き原簿が利用できれば、興味深い事実が明らかになったかもしれない。10歳以下の子どもを男手で抱えることは難しいことだったろう。別な農場で生活していた姉のスザン（49歳）のファミリでも、夫が死亡したため、寡婦となった彼女は、少なくとも3人いた息子の1人（22歳）を連れて、アサのファミリと同居するようになっていた。アサは、姉のスザンがいることで、幼い子どもの世話を彼女にまかすことができたであろう。

こうしてみると、東部系の人々のライフヒストリーは、単純な比較であるが、ポーランド系の人々よりも、複雑なパターンを示しているといえよう。この意味合いについては、ファミリのかかえる問題が、東部系の人々の間でより早くから複雑化してきていたことを示唆するので、さらに資料を蓄積して考察するのに値する。

B．フレミング・ファミリ（農場者）、1860年―1910年（図5-31）

前項のウィルソン・ファミリには同居者がいなかったが、米国東部系のファミリには、非親族の同居者の存在が多い傾向にあった。このフレミング・ファミリもその一つで、この後に記述する二つのファミリもそうしたファミリであった。

1860年に、ウィリアム（40歳）とキャロライン（37歳）は、5人の子どもと農場で暮らしていた。この夫妻は、ペンシルバニア州で結婚して、最初の娘が生まれた後、1840年代後半に、ウィスコンシン州に移住してきた。当時から、非親族の同居人がいて、ウィリアムよりも若い32歳の男性で、農場を手伝っていた。もう1人の同居人は30歳の女性で、家事をしていた。ともに米国東部系であった。後年、非親族の同居人の文化的背景が、東部系から、ノルウェー系へ、そして、ファミリによっては、ポーランド系へと変化したのは、移民の波が文化的背景を変えて押し寄せてきたことを反映していた。

1870年に、5人の子どもたちのうち、年下の3人が残っていた。上の2人は、それぞれ26歳、22歳だったので、やはり、20歳前後で家を離れてい

図5-31　米国東部系B、フレミング・ファミリ

1860年　フレミング(#346)（農場者）

```
            △   =   ○
       ウィリアム(40)│キャロリン(37)
      ［ニュージャージ生］［ペンシルバニア生］
    ┌──────┬──────┼──────┬──────┐
    ○      ○      ○      △      △
  ミリ(16) ウィルケル(12) レイチェル(8) ジョージ(5) キャリ(1)
［ペンシルバニア生］［Wis生］［Wis生］［Wis生］［Wis生］
```

同居人
△ デイヴィド・サンズ(32)［U・E生］［農場労働者］
○ ランサム・クラーク(30)［U・E生］

1870年　フレミング(#729)

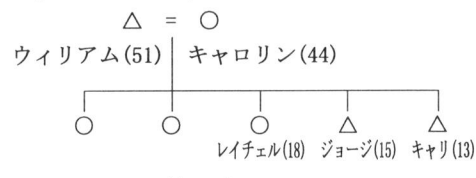

```
            △   =   ○
       ウィリアム(51)│キャロリン(44)
    ┌──────┬──────┬──────┬──────┐
    ○      ○      ○      △      △
                  レイチェル(18) ジョージ(15) キャリ(13)
```

同居人
△ チャールズ・ベルト(20)［Wis生］［農場労働者］

1880年　フレミング(#604)

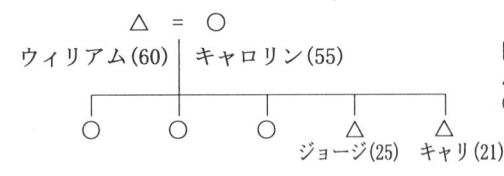

```
            △   =   ○
       ウィリアム(60)│キャロリン(55)
    ┌──────┬──────┬──────┬──────┐
    ○      ○      ○      △      △
                          ジョージ(25) キャリ(21)
```

同居人
△ ジョン・ベルト(19)［Wis生：U-NE系］［農場労働］
○ キャリ・ジェイコブソン(19)［Wis生：NOR系］

1900年　フレミング(#1025)

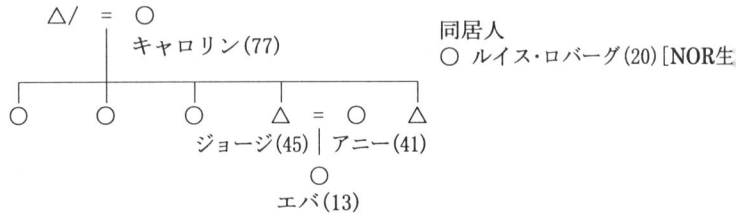

```
            △／  =   ○
                 │キャロリン(77)
    ┌──────┬──────┬──────┬──────┐
    ○      ○      ○      △   =   ○      △
                          ジョージ(45)│アニー(41)
                                      ○
                                    エバ(13)
```

同居人
○ ルイス・ロバーグ(20)［NOR生］

1910年　フレミング(#723)

```
            △   =   ○
       ジョージ(55)  アニー(51)
```

［自己収入］

たことがわかる。米国北東部系の非親族の同居人男性（20歳）が1人いるが、10年前の人物とは異なっていた。こうした農場を手伝う人は、よく入れ替わったようである。入れ替えのパターンがどのようであったのかは不明である。しかし、若い男性が20歳前後で親の家から離れることを考慮すると、1860年の同居人が32歳であったことから、彼はおそらく10年ほどこのファミリの農場で働いていた可能性がある。1870年に近づいた頃まで、働いていた可能性もある。なぜなら、1870年の新しい同居人が20歳であったからである。

　1880年に、夫婦（60歳と55歳）は健在で、残っている子どもは、年下の息子（25歳）と娘（21歳）の2人だけであった。この年にも非親族の同居人2人がいて、そのうちの1人は、19歳のノルウェー系の女性であり、男性の同居人は、10年前に同居人だった人物の弟（あるいは親戚）であったようである。農場の仕事がどこにあるのかは口から口へ身近な人を通して伝わっていたことを示している。

　1900年に、ウィリアムは亡くなっていた。キャロライン（77歳）は、一人息子のジョージ（45歳）のファミリとともに生活していた。また、非親族同居人として新しく20歳のノルウェー系の女性がいた。おそらく、これまでのファミリ・ヒストリーからもわかるように、20歳頃の若い女性を同居人として雇うことが、このファミリの慣行となっていたのであろう。何年間隔で新しい使用人に変わるのかは不明である。

　1910年に、キャロラインは亡くなっていて、50歳半ばのジョージ夫妻だけが残っていた。このまま数年たてば、いわゆるカップルだけの老夫婦の形をとるようになったと思われる。

C．ターナー・ファミリ（農場者）、1870年－1910年（図5-32）

　1870年に、ターナー・ファミリは、三世代家族であった。そして、農場労働者として2人のプロシャ出身の若い男性（22歳、25歳）が同居していた。ニューヨーク州生まれのエドウィン（40歳）とバーモント生まれのエレクタ（36歳）の夫婦は、妻のエレクタの父母（68歳、66歳）と暮らしていた。

図5-32　米国東部系C、ターナー・ファミリ

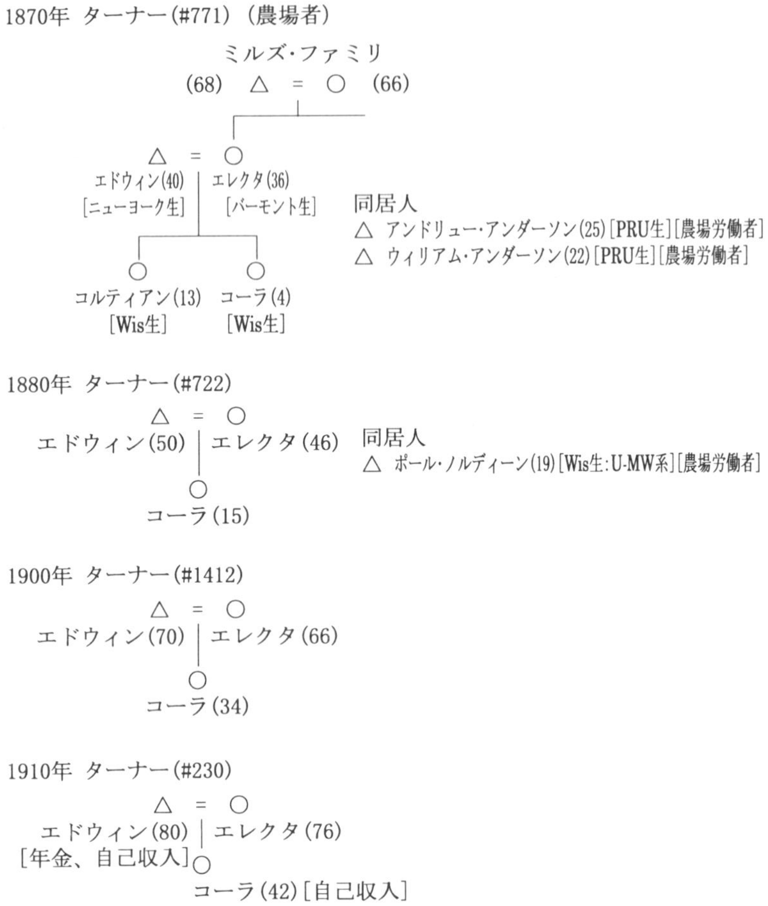

1870年　ターナー（#771）（農場者）

```
                    ミルズ・ファミリ
              (68) △ = ○ (66)
                      │
        △   =   ○
   エドウィン(40)│エレクタ(36)   同居人
   [ニューヨーク生]│[バーモント生]  △ アンドリュー・アンダーソン(25)[PRU生][農場労働者]
            │            △ ウィリアム・アンダーソン(22)[PRU生][農場労働者]
        ┌───┴───┐
        ○        ○
   コルティアン(13) コーラ(4)
     [Wis生]      [Wis生]
```

1880年　ターナー（#722）

```
        △   =   ○
   エドウィン(50)│エレクタ(46)   同居人
            │            △ ポール・ノルディーン(19)[Wis生：U・MW系][農場労働者]
            ○
        コーラ(15)
```

1900年　ターナー（#1412）

```
        △   =   ○
   エドウィン(70)│エレクタ(66)
            │
            ○
        コーラ(34)
```

1910年　ターナー（#230）

```
        △   =   ○
   エドウィン(80)│エレクタ(76)
   [年金、自己収入]○
            │
        コーラ(42)[自己収入]
```

子どもたちは2人ともウィスコンシン生まれで、上の娘が13歳であるから、1850年代にこの地域の農場に移動してきたと推定される。エレクタの父母はニューハンプシャ生まれで、彼らがバーモントに移動してからエレクタが生まれたことになり、中西部に移動するまでにも、いくつか移動を繰り返していたことを示唆するケースである。また、エドウィンがニューヨーク生まれであったことから、ニューヨーク州で、あるいはウィスコンシン

州でエドウィンとエレクタのファミリが出会ったと考えられる。

1880年に、あたらしく別の非親族同居人がいて、米国中西部生まれの19歳の男性であった。この年までに、エレクタの両親は亡くなっていて、2人いた娘の上の方（23歳）がすでに家を去っていた。

1900年に、ファミリ構成は、20年前と、同居人がいなくなったこと以外に、変化はなかった。つまり、エドウィン（70歳）とエレクタ（66歳）はともに高齢者となり、娘のコーラが34歳で独身のまま一緒に生活していたのである。職業欄に「スチューデント」とあるが、どのような存在であったのか不明である。この娘がいるので、非親族の同居人をおく必要がなかったのであろう。結局、エドウィンとエレクタ夫妻が若いときに、エレクタの両親と同居していたように、この高齢の夫婦が同居したのは、独身の実の娘とであったのである。

さらに10年たった1910年においてもファミリ構成は同一であった。80歳のエドウィンには収入が「ペンション」によるものであるという記載がある。42歳で独身の娘のコーラには仕事欄に「own income」とあり、どのような自己の収入源があったのかは不明である。おそらく、手に職をもって、収入を得ていたのであろう。コーラはそのまま独身をとおして農場に残ることは、あまり考えられない選択肢であるので、両親が無くなってから、どのような場所に暮らしていたのかは興味深い問題である。

D．アレン（I）・ファミリ（農場者）、1870年－1910年（図5-33）

1870年に、イリノイ出身のエドガー（32歳）とニューヨーク州出身のアルヴィラ（34歳）夫妻のファミリ農場には3人の子どもと、1人のウィスコンシン出身で16歳の非親族女性同居人がいた。このファミリを米国東部系と分類してあるのは、エドガーが中西部出身でありながら、もともとの文化的背景からいうと、東部系であったからである。

1880年に、新たに子どもが2人増えていた。同居人はおいていなかった。子どもが小さいのに、女性の非親族同居人を置いていなかったのは、偶然、そのときに置いていなかっただけであるかもしれない。というのも、後年、

図5-33 米国東部系D、アレン（I）・ファミリ

1870年 アレン（I）(#765)（農場者）
　　　　△　＝　○
　エドガ(32)[イリノイ生]　アルヴィラ(24)[ニューヨーク生]
　　　　　　　　　　　　　　同居人
　△　　△　　○　　　　　　○　メアリ・ハーベイ(16)[Wis生]
アーネスト(3)　フレッド(2)　リリ(0)
　[Wis生]　　　[Wis生]　　　[Wis生]

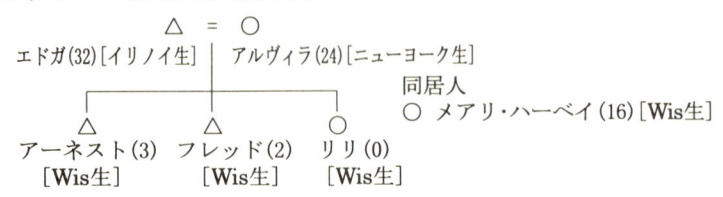

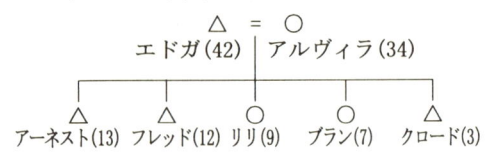

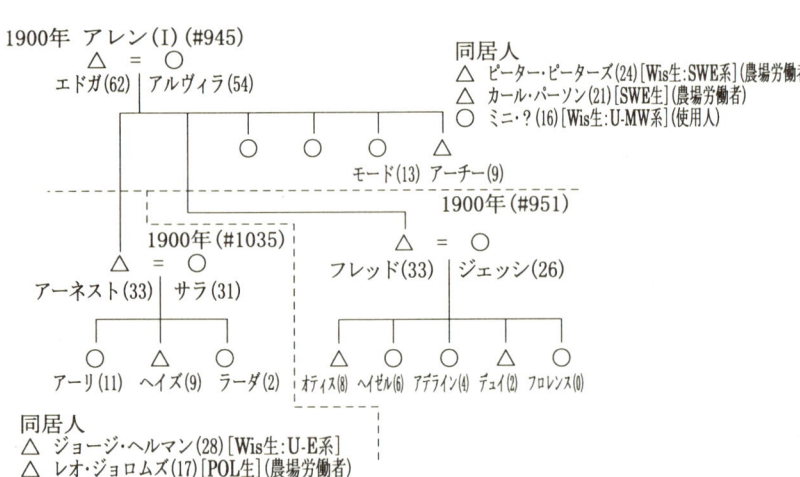

1880年 アレン（I）(#726)
　　　　△　＝　○
　　　エドガ(42)　アルヴィラ(34)
　△　　△　　○　　○　　○　　△
アーネスト(13)　フレッド(12)　リリ(9)　ブラン(7)　クロード(3)

1900年 アレン（I）(#945)
　　　△　＝　○　　　　　　　同居人
　エドガ(62)　アルヴィラ(54)　△　ピーター・ピーターズ(24)[Wis生：SWE系]（農場労働者）
　　　　　　　　　　　　　　　△　カール・パーソン(21)[SWE生]（農場労働者）
　　　　　○　○　○　△　　　○　ミニ・？(16)[Wis生：U-MW系]（使用人）
　　　　　　　　　モード(13)　アーチー(9)
　　　　　　　　　　　　　　　　　　　1900年(#951)
　　　　　　1900年(#1035)
　△　＝　○　　　　　　　△　＝　○
アーネスト(33)　サラ(31)　　フレッド(33)　ジェッシ(26)
　○　　△　　○　　　　△　○　△　△　○
アーリ(11)　ヘイズ(9)　ラーダ(2)　オティス(8)　ヘイゼル(6)　アデライン(4)　デュイ(2)　フロレンス(0)
同居人
　△　ジョージ・ヘルマン(28)[Wis生：U-E系]
　△　レオ・ジョロムズ(17)[POL生]（農場労働者）

同居人を置いていたからである。

　20年後の1900年に、エドガー夫妻は高齢のカップルとなっていた。新たに子どもが1人増えていて、この末子の息子は、アルヴィラが44歳のとき出産した子どもであった。なぜこの年齢で出産したのだろうか。一つ考えられることは、もしこの息子がいないとすると、母親が60歳になったとき

第5章　ファミリ・ヒストリーの分析

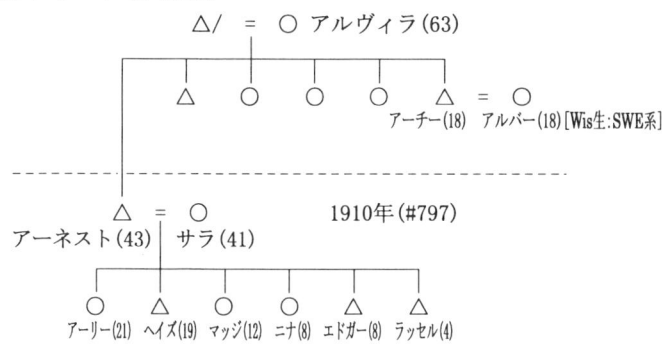

1910年　アレン（Ⅰ）（#689）
　　　　　　　　△／＝○アルヴィラ（63）
　　　　┌───┬───┬───┬───┬───┐
　　　　△　　○　　○　　○　　△　＝　○
　　　　　　　　　　　　　　アーチー(18)　アルバー(18)[Wis生:SWE系]

　　　△　＝　○　　　　1910年（#797）
アーネスト(43)　サラ(41)
　┌───┬───┬───┬───┬───┐
　○　　△　　○　　○　　△　　△
アーリー(21) ヘイズ(19) マッジ(12) ニナ(8) エドガー(8) ラッセル(4)

に、20歳前後の息子がいないことになったという事情が考えられる。農場継承者となり、老父母を扶養できる息子の存在を意識して、そうした息子を得ようと出産したかのようにみえるのである。しかし、生まれる子どもが息子か娘かわからないはずであったので、意識して出産したとすると、どのようなリスク管理の仕方が想定されていたのかは興味深い問題となる。

　結局、この出産は功を奏した形になり、1910年にエドガーが亡くなってアルヴィラが寡婦のとき、この息子が一緒に暮らしていたのである。1900年には、長男のファミリと次男のファミリがそれぞれ別個に農場をもって生活していた。また、非親族の同居人が3人いて、男性2人はともにスウェーデン系で21歳と24歳、女性はサーヴァントとして16歳のウィスコンシン出身者であった。1910年に非親族同居人はいなくなっていた。

E．アレン（Ⅱ）・ファミリ（農場者）、1860年－1900年（図5-34）
　このアレン・ファミリは、前項のファミリと、同姓で同地域に農場をもっていることから、係累があったと思われるが、どのような関係であったのか不明である。
　1860年に、ともにニューヨーク州出身のデヴィッド（43歳）とエリザベス（42歳）の夫婦には、6人の子どもがいた。上から4番目の子どもまで、

265

図5-34　米国東部系E、アレン（Ⅱ）・ファミリ

1860年　アレン（Ⅱ）（#382）（農場者）

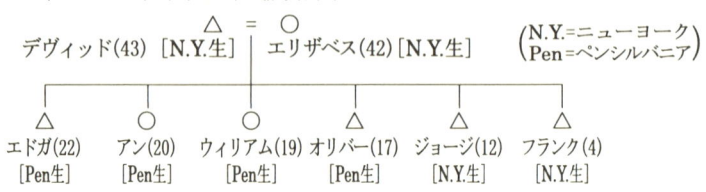

　　　　　　　　△ ＝ ○　　　　　　（N.Y.＝ニューヨーク）
　　　デヴィッド(43) [N.Y.生] | エリザベス(42) [N.Y.生]　　 Pen＝ペンシルバニア

　△　　○　　○　　△　　△　　△
エドガ(22) アン(20) ウィリアム(19) オリバー(17) ジョージ(12) フランク(4)
[Pen生] [Pen生] [Pen生] [Pen生] [N.Y.生] [N.Y.生]

1870年　アレン（Ⅱ）（#794）

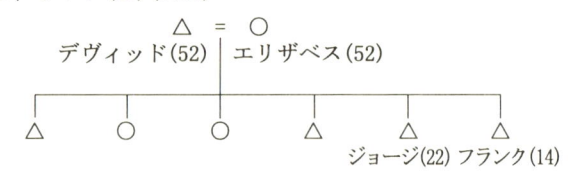

　　　　　　△ ＝ ○
　　　デヴィッド(52) | エリザベス(52)

　△　○　○　△　△　△
　　　　　　　　ジョージ(22) フランク(14)

1880年　アレン（Ⅱ）（#1279）

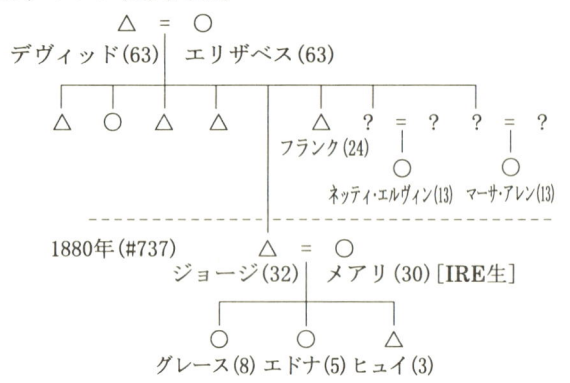

　　　　　　△ ＝ ○
　　　デヴィッド(63) | エリザベス(63)

　△　○　△　△　△　　？ ＝ ？　？ ＝ ？
　　　　　　　　フランク(24)　○　　　　○
　　　　　　　　　　　　ネッティ・エルヴィン(13) マーサ・アレン(13)

1880年(#737)　△ ＝ ○
　　　ジョージ(32) | メアリ(30) [IRE生]

　　　　　○　　○　　△
　　　グレース(8) エドナ(5) ヒュイ(3)

ペンシルバニア州で生まれていて、下の2人の子どもはニューヨーク州で生まれていることから、東部で何回か移動してから、中西部に数年前移動してきたのである。ニューヨーク州で最後に出産した最後の子どもが結局末子となった。この息子を出産したとき、母親のエリザベスは38歳だったので、やはり、ここでも母親が40歳前後に最後の出産をするパターンがあてはまるのである。

　1870年に、この夫婦は50代はじめとなっていた。彼らと暮らしていたの

第5章 ファミリ・ヒストリーの分析

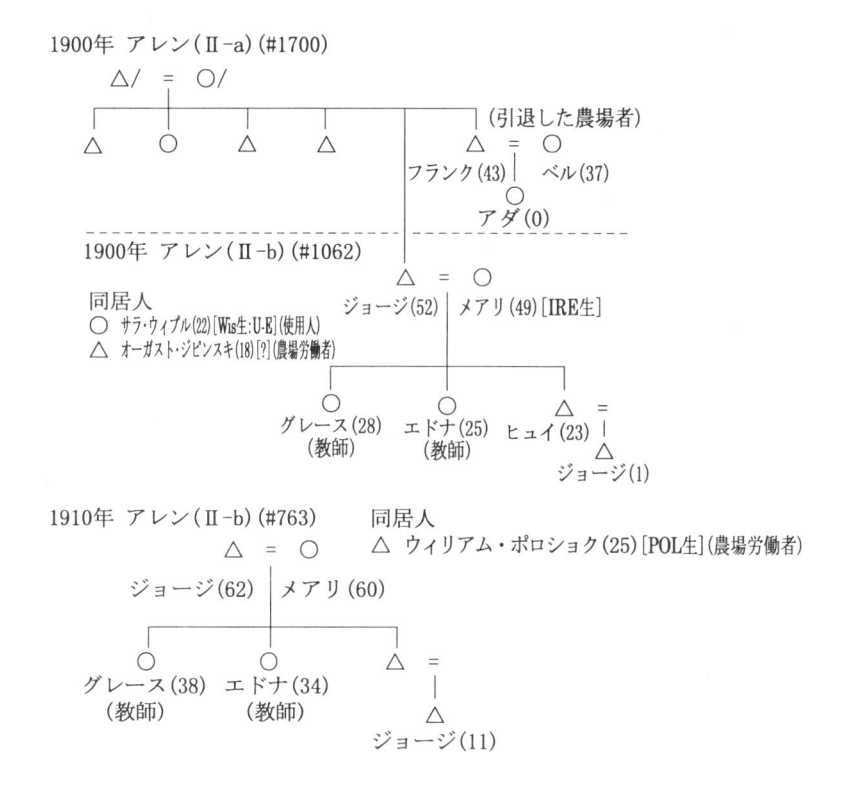

1900年 アレン（Ⅱ-a）(#1700)
```
         △／ ＝ ○／
   ┌────┬────┬────┬────┐
   △   ○   △   △   △ ＝ ○
                   フランク(43) │ ベル(37)
                    (引退した農場者)
                          │
                        アダ(0)
```

1900年 アレン（Ⅱ-b）(#1062)
```
同居人                △ ＝ ○
  ○ サラ・ウィプル(22)[Wis生:U-E](使用人)   ジョージ(52)│メアリ(49)[IRE生]
  △ オーガスト・ジピンスキ(18)[?](農場労働者)  │
                    ┌────┬────┐
                    ○    ○    △ ＝
                  グレース(28) エドナ(25) ヒュイ(23)│
                   (教師)   (教師)       │
                                    ジョージ(1)
```

1910年 アレン（Ⅱ-b）(#763)   同居人
```
        △ ＝ ○        △ ウィリアム・ポロショク(25)[POL生](農場労働者)
     ジョージ(62)│メアリ(60)
          │
     ┌────┬────┐
     ○    ○    △ ＝
  グレース(38) エドナ(34)  │
   (教師)   (教師)       │
                     △
                  ジョージ(11)
```

は、年少の2人の子どもだけであった。この2人のうち上の子ジョージは22歳であったので、そろそろ家を離れるころであっただろう。農場経営は、男手3人もいて、非親族の同居人を必要としないほどであった。

1880年に、このジョージが結婚して、近隣の農場に、ファミリを築いていた。高齢となったデヴィッド（63歳）とエリザベス（63歳）には末子のフランク（24歳）が残っているだけとなった。他にも、2名の13歳の人物が記載されているが、その関係については不明である。

1900年に、農場継承者であるはずのフランクは、センサスに引退農場者と記されていた。両親を失っていて、両親の生前に結婚していたのかどうかを確かめることはできないが、40歳を少し過ぎていて、37歳の妻との間

267

にすでに、子どもが1人できていた。子どもの年齢がゼロ歳であったのは、結婚しても子どもがなかなか生まれなかった可能性を示している。あるいは、40歳になってから結婚した可能性もある。40歳になってからの結婚は、必ずしも「遅い」と考えられていなかったことは、後章の民族誌的インタビューから明らかにされていて不思議なことではなかったのである。

フランクのすぐ上の兄ジョージは近隣の農場で家族を築いていて、同居人も若い男性と女性の2人を置いていた。この兄のファミリには特徴的なことがみられる。2人の娘が独身で教員をしながら両親とともに暮らしていたのである。そして、1人息子のヒュイが結婚して1人息子をもうけたにもかかわらず、彼の妻は、死別か離婚か不明であるが、記載されていなかったのである。このためか、10年後には、彼は息子を両親のもとに残したまま、おそらく別な場所で職についていたのであろう、このファミリの中にはいなかった。

1910年に、フランクのファミリをセンサス原簿に見出すことができないので、このファミリのその後について知ることができない。しかし、フランクのすぐ上の兄の家族が1910年に登場するので、このファミリについてみておくことにする。兄夫婦はともに60歳を迎えていたので、高齢者のカップルになっていて、未婚の娘が同居しているファミリ・スタイルとなっていた。この2人の娘は10年前と同様にともに教師で独身のままで、同居していた。さらに、非親族の同居人の男性（25歳のポーランド系）が農場の仕事を手伝っていた。

まとめ

自立した老後を達成するために具体的にどのようなことが考慮され、実践されてきたのかを、ファミリ・ヒストリーの分析をとおしてみてきた。この地域のファミリ・ヒストリーは、次のような社会的歴史的文脈の中で形成されたものである。19世紀後半から20世紀初めにかけて、リヴァーフロント市とその周辺農場地域において全体的に、高齢化が進行した。この

第5章 ファミリ・ヒストリーの分析

現象は、リヴァーフロントの町としての発展過程と、この町および周辺農場地域へ人々が移動——東部からの移住、ヨーロッパからの移民、さらに西方への再移住——してきたことと連関した現象であった。移住者そして移民の一世が、この地域に定住することになると、彼らが高齢になったときにどのような生き方をするかについて、とくにモデルがない中で、この移住者と移民がアメリカ的な老後の自立的な暮らし方のモデルの形成者となったのである。彼らは、それぞれの文化的背景に従って文化的に構築された老後の暮らし方のモデルを、多少とも、アメリカ的なモデル——夫婦だけで暮らす、1人になっても1人だけで暮らす——に変化させていったのである。

具体的に、アイルランド系、ドイツ系、ポーランド系、ノルウェー系、米国東部系の五つの文化的背景について、自立した老後の暮らし方への変化をファミリの歴史的変化の中から解読してみると、ファミリの変化は、生業形態、社会階層性、ジェンダー関係、ファミリメンバーの健康状態、結婚観、親子関係観などによって変化していた。これは主に、同じ文化的背景をもつファミリを都市部と農場地域で比較することと、異なる文化的背景をもつファミリの間で共通性を見いだすことによって理解できる。ただし、アイルランド系とドイツ系のファミリはリヴァーフロント市内だけの資料しかなかったために、農場地域のファミリと比較することはできなかった。

ファミリ・ヒストリーにみられる変化を、本書の主題である自立した老後の形成の問題と結びつけながら解釈してきたことを次にまとめて、本章の分析と、次章における1920年代以降のファミリ・ヒストリーの分析との結びつきが容易に理解できるようにしておきたい。

高齢者の扶養との関係で依存関係についてみると、それが顕著に表れるのは、生業（農場、商売）を次世代に継承する局面、生業や家事を維持するための人手（非親族の同居人）を得る局面であった。高齢期に入る60歳前後を生業活動からの引退時期とすると、それを継承させる者を子どもの中から選ばなければならない。ポーランド系農場では、親の引退期に、生業の

ための技術を身につけていて、結婚適齢期に入った20代前半の息子であった。非親族の同居人を置くことは、町で商業活動をしていた、ポーランド系以外のファミリにみられた。移民の時期の早かった文化的背景のファミリが同居人を置く習慣をもっていたといえる。同居人は、しばしば同じ文化的背景をもつ者が選ばれた。後年には、ポーランド系の10代後半の女子が、家から出て同居人になるケースがよくみられるようになった。高齢者の扶養との関係からすると、介護に携わる同居人は存在せず、小さな子どものいるファミリでの家事や育児を助ける同居人、生業の助けとなる同居人が存在したといえる。

　高齢者の自立のパターンは、既婚の高齢者の場合、相手が生存しつづける限り、夫婦間の相互依存を基礎にして成立する。継承者のファミリが身近に存在せざるをえない場合、老夫婦の住むハウスを、継承者のファミリのハウスと離すことで、自立的生活が確保されることになる。どの文化的背景をもつファミリも、子どもが20歳前後になったときに、親元から離れて、就職・就学させようとしてきた。米国東部系では、親は子どもに老後の扶養を期待しないし、子どもは親の自立した生活を尊重するかわりに、自分の自立した生活を追究することに親の干渉を受けない。ノルウェー系では、子どもに教育を受けさせて、アメリカ社会における社会的に価値の高い職業につく機会を与えてきた。そのために移動が必要であれば、それを受け入れてきた。ポーランド系では、都会でも農場地域でも、結婚後に持ち家をもつことが重要であった。それがアメリカ社会でファミリを形成する土台であり、職業になんらかの安定性があれば充分であり、上級の教育を受ける必要性を感じることはなかった。他の文化的背景をもつ者よりも、地理的および社会的移動性が小さかったといってよい。そのため、ポーランド系の夫婦だけで生活するという表面的に自立した暮らし方が一般的になっても、地域内に、子どもの家族、親戚の家族が多く暮らしていて、孤独な生活にはならなかったのである。

　結婚年齢に入る20歳前後に、男女ともに親元を離れるようになる。しかし、結婚の機会をもたずに独身のまま親元に残る者も少なからずいた。顕

著なケースは、ポーランド系で、寡婦となった母親のもとに、息子の1人が独身で残ってしまうケース、そして、アイルランド系や米国東部系で、教員となった娘が、そのまま教員をし続けながら、独身のまま親と暮らし続けるケースであった。19世紀後半から20世紀前半の間、カトリックとプロテスタントの間の結婚は相互に避けられていたので、結婚適齢期の相手が人口学的に存在しても、宗教的には結婚相手にならなかったことも独身者を生み出す背景になっていたと思われる。ポーランド系の夫婦は大家族をもつ傾向は続いていて、アイルランド系も多くがカトリックであることから、子どもの数は比較的多いままであった。米国東部系は、子どもの数を減らす傾向にあった。それでも、文化的背景の違いに関わらず、末子を出産するときの母親の年齢は40歳前後にあったことが本章の分析から明らかである。子どもをあらたに出産する年齢がそれほどの幅をもって考えられていたことも一因となって、結婚年齢が30代後半となっても、決して、「遅い」結婚とはみなされなかった。「遅く」結婚しても、40代初めに子どもをもうけることで、自分が引退したときに、その子どもが成人して、継承者になりうるし、親を扶養する力を備えていることになるのである。このケースからわかるように、結婚の時期や、子どもの多さや少なさは、老親の扶養を子どもに期待しているとしても、大きな問題とはなっていなかったと考えられるのである。

　子どもの数は、多いほど、高齢期になった親にとって、確実に多くの扶養を多くの子どもから得られると期待できる。確かに、その方が、親にとって「得」のように思える。しかし、実際に、生業の継承者は1人であることがほとんどであることから、バックアップを含めて少なくとも2～3人の息子がいれば継承と高齢の親の扶養が保障されるといってもよいだろう。それ以上に子どもをもうけて、大家族となるのは、親の高齢期に都合が良いからという理由だけでそうしているわけではないことになるのである。カトリック的な考え方からすると、多産性は、さまざまに高い価値をもつとされているのである。一方、子どもの数を減少させることは、子どもに、老親の扶養を期待しないことと結びついていて、19世紀後半にすでに浸透

していたと考えられるのである。

　再婚は、配偶者と死別した場合、カップルを基盤にして自立した老後を送るために必要なことである。例えば、ポーランド系のファミリにおいて小さな子どもがいた場合に、再婚によって子どもの世話と、あらたな子どもの誕生がもたらされて、そのファミリの継続に大きな役割をもつことになる。

　最後に、個別のファミリ・ヒストリーを丹念にみて気づくのは、全体的に、ファミリ内の動きに「複雑さ」をもつようになっていたのは、早くから移民してきたファミリであった。遅れて移民してきたポーランド系のようなファミリにおいては、単純なファミリの展開過程をとっていたということである。複雑さをもたらしているのは、アイルランド系と米国東部系のファミリでみられたように教師、ドレスメーカー、女性用装飾品を扱う商売人となった娘が独身のまま親と同居を続け（定職があるので現代のパラサイト・シングルとは異なる）ていたり、本来は親が面倒をみるはずの孫との同居があったり、あるいは、配偶者の死亡（あるいは離婚）などによってシングル・マザーになった娘が孫と実家に戻ってきたりといった、現代におけるファミリ・スタイルがすでに19世紀後半に垣間見られることからくるものである。他の人の助けとなれることは、その人の自立性の高さを示していることになるので、こうした「複雑さ」を吸収する能力を、自立した高齢者がもっていたことも特筆に値することである。

第6章　フォーカル・ファミリの分析

　リヴァーフロント市と周辺農場地域における長期民族誌的フィールド調査をある程度進めた時点で、調査者を快く受け入れてくれた個人やファミリについて見直しを行い、ライフ・ヒストリーやファミリ・ヒストリーについて詳しい話を聞くことができたケース、あるいは、さらに詳しく教えてもらえそうなケースに焦点をあてて調査を進めることにした。そうしたケースは25ほどになった。本章では、こうした個人やファミリのうちの8ケースをフォーカル・ファミリと呼び、事例として取り上げ（表6-1）、ファミリ・メンバーのライフコースや、ファミリサイクル、農場継承パターン、生業変化を明らかにし、高齢者の扶養との関係、自立した老後の形成の仕方、これらの事柄と文化的背景との結びつきについて分析する。農場地帯を対象にした人類学的研究は、都市だけでなく都市郊外が対象（Perin 1977, 1988）にされるようになるとともに進んでいった（Chibnik 1987）。これまでの研究に、農場の継承と老親と子どもとの関係を明らかにするものなどがある（嘉田 1980; Salamon et al 1986）。本書でも、こうした関係に注目しながら分析していくことにする。

　本章で扱う資料は、民族誌的調査の時点（1984-86年）で生存していた人物に行ったインタビューをもとにした資料を中心としている。この方法によって遡れる最も古い時代は、人々が幼少期を過ごした1920年代である。前章までは、センサス手書き原簿を主な分析資料として、1850年から1910年までをカバーしていたので、10数年のズレがありながらも、本章の民族誌的資料をつけ加えることで、本書は1850年から1980年代までの範囲を扱うことになるのである。

　民族誌的インタビューを通して、フォーカル・ファミリに関する、ファ

ミリの構成、その変化（死亡、婚出などによる）、過去の親子関係、過去のさまざまな経験を知ることができた。農場をもつファミリの場合、前章でみたように、農場の継承と老親の扶養が結びつくことが多いので、「土地台帳 Land Atlas & Plat Book」も使って、分析資料の一つ「農場所有者変化図」「ライフコース図」を作成した。「土地台帳」資料が伝える土地の区画状況と所有者名によって、フォーカル・ファミリの19世紀後半及び20世紀前半の経験について推定することができるのである。このような古い時期の資料には地図タイプの資料が多く、郡の図書館と地元大学の資料室に保管されている。その後、冊子形態の台帳が、現在まで毎年の頻度で発行されてきた。近年では、郡の４Hクラブの指導者協会がスポンサーとなって発行されている。

後述するストロヴィンスキ・ファミリのケースでみるような証書は「証書記録 Deed Record」として郡庁にあり、調査者がフォーカル・ファミリにかかわる記録を探して、何時、どの土地が、誰から誰に、いくらで移譲されたかを調べることができる。また、例示したように、記録によっては、老親と子どもとの間に、老親の土地を得るかわりに、どのように扶養・処遇するかを明示したものがあり、世代間関係を掴むのに役立つ資料である。

その他に、次の３つの資料を適宜利用してファミリ・ヒストリーを再構成するための情報源とした。

(1)「墓地レコード Cemetery Record」：地元の地方史研究家が1970から80年代に、パイン郡の墓石に刻まれた名前、生年没年、判明する場合には夫婦関係、などについて、墓石の位置関係も含めて、リストアップした。
(2)「死亡者略歴記事レコード Obituary Record」：地元新聞に掲載された死亡者略歴記事を、地元の Genealogical Society が検索用にカード化した。地元大学資料室に保管されている。
(3)「市住民名鑑（シティ・ディレクトリ）」「郡住民名鑑（カウンティ・ディレクトリ）」：「市住民名鑑」は、全米各地の名鑑を出版する専門の会社によって毎年刊行されている。町の歴史の初期から、住民の便宜供与のため、この名鑑が作られていた。20世紀初期の頃の名鑑は、別の出版社によるもので、現在の会社が業務を受け継いだのだろう。

住所・電話番号だけでなく、職業も記され、読み方によって家族関係を知ることもできることから、個人・ファミリ情報について、初期の頃からの住民共有の情報源となっていた。「郡住民名鑑」も同様の内容をもつが、数年分しか図書館に収蔵されておらず、どれほど一般的だったか不明である。

表6-1　焦点を当てたファミリ

ポーランド系：
1．ビザ・ファミリ（リヴァーフロント市、及びクラーク郡区）農場者
2．シュナイダー・ファミリ（D郡区）農場者
3．ナンシー・シュナイダーの実家（D郡区）酪農家
4．ストロヴィンスキ・ファミリ（D郡区）酪農家
5．ウォブスキ・ファミリ（B郡区）酪農家
ノルウェー系：
6．ピーターソン・ファミリ（レイクランド郡区）農場者
米国北東部系・東部系：
7．メアリ・シュルツの実家（リヴァーフロント市）
8．ウッドランド・ファミリ（リヴァーフロント市）大学教授

注：B郡区とD郡区は、それぞれリヴァーフロント市の南と北に位置する。

1．ビザ・ファミリ（ポーランド系）（図6-1）

　ジョン・ビザ（64歳）は、調査者が借りていた町はずれの家の近隣に、妻のジュディと暮らしていた。彼は自らのことを「ネイバーフッド・ヘッド」と冗談半分に呼んだことがあったが、その界隈に近隣組織があったわけではない。おそらく彼は、近隣の住人たちよりも比較的長く住んでいることから、そして、私たちが彼に近隣の人たちのことをしばしば尋ねたので、彼は自らが近隣のことを熟知している存在と冗談にも思いながら、そう言ったのであろう。ジョンはガソリン・ステーションの経営から引退して数年たち、ジュディの方は、ダウンタウンの洋服専門店の店員としてまだ働いている。ジュディは車を運転できないので、ジョンが毎日勤め先まで送り迎えしている。1人息子がいて、ポーランド系ファミリは、かつてほどではないにしても4～5人の子どもがいたのに比べて、小さなファミリであった。20代半ばの息子は、車で数時間の距離にある別の小都市の病

図6-1 ジョン・ビザの家系図（ポーランド系）(1985年現在)

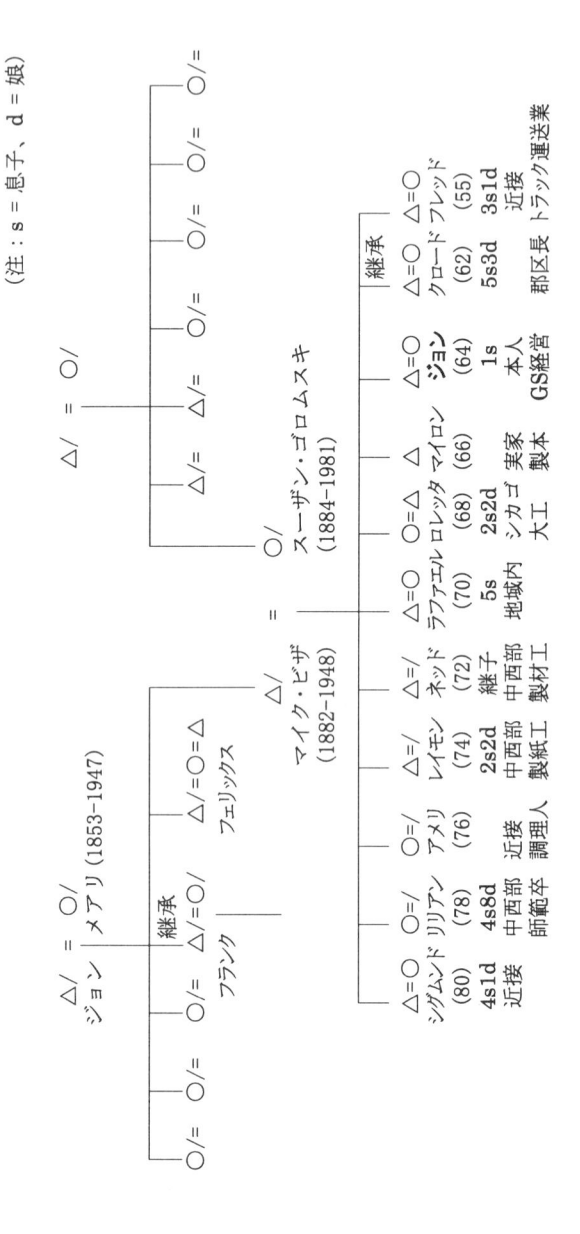

(注：s＝息子、d＝娘)

第6章 フォーカル・ファミリの分析

院で看護士として働いている。週末に親の家に戻って来ることが多い。ジョンは、第二次大戦に海兵隊員として南太平洋に従軍した際に受けた身体的な障害をもっていても、日々の生活でジュディや息子から世話を受けることはない。

ジョンの実家はクラーク郡区に数多くあるポーランド系農場の一つで、彼のすぐ下の弟がこの農場を継承していた。しかし、この弟はパイン郡のクラーク郡区のスーパーヴァイザ（郡議会の郡区代表）の職に長くついていて、彼の妻も看護婦として働いているので、農場は他の人に貸していた。ジョンのすぐ上の兄は独身のままこの家に残っていて、この弟のファミリと一緒に住んでいた。

ジョンは、11人の兄弟姉妹の下から3番目で、いわゆる大家族の出身者である。父親が39歳、母親が37歳のときの子どもであった。親子の年齢間隔からして、ジョンが農場継承者となっても不思議ではなかった。しかし、彼の一番下の弟が生まれたときの母親の年齢は46歳だった。1930年前後当時でも、母親が40代前半で末子を出産することがあったのである。

ジョンの父親が、農場の仕事から引退時期にあたる60歳になったとき、ジョンは22歳、すぐ下の弟は20歳であった。この地域で一般的にみられるように、どちらも農場の後継者となるのに適当な年齢にあった。しかし、弟が継承することになったのは、その時期にすでにジョンは農場にいなかったことにある。その当時、農場を営むポーランド系大家族の子どもたちは、多くが16〜17歳になると農場から町に出ていったといわれる。ジョンは、自分のことを話しているときに、農場の仕事のことを嫌っていて、早く町に出て職を得たかったと語った。弟がいたからそれができたと、彼の口から聞いたことはないが、その要素は無意識のうちに影響していたと推測される。親から離れてしばらくすると太平洋戦線に従軍しなければならず、終戦時には、占領軍の一員として長崎に駐留していた。戦争で身体に障害をもつようになり、自分の車に身障者用の印がついていた。結局、ジョンは、弟がいたので、農場継承者にはならなかったのである。

ジョンの兄弟姉妹は、どこで暮らしているのだろうか。1985年現在で、

リヴァーフロント市とその周辺地域に残っているのは11人中6人で、残りの5人はウィスコンシンあるいは中西部のどこかに暮らしていた。ジョン自身の子どもは一人であるが、他の兄弟姉妹の子どもの数をみると、5人、12人、既婚で0人、4人、継子1人、5人、4人、独身、8人、4人となっている。10人以上の子どもをもつ大家族がまだ1ケースみられた。8人の子どもがいるケースが実家を継承した弟のファミリである。しかし、これだけをみても大家族の数が減少していることは明らかで、全体的に子どもの数は4～5人が大勢となっていた。

ジョンは、自分の兄弟姉妹のうち、身近な距離にいる人たちと定期的にコンタクトをとっている。とくに、子どものいない12歳年上の姉が寡婦でダウンタウン近くの高齢者アパートに住んでいるので、病院や買い物に行くのに自分の車を運転して、日常生活を送る上で必要なことをするためのサーヴィスを提供している。

ジョンの父親は、66歳で戦後まもなく亡くなった。母親は、父親より2歳下でありながら、私たちが調査に訪れた1984年の数年前まで生きていて、97歳の高齢で亡くなっている。農場を継承したジョンの弟の家族がどのようにこの母親を扶養したかは不明であるが、農場を継承した弟の妻が看護婦なので、母親の世話に大きな助けとなったことだろう。

このケースで特徴的なことは、兄弟姉妹関係が高齢期の生活を支援していることである。そしてそれが日常的な接触によって実現されていることである。また、子どものいない、あるいは子どもの少ない高齢者が助けを求められるのは兄弟姉妹であることである。

2．シュナイダー・ファミリ（ポーランド系）（D郡区）（図6-2-1から6-2-4）

このシュナイダー（仮名）というファミリ名は、実名がポーランド系というよりドイツ系に近いため、仮名もドイツ系の名前を使用することにした。

第6章 フォーカル・ファミリの分析

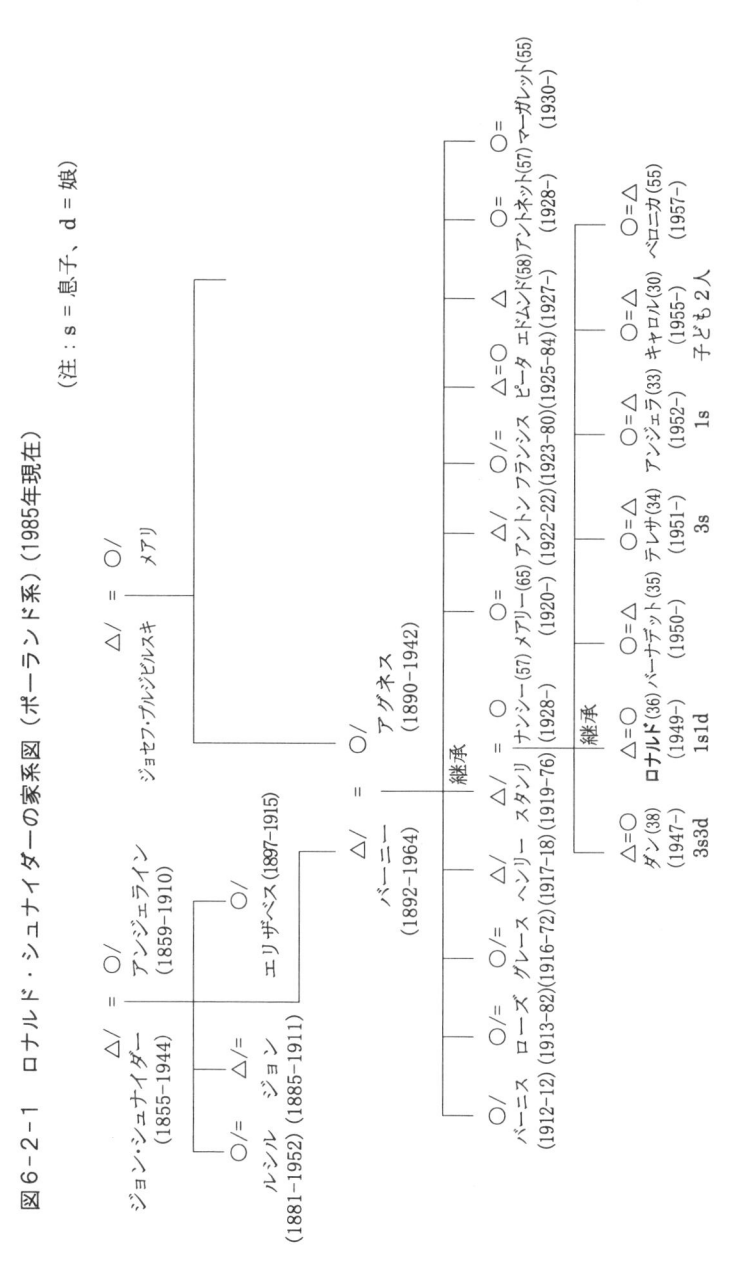

図6-2-1 ロナルド・シュナイダーの家系図（ポーランド系）(1985年現在)

(注：s＝息子, d＝娘)

図6-2-2　シュナイダー・ファミリの農場地図

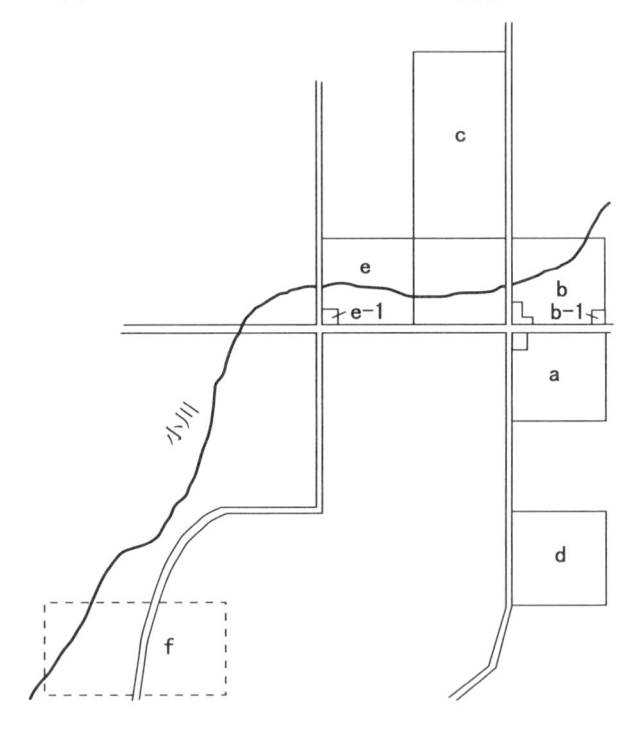

　私たちがこのファミリのことを知ったのは、30代のカップルを通してであった。夫のロナルド（36歳）は農場継承者であり、妻のパット（32歳）は、ウィスコンシン大学システムの一部として各郡に設けられているエクステンションに配置されたカウンティ・ホームエコノミストで、パイン郡担当である。パットのように、農場の共同名義人となりながら、町に自分の仕事を持つことは、彼らの世代にとって、それほどめずらしいことではない。先述したビザ・ファミリの農場を継承した夫婦の妻が看護婦として働いていたのは、一世代前なので、おそらく先駆的な例であろう。

　ロナルドの2歳年上の兄ダンは、農場内の別の敷地で自分のファミリと暮らしているが、農場の仕事はせず、町で働いている。ロナルドには、他

図6-2-3　シュナイダー・ファミリ農場の所有者変化
　　　　[　]内の英字で農場地図の区画を表す。

年	[a] (40エーカー)	[b] (39エーカー)	[c] (80エーカー)	[d] (40エーカー)	[e] (40エーカー)	[f] (80エーカー)
1915	バーニー	バーニー				
1919						
1931	バーニー	バーニー	バーニー			
1942						
1947						
1949	スタンリ	スタンリ		スタンリ		
1957	スタンリ	スタンリ		スタンリ	スタンリ	
1961	スタンリ	スタンリ	スタンリ	スタンリ	スタンリ	
1964					スタンリ	
1965	スタンリ	スタンリ	スタンリ	スタンリ	スタンリ	
1967	スタンリ	スタンリ	スタンリ	スタンリ	スタンリ	
1970	スタンリ	スタンリ	スタンリ	スタンリ	スタンリ	
1972	スタンリ	スタンリ	スタンリ	スタンリ	スタンリ	
1975	スタンリ	スタンリ ダン [b-1]	スタンリ	スタンリ	スタンリ ロナルド [e-1]	
1976						
1977	ロナルド＆P	ロナルド＆P	ロナルド＆P	ロナルド＆P	ロナルド＆P	
1984	ロナルド＆P	ロナルド＆P	ロナルド＆P	ロナルド＆P	ロナルド＆P	(ロナルドの借用地)

に5人の妹がいて、すべて結婚している。妹の一人は美容師で、車で数時間の距離にある町に住んでいて、しばしば実家に戻ってくる。そのとき、このファミリのヘアカットをしてくれるという。こうして、農場の仕事は、ロナルドが若いヘルパーを数人雇ってこなしていて、10年ほど前に寡婦となった母親のナンシー（57歳）もトラクターの運転をこなしながら、かなり農場の仕事に加わっているので、この農場をかろうじてファミリ農場と呼ぶことができるのである。かつて、ほとんどの農場がファミリ農場でありながら、本来のファミリ農場の数は減少していることを、このケースと前述したビザ・ファミリの実家のケースは物語っている。

　父親のスタンリが57歳の若さで亡くなったとき、ロナルドは27歳、母親はまだ46歳であった。父親が長生きして60歳過ぎになったときに農場を息子の一人に継承させようとしたと仮定すると、慣習的には、継承者は、年

図6-2-4　シュナイダー・ファミリ・メンバーのライフコース
　　　　　（ナンシーを中心にした場合）（数字は年齢）

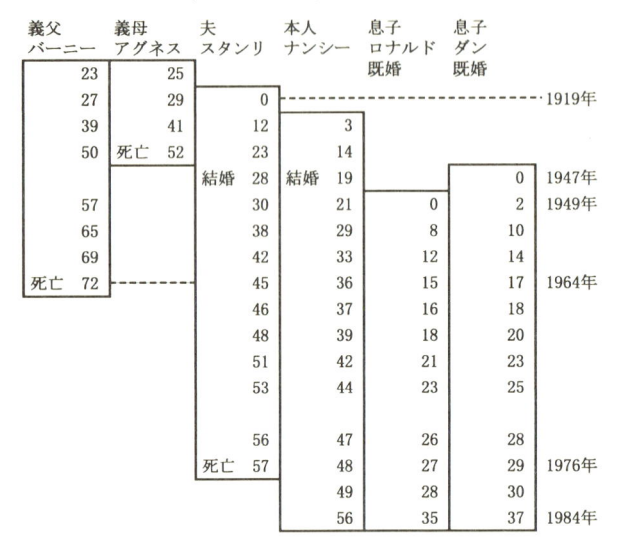

義父 バーニー	義母 アグネス	夫 スタンリ	本人 ナンシー	息子 ロナルド 既婚	息子 ダン 既婚	
23	25					
27	29	0				------1919年
39	41	12	3			
50	死亡 52	23	14			
		結婚 28	結婚 19		0	1947年
57		30	21	0	2	1949年
65		38	29	8	10	
69		42	33	12	14	
死亡 72	--------	45	36	15	17	1964年
		46	37	16	18	
		48	39	18	20	
		51	42	21	23	
		53	44	23	25	
		56	47	26	28	
		死亡 57	48	27	29	1976年
			49	28	30	
			56	35	37	1984年

齢が20代前半の息子ということになる。この年齢の点で、ロナルドは30歳になっていることになるので、継承適格者とはいえない。しかし、ファミリ構成の面からすると、シュナイダー・ファミリの場合、継承適格年齢にあたる娘はいても息子がいない。それでは、父親が生存していた場合の継承者は誰になっただろうか？

　この問題にたいするスタンリとナンシーの方略を推定してみよう。ロナルドを出産したときのナンシーの年齢は21歳で、その後に5人の娘が生まれている。娘を出産したときのナンシーの年齢は22、23、24、27、29歳であった。この4人の娘を続けて産んで、最後に生まれた娘が末子となった。つまり29歳のときに、ナンシーは出産を止めたことになる。これは、前章でみた母親が40歳前後まで出産していた慣行に従っていないことを示している。こうしたナンシーの出産パターンにはどのような背景があったのだ

第6章　フォーカル・ファミリの分析

ろうか。スタンリは、おそらく60歳過ぎた頃に家に残っている息子を確保したいという期待があったと思われる。その根拠として、末娘の年齢が丁度この期待に配慮して出産を計画した場合の年齢と合致していることを挙げることができる。しかし、連続して女の子5人が生まれたことは、ナンシーとスタンリにとって、これ以上の出産を控えさせる大きな要因となったと思われる。つまり、さらに出産をして、娘だけが増えることになるのを避ける選択がとられたということである。7人の子どもをもつことは、すでに一般的に多産さを表すほどに充分な大家族となっていたのである。結局、一般的な方略を使って農場を継承してもらえる息子を確保しようとしたにもかかわらず、期待どおりにはならなかったことになる。

つぎに、継承の実際を図6-2-3の農場所有者変化図から推定してみよう。スタンリが亡くなる前年の1975年に、二人の息子は、スタンリの農場地の一部を居住用敷地としてそれぞれが継承した。兄弟二人は、親の家を真ん中にして東西に別れるように、それぞれのファミリを形成しはじめたのである。この農場の所有者変化図の1972年をみると、ロナルド（当時23歳）と彼の兄は、まだこの居住地をもっていなかった。おそらく、父親のスタンリの病気がわかって、農場をどのように維持するかについてのファミリ内での意志決定が行われたであろう。それは、二人の息子が農場の一部を相続すること、息子のいずれかが農場を継承する態勢を整えることであったと推定される。

ロナルドの父親のスタンリは、農場を、20代の終わり頃に、彼の父親であるバーニーから継承した。ロナルドの父方の祖父にあたるバーニーは、1915年に23歳のとき、既に農場（40エーカー区画二つ）の所有者になっていた。スタンリが農場継承をしたときは、第二次大戦後まもなくのことで、結婚した前後のことであった。そのときの彼の父親のバーニーはまだ50代半ばであった。この年齢は一般的にいうと、やや早めの引退とみなすことができる。この継承のタイミングの取り方にも、ファミリ・メンバーに関わる次のような要因が大きく働いたのではないかと思われる。つまり、バーニーの妻のアグネスが、1942年に52歳で亡くなったことである。

283

スタンリの兄弟姉妹で一番年下は、母親が40歳の時に生まれた妹であった。そのすぐ上も妹で、もし、父親のバーニーが60歳頃に引退することになっていて、若い息子がいたとしたら、その息子に農場を継承させることになっただろう。しかし、ここでも、継承に適齢の子どもは娘だったのである。この二人の娘の上に二人の息子がいたが、彼らは農場の継承者にはならなかった。
　なぜ、兄弟姉妹の中で真ん中に位置するスタンリが農場継承者になったのであろうか。その主な理由は、スタンリは実際に次男であったが、兄は乳児死亡していて、実質的に、長男であったことにあると考えられる。兄弟姉妹の位置からすると、これまでセンサス手書き原簿の資料から明らかなように弟のうちの一人が継承するパターンとなるはずであった。しかし、母親が亡くなったとき23歳であったスタンリに農場の継承者としての役回りが来たと考えられる。スタンリは、結婚後、バーニーから継承した農地に、新たに40エーカー区画二つを取得して、農場の拡大を行った。ここに、彼の農場経営に対する意欲をうかがうことができる。そして、父親のバーニーを、亡くなるまでの17年間、妻のナンシーとともに扶養していたのである。このケースから示唆されるのは、農場経営には、少なくとも男手と女手が一つずつ必要だという考えが受け入れられているということである。
　ロナルド自身は、農場の一角で家族を築くまで農場の継承には無関心であった。ベトナム戦争に数年間参戦した後に、家に戻り、農場以外の仕事に携わっていた。結婚相手も既述のように町で職をもった女性であった。ベトナム戦争中に功績があって勲章をもらった新聞記事を、息子のことを誇りに思う母親のナンシーが私たちに見せてくれた。彼女はまた、息子は帰還後、ベトナムでの従軍経験について一言も話をしたことがないと話してくれた。ナンシーは、ロナルドが農場を継承したことについて、彼の兄との比較を暗に含めながら、次のように話してくれた。1970年代半ばに農場を継承する者には、それまでになく経営者としての能力を求められると広く認識されるようになった。ロナルドはこの面に関して優れていたというのである。おそらく、彼は2歳年上の兄よりも、時代に合った農場経営

者としての素養を示していたのであろう。

　スタンリとナンシーの次の世代に、ロナルドという継承者がいたことは、シュナイダー・ファミリにとって幸運であった。この世代あたりから、ポーランド系ファミリ農場でも子どもの数の減少や、次世代に農場経営に関心をもつ者の減少があり、農場継承者を自分の子どもに求めることが困難になっていたのである。それまで、農場を継承することは、老親の扶養と結びついていた。今後は、継承者のいない場合が増加し、引退する際に、農場は売却され、この結びつきは消滅していくと考えられる。

　老親は、すでに20世紀始めから自立した暮らしを受け入れてきたように思えてくる。引退後、農場に住居を残して生活し続けるにしろ、町に出てアパートや一軒家に生活するにしろ、子どもとの同居は選択肢にはないのである。近年頻繁にみられるようになった、老親に子どもが依存する「寄生」生活は、あくまでも子どもの側の選択肢であり、それを受け入れることができるのは自立した老親であり、彼らの自立的存在が、子どもの寄生を可能にしているのである。老親が依存を求めているのではない。子どもはいつでも親元を離れることができるのである。

　このファミリが示唆するように、自立した生活は急に高齢期になってから始まるわけでない。ナンシーは、子どもたちが家を離れた後、再び息子のファミリが近隣に戻ってきても、「母屋」での一人暮らしを続けているのである。

3．ナンシー・シュナイダーの実家（ポーランド系）（D郡区）（図6-3）

　前項のシュナイダー・ファミリではロナルドの父親のファミリについてみてきた。ここでは彼の母親の生家についてインタビューから明らかになったことをもとに、彼女の世代までのポーランド系大家族の構成についてみていくことにする。

　ここで注目すべきことは、ナンシーの両親はともに再婚者同士であったことから派生したことである。1組のカップルが一生の間にもつことのできる10人程度の子どもの数の1.5倍もの異父兄弟姉妹と異母兄弟姉妹を含

図6-3 ナンシー・シュナイダーの生家の家系図（ポーランド系）（1985年現在）

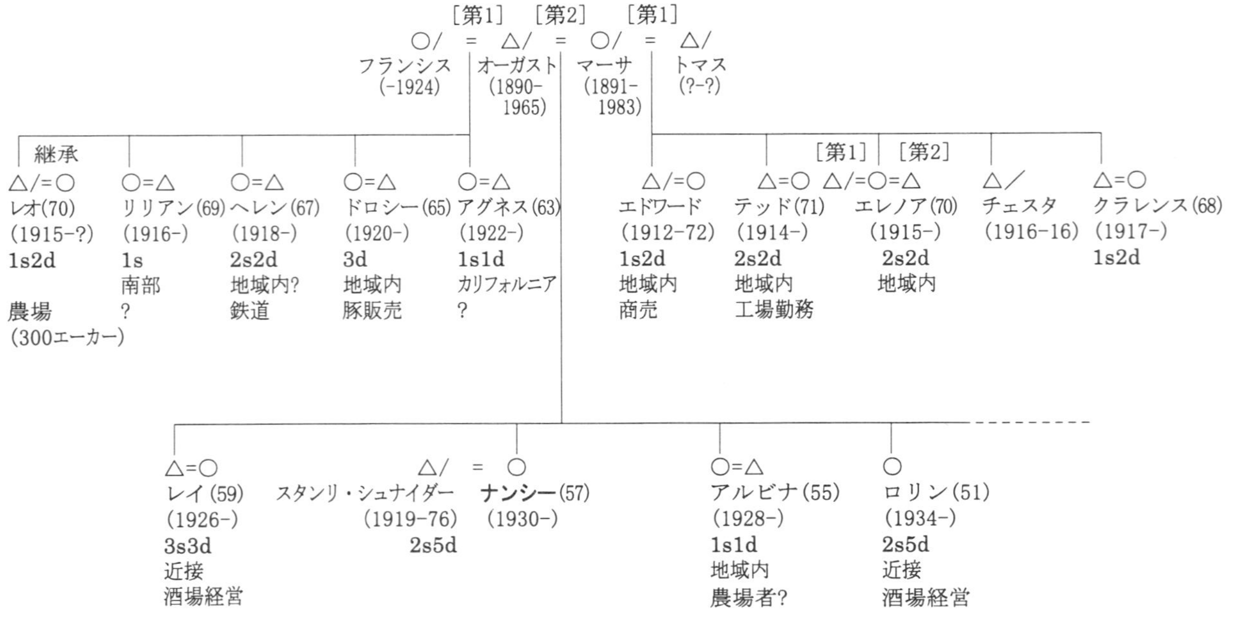

```
継承
△/=○    ○=△        ○=△        △/ = ○        △/ = △        ○/       [第1]          [第2] O/    [第1]
                                フランシス                 オーガスト =      マーサ
                                (-1924)                   (1890-          (1891-
                                                          1965)           1983)
                                                                                                      △/
                                                                                                      トマス
                                                                                                      (?-?)
レオ(70)  リリアン(69) ヘレン(67)  ドロシー(65) アグネス(63)                         △/=○        △=○    △/=○     △=○
(1915-?) (1916-)   (1918-)   (1920-)    (1922-)                          エドワード    テッド(71) エルノア(70) チェスタ(68) クラレンス
1s2d     1s        2s2d      3d         1s1d                             (1912-72)  (1914-)  (1915-)   (1916-16) (1917-)
農場     南部       地域内?    地域内      カリフォルニア                       1s2d       2s2d     2s2d              1s2d
(300エーカー)  ?     鉄道      豚販売      ?                                地域内      地域内    地域内
                                                                        商売       工場勤務   酒場経営

                                        △/ = ○                ○
                                        スタンリ・シュナイダー      ナンシー(57)
                                        (1919-76)             (1930-)
                                        2s5d

△=○        ○=△                    ○
レイ(59)     アルビナ(55)              ロリン(51)
(1926-)    (1928-)                (1934-)
3s3d       1s1d                   2s5d
近接       地域内                   近接
酒場経営    農場経営者?              酒場経営
```

(注：s = 息子, d = 娘)

む兄弟姉妹がいるのである。ナンシーは、自らのファミリの「記録係（レコード・キーパー）」であるだけでなく、夫のスタンリの親戚関係と、自らの実家の親戚関係にある人々についても、誕生日、結婚記念日、亡くなった日などのレコード・キーパーとなっていた。こうした機会に作られるカードや新聞記事などは、何冊かのスクラップ・ブックになって、彼女の手元に保存されているのである。

　家系図から、ナンシーの異母及び異父兄弟姉妹（ハーフ・ブラザーとハーフ・シスター）の世代と彼女の兄弟姉妹の世代について、いくつかの特徴を見出すことができる。前者の世代の生年は1910年代から1920年代初めで、子どもの数をみると、2～4人程度で、子どもを持ち始めたのは、1930年代から1940年代である。一方、ナンシーの実の兄弟姉妹が生まれたのは、少し遅れて、1920年代後半から1930年代前半にかけてである。しかし、この兄弟姉妹の間では、ナンシーを含めて、子どもたちの数が5～7人となっていて、年上の異母兄弟姉妹・異父兄弟姉妹たちよりも多い。そして、子どもを持ち始めたのが1940年代から1950年代となる。同じ兄弟姉妹の中でも、出生や出産の時代が異なっていたのである。こうした世代の違いによる、子どもの数の違いが生じる背景には何があるのだろうか。

　ナンシーの異母及び異父兄弟姉妹の間で子どもの数が少ないのは、世代的に、19世紀後半から20世紀初めにかけての、全体的な少子化傾向に呼応している。一方、ナンシーの実の兄弟姉妹で子どもの数が多いのは、青年期に第二次大戦を経験したことが影響したと推測される。言い換えると、このグループが戦後のベビーブームを生み出した世代ということになるのである。

　ナンシーと同世代の親戚が、同じ地域の中で散在して生活している。自らが生活している地域のあちらこちらに自らが知っている人々がいるという感覚は、良きにしろ悪しきにしろ、日常生活を送る上で影響を与えているだろう。この感覚は存在感やアイデンティティの確認に役立つであろうし、困難な人間関係を生む可能性もある。いずれにしろ、彼らが住んでいる場所は、私たち日本人の感覚からすると広い範囲にわたっていて、互い

の距離は遠い。しかし、ナンシーは、親戚関係にある人のことをすべて詳細に知っているわけではないにしても、こうした親戚関係にある多くの人々のことを知っていて、自らを彼らの間に位置づけながら、この地域で生活しているのである。このこと自体は、必ずしも自立した高齢期の生活に直接役立つことにならない。しかし、少なくとも、ある出来事に親戚の誰かが関係していることを耳にしたり、地元新聞などで目にしたりして知ることは確かにあり、それに対してさまざまに心情を与えることが、ナンシーの自立した生活に潤いと豊かさをもたらしていると考えられる。

4．ストロヴィンスキ・ファミリ

（ポーランド系）（D郡区）（図6-4-1から6-4-4）

　スーザン・ストロヴィンスキ(72歳)は、私たちと出会ったとき、リヴァーフロント市の北隣りのD郡区にある農場に一人で暮らしていた。農場は他人に貸していた。娘カサリンのファミリが、シュナイダー・ファミリでみたように、農場のはずれの一角に家を建てて生活していた。娘家族は農場をせず、夫は消防士であったが、仕事中に大けがを負ってしまい、身体的な障害が残ったままである。スーザンは、この娘の娘、つまり孫の小さな子ども（曾孫）の世話をしばしばしていた。スーザンの一生は、夫の両親、自分の両親（近隣の親の農場で）、高校生時代にリヴァーフロント市内で世話になった人の老後の世話（自分の農場で）、そして、夫、娘のファミリ、さらに孫のファミリの世話と、他人の世話をし続けてきた一生である。

　他人の世話をし続けるという自立的な生き方は、自分の農場から自分の車を運転して、市内にある印刷会社に週何回か働きに出るという態度に表れている。彼女は、ポーランド語を理解できるので、この会社が発行を続けているポーランド語の新聞（週刊）の編集作業を手伝っていた。

　スーザンは、夫のマイクが長く病気を患った後に数年前、亡くなり、それ以降、一人暮らしをしているが、先述した娘のカサリンとは、毎日のようにどちらかが行き来をしているので、一人暮らしということばを単純にあてはめることはできない。5人の子どもがいて、息子二人のうち、21歳

第6章 フォーカル・ファミリの分析

図6-4-1 スーザン・ストロヴィンスキの家系図（ポーランド系）（1985年現在）

(注：s＝息子, d＝娘)

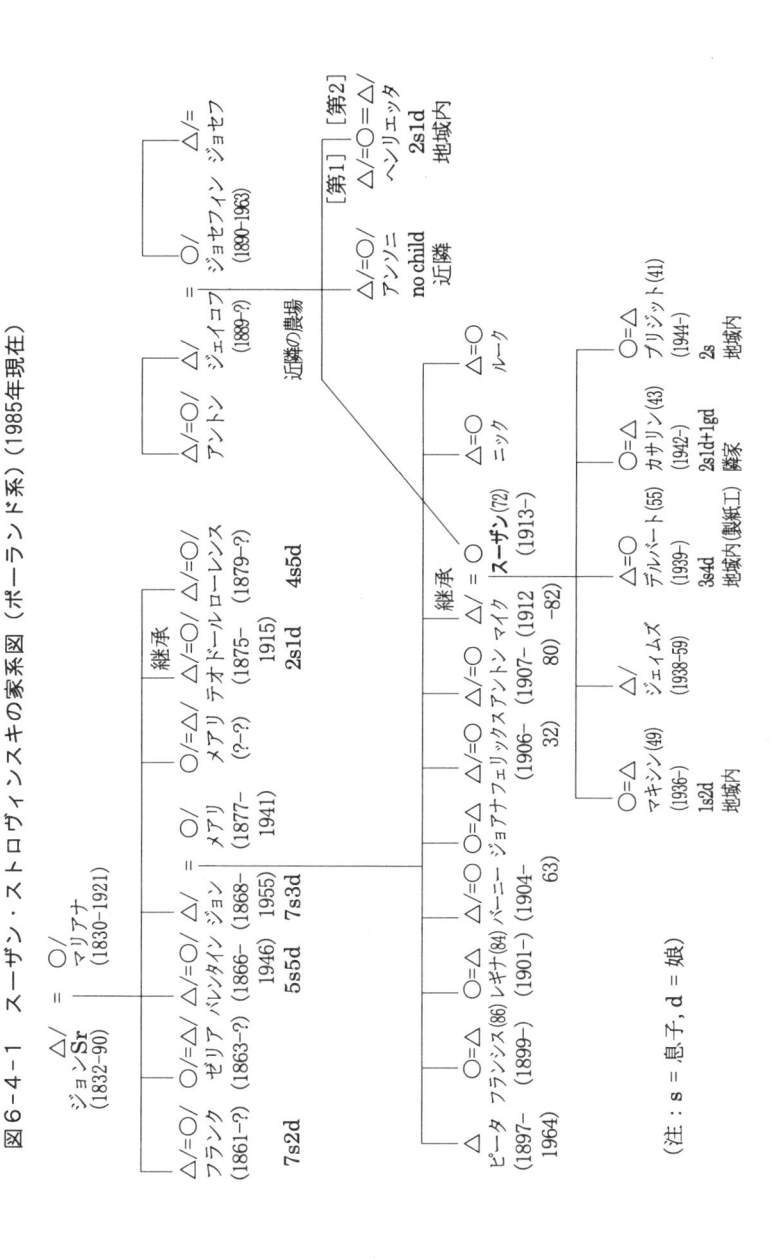

289

図6-4-2　ストロヴィンスキ・ファミリの農場地図

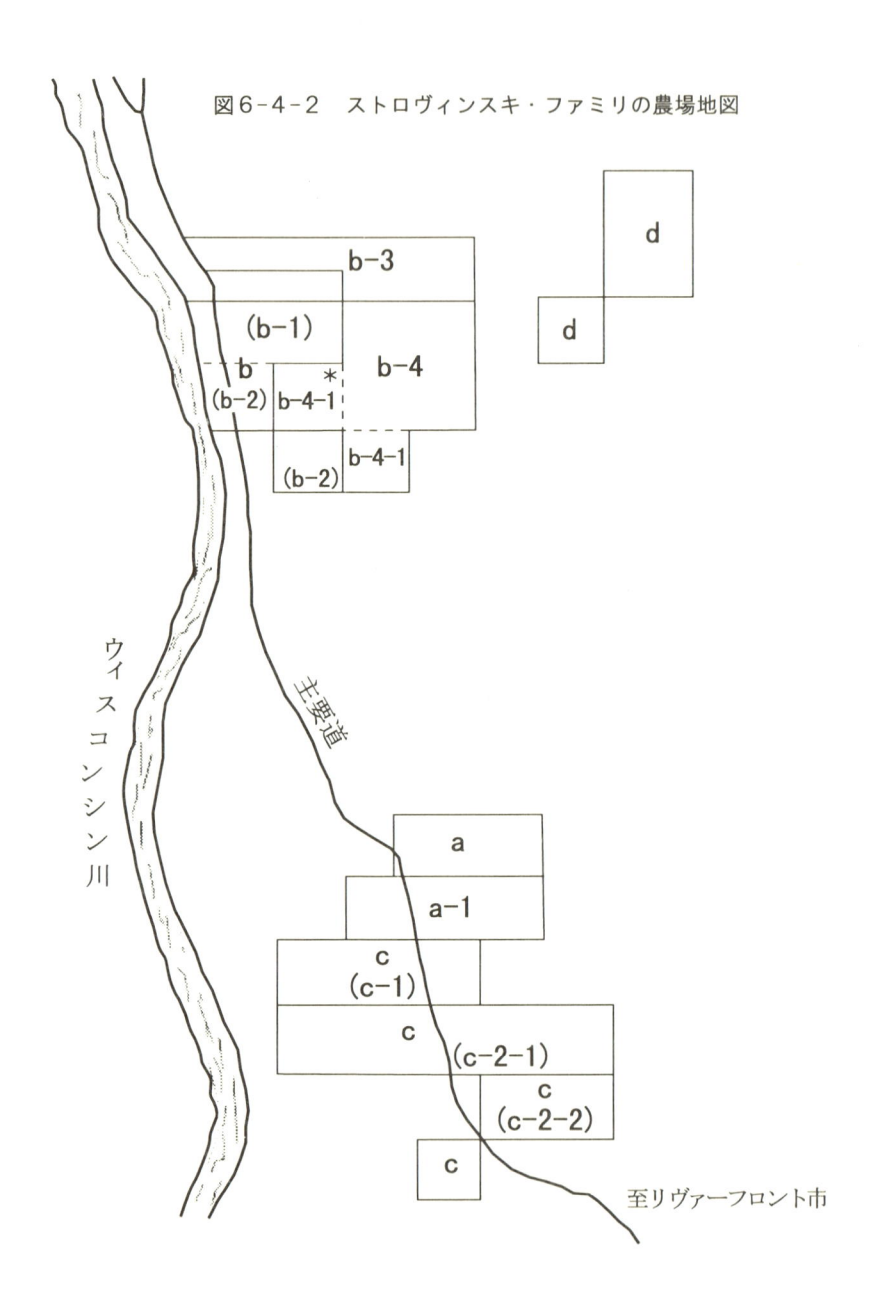

第6章 フォーカル・ファミリの分析

図6-4-3 ストロヴィンスキ・ファミリ農場の所有者変化
[ ]内の英字で農場地図の区画を表す。

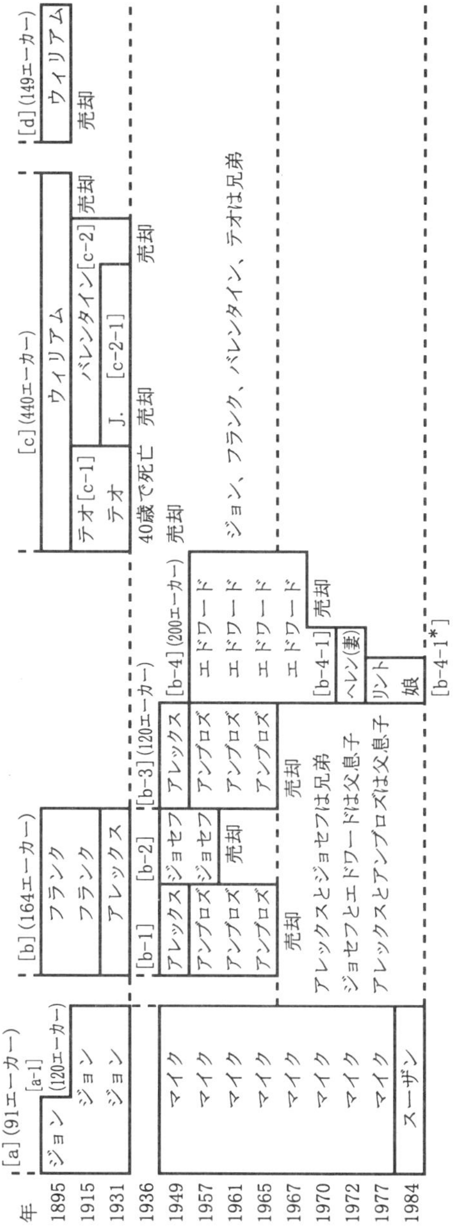

年	[a] (91エーカー)	[a-1] (120エーカー)	[b] (164エーカー)	[b-1]	[b-2]	[b-3] (120エーカー)	[b-4] (200エーカー)	[b-4-1]	[b-4-1*]	[c] (440エーカー)	[c-1]	[c-2]	[c-2-1]	[d] (149エーカー)
1895	ジョン													
1915		ジョン												
1931		ジョン	フランク											
1936			フランク							ウィリアム	テオ			ウィリアム
1949			アレックス	アレックス							テオ 40歳で死亡 売却			売却
1957			アレックス	アンブロス	ジョセフ	アレックス						ウィリアム		
1961			アレックス	アンブロス	ジョセフ 売却	アンブロス	エドワード						J. 売却	
1965				アンブロス		アンブロス	エドワード						バレンタイン 売却	
1967	マイク			売却			エドワード			売却				
1970	マイク			アレックスとジョセフは兄弟			エドワード							
1972	マイク			ジョセフとエドワードは父息子				ヘレン(妻)						
1977	マイク			アレックスとアンブロスは父息子				リント 娘						
1984	スーザン													

ジョン、フランク、バレンタイン、テオは兄弟

291

図6-4-4 ストロヴィンスキ・ファミリ・メンバーのライフコース
(スーザンを中心とした場合)(数字は年齢)

年	義祖父 ジョンSr	義祖母 マリアナ	義伯父 フラン	義伯父 バレンタイン	義父 ジョン	義母 メアリ	義叔父 テオ	夫 マイク	本人 スーザン
1895	(亡1890)	65	34	29	27	18	16		
1915		85	54	49	47	38	(亡1915)		
1931		(亡1921)	70	65	63	64			
1936				70	68	69		3	
1949				(亡1946)	81	(亡1941)		19	
1957					(亡1955)			結婚 24	結婚 23
1961								37	36
1965								45	44
1967								49	48
1970								53	52
1972								55	54
1977								58	57
1984								60	59
								65	64
								(亡1980)	71

292

の長男を事故で失っている。もう一人の息子は、地元の製紙会社に勤めていて、空いた時間を農場経営にあてたいと望んでウィスコンシン川の反対側に自分で農場を手に入れてファミリと生活している。スーザンの他の娘たちも結婚して、パイン郡を中心に、この地域の中で暮らしている。

　このスーザンのファミリのケースは、農場継承者を息子の一人に求めることがなかった例となっている。継承者のファミリとの同居的な生活もなかったという意味で、スーザンはあくまでも一人暮らしを続けた。残された一人の息子は、農場に興味を持っていても、母親であるスーザンの農場に入ることはしなかった。スーザンが自立して生活する以上、彼女にとって必要な資産であることは息子の側も理解しているし、息子といえども自らの自立した家族生活を維持するために、出来る限り、母親からの恩恵を受けることをしないのである。

　スーザンが1936年にマイクと結婚したとき、マイクの両親は健在であった。当時、マイクが農場の継承をすることになることは考えられなかった。結婚後、マイクは仕事の関係でスーザンと、リヴァーフロント地域から離れ、ウィスコンシン州の工業地帯の一つにある別の町に移って、自分のファミリを築き始めていた。そのうちにマイクの母親が1941年に64歳で亡くなり、そのとき父親（73歳）は心情として、息子のマイクに農場を継承してもらいたかったという。その翌年、スーザンとマイクは子どもを連れて、マイクの父親の農場に戻った。そのときスーザンたちには小さな息子が二人いた。マイクは農場継承者となり、スーザンは義理の老父を1955年に亡くなるまでの13年間、世話したのだった。

　父親の農場に戻ったときマイクは30歳であった。彼には9人の兄弟姉妹がいて、男兄弟が6人もいるのに、なぜマイクが親の農場に戻ることになったのだろう。マイクの父親のジョンが60歳過ぎになってから、どのように農場を経営してきたのかは不明である。しかし、マイクが戻ったときに父親はすでに73歳であったので、60歳過ぎになってから後の10年は、配偶者のメアリとともになんとか農場の仕事をこなしていたのかもしれない。スーザンによると、マイクは呼び戻されて、農場の継承者になったということ

である。呼び戻された理由は、父親のジョンがマイクのことを気に入っていたことと、農場を経営する能力があると判断されていたことにあった。

　マイクは、農場継承者になっても、生涯、農場を拡大しなかった。戻ってから13年後に父親が亡くなり、さらにそれから4年後の1959年には、長男を事故で失うという悲劇がマイクとスーザンに降りかかった。これをきっかけに、マイクは調子を崩してしまい、亡くなるまで元に戻ることはなかったという。つまり、スーザンは、マイクの父親の世話を終えても、しばらくしてすぐに、子どもを失う悲劇を乗り越え、そして、マイクの世話をしなければならなくなったのである。それは20年ほど続いたのだった。また、その間に、自らの農場から車で十数分のところの農場に生活していた自分の両親の世話もしていた。こちらの世話は1960年代まで続いた。先述したようにその他にも、スーザンが高校に通学するとき市内で家事の一部を手伝う代わりに住む場所を提供してくれたウッドランド夫人が寡婦となって一人暮らしをしていたので、自分の農場に引き取り、昔の恩に報いる形で、1960年頃まで終生世話をしたのであった。このように、スーザンの1950年代は、他人の世話に明け暮れた時代であった。この時期のスーザンは、年齢的に30代後半から40代後半にあたり、体力と気力もまだ十分にあり、自分の子どもに手が掛からなくなっていたこともあって、そうした世話をすることができたのであろう。

　スーザンは、1980年代半ばに、70歳を越えているが、自分で車を運転するので、他の高齢者で助けが必要な人の役に立ったり、ポーリッシュ・ウィメンズ・クラブの世話をしたり、その関係で、リヴァーフロント市が主催するポーリッシュ・フェスティヴァルにブースを出して参加したり、いわゆる地域の活動に参加して過ごすようにしていた。同時に、先述したように、近くに住む娘の娘（孫）が軍人で、彼女の幼い子どもにベビーシッターが必要なとき、この曾孫の世話をしている。

　このスーザンの他人に対する世話の歴史は、まさに彼女のライフ・ヒストリーであり、世話ができる間は世話をし続けるという態度は、おそらく、ハイスクール時代のウッドランド家で同居した経験も影響を与えていたで

あろう。

　マイクの父親のジョンには、4人の兄弟と2人の姉妹がいた。兄弟のうち一番下の弟を除いて全ての兄弟の名前が1895年から1931年までの土地台帳に記載されていて（「農場所有者変化図」「農場地図」を参照）、兄弟が近接した場所に、農場をもっていた。

　この近接して生活している事実は、彼らの父親であるジョン（ウィリアム）がポーランドから家族を連れてパイン郡に移民してきた19世紀末に、彼は、息子たちそれぞれに農場をもたせようとしたことを示している。テオとヴァレンタインの2人の名前は、1931年の土地台帳に載っている限りであり、それ以後は、見いだすことができない。ジョン（ウィリアム）の農場の継承者であるテオは死去し、ヴァレンタインは移動してしまって、その後に彼の名前が消えてしまった。結局、移民第1世代のジョン（ウィリアム）の農場継承者ではなかったジョンとフランクの二人の息子が、この近隣での農場経営を継続することになった。これら兄弟は、それぞれ独立するときに得た農場をもち続けたのである。この意味で、もとの農場を継承する者はいなかったのである。

　ジョンの農場は、その後、マイクに継承されて、そのまま、スーザンの尽力によって1980年代まで維持されてきた。一方、ジョンの兄であるフランクの農場は、一人の息子に継承された後、二人の息子で分割した部分と、拡大した部分を含めて継承されていった。しかし、分割した部分と、拡大した部分の一部は、それぞれが1960年代の前半と後半で、売却されてしまった。拡大した農場の一部は、1960年代後半、そして1970年代半ばと徐々に半減していって、この部分の農地の所有者も妻にわたり、そして次に娘の手にわたっていった。こうした変化は、それぞれの理由から農場経営を止めることを決断して、転職や移動をともなっていたのである。第2次大戦後、農場経営の困難さが増したこと、そして、職業としての魅力が薄れたことといった理由から、農場が手放されるようになり、地域の農場にいた親戚、つまり、血縁と地縁が重なっていた時代が消滅していった。その過程を、土地所有者変化図は示しているのである。

ここで、高齢の親の扶養をどのように行っていたかを具体的に示す資料として、郡庁舎に保管されている親子間で交わされた証書（Bond）の文面をみてみよう。どの親子間でも法的に有効な契約証書を残すわけではないが、多くの場合、契約をもとに、農場継承の代価として老親の扶養に関する責任の取り方を法的に明確にしていたのである。

　次に記す証書は、1902年1月3日に、このストロヴィンスキ・ファミリの移民第1世代である夫ジョン（ウィリアム）が亡くなって、寡婦となっていたマリアナ（72歳）が、成人した第6子で四男のテオドール（26歳）との間で交わしたものである。テオドールはマリアナが45歳のときの子どもであった。この契約によって、息子のテオドールは母親のマリアナから農場の権利を移譲される代価として、母親の世話をする義務を負うことになった。

BOND

Book　　　　Page　　　　No.
Date: January 3, 1902
Grantor: Marianna [Strovinski]　(second party)　[乙]
Grantee: Theodore [Strovinski]　(first party)　[甲]
　　　　　　　　Price: $250 + $250 and specified conditions.
Location:
Text: [以下、抜粋訳]
……テオドール・Sは、マリアナ・Sに対して250ドルを本証書の締結のときに、また、250ドルを本日より2年以内に支払うこと、及び、彼女に、彼の農場内に彼の家とは別の、井戸水を容易に使用できる距離にある状態の良い家を供することに合意する。彼女はその家に対して権利をもつだけでなく……他人の権利を侵すことなく、敷地内のどこでも好きなところに行ける権利をもつ。また、彼女が自分で選んだところに2×5ロッド［訳注：10×25mの大きさ］の菜園をもつこと、彼女に一頭の牛を飼うのに必要な家畜小屋、牧草地、囲い地を供すること、彼女に一頭の乳牛を供すること、その牛が死んだり不適になったりしたときには直ちに同等の良好のものと取り替えること。そして、甲［テオドール］は乙［マリアナ］に、毎年、小麦粉300＃、この農場で収穫されるような良好のジャガイモ30ブッシェル［訳注：約3リットル分/day］、豚肉300ポンド［訳注：375g/day］、卵15ダース［訳注：0.5/day］、トウモロコシ20ブッシェル、現金10ドル、彼女の望むところに積み上げる16インチ長の堅木を10コード［訳注：40cm長の薪10束］を供し、手渡すこと。二週間に一回の割合いで日曜

第6章　フォーカル・ファミリの分析

日に、そして重要な祭日に、教会への送り迎えの便宜を供すること。また、町［リヴァーフロントの町］へ年に5回、送り迎えすること、さらに、彼女が死亡したときに、カトリック教会の慣例と儀式に則って、きちんとした葬礼を執り行うこと。そうすることで、これらの贈り物をする必要がなくなり、それを保証するための負債、すなわち乙［マリアナ］が生存中は法的効力をもつ負債から解放される。1902年11月3日、証人の前で、ここに両当事者は承認した。
　　　［郡判事の名］　　　　　　　　　　　　　［当事者の名］
　　　ウィスコンシン州
　　　［パイン］郡

　同様の契約関係は、スーザンが夫のマイクとともに、マイクの父親との間で取り交わしていたことを、彼女が私たちとのインタビューの中で話している。この契約は戦後数年たった頃に行われていたと考えられることから、農場者たちの親子間で、少なくとも19世紀末から一般的に行われてきたといえる。1935年から始まる年金制度があっても、1960年代までの間、農場に残る老親の生活を保障する手だてに、こうした法的な親子の契約関係を残していたようである。
　農場所有者の変化をみると、ストロヴィンスキ・ファミリの農場継承は、必ずしも同じ農場地で進められたわけではないことがわかる。第1世代のジョンが58歳で亡くなる前に、息子のジョンが隣の農場地の所有者になって、農場経営をしていた。先代のジョンが亡くなって、残された妻のマリアナは、2代目のジョンの直ぐ下の弟テオドールとの間に、上で示した契約を交わしたのである。夫のジョンが亡くなってから10年経過後に、この契約を交わしていることは、それまでの間、マリアナが夫ジョンの継承者として農場経営の主体となっていたことを示唆している。彼女は、70歳を過ぎて完全に引退する決意のもと、農場に残っていたテオドールを相手にして上の契約を交わすことにしたと考えられる。しかし、テオドールはこの契約後15年にして、マリアナよりも先に40歳で亡くなってしまった。その後、その農場が売却されたことから、おそらく、マリアナは隣の農場にいた2代目ジョンの家族のところで、さらに6年あまりの月日を送ったのではないかと推測されるのである。

こうして、第1世代のジョンの開拓した農場は、四男のテオドールによって継承されたものの、4半世紀後には他人の手に移ってしまったのであった。三男のジョンは父親の生前から隣の農場で生活をしていたし、長男フランクもそれほど離れていない場所に農場を構えていて、それぞれの農場はそれぞれの息子によって継承された。この近隣地域で、第1世代のジョンから始めて孫までの3世代に渡って、農場の場所は変化しても、ストロヴィンスキ・ファミリの農場は存在し続けたのである。
　このケースは、同じ農場が、せいぜい2世代にわたって継承されても、3世代に渡って継承されるケースが多くないことを示唆している。次に取り上げるウォブスキ・ファミリのケースは、同じ農場が実際に4世代にわたって継承された例と、一代限りで終息してしまった例の対照的な二つの例を含むケースとなっている。

5．ウォブスキ・ファミリ（ポーランド系）（B郡区）（図6-5-1から6-5-4）
　バート・ウォブスキ（65歳）は、数年前、それまで携わってきた農場の仕事から引退して、自分の居住空間である母家と、納屋、そして、バッファローを飼育するための囲い地を含む一角を除くすべての農場地を他人に売却した。近隣に親戚の家族が少なからず暮らしているのにもかかわらず、土地が親戚の手に移らなかったこと、そして、独身をとおしていて自分のファミリをもってはいないことは、彼の代まで4世代継承されてきたこの農場の歴史が幕を閉じることを意味している。しかし、彼の兄弟のうちの二人はそれぞれパイン郡の別の場所で農場を営んでいるので、彼らの子どもたちが農場を継承すれば、ウォブスキー・ファミリの中で「農場者」の系譜は維持され続けるだろう。そうであるとすれば、バートのケースのみならず、すでにみてきたポーランド系の農場者の親子関係、土地継承のパターンを、同じ土地に固執した見方でみてしまうのは、あまりにも一面的な感覚に強く影響された見方をしていることになる。

第6章 フォーカル・ファミリの分析

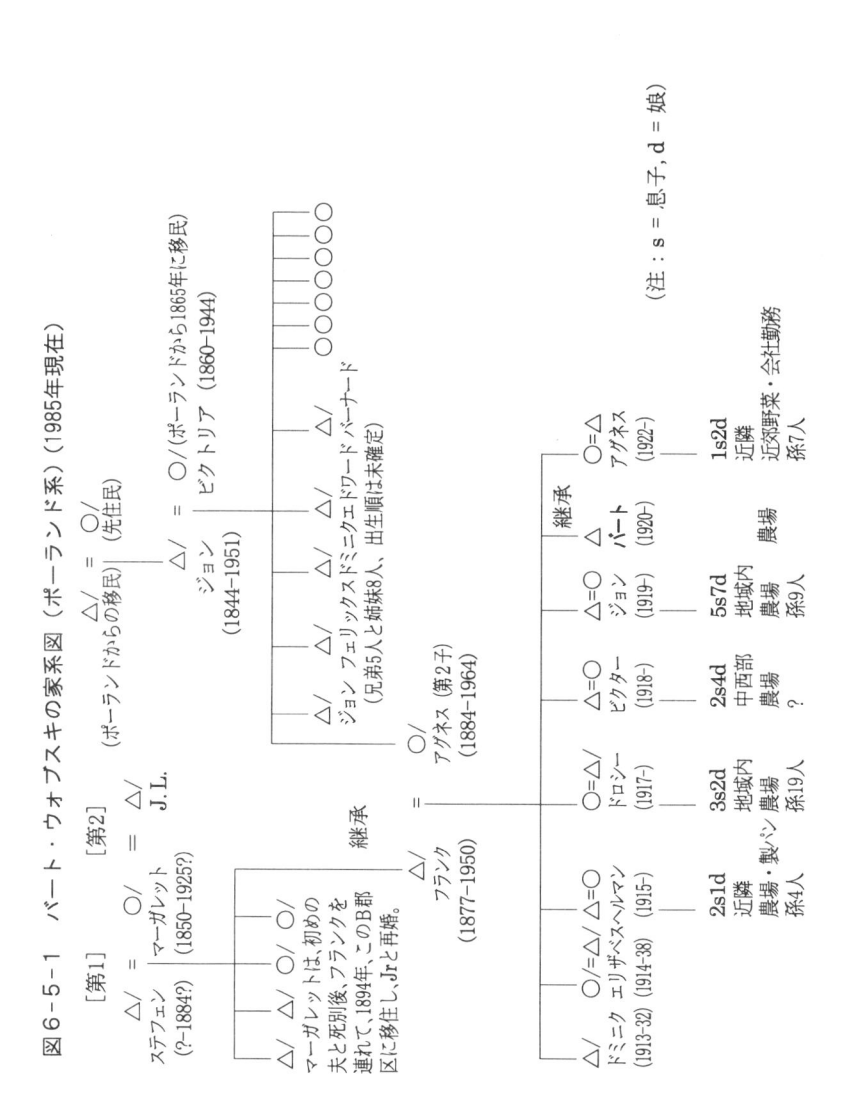

図6-5-1 バート・ウォブスキの家系図（ポーランド系）(1985年現在)

[第1] [第2]
△/ = ○/ = △/ J.L.
ステファン マーガレット
(?-1884?) (1850-1925?)

(ポーランドからの移民) △/ = ○/ (先住民)
(ポーランドから1865年に移民)
ジョン = ○/(ポーランドから1865年に移民)
(1844-1951) ビクトリア (1860-1944)

△/ △/ ○/ ○/ ジョン フェリックス ドミニク エドワード バーナード △/ △/ △/ △/ ○○○○
マーガレットは、初めの (兄弟5人と姉妹8人、出生順は未確定)
夫と死別後、ブランクを
連れて、1894年、このB部 ○/
区に移住し、Jr.と再婚。 アグネス(第2子)
継承 (1884-1964)

△/
フランク
(1877-1950)

継承 = ○/

△/ ○/=△/ ○=△/ ○=△/ △=○ △=○ △=○ 継承
ドミニク エリザベス ヘルマン フランク ドロシー ビクター ジョン バート ○=△
(1913-32) (1914-38) (1915-) (1917-) (1918-) (1919-) (1920-) アグネス
                                                              (1922-)
2s1d   3s2d   2s4d   5s7d   1s2d
近隣   地域内 中西部 地域内 近隣
農場・製パン 農場   農場   農場   近郊野菜・会社勤務
孫4人   孫19人 ?   孫9人 孫7人

(注：s＝息子, d＝娘)

299

図6-5-2　ウォブスキ・ファミリの農場地図

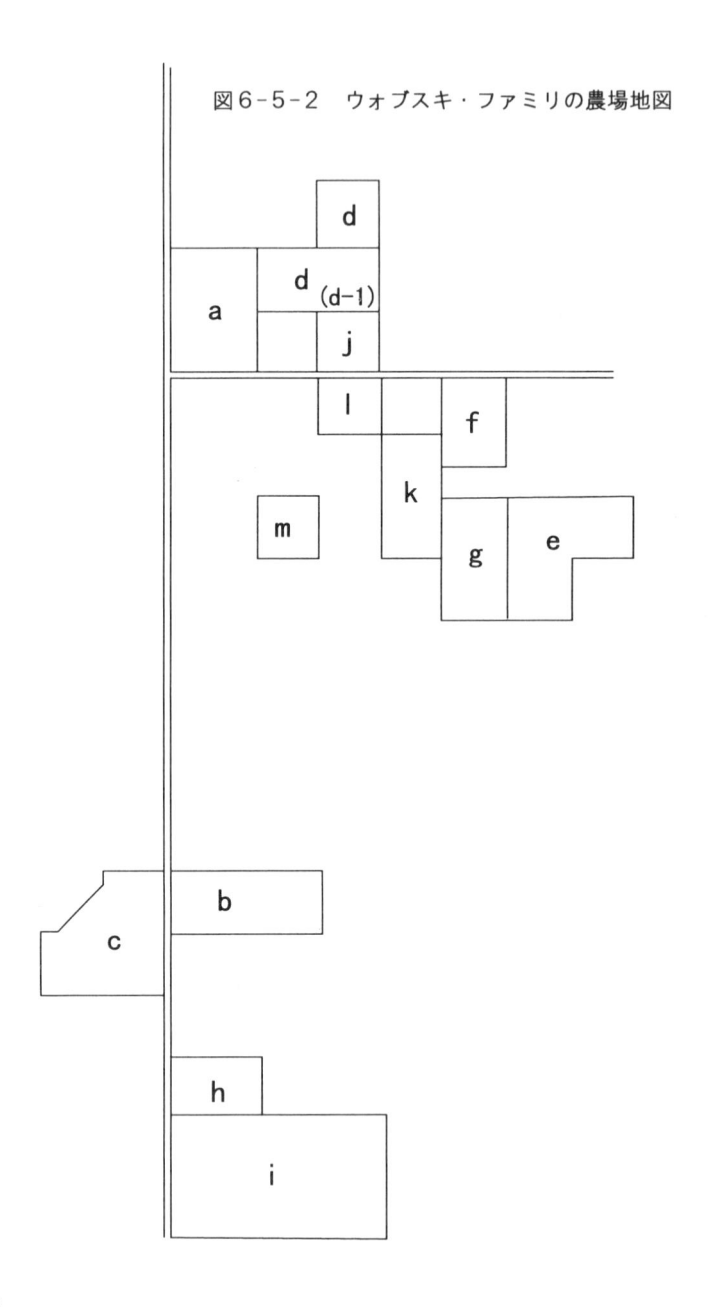

第6章 フォーカル・ファミリの分析

図6-5-3 ウォブスキ・ファミリ農場の所有者変化
[ ]内の英字で農場地図の区画を表す。
数字はエーカーを表す。

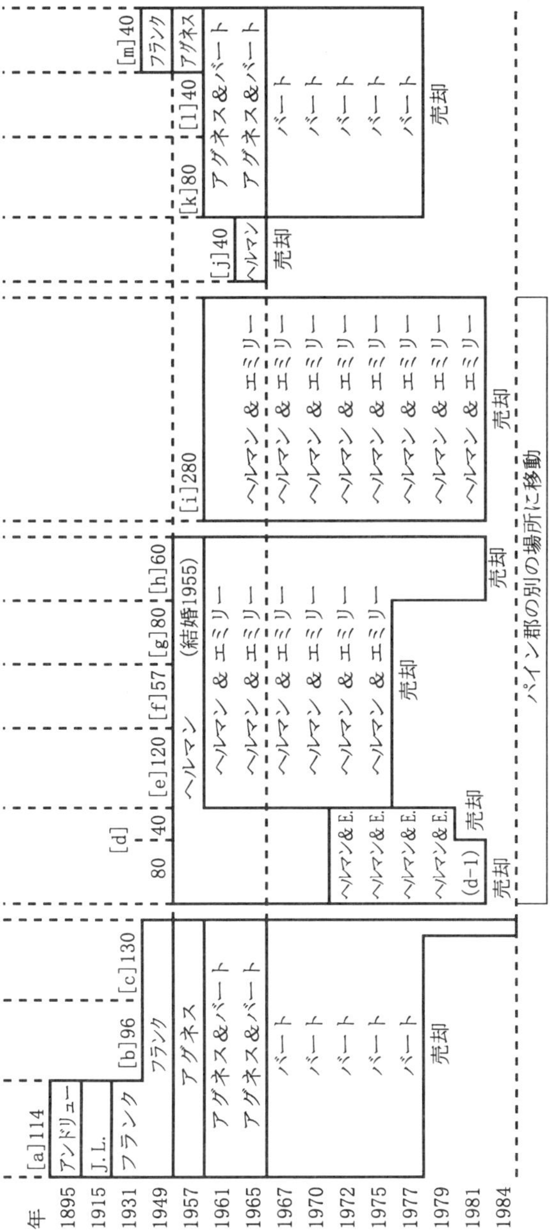

図6-5-4　ウォブスキ・ファミリ・メンバーのライフコース
　　　　（バートを中心にした場合）（数字は年齢）

年	父 フランク	母 アグネス	本人 バート 独身	兄 ヘルマン (40歳で結婚)
1895				
1915	38	31		0
1931	54	47	11	16
1949	72	65	29	34
1957	（亡1950）	73	37	42
1961		77	41	46
1965		（亡1964）	45	50
1967			47	52
1970			50	55
1972			52	57
1975			55	60
1977			57	62
1979			59	64
1981			61	66
1984			64	69

　彼らの継承のパターンは、長子相続でもなければ、末子相続でもない。大人の男と女が組になっていることが農場経営の条件であり、この条件が満たされて、農場をファミリによって営むことに意義を認める男性がいれば、次の世代による継承ということになるのである。ここでファミリを基本にするというときのファミリには、成人の若い男性を中心にした場合、両親あるいはどちらかの親、兄弟姉妹、妻、子どものいずれかが含まれる。誰が含まれるかは一つ一つのケースで異なるので、多様なファミリ・メンバーが農場の継承をすることになる。

　バートのケースは、独身の農場者であるという点で、本章で取り上げた他のケースとは異なっている。しかし、農場継承者が独身者であることは、

この地域において彼だけの特徴ではない。フィールド調査中に出会った農場者には、70代の3人の男兄弟がすべて独身で農場を営んできたケース、バートと同世代の男性が彼と同様に独身で農場を営んできたケースがあった。また、インタビューした人から、その人の実家の農場が、兄弟のうちの一人が独身のまま、寡婦の母親と、独身の妹とで続けられていた話を聞いたことがある。その他にも、農場者のファミリ構成を推量するのに「郡住民年鑑」や同様の資料をみると、独身成人男性を中心にした農場経営を見出せることから、バートのケースは決して特殊ではないのである。こう指摘できるのも、調査者がバートと、ポーランド系女性協力会リヴァーフロント支部のクリスマス会合で偶然に出会い、彼にインタビューすることができるようになったおかげである。この契機があったことで、彼の母親および彼の兄弟姉妹関係との関連を検討しながら、老親の扶養と農場の継承の多様さについてより明確に理解することができるようになったのである。

　農場所有者の変化をみていくと（図6-5-3）、1950年にバートの父親フランクが73歳で亡くなったとき、農場所有者が母親のアグネス（66歳）となり、10年ほど後には、アグネスと息子のバートの共同名義となっている。その数年後の1964年にアグネスが亡くなり、バートが単独の所有者になり、引退するまで一人で農場を営んできた。農場がアグネスとバートの共同名義になったとき、バートは農場経営に意欲をみせた。彼は、当時、新たに80エーカーと40エーカーの農地を買って、自分の農場を拡大したのである。規模を拡大しながらほとんど一人で農場の仕事をこなせたのは機械化のおかげであった。農場の拡大は、しかし、それが最後だった。

　土地名義人の変更は、父親が死亡したときに直ちに行われていて、他のケースでみられるのと同様である。しかし、父親は、引退したとき、息子の一人に農場を継承させて、農場の名義も変えることができたはずであるのに、そうしなかったのである。バートの父親にとって、高齢になって亡くなるまでのあいだ、おそらく、農場の後継者が誰になるかが明確にならなかったと推測される。この継承者の未確定状態は、父親の死後も、母親とバートの共同名義になるまでの数年間、続いたのである。バートを農場

継承者にするかどうかの問題を、母親は留保しておきたかったようにみえる。母親とバートとの共同名義の状態は、この問題がまだ留保されていたことを示している。その理由として、母親が、亡くなるまでの間の財産的保障を確保したかったこともあったであろうし、それにもまして、バートに農場者にならない選択肢を残してあげたかったことが考えられる。決して、バートのことを信用していなかったからではなく、むしろ、無理に子どもの一人に農場を継承させることなど考えていなかったと思われるのである。このことは、バートがインタビューの中で、少年期に農場の手伝いをするよう親にいわれたことがなかったと話したことから推測できるのである。

　入手できる土地台帳をもとにして農場所有者の変化をみただけでは、その変化がどのような家族構成の変化と結びついて生じたのか知ることはできない。それを知るには、民族誌的調査におけるインタビューに頼る必要がある。バートの話を聞くことができたからこそ、彼のファミリには、そうした書かれた資料だけからでは明らかにできない変化があったことを理解することができたのである。それを次に再構成して、みていくことにする。

　バートは8人兄弟姉妹の下から2番目の息子として、母親のアグネスが36歳のときに生まれた（図6-5-1）。父親が引退年齢の60歳になったとき、バートの年齢はまだ17歳であった。これまでみてきたケースでは、父親が60歳のときに農場継承者となる者は20歳を越えているので、バートの場合は、後継者として適当な年齢に達していなかった。しかし、実際は、父親のフランクは60歳で引退したわけではなかった。そして、バートの話から、バートの二人の兄も、バートとともに農場に残っていて、共同で農場の仕事をしていたのである。そのうちの一人は、第三子で次男のヘルマンであった。彼はバートの5歳年上で、長男が19歳ですでに亡くなっていたために実質的な長男であった。もう一人は、バートの2歳年上の三男ビクターであった。

　父親のフランクが引退したときの年齢は不明であるが、仮に60歳とする

第6章　フォーカル・ファミリの分析

と、そのときアグネスは53歳、ヘルマンは22歳、ビクターは19歳となり、バートよりもヘルマンのほうが農場継承者として最適な年齢にあった。ビクターとバートの間にいるもう一人の兄は、20代前半で結婚してしまい、パイン郡内の別の場所に農場を持つことで、農場継承ならびに老親の扶養をしないことになった。その役を果たしたのは、ヘルマン、ビクター、バートの三兄弟で、彼らは、父親のフランクが1950年に73歳で他界した後も5年間ほど独身のまま家に残り、農場を一緒に維持していた。こうした構成で農場が営まれていたことは、インタビューをしなければ理解できないことであった。

　フランクが亡くなり、そのとき66歳のアグネス、35歳のヘルマン、32歳のビクター、30歳のバートの4人は、その後5年間、一緒に農場で生活していた。もし、それ以降この構成に変化がなければ、ウォブスキ・ファミリは、1980年代半ばに私たちが出会った独身で高齢となった3兄弟の農場暮らしと同じファミリ・スタイルをとったことになる。

　しかし、実際にはそうならず、ヘルマンがまず40歳で結婚し、農場所有者変化図にあるように、近隣の農場をかなり大規模に入手したのである。彼は比較的大規模な農場者として発展するための「力」を実家にいたときに蓄えていたかのようである。その3年後には、ビクターが、やはり40歳で結婚し、80マイル以上離れた場所に農場を持った。なぜ、「中年」で二人の兄が結婚したのかとバートに尋ねると、彼の父親も同様の年齢で結婚しているから、まったく不自然なことではないという答えが返ってきた。しかし、なぜ、1950年代末という時期に、4人が共同で農場を営むことを解消したのだろうか。この時期、農場地帯では、団塊の世代の一員である農場の息子たちも大学へ進学したり、農業以外の職に就いたりして農場継承者を得ることが困難になり、また、導入の進む機械化に対応することが高齢の農場者にとって困難さを伴ったことから、離農するファミリが多くなっていた。それで、農場が売りに出されるようになったと思われる。ヘルマンのように農場経営の展開を考えていた人間にとって、まとまった大きさの農場を購入するのに好機であった。また、結婚相手がみつかったこ

とも農場拡大への追い風となったであろう。

　こうして兄弟が去った後、バートは、38歳から46歳までの8年間、母親のアグネス（74歳）と二人で暮らすことになった。二人の間では、農場という財産を受け継ぐために、売買契約を正式に交わしたであろう。おそらく、その契約の中には、母親の生活を保障するために彼女の扶養の仕方を明示して、財産贈与の代価とする内容を含んでいたことだろう。こうした契約を交わすことは、冷たい親子の関係を示すというよりも、むしろ、他の兄弟親族に対して公正な継承であることを示すためのものである。また、世間に対しても正当な継承であることを明示するものなのである。

　母親の死後、バートは、近隣で農場を営むヘルマンの家族とともに農場の作業を共同で行い、日常的な行き来をし続けながらも、農場を維持するために必要なほとんどのことを引退するまでの15年間、一人でこなしたのだった。

　このように、両親の扶養に、独身の兄弟三人がかかわったケースが存在すること、このパターンがそのまま続くと、高齢の独身の兄弟が農場で生活しているというケースを生むことは、この地域で、特殊なことなのであろうか？　答えはそうではなく、他の例を考慮すると、それは「自然に」生じることであり、生じても不自然なことではないのである。

　バートの場合、独身を通しながら母親と二人で生活した期間は、彼の一生のうちでわずか8年だった。バートに最初に出会ったとき、独身者で農場後継者であると知ったときに彼が長期にわたって老親の扶養に携わっていたであろうと、私たちは勝手に推量していたのだった。20代で農場を継承したとして、その後20年前後を、親と共に生活していたのではないかと考えたのである。しかし、それは間違っていた。推量していたよりもはるかに短い年数しか母親と二人で生活していなかったのである。独身を生み出す機構をあまりにも単純に考えていたことにも気づかされたのだった。バートにとって、この年数は、身近に兄の家族や他の親戚の存在があることを考えると、孤立して母と独身の息子が生活していたのではなく、克服できる年数だったのである。

第6章　フォーカル・ファミリの分析

　この老親の扶養の仕方と、子どもの中に独身者を生み出す構造とは関係していて、その関係を理解するには、別に詳しい考察が必要である。ここでは、この問題を解くための鍵として、「子どもが親に対してあまりにも優しすぎる」という言説を取り上げるのにとどめる。スーザン・ストロヴィンスキにインタビューしているときに、彼女の近くの農場で3人兄弟がすべて独身で残って高齢者になっていたケースをひいて、彼女に、なぜ彼らは独身のままにいたのかを質問したところ、そうした言説を使って説明してくれたのである。農場に限らず、リヴァーフロント市内で生活するポーランド系の家族にも4人の兄弟が独身のまま実家に残っていて、父親が比較的若い時期に亡くなり、母親と長男および3人姉妹が終生、一緒に生活しているケースもあった。このケースにもポーランド系の人々の親子関係に対する、この言説があてはまるのである。親子関係といってもとくに母親と子どもとの関係である。

　この言説が受け入れられていることは次のことからも筋が通ることである。つまり、彼らの別の特徴として取り上げることのできる、結婚したら家を離れるという考え方は、意識的に、あるいは積極的に、実践されているとみられるのは、そうしなければ、親に対して優しすぎることになってしまい、夫婦生活そして新たなファミリ構築が成り立たないことになるのである。しかし、そうであっても、結婚して親から離れる範囲は、最大でも車で訪問するのに便利な数時間以内ということになる。

　最後に、40歳位になったときに結婚することは、男性にとって、不利な決断ではないということを明確にこのケースは示している。ヘルマンは、3人の子どもをもっているし、ヴィクターは6人の子どもをもっている事実はそれを証明している。相手の女性の年齢については確かめることができず、女性の結婚年齢の問題について今後の調査・分析に待たなければならない。少なくとも男性に関しては、現在日本で考えられるような「晩婚」という考え方は存在していないと言ってよいだろう。そして、独身でいることも、「不自然」ではなく、むしろ社会的に受け入れられた選択なのである。

6．ピーターソン・ファミリ
（ノルウェー系）（レイクランド郡区）（図6-6-1から6-6-4）

　リヴァーフロント地域に暮らすノルウェー系の人々は少なくない。しかし、私たちの予想に反して、彼らと出会うことは、ポーランド系の人々と比べると少なかった。他の誰かの紹介で出会う以外に、私たちが参与観察することのできた場面（施設、機関、組織など）で働いているノルウェー系の人と知り合いになっても、専門的知識を求められる職についている人が多いせいか、日常会話をすることができる間柄になることは少なかったのである。ここに間接的ながら、ノルウェー系の人々の教育に対する関心の高さに気づかされた。移民としてアメリカに来て、多くのノルウェー系移民は、他の文化的背景の移民と同様に、農場生活を送っていたのである。彼ら移民第一世代は、農場でファミリを築き上げることに努めると同時に、第二世代に対しては教育を充分に受けさせるように努めた。このことはノルウェー系に限らないが、とくにノルウェー系はそうした傾向が顕著で、リヴァーフロント地域の中での比較をすると、ポーランド系とは対照的に、教育志向が強いといってよいのである。

　このことの説明として、移民する前に携わっていたノルウェー系の人々の生業が必ずしも農業ではなかったことを挙げることができる。また、別の説明として、ノルウェー系が、アングロサクソン系と歴史的に近い結びつきをもっていることを挙げることができよう。そうした文化的親近性をもとに、アメリカの主流を形成していたアングロサクソン系を基盤とする文化への適応を、他の東ヨーロッパ系や南ヨーロッパ系の移民よりも早めていったと考えられるのである。

　私たちが実際にインタビューしたノルウェー系ファミリには3ケースあり、そのうちの一つがピーターソン・ファミリであった。このファミリは、ノルウェー系移民が集中的に定着したレイクランド郡区において農場を経営していて、彼らについての歴史的資料も残されていることから、ここで取り上げることにした。

第6章　フォーカル・ファミリの分析

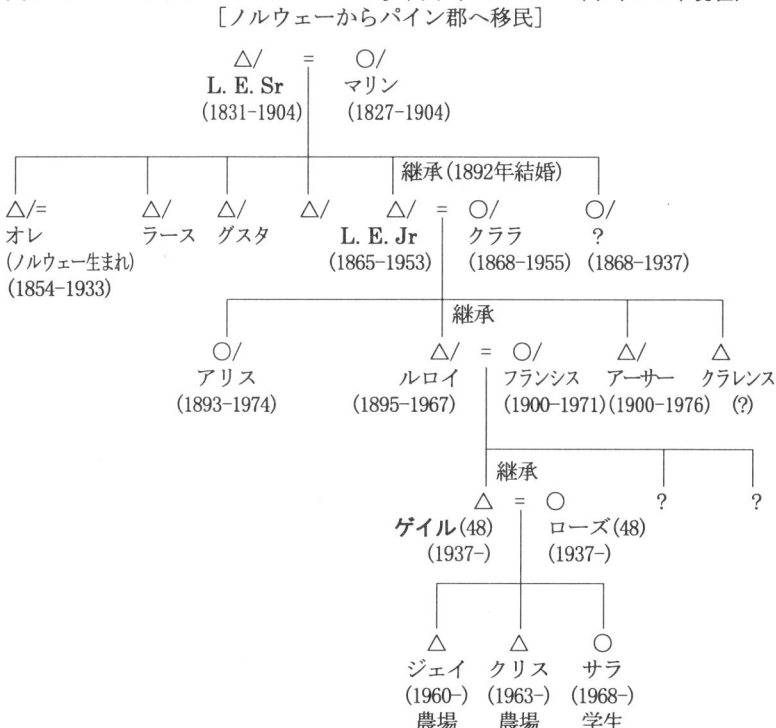

図6-6-1　ゲイル・ピーターソンの家系図（ノルウェー系）（1985年現在）
　　　　　［ノルウェーからパイン郡へ移民］

```
                        △/        =        ○/
                        L. E. Sr           マリン
                        (1831-1904)        (1827-1904)
                                 │
        ┌──────┬──────┬──────┼──────┐
        │      │      │      │継承(1892年結婚)
  △/=   △/    △/    △/    △/   =   ○/          ○/
  オレ   ラース  グスタ        L. E. Jr      クララ        ?
(ノルウェー生まれ)              (1865-1953)   (1868-1955) (1868-1937)
(1854-1933)                          │
                                     │継承
                ┌──────┬──────┼──────┬──────┐
                ○/     △/    =    ○/      △/      △/
                アリス   ルロイ         フランシス  アーサー  クラレンス
              (1893-1974)(1895-1967) (1900-1971)(1900-1976)  (?)
                                │
                                │継承
                        ┌───────┼───────┐     ?     ?
                        △    =    ○
                       ゲイル(48)  ローズ(48)
                      (1937-)    (1937-)
                           │
                  ┌────────┼────────┐
                  △        △        ○
                ジェイ    クリス    サラ
               (1960-)   (1963-)  (1968-)
               農場      農場     学生
```

　私たちのインタビューに応じてくれたゲイル（48歳）とローズ（48歳）は結婚したときの年齢がともに22～23歳と若く、ゲイルはウィスコンシン大学マディソン校で農学を専攻していたことから、おそらくゲイルが卒業と同時頃に結婚したのであろう。これまでみてきたフォーカル・ファミリのうちでも比較的早く結婚した夫婦であるとともに、いわゆる高学歴のファミリである。子どもは息子2人と娘1人の3人で小家族である。私たちが訪問したとき、娘のサラは父親と同様にウィスコンシン大学マディソン校で薬学専攻をしていて家にはおらず、農場を手伝っている息子2人との4人で生活していた。

309

図6-6-2 ピーターソン・ファミリの農場地図

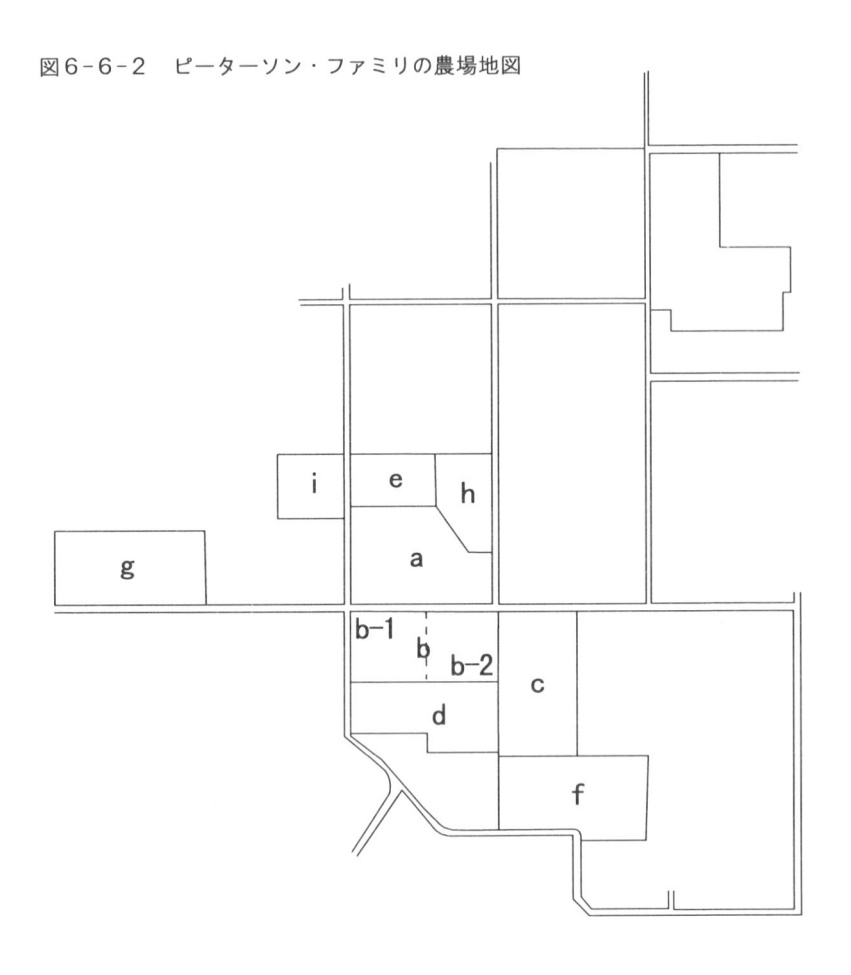

　農場の敷地に車で入っていくと、前方上方の一番奥の他より少し高い所に、白く塗られた居住用の母家があり、その周辺に納屋やサイロ、牛舎や豚舎が展開している。入り口から奥に向かう途中の左手上には、やや小さな白塗りの居住家屋があった。外観は居住用らしくみえるが、なぜ、奥の母家の横ではなくて、この独立した位置に、家屋が建てられているのか不思議に思っていたところ、後の会話の中でゲイルが、ここに、彼の母親が

第6章　フォーカル・ファミリの分析

図6-6-3　ピーターソン・ファミリ農場の所有者変化
　　　　　［　］内の英字で農場地図の区画を表す。
　　　　　数字はエーカーを表す。
　　　　　「G & R」は、「ゲイルとローズ」を意味する。

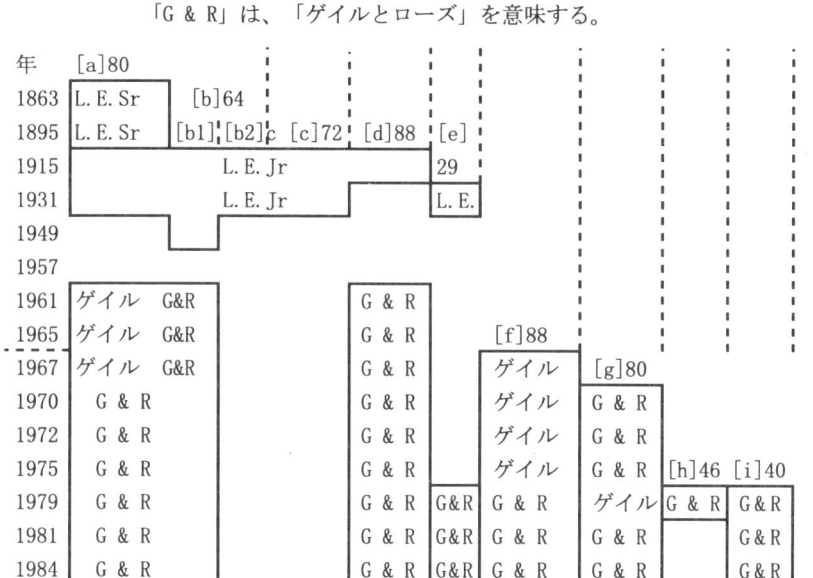

年									
1863	[a]80 L.E.Sr	[b]64							
1895	L.E.Sr	[b1]	[b2]c	[c]72	[d]88	[e]			
1915		L.E.Jr				29			
1931		L.E.Jr				L.E.			
1949									
1957									
1961	ゲイル　G&R		G&R						
1965	ゲイル　G&R		G&R		[f]88				
1967	ゲイル　G&R		G&R		ゲイル	[g]80			
1970	G & R		G&R		ゲイル	G&R			
1972	G & R		G&R		ゲイル	G&R			
1975	G & R		G&R		ゲイル	G&R	[h]46	[i]40	
1979	G & R		G&R	G&R	G&R	ゲイル	G&R	G&R	
1981	G & R		G&R	G&R	G&R	G&R	G&R	G&R	
1984	G & R		G&R	G&R	G&R	G&R	G&R	G&R	

晩年、住んでいたことを話してくれた。母親は14年前の1971年に亡くなるまでそこに住んでいたことになる。その4年前まで、父親も生存していたので、この4年間だけ老母が生活できるように、この独立した家を建てる必要があったのか、それとも、老親の夫婦が2人で住むように建てたものなのかは尋ねなかったので不明である。

　ピーターソン・ファミリの家系図は、ゲイルの祖父母の時代から、子どもの数を減少させていた。父方の曾祖父母であるL・E・シニアとマロンの夫婦は、1850年代末に、子連れでノルウェーからアメリカに移民してきた。当時すでに東部系の人々が移住していたパイン郡東部のレイクランド郡区にツー・フォーティ（2×40エーカー）の農地を1863年頃に入手したのだった。そこで、さらに5人の子どもが生まれた。この兄弟姉妹の一番下

311

図6-6-4　ピーターソン・ファミリ・メンバーのライフコース
　　　　　（ゲイルを中心にした場合）（数字は年齢）

年	曾祖父 L.E.Sr	祖父 L.E.Jr	父 ルロイ	本人 ゲイル	妻 ローズ	息子 ジェイ	息子 クリス
	生1831						
1863	32	生1865					
1895	64	30	0				
1915	(亡1904)	50	20				
1931		66	36				
1949		84	54	12			
1957		(亡1953)	62	20			
1961			66	24	24	1	
1965			70	28	28	5	2
1967			亡 72	30	30	7	4
1970				33	33	10	7
1972				35	35	12	9
1975				38	38	15	12
1979				42	42	19	16
1981				47	47	21	18
1984				50	50	24	21

の息子で、母親が38歳のときの子どもであったL・E・ジュニアが農場継承者となった。彼は、父親が平均的な引退年齢である60歳のとき、26歳であり、継承者として相応しい年齢だった。この年齢構成からすると、この息子にジュニアの名称を付けることが、後継者を予測して付けたようにみえる。3年後に、もう一人の子ども（娘）が、母親が41歳のときに生まれている。この子どもの出産を決意した背景には、後継者の可能性をもつL・E・ジュニアのバックアップとなる男子を期待して出産したのではないかと推測される。母親の出産年齢の一般的な上限まで出産を続けていることから、この世代にとって、子どもの数は、得られるだけ確保しておくべきものと考えられていたのであろう。

第6章　フォーカル・ファミリの分析

　ゲイルの祖父であるＬ・Ｅ・ジュニアは、1892年に27歳で、3歳年下のノルウェー系のクララと結婚した。Ｌ・Ｅ・シニアが61歳のときであった。上に兄が4人いたためか、Ｌ・Ｅ・ジュニアは、いったん親の家を出た後、1900年に親の農場に戻ってきた。そのとき彼は35歳で、すでに2人、あるいは3人の子どもがいた。結局、子どもは4人となり、当時の少子化傾向を表す人数であった。農場に戻ってからＬ・Ｅ・ジュニアは、それまで80エーカーであった農場を拡大し始めて、1915年の50歳のときには、もとの農地と新たな3区画との所有者になっていた。さらに、その後6年たった1931年には、さらに1区画を加えるといったように拡大していったのだった。この傾向は、農場所有者変化図（図6-6-3）から明らかなように、彼の孫にあたるゲイルに引き継がれたのである。

　第2次大戦後間もない1949年の記録によると、Ｌ・Ｅ・ジュニアが拡大した農地は1区画（現在の居住地がある区画）と未確認の区画を除き、半分以上が他人の所有地になってしまっていた。この年、Ｌ・Ｅ・ジュニアは84歳となっていて、彼の名前が土地の名義人に使われていたことから、その4年後に88歳で亡くなるまで、農地はおそらくＬ・Ｅ・ジュニアの名前のまま残されていたのであろう。もしそうであるならば、農地の継承が、Ｌ・Ｅ・ジュニアの引退の時期に決まらず、そのまま、彼が亡くなるまで、明確にされていなかったことになる。

　このことを確かめるのに必要な資料が1949年から1961年までの期間、欠落しているために、継承がどのような過程で行われたのか推定するのは困難である。Ｌ・Ｅ・ジュニアが60歳のとき、息子のルロイは30歳であったことから、ポーランド系でよくみられるように20代はじめの息子が農場後継者となるケースとなっていないことがわかる。年齢的には相応しいかと思われる彼の弟ではなく、ルロイが継承者となった背景にはどのような判断が関与していたのであろうか。彼が実際にいつ農場を継承したのかが不明であるだけでなく、ルロイ自身が実質的に継承者であったのか、つまり実際の農場の仕事に携わっていたのかが明確でないのが残念である。前述したように農地の所有者名が父親のＬ・Ｅ・ジュニアのままであったことが、

何かの事実を表しているとすると、その事実とは、L・E・ジュニアが息子たちに、農場後継者になることを求めなかった、あるいは、求められなかった理由があったということである。こうして、約10年の間、農場にありながら、実質的な農場経営は中断していた可能性が大きいのである。

　ルロイ（66歳）の息子のゲイル（24歳）が結婚して間もない妻ローズ（24歳）とともに農場の共同名義人になったのは、1961年の記録が最初である。既に述べたように、それ以前の資料を欠いているために、いつゲイルが農場を継承したのかは明確でない。しかし、その年、すでに、ゲイルが農場継承者となっていて、両親は前述した離れの白い家に居住していたことになるのである。ゲイルは、やり手の農場者であった。大学で新しい農場経営の在り方を身につけて、それを自分の農場に当てはめることに熱心であった。この新進気鋭の農場者は、数年後に早くも農場を拡大しはじめたのであった。1961年を基点にして、父親のルロイが亡くなるまでの6年間、また、母親のフランシスが亡くなるまでの10年間、ゲイルとローズは、子育てを果たしながら、独立した家で暮らす老親を、距離を置きながら世話をしていたことになる。

　ゲイルは、ウィスコンシン大学マディソン校で農業関係の専攻をしているときに知り合った大学教授とのコンタクトが現在でもあって、実践の仕事に、そうした恩師による助言が大いに役立っていると私たちに話してくれた。大学を卒業してまもなく、先祖が移民してきたときに手に入れた伝来の農場を、彼が見事に再興したのであった。若くして、農場の所有者になるときに、配偶者のローズと共同名義にしたことは、1970年代以降になると前述のポーランド系のシュナイダー・ファミリにみられるものの、それ以前の1960年代はじめから実践したことは、農場経営と夫婦関係そして親子関係の面でも先進的な見通しをもった考え方をもとに、人生を開拓しようとしてきたことを表している。

　三人の子どもたちが生まれたのは、ゲイルとローズが23歳、26歳、そして31歳のときであった。ゲイル夫妻はともに、私たちが会ったとき、48歳でありながらすでに引退後のことを考え始めていた。また、子どもたちの

結婚のことを考え始めていた。子どもたちの年齢は、25歳、22歳、そして18歳で、上の二人の息子は、ともに、ゲイル夫妻の農場の仕事を一緒にしていて、農場継承者の問題はゲイル夫妻にとって、近い将来の問題なのである。もし継承者を一人にしなければならないとすると、二人の息子のうちどちらがなるのか？　どちらが適任であると誰がどのように判断するのか？　もし、どちらも農場の仕事を続けたいという希望があったならば、ゲイル夫妻が今もっている農場のすべてを息子のどちらかに継承させ、別の息子には、新たに農場を手に入れてあげるのであろうか？　現在でも、過去と同様に、先に結婚した息子が、先に親の家を離れることになるのだろうか？　こうした問題については、別な機会に調査を行って明らかにすべき、興味深い問題である。明らかにすることができれば、19世紀後半からの継承のパターンが今後どのような要因によってどのように変化していくのかを分析することができるからである。

　ゲイル夫妻の引退に関しては、ゲイル自身が語ることによると、自分が今までにできなかったこと、それは、他の人のためになることをすること、をしていきたいという強い希望がある。農場の経営から離れ、農場継承者となる息子の家族と別個に居住し、自立した老後の生活をすることを表明しているのである。

7．メアリ・シュルツの実家（米国北東部系）（リヴァーフロント市内）（図6-7）

　このファミリを私たちが知るようになったのは、かつてリヴァーフロント市に住んでいた私たちの知人がメアリを紹介してくれたことによる。

　私たちがインタビューしたメアリ（95歳）は、**DAR**（「アメリカ革命の娘」）の一人であることからわかるように、彼女の子孫はニューイングランド出身者である。インタビュー当時、彼女は、リヴァーフロント市においてかつて「ポーリッシュ・テリトリ」（第4街区）と呼ばれた場所に建てられたアパート群の一つの一室に一人暮らしていた。高齢になっても扶養されていない、つまり、アメリカにおいて特徴的に価値づけされている自立した生活を送っていたのである。週に2～3回、部屋の中を片づけたり、必要

図6-7 メアリ・シュルツの家系図（米国北東部系）(1985年現在)

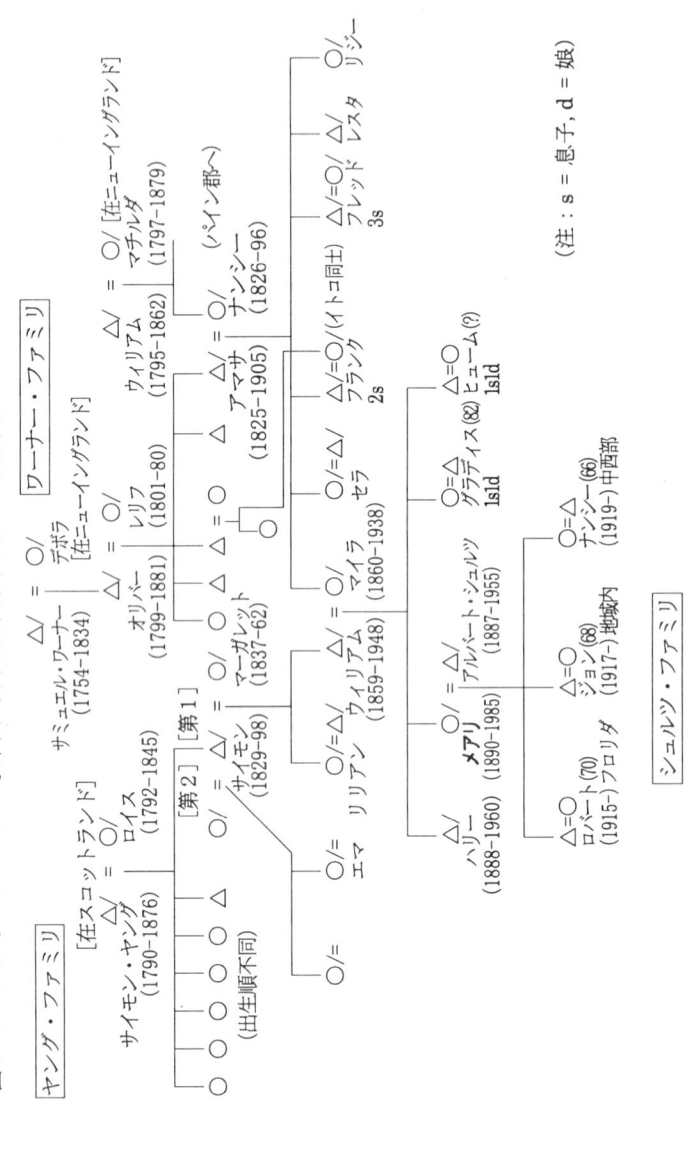

(注：s＝息子, d＝娘)

第6章　フォーカル・ファミリの分析

なものを備えたりするために、ヘルパーの女性が定期的に来ていた。メアリのケースをここで述べるのは、アメリカにおける高齢者の扶養の問題を考えるときに、自立した生活のモデルとなる生活とはどのような親子関係・親族関係のもとに成り立っているのかを示してくれているからである。メアリの生き方は、自立したアメリカ人高齢者を代弁していると考えられる。このモデルを提供してくれるのが、ニューイングランド出身の米国北東部系の文化的背景をもつメアリのような人なのである。

　彼女の築いたファミリは、彼女の実家のファミリとともに、家系図のかたちにまとめられていて、彼女は、既に手元にあった家系図を、私たちに貸してくれた。この家系図は、多分、**DAR**であることを他人に示すのが容易なように作成してあったのであろう。彼女の父方のファミリは、リヴァーフロント市の南のビショップ郡区に長いあいだ暮らしていたので、当然ながら、この郡区のセンサス手書き原簿に記載されている。ここでは、父方のヤング・ファミリと母方のワーナー・ファミリをともに彼女の実家の家系図（図6-6）に示して検討することにする。この図からわかるように、母親の曾祖父母が18世紀後半にニューイングランドで独立戦争を経験していたのである。

　メアリの配偶者であるアルバートは、19世紀末にこの町に設置されたノーマル・スクール（師範学校）に東部から赴任してき教員で、メアリ自身もこの学校の事務職に就いていたことから、2人はこの地域の知識階級あるいはエリート層の中で出会い、結婚したのである。この学校の学生寮の一つには、今でも、アルバートのファミリ・ネームが付けられていて、彼らは地域の人々によく知られた夫妻であった。

　メアリ自身が4人兄弟であったように、自分の子どもの数も3人（現在、70歳、68歳、66歳）と少ない。しかし、家系図が示すように、米国北東部系の人々が、何世代も前からメアリのように子どもの数が数名というわけではなかった。メアリの母親の代では7人兄弟、母方の祖父は5人兄弟と比較的大きな家族を構成していたのである。子どもの数を減らしていったのは、メアリの家系図から推定すると、1870～1880年代に青年期を過ごした

317

世代からである。メアリの母親の兄弟でも、2人息子と3人息子とあるように、この世代で子どもの数が2〜3人に減少していたのである。そして、メアリの兄弟のうち2人が子どもの数を2人としていたのである。

1870〜1880年代が青年期にあたった東部あるいは北東部系（ニューイングランド系）の世代は、ヨーロッパ各地から大量の移民がアメリカに、パイン郡に、そしてリヴァーフロント地域に移り住んできたのを目にしながら、そして移民たちの生活について耳にしながら、成長していた世代であった。リヴァーフロント市内においてとくにポーランド系を主とする東ヨーロッパ系移民の多くは、子どもの数が多い大家族を形成していた。遅く来た移民よりも社会的により高い地位にあった東部あるいは北東部の出身者たちは、農場生活から離れることで、大家族を必要としなくなっていたこと、そして、社会的地位が低い遅く来た移民が大家族をもっているのと対照的に自らのファミリ観を形成していくことで、小さなファミリが形成され始めたと、私たちは推定する。

メアリの子どもはすべてが、幼少時代にこの町で最高の教育を受けた後、それぞれが高度に専門的な教育をさらに別な場所で受け、プロフェッショナルとなり、この町から離れたところで生活するようになった。ただし、子どもたちすべてが遠く離れてしまったわけではなく、医者となった息子が、隣の郡の、車で1時間位のところで開業していて、メアリがリヴァーフロント市に一人で生活していても、まったく孤立した生活を送っているわけではないのである。

メアリ自身も、彼女の老親にとって、医者になった彼女の息子と同様の立場にあった。同じリヴァーフロント地域に生涯を通して暮らしてきたのである。おそらく、メアリは、48歳のときに78歳の母親を失い、その10年後の58歳のときに91歳の父親を見送るまで、自分の両親の自立した生活を尊重しながら、しばしば両親を訪問しながら、彼らに必要な日常的なサービスを提供していたことであろう。彼女の父親が寡夫となってからどのように暮らしていたかは、尋ねなかったため明確でない。

メアリは、私たちがはじめてインタビューした翌年に亡くなってしまい、

こうした点について尋ねることができなくなってしまった。インタビューした当時、彼女の話ぶりから95歳の年齢を感じさせないほど、強い独立心と、穏やかでセンスのよさをもっていることが感じられた。彼女が一人で暮らし始めたのは、配偶者が68歳で亡くなったとき、彼女が65歳のときであったことを考えると、その後の30年間、文字通り自立した生き方を通してきたといってよいのである。

8．ウッドランド・ファミリ（米国東部系）（リヴァーフロント市）（図6-8）

　フランク・ウッドランド（65歳）は、1920年にリヴァーフロント市のいわゆる知識階層のファミリに生まれ、師範学校付属学校そして地元の公立高校、そして地元の師範学校で教育を受けた。その後、この町を出て、教育関係の職につき、以後、生涯にわたり、この町に戻って生活することはしていない。ただし、職業上の都合で、この町を短時間ながら繰り返し訪れるという経験をしてきた。町を去って数年後には、カリフォルニアで大学院に進んで学位を取得し、カリフォルニアにある有名大学の教授としてのキャリアを築いていった。フランクの父フランクⅠは、東部からの移入者で、地元の師範学校の教授として赴任してきた人物であった。結局、事故のために、この町で生涯を終えることになった。フランクの母ウィニフレッドは、パイン郡の東隣りにある郡の判事を父とする8人兄弟姉妹のファミリの一員で、フランクⅠが赴任してきたとき、メアリ・シュルツと同様に、師範学校の職員として働いていた。

　フランクの父母は、それぞれ40代半ばと30代はじめで結婚していて、現代の私たちの見方からすると「晩婚」の夫婦とみなすことができる。しかし、この二人はともに遅い結婚をしたとは考えていなかったであろう。こう推定するのは、ポーランド系のバート・ウォブスキのファミリで、フランクの父母の世代とバートの両親の世代でも、さらに一世代後のフランクと同様の世代であるバートと彼の兄弟の世代においても、男性が40歳ほどで結婚することが「遅すぎた結婚」と考えられていなかったからである。つまり、少なくとも1880－90年代に青年期を過ごした人々は、米国東部系

図6-8 フランク・ウッドランドの家系図（米国東部系）(1985年現在)

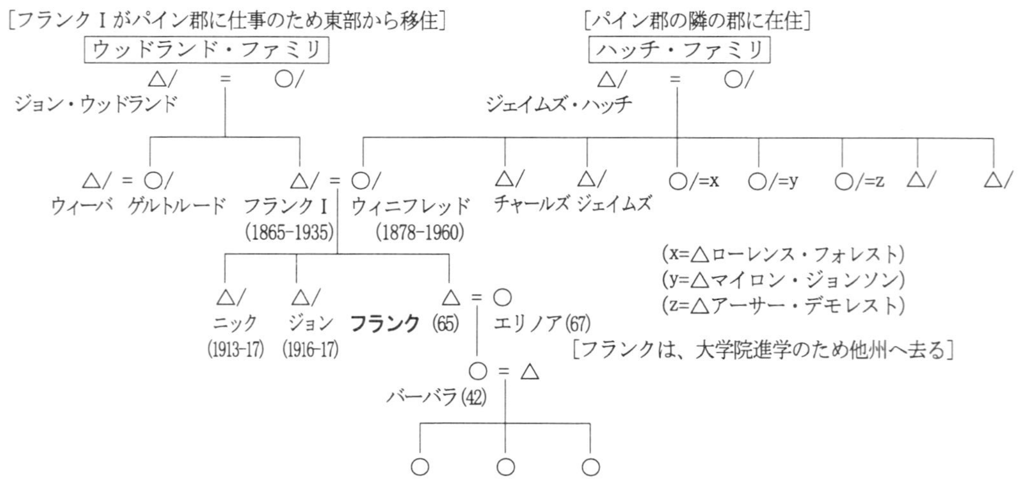

第6章　フォーカル・ファミリの分析

（いわゆるヤンキー）やポーランド系といった文化的背景に限らず、結婚のタイミングというのは、その人によって異なり、現代の我々が考えるよりもより広い年齢範囲の中で生じるものであるという考えを一般的にかなり浸透していた考えとしてもっていたのである。

　結婚時の年齢が30代後半から40歳程であることは確かに一般的にいうと他の多くの人々よりも高年齢であっても、当事者にとって、相応しい結婚相手を見いだしたのが、その人の場合、その年齢であっただけであるのだという見方は、人は必ずしも結婚する必要がないという考え方と結びついている。リヴァーフロント市に生涯、暮らしているフランク・ウッドランドと同世代の知識人層の一人が、私たちが結婚について質問することに反応して、「日本では、必ず結婚しなければならないと考えているのか」と逆に私たちに質問するに至ったことがある。彼は、結婚しなければいけないという考え方を持っていないことを私たちに教えてくれたのである。もちろん、当事者が生涯、独身であることは、身近なファミリ・メンバーである親によって、とくに早くから寡婦になった母親によって、影響を受けていることが多く、単に個人の問題で説明できるわけでないことも確かである。

　結婚年齢とは異なり、子どもの数については文化的背景の影響がみられる。ポーランド系では、バート・ウォブスキの兄弟の例からもわかるように、フランク・ウッドランドの世代でもまだ大家族をもっていた。しかし、フランクの両親は、彼らと同世代ながら年齢は数年上のメアリ・シュルツの両親が一世代前よりも子どもの数を減らしていたのと同様に、子どもの数を3人と減らしていたのである。

　フランクよりも数年前に生まれた二人の兄はともに幼いまま、同時期に伝染病に罹って亡くなっている。その数年後に、フランクが生まれたとき、父親はすでに55歳、母親は42歳になっていた。当時、他の家族のうちでも大家族の場合、母親が42歳頃まで出産することは既に本書でみてきた。むしろ、大家族を形成する意図がある場合には、母親は、42歳頃まで、子どもを産み続けることになるといえる。なぜ、その年齢なのかは、当然なが

321

ら経験則として一般的であったためであろう。このことは、この地域において、文化的背景による違いはないようである。この意味から、母親が42歳のときにフランクを出産することは、彼の父母ともに「自然」なことであった。しかし、一般的に、この年齢以後で出産することは稀なことになるので、フランクの母親にとっては、多分、彼が最後の子どもとなると考えていたことも確かであっただろう。

　母親が42歳で出産を終了させることの意味あいには、親の子どもによる扶養という側面のみならず、親による子どもの養育の面からも考えておく必要がある。子どもがいわゆる一人前になるまで、子どもの養育は親の責任であることを考慮すると、一般に引退の時期は男性に当てはめて語られるが、女性の場合も同様と考えてよいと、私たちは指摘したい。もし、そうであるなら、引退の時期の60歳頃に子育てを完了させることとなるように、母親は末子の出産を「計画的」に実行していると理解することができるのである。

　フランク・ウッドランドの両親の場合、フランクに老後の世話を期待することはなかった。父親は70歳のときに事故でフランクが15歳のときに亡くなっていて、フランクが一人前になると同時に、自らの世話を望んでいたことは想定できないのである。また、フランクの母親の場合、フランクの養育を終えて、自らも、引退する年齢になって、生じたことは、一人息子となっていたフランクが、リヴァーフロントを離れて、自らの自立した道を始めることだったのである。母のウィニフレッド自身は、そのままリヴァーフロントで暮らしたのであった。出身が隣の郡であったこと、そして兄弟姉妹の数が多いので、リヴァーフロント地域に親戚縁者が多くいたとしても、ウィニフレッドがさらに高齢になって、他人の世話を受けなければならなくなったときに、扶養者の役を果たしたのは、かつて、家事を分担することを条件に自分の家において高校に通学していたポーランド系のスーザン・ストロヴィンスキであった。スーザンについては、本章で既に述べたように、自分の両親、夫の両親、そして、夫、さらに、かつての恩人であるウィニフレッド・ウッドランドを自分の農場の家に移ってもらっ

て、世話をした人物であった。

　米国東部系の人々の間で、子どもの数を減少させる現象があらわれたのは、本研究の資料をもとにすると、少なくともフランクの父方の祖父母の世代からであることがわかる。また、前述した、フランクの母親の世代であるメアリ・シュルツのファミリの例から、彼女の父方の祖父母の世代からであり、さらに一世代前から、すでに子どもの数の減少がみられた。同じ米国東部系であっても、フランクの母親の兄弟姉妹が8人いたり、メアリ・シュルツの母親の兄弟姉妹が7人いたことをみると、19世紀半ばから後半にかけて、大家族と小家族が混在する移行期があったといえよう。このように、米国東部系というカテゴリーの中に入るファミリが一様な構成をもつと想定することは不可能である。この点を踏まえた上で、優勢な傾向として、いえることは、19世紀後半において、子どもの数を2人程度にしておくという考え方が有力な選択肢として、米国東部系、北東部系に浸透していったということである。

　19世紀における少子化の傾向は、まずこの米国東部系の人々の間で始まったと推定される。そして、20世紀半ばに子どもをもつようになったフランク・ウッドランドのような世代の人々は、子どもの数を1～2人程度にしたのである。少子化と、子どもが成人して親の家から離れているということが重なることで、親が引退したときに家に残っている子どもは存在しないことになり、老親は自立した生活を送ることが決定的となった。それでもなお、子どもが市内に、あるいは同じ地域内にいる傾向をもつのはポーランド系であり、そうしないのは、主にアングロサクソン系からなる米国東部系であったといえよう。

　老親の扶養は、親の側が、子どもを持つことと、老後に子どもから世話を受けることを切り離したことで、子どもに依存しないで自立的生活をすること、つまり自己依存によって成り立たせるようになったのである。この切り離しが、どの時代で生じたのかを明確にすることはここではできない。しかし、フレデリック・ジャクソン・ターナーが開拓命題で指摘したように、西部へと移動を続けることが、アングロサクソン系を主にする東

部系の人々に、独立精神を基調とするアメリカ的価値体系を植え付けたと考えるとすれば、それは18世紀の間に定着していったといえるだろう。子どもは、成人すると西部へと移り住んでいってしまい、その子は移り住んだ先で高齢になった場合でも、更に西部へとその子どもは移動してしまう。そのため、高齢期になったからといって特別に子どもをめぐって新しい家族編成上のことを考え、行うことなどすることはなく、自立した暮らしを送ることが選択肢として残ったのである。こうして、自立した老後を送るという価値観が生じるようになり、子どもが去っても、自らの力でそのまま配偶者との生活を続けることは尊重すべき生き方となったのである。

第7章 結　論

　本書は、米国中西部の小都市リヴァーフロントと周辺農場地域を対象にして、1850年から1986年までの歴史的・民族誌的資料から、自立した老後の在り方について、親子間の扶養関係の変化や、その変化と文化的背景との関連をみながら、検証を試みてきた。以下では、本書で検討してきたことをまとめながら結論としたい。

　先に進む前に、この調査地域を簡単に顧みておく。主要河川の係留点から出発し、周辺農場とともに発展してきたリヴァーフロントの町は、1850年に住人458人から、60年後の1910年に19倍の8,691人、さらに、それから1980年までの70年間に2.6倍の人口（22,970人）を抱える町となった。1850年からすると人口は50倍程にもなっている。ウィスコンシン州の人口はこの期間に30万から470万と15.7倍であったので、リヴァーフロント市のほうがはるかに大きく人口を拡大してきたことがわかる。中規模のタウンあるいは「小都市」の魅力をもつ町として人々を引き付けながら発展してきた証左であるといってよいだろう。周辺地域も、リヴァーフロント市の発展とともにあった。この農場地域にとって1980年代は「農場危機」の時代であった。問題意識をもつ農場者にとって、自らの農場経営だけでなく、周囲の農地評価の維持、生活共同体としての活性化など、地域生活に関しても持続的に尽力しなければならない時代に入っていったのであった。この変化は、リヴァーフロント市の住人にとっても同様であった。ダウンタウンの再生のためにショッピング・モールの建設があったように、自らが暮らすコミュニティの見直しが必要になり、多くの自立した老後を送ろうとする高齢者住民にとってのコミュニティ作りも重要課題となったのである。高齢者の施設収容の考えは財政的だけみても困難となり、高齢化対策

は、コミュニティ全体の問題として、人的資源の活用と、自立した老後の社会的支援をもとに、持続的な見直しをしながら、行われるようになった。

高齢化について

東部移住者とヨーロッパ系移民の流入期である19世紀後半に、リヴァーフロント市のみならず農場地帯においても、高齢化が進行した。60歳以上人口の割合によって、その変化をみると、リヴァーフロント市においては、1850年から1910年の間に、1.5パーセントから9パーセントへと6倍に増加した。そして、周辺農場地域の二つの郡区においては、1860年から1910年の間に、それぞれ、2.7パーセントから7.5パーセントへ、3.0パーセントから10.0パーセントへと、いずれも3倍前後の増加があった。このように人々の移住・移民といった大きな流れがあった後に、ずれて重なるかのように、高齢化が進行していったのである。

19世紀末はまさに高齢者の出現期といっても過言でないだろう。先行する高齢世代が数の上で少なかったために、青壮年期に移住・移民してきた人々は、その後の人生において、身近に、高齢期を意識させたり、高齢期の生き方を示してくれたりするモデルがなく、高齢期を迎え一生を終えていった。しかし、19世紀末になると高齢者の絶対数が増加することで、身近に存在するようになり、自らが高齢者になっていることを大量に「自己発見」した時期であったともいえる。別の言い方をすると、同世代の仲間が一緒に大挙して高齢者になってしまったのである。

しかし、実際には「高齢」であることはそれほど大きなことではなかったと推定される。引退時期とみなされる60歳になった後も、精神的には、若い年代で作り上げてきた生活感覚をそのまま持ち続けていたと考えられるからである。高齢になった自己の発見はあっても、強く意識されることはなかったであろう。基本的に、高齢になった彼らのこうした生活感覚は、先行した西部開拓者と同様の生活感覚であり、若さを基調とし、当時、遅れてきた移民の間にも共有されていったと思われる。

ここで、彼らがアメリカの主流文化に同化していったと主張しているのではない。むしろ高齢化との関連でいえば、対象地域で遅れてきた移民の

第7章 結 論

中でも大量に移民してきたポーランド系は、結婚すると持ち家をもち、親から離れて家族を築き、高齢カップルによる自立した老後を形態上、早くから取り入れて、高齢期を送るようになった。ところが、親子の結びつきの点からみると、アングロサクソン系が結婚する以前から親の住む町を離れて自立した生活を追究するのとは対照的に、ポーランド系の子どもたちは、親の町を離れてしまうよりも、同じ町に残る傾向をもっていたのである。仕事をみつけるため他の大きな町に移っても、後年、よきホームタウンとしての特徴をもつこの町に戻ってくる者が少なくなかったのである。このようにしていくつかの側面を関連づけてみると、同化をしてきたというよりも、むしろ、自らの価値体系の中に、直接的に衝突しないアメリカ的価値体系の一部を吸収していったといえるのである。ある局面でみると、自立というアメリカ的価値体系に「同化」しているとみえたとしても、いくつかの局面を関連付けてみると、自らの価値体系を巧みに変容させてきたといえるのである。

身近な生活環境の中の高齢者の存在

日々の生活の拠点である居住家屋（ハウス）の一つ一つで、そこに生活する人たちの中に高齢者の数がどのように増加していったのかをみると、身近な高齢者の存在が19世紀後半に急速に進行していったことがわかる。居住家屋を単位として一軒一軒の人数確認をしながら資料加工をおこない、身近にまとまって生活する人たちの中に高齢者がいる割合を算出して、それらの変化をみると、リヴァーフロント市において、1850年から1910年の間に4倍弱の増加（8.1パーセントから30.8パーセントへ）があった。周辺農場地帯の二つの郡区においては、1860年から1910年の間に2倍半から3倍の増加（11.8パーセントから35.8パーセントへ、また、13.6パーセントから34.8パーセントへ）となって市内よりも増加率は少し低い。

これを1910年のリヴァーフロント市内の風景を眺めるようにしてみると、住宅街に建てられた家の3軒に1軒近くの割合で、高齢者が暮らしていた様子が浮かんでくる。同年の農場地域では、高齢者が存在する家の割合がリヴァーフロント市よりも数パーセント高いようにみえるが、おおよそ同

様の眺めとなる。もともと、農場地域のほうが市内の生活よりも、高齢者の割合が多いことを考慮すると、一般的に、田舎の方が、健康な高齢者にとって生活しやすく、そのため、より長寿の人が農場に残っている可能性があることを示唆している。

　この推定は大きく間違っているとは思えない。しかし、農場における暮らし方について丁寧に検討しておく必要がある。焦点を合わせたファミリのうち、農場で生活しているファミリの場合のように、農場者の場合は農場継承者を子どものうちの誰かにあてることで、老親と継承者のファミリとが、同一の敷地内に生活することが一般的となっていた。しかし、同じ家屋に同居して暮らしていたかどうかは別の問題である。つまり、リヴァーフロント市の居住家屋（ハウス）は、一軒の家を想定することで大きな間違いはないにしても、農場の場合、シュナイダー・ファミリ、ピーターソン・ファミリ、ストロヴィンスキ・ファミリでみたように、老親の生活する家屋と、継承者あるいは子どものファミリの家屋とは別々に建てていて、同じ家屋に一緒に住んではいなかったのである。現実に農場で、高齢者一人あるいはカップルの単独の生活を送っている場合は、自動車でそれほどかからない距離の農場に子どものファミリがいて、頻繁に往来し合える条件が整っている場合である。

　19世紀後半においても、同一農場敷地内において別の家屋に老親が独居するようになったケースが増えたと考えられる。センサス資料からは同じ農場で生活しているかどうか判定できるだけであったために、農場地域のほうがリヴァーフロントよりも高齢者が身近な生活環境に存在する割合が多いようにみえた。しかし、実際には、敷地内別居のケースが増加していて、自立した老後の生活を送ることに価値が置かれ、尊重されるようになっていったと推定されるのである。

　農業・非農業に関わらず、趨勢として、身近な生活環境に高齢者が存在するようになったという事実は、調査対象地域における高齢化の進行の著しさを表している。しかし、高齢期に入った人が身近な生活空間の中に出現するようになったとしても、彼らが他の若い人々にたいして高齢期の生

き方のモデルを提示したわけではなかった。なぜなら、彼らの多くはすでに自立した生活をしていたからである。高齢者は、他人からの世話を受けずに、子どもとは別のハウスで離れて暮らしていたために、若い世代に、自立して生きる態度が伝わることがあっても、身近なモデルとして役割を果たすことはなかったのである。

　高齢期は「第二の子ども時代（second childhood）」という表現がアメリカ文化の中にある。このことばの意味合いは多義的である。しかし、子どもが親に依存するように、「成人した子ども」に依存する存在という意味合いの他に、引退後に社会的束縛から解放され、本来の若さを取り戻して生きていく時代とも読みとることができる。そうとらえたとしても、自立心を基調とするアメリカ文化の体系に不適合しているとは思われないからである。独立心を達成しようとする若い精神力をもった存在という意味合いを筆者は認めてもよいと考えるのである。高齢期に入った人は、さまざまな程度にさまざまな世話を必要とすることになるのも確かであり、こうした文化的なジレンマが生じやすいからこそ、それへの対処策として、再び独立心を達成しようとする心意気の存在に十分な配慮をするべきだと主張したいのである。しかし、さらに、他の人を高齢者の周りに配置する仕方に工夫をすることも高齢化に伴った課題としてある。次にこのことをみてみる。

身近な生活環境に人々を配置する仕方

　高齢者とともに居住家屋（ハウス）で暮らす人々を一つの生活集団とみなし、その集団がどのように構成されているかをタイプ別にまとめると、高齢者と一緒に暮らす人々の背景が変化してきたことがわかる。まず、高齢者と同居している非親族の有無の面から、彼らを含むタイプの割合の変化をみてみる。リヴァーフロント市において、このタイプのハウスは常に減少していて、1850年の66.7パーセントから1910年の8.5パーセントへと大きく割合を減らした。非親族の同居人の存在については、高齢者の有無にかかわらず、一般的に19世紀に特徴的なアメリカにおけるファミリ生活の形態であることがいわれていて、この町にもそれが当てはまっていた。

リヴァーフロントの文脈からすると、この特徴の生じる主要因の一つは、東部から西部への移住と、ヨーロッパからの移民によって、寝食の場が町に不足状態にあったことである。もう一つは、それと密接に関係していたことで、遅れてきた移民の中で主に若い娘たちが使用人として、早くから移住してきた東部系のファミリで、また、農場地帯では、この地域では遅れて移民してきたノルウェー系のファミリでも、同居していたことである。同居人は女性ばかりではなく、職業上のパートナーや雇い人である男性の場合もあった。

　高齢者が一人でも暮らしている居住家屋（ハウス）に対する各タイプの割合から、いくつかの特徴を明らかにすると、最もよくみられるタイプは「親子同居」タイプで、1860年以降、70パーセント前後で変動しながら高い割合をしめていた。アメリカ文化において、老親と子どもの間の密接な関係があったことを示している。これと対照的に、老後の自立した生活を直接的に示すタイプとして、高齢者が一人だけで暮らしている「独居」タイプをみると、全般的に小さい割合ながら、その変化は1860年の3.4パーセントから1910年の9.7パーセントへと増加していた。このタイプと同様に「夫婦だけ」で暮らしているタイプも、自立した老後を直接的に示していると考えられ、増加傾向というより、むしろ10から20パーセントの間を変動していることから、夫婦だけで生活する仕方が、19世紀に一定の割合で定着していたと考えられる。

　こうしたタイプ毎の変化の仕方は、農場地域においても同様にみられた。しかし、ポーランド系の農場者が集中するようになったクラーク郡区においては、「夫婦だけ」のタイプはリヴァーフロント市とは逆の、減少傾向にあった。これは、もともとこの郡区が米国東部系やアイルランド系の人々が先行して農場を営んでいた地域でありながら、彼らは、1860年代以降にポーランド系移民が大量に移入してきた時期に、この郡区から離れていってしまったことが要因になっていると考えられる。当然ながら、そうした農場はポーランド系の移民によって引き継がれ、19世紀末には、この郡区はポーランド系の住民がほとんどをしめるようになっていた。彼らにとっ

第7章 結 論

て、高齢「夫婦だけ」の農場生活は、馴染みのないタイプであったと考えられるのである。

　高齢者と同居の親族との関係にはどのようなパターンがみられるだろうか。まず、リヴァーフロント市についてみると、高齢者側の条件によって、親族とくに子どもとの関係は大きく異なっていた。その条件とは、「高齢の親で夫婦ともに健在である」、「母が寡婦となっている」、「父が寡夫となっている」の三つである。高齢夫婦の場合、既婚の子どもと同居するよりも、未婚の子どもと同居する方が圧倒的に多い。高齢の母だけの場合、1900年までは既婚の娘（つまり娘ファミリ）との同居が多かった。しかし、1910年になると、未婚の娘との同居の数の方が上回るようになった。一方、高齢の父だけの場合には、既婚の息子（つまり息子ファミリ）との同居が多かったが、1910年になると、未婚の息子と同居している数の方が上回るようになった。

　これらのことが示唆するのは、親子の間で同居関係が形成されるとき、双方の性別の間に明らかに配慮がなされていたということである。つまり、寡婦の母親と娘、寡夫の父親と息子とのように同性の間の結びつきが強いことが示唆されている。また、寡婦・寡夫となった親と同居する子どもについて、結婚しているかどうかが一つの判断材料となっていることが表れていて、一般的に次のようにいうことができる。つまり、19世紀後半までは、既婚の子どもとの同居が求められた。しかし、20世紀はじめからは、おそらく義理関係を通した葛藤を防ぐために、子どもとの同居をする場合は、あくまでも子どもが未婚の場合に限るようになっていった。その場合、子どもの側からすると、結婚すると親の家から離れることになるし、未婚のままでいるならば、親元を離れずにいるには未婚のままでいることが望まれていたことを示している。後者の状態は、現在「パラサイト・シングル」と呼ばれている、親と同居を続ける未婚の子どもと同類とみなせる。現在そう呼ばれる子どもは定職を持たないことが多いが、過去のリヴァーフロントの場合で見られるのは、未婚であっても定職（例えば教職やドレスメーカー）をもっている点で異なる。

331

リヴァーフロントにおけるこうした変化のパターンは、農場地域においても同様にみられる。しかし、やはりポーランド系が集中するクラーク郡区で異なるパターンがみられた。19世紀後半から20世紀はじめにかけて、母親が高齢で寡婦である場合、既婚の息子のファミリとの同居が、既婚の娘のファミリとの同居よりも常に多かった。つまり、母親だけの場合であっても、既婚の息子のファミリと同居するパターンが優位にあったということである。このパターンは、家父長制をもとにした家族関係をもつポーランド文化的価値観を、ポーランド系移民のファミリが移住後も継続してもっていたとみなすことができよう。

　同じ農場地帯ながら、これとは対照的なパターンがレイクランド郡区においてみられた。つまり、母親が高齢で寡婦である場合、既婚の息子のファミリとの同居と既婚の娘のファミリとの同居は数の上で常に同等であったのである。これは、どちらのタイプを選択するかに差がないことを示している。この郡区の住民の文化的背景をみると、ノルウェー系が半数以上をしめているので、もともとノルウェーでの家父長的家族関係を継承しているとすると、クラーク郡区におけるポーランド系移民が示したように、寡婦の母親の場合では既婚の息子のファミリとの同居が多いはずである。

　しかし、この郡区には、先行して移住していた米国東部系が少なからず継続して農場経営していて、さらに、ポーランド系移民の農場も少し存在していて、住民の文化的背景からすると混合状態にあることから、リヴァーフロント市でみられたように、既婚の娘のファミリとの同居も同等にみられるようになったと推定されるのである。言い換えると、レイクランド郡区は、ヨーロッパにおける農民的特徴を残しているクラーク郡区と、アメリカ的特徴の浸透が進行するリヴァーフロントとの中間的な位置にあったと考えられるのである。この混合した状態が、集計上、同等の割合で対照的な二つの選択の存在をもたらしていると考えられる。

　子どもの数の多さからみると、19世紀半ばから1世紀以上隔たった1980年代にいたるまで、農場地域の二つの郡区におけるファミリの子ども数が、リヴァーフロントのファミリのより多かった。これは、一般的にいうと、

第7章　結　論

都市生活を送るのには大家族が適当なファミリ形成の仕方でないことを示している。10人ほどの子どもをもつファミリは、都市部では少ないが、農場地帯では少なからずみられたのである。

それだけの数の子どもを一人の母親が出産したということは、本書で扱った資料が示すように、母親が40歳前後に至るまで出産していたということである。現代ではこれは高年出産とみなされて、推奨されていないのと対照的に、19世紀後半から20世紀前半にかけて、大家族を形成する場合には、むしろ、42歳頃まで出産することが普通に行われていたのであった。

農場のファミリに焦点を合わせてみると、親の引退年齢、母親の出産年齢、子どもの数、そして、どの子どもが農場の継承者にあたるか、が相互に関連していることが理解できる。この関連について、農場の継承の側面からみていくと次のようになる。農場継承者は母親が40～42歳頃に出産した息子があたるケースがしばしばみられる。このことは、子どもの数が少ない場合にもあてはまることが多い。継承者となる子どもの後に、さらに1～2人の子どもを出産して末子とするケースもしばしばみられた。この出産は、継承者となるであろう息子のバックアップを必要とすると両親が方略的に配慮したためのようにみえる。

こうした大家族を形成することの方略的強みとは何であろうか。両親が60歳を越して引退する時期に、母親が40～42歳で産んだ子どもは20歳を越えたときにあたり、すでに数年の農場での仕事の経験を積み、結婚の適齢期に入っている。継承者として最適な条件がこうして生み出されるのである。既に述べたように、兄弟姉妹は、結婚を契機に親元から離れるのが一般的であるので、農場継承時に、財産分与と同時に親の扶養を継承者が責任をもつことに関して彼らから合意をえるだけで、継承をスムーズに進ませることができるのである。

非親族の同居人、高齢化および少子化

非親族の同居人は米国東部系のハウスに、出現割合は少ないものの、常にみられた。しかし、ポーランド系のハウスには彼らの存在はなかった。ノルウェー系は遅く来た移民に入るが、移民の初期から同居人と暮らして

333

いたので、早く来た移民のファミリに、遅く来た移民が同居人として住み込むと、一般化していうことはできない。しかし、傾向としては、そうした関係が19世紀末までみられたことも確かである。そして、重要なことは、非親族の同居人は、高齢者の世話のためにいたのではなかったということである。

19世紀後半における高齢化については既に述べてきたが、現代の現象と並行するかのように、当時、少子化も進行していた。このことは意外な事実である。しかし、子どもの数を減少させる傾向は米国東部系が先行して進行させていて、その後、他の文化的背景を持つ人々にも浸透していったのである。米国東部系の人々の間でも、数世代前までは、子どもの数が多い大家族形態をもつファミリが多かったのである。

この少子化の進行は、親が子どもに対して老後の扶養を期待することがなくなったために、子どもの数を減少させ、それが結果的に自らの生活様式をより自立したものへと強化していったと、筆者は推定する。19世紀末までに、米国東部系から遅れてきた移民たちにまで、高齢者の単身生活者、そして、夫婦だけで生活するカップルの増加がみられるようになった。19世紀後半に、米国東部系の人々のハウスに、非親族の同居人が多く暮らしていた事実は、ハウスに他人が生活できる部屋が余分にあったことを意味している。言い換えれば、それだけ大きな家に住めたということと、それ以前には、そうした大きな家に大家族が住んでいたことを示しているのである。子どもに対して老後の扶養を期待せずに、裕福な人々は、非親族の同居人をおいて使用人とし、必要な家事労働を任せていたのである。もちろん、これは、老後のためにしていたのではなく、若い夫婦においても赤ん坊が生まれたときに、人手を非親族の雇用によって充足させていたのである。20世紀に入ると、使用人の形で、非親族を家に同居させることは急速になくなり、その後は戦前まで、高等教育を受けたいが財政的に許さない若い人々を、家事の手伝いと就学援助とを交換条件にして、同居させるようになった。この例については、ウッドランド・ファミリで既にみてきた。

多産で大家族をもつポーランド系のファミリにおいても、少子化は、遅

れながらも確実に、浸透していった。そして、高齢者が単身で生活するタイプや夫婦だけで生活するタイプは米国東部系と同様の増加傾向を示していたのである。しかし、ポーランド系の場合は、子どもが結婚時に親の家を離れ持ち家を早くから持つ慣行を実践しながら、結婚した子どもは親の近隣に住居をかまえて、高齢になった親の扶養については、身近な子どもが維持していたのである。これらの結果は、1980年代半ばに約2年半にわたる長期民族誌的調査で得られた資料から、特定のファミリに焦点を合わせ、ライフヒストリー及びファミリ・ヒストリーを再構成した結果と整合している。

親子関係

以上で述べてきたことに、親子関係の面からいくつかの説明を加えておくと次のようになる。

19世紀後半から20世紀はじめまでの、東部からの移住者、ヨーロッパからの移民の移動の波によって、人口構成および性別の割合が特徴的になり、それが社会階層化の過程に影響を与えた。都市部では、米国東部系および早くから移民してきた者が社会階層の上位をしめていて、生業の面からみると、プロフェショナルな仕事に就く一方で、遅く移民してきたポーランド系は労働者（レイバラー）がほとんどであった。また、米国東部系の家族に同居する非親族の使用人には、ノルウェー系やポーランド系の若い男女（とくに女性）がほとんどをしめていた。

ノルウェー系とポーランド系を比較した場合、前者の方が子どもの数が少なく、進んだ教育を受けさせるようにして、移民の早い世代から子どもに上位の社会階層に位置する職業につくようにする傾向が強かった。ポーランド系の人々は、子どもが多くとも、20歳を過ぎて（娘の場合、それよりも早く）結婚したときに親の家から離れていることが一般的で、農場の後継者は一人の息子にあてられる。その息子は、親が40代前半で生まれた子で、親が引退する時期に、20代前半となる者であった。また、ポーランド系では、高齢の母親は、結婚した息子のファミリと同居することが多く、他の文化的背景の場合と対照的に、親と息子との結びつきの強さを示して

いた。米国東部系の場合は、少子化が早くから進行していて、子どもは親の家を離れると、別な地域に移動して自分のファミリを築き上げていくことが多かった。ポーランド系の場合もたくさんいる子どもは親の家を離れてしまっても、そのうちの何人かは、同じ町の中や同じ地域内に持ち家をもって残っていてファミリを作ることが多く、親との日常的な交流が確保されていることがほとんどであった。

こうしたポーランド系の親子関係とは一見対照的な動きもあったことが次のことから示唆される。19世紀末にポーランド移民一世の高齢の親と子どもたちのあいだですでに法的な契約がなされていたことから理解できることは、ポーランド系では、親の財産（主に農場）の相続と分与を子どもに対して行うことにより、この財産の譲渡を一種の負債として、それを返済する手だてとして、老後の親の扶養を子どもに課す必要があったということである。このアレンジメントによって、親の老後の生活が保証されることになるのである。もし、こうしたアレンジメントが行われていなかったとしたら、老親が、財産の譲渡をしてしまった後に、子どもたちによっていわば「捨てられた」存在になることが懸念されていたということである。

一方、米国東部系の場合は、親の財産は、しばしば子どもには継承されないことがある。子どもは、親の家を離れると、遠く離れた土地で自分の人生の成功を目指すからである。自立した親は、自立した子どもから日常的な扶養を求めることはない。しかし、そうではあっても、19世紀後半において、高齢の親と同居する成人した子どもがいるファミリは米国東部系がほとんどであった。この場合、子どもは教師などの仕事についていて独身のまま、親と同居し続けていた。親元に残ってそうした仕事についている子どもが娘である場合は、適当な結婚相手（米国東部系で、専門的な職業を持つ独身の男性）がこの町に存在しなかったという事情も影響して、独身のまま親と同居し続けることになったと考えられる。

このように、19世紀後半から20世紀はじめにかけての、調査対象地域における老後の扶養と文化的背景についての知見は、1980年代半ばに至る老後の扶養と文化的背景にも多く当てはまることが、民族誌的資料から明ら

かである。つまり、連綿とした老後の扶養に関わる事柄が継承されているということである。例えば、ポーランド系の人々の間で、高齢の親を子どもが面倒みるという態度、また、米国東部系（アングロサクソン系）では、高齢になっても、子どもとは独立した生活を維持し続けようとする態度である。

しかし、1920年代以降、老人向け施設の拡充（老人ホーム、高齢者向け住宅）、そして、1970年代以降の高齢者向けの社会的なサーヴィスの提供の充実（高齢者向け昼食プログラムの維持、高齢者センターの建設とそれを中心とした諸活動の充実）、さらに近年では、施設に収容するのではなく、コミュニティの中で、高齢者が生活し続けられるような仕組み作りの模索と、老後の扶養に関わることが、さまざまに試みられている。これらのことがらと親子関係の変化および自立した老後との結びつき方については、今後の研究課題である。

おわりに

リヴァーフロントとその周辺地域は、特異な習慣や慣行をもっているわけでなく、アメリカ社会の典型的あるいは代表的な地域であるわけでもない。しかし、アメリカ社会を具体的に体現している場である。19世紀半ばから後半にかけて移住・移民してきた多様なヨーロッパ系のエスニシティをもった人々と彼らの子孫が生活してきた土地である。この歴史的、地理的文脈が、高齢者を対象にする研究にとって、好適であった。つまり、このアメリカ中西部における一地域の文脈の中で、高齢者の扶養の在り方はどのように文化的に相違しているのか、類似しているのか、それぞれの場合で高齢者の扶養の在り方にどのような変化の過程があったのか、さらに、その変化過程で個々の文化的背景に結びついた価値体系と自立した老後の形成との関係はどのようなものであったか、といった課題にこたえる資料を提供してくれたのである。

好適な資料があったといっても、当然ながら、高齢者の生活と身近な環境、および、その変化について直接的に示してくれる資料があったわけで

はない。それは、さまざまな資料をもとにして、そうした変化のいくつかの側面について明確に知ることができるように資料の整理・加工・再構成を行うことで可能になったのである。社会科学的研究の一般からすると、研究対象についての概念規定が最初にあるべきであろう。しかし、本書では、人類学的研究によくみられるように、そこの人々にとって自立した老後とは何であるのかを究明していく手順をとった。定義にあてはまる事象を取捨選択してから研究を進めるのではなく、この問題に結びつく事象を推定して、それらをできる限り取り扱っていこうとしたのである。この態度はまた、限られた歴史的資料を最大限に活かそうとする考えが背景になっていた。

　この手順から、当該地域において高齢期に入った人の生活にどのような特徴があるのか、彼らの生活の変化はどのようなものであったのか、さらに、そうしたコンテクスト（文脈）の中で、自立した老後に関連するものにどのようなものがあり、それらがどのように体系的に成り立っているのかを究明していったのである。場合によっては、世話や介護を受けることが避けられている場合に、どのように避けているのか、避けられるのか、避ける背景にある考え方にはどのようなものがあるのかも究明すべき対象となった。

　錯綜とした資料の山に「鉱脈」を発見しようとするともいえる、このような探索方法をとることで、老後の生活の仕方に、どのような選択肢の幅があるのかがわかり、高齢者が、あるいは彼らと周囲の人々が、創り出す生活環境の全体像とその背後にある考え方を明らかにしてくれるであろうと期待された。しかし、こうした期待を現実にするには、さらに、この方法を実行する過程で多くの困難を乗り越える必要があった。いわば歴史的資料の中でフィールドワークをしていることになるので、実際のフィールドワークをしているときに味わう発見的な楽しみがある一方で、まったく異質の困難さが生じたのである。

　困難さの一つは、探索した資料が、分析のために加工しなければならず、それを、高齢者の扶養の実態を理解するために出来る限り大きな枠組みの

中でおこなうことが至上命令となっていたために、現実の資料の処理や加工作業が、しばしば、目標とする課題とかけ離れたことに思えてしまったことである。こうした研究者にとって目標を見失いがちになるような過程を経なければ、高齢者をめぐる事象を文脈の中でとらえることが可能とならなかったのである。予想以上に資料加工に時間と精神的労力が費やされたことを指摘しつつ、他の地域を対象に同様の研究を行おうとする研究者に対して、最大限のエールを送りたい。

付　表

付表1-1-1　リヴァーフロント市男性の出生地別人数変化（1850年-1910年）

1850年			1860年			1870年		
米国外			米国外			米国外		
カナダ	28	[1]	アイルランド	51	[2]	プロシャ	80	[6]
アイルランド	14		カナダ	41		アイルランド	55	[6]
ドイツ	10		プロシャ	31	[1]	カナダ	52	[1]
イングランド	9		イングランド	20		ノルウェー	48	
スコットランド	2		ノルウェー	15		イングランド	16	
ニューブランスウィック	1		ドイツ	12		バーデン	11	[1]
ノルウェー	1		スコットランド	10		ヘッセ ダマスタット	11	[2]
合計	65	[1]	ヘッセ	8	[1]	スコットランド	10	
			サクソニ	5		フランス	5	[1]
			オーストリア	3		ノーバスコシア	3	
			バーデン	3		オランダ	2	
			ベルギー	3		ニューブランスウィック	2	
			ノーバスコシア	3		ビュルテンベルグ	2	
			ポーランド	2		オーストリア	1	
			フランクフルト	1		バハリア	1	
			フランクフルト?	1		ダンスタット	1	
			ハノーバ	1		ドイツ	1	
			イタリア	1		グーテンベルグ	1	
			ニューブランスウィック	1		ハノーバ	1	
			ウォルデック	1		サクソニ	1	[1]
			ウェールズ	1		ウェールズ	1	
			ウェストファリア	1		合計	305	[18]
			不明	1				
			合計	215	[4]			
米国内			米国内			米国内		
ニューヨーク	94		ウィスコンシン	213		ウィスコンシン	418	
ウィスコンシン	37		ニューヨーク	170	[6]	ニューヨーク	124	[7]
ペンシルヴァニア	23	[2]	ペンシルバニア	47		ペンシルバニア	32	[1]
バーモント	23	[2]	バーモント	29	[4]	バーモント	17	[3]
オハイオ	15		メイン	22		メイン	14	
イリノイ	12		オハイオ	17	[1]	イリノイ	10	
メイン	9		イリノイ	11		オハイオ	10	
ミシガン	8		マサチューセッツ	10	[2]	ケンタッキー	5	
コネティカット	4		ミシガン	10		マサチューセッツ	5	[1]
バージニア	4		ニューハンプシャ	10	[1]	インディアナ	4	
インディアナ	3		メリーランド	6	[1]	ニューハンプシャ	4	
ミズーリ	3		ミズーリ	5		ミシガン	3	
アイオワ	1		ニュージャージ	5	[2]	メリーランド	2	[1]
ケンタッキー	1		コネティカット	3		コネティカット	1	
マサチューセッツ	1		ケンタッキー	3		ロードアイランド	1	
ミシッピー	1		インディアナ	1		テキサス	1	
ニュージャージ	1		ミネタ	1		バージニア	1	
合計	240	[4]	ミシシッピー	1		合計	652	[13]
			合計	564	[17]			
不明	3					不明	1	
			不明	4				

注：[　]内は60歳以上で内数。

付表1-1-1 （続き）

1880年				1900年		
米国外				米国外		
ポーランド	123	[7]		ドイツ	333	[63]
イングランド	108	[18]		ドイツ(ポーランド系)	305	[47]
カナダ	101	[6]		ノルウェー	93	[11]
プロシャ	96	[14]		カナダ(イングランド系)	69	[6]
ノルウェー	68	[1]		ハンガリー	46	[8]
ハンガリー	35			イングランド	38	[14]
スコットランド	24	[2]		アイルランド	34	[18]
バーデン、ドイツ	21			ポーランド(ドイツ系)	33	[4]
ニューブランスウィック	15	[1]		カナダ(フランス系)	25	[12]
スウェーデン	11			スウェーデン	24	[1]
ボヘミア	11	[1]		ロシア	19	[2]
オーストリア	9	[1]		スコットランド	12	[4]
オーストリア(ハンガリー系)	9			ロシア(スコットランド系)	10	
			米国内	ロシア(ポーランド系)	9	[1]
			ウィスコンシン 1043 [1]	カナダ	8	[1]
ハノーバ	9	[1]	ニューヨーク 179 [15]	フランス	7	[1]
バハ゛リア	9	[1]	ペンシルバニア 74 [2]	ボヘミア	7	[1]
ヘッセダーマスタット	9	[1]	インディアナ 40	デンマーク	6	
フィンランド	8		バーモント 32 [4]	ベルギー	6	[1]
ドイツ	7		ミシガン 32	オーストリア	5	
フランス	7		イリノイ 30	オーストリア(ポーランド系)	5	
ビュルテンベルク	5		オハイオ 24	スイス	5	[1]
デンマーク	4		メイン 24 [4]	ニューブランスウィック	5	[2]
プリンスエドワース	4		マサチューセッツ 20 [2]	ルーマニア	5	
ベルギー	4	[2]	ニュージャージ 6 [2]	シリア	3	
ウェールズ	3		ニューハンプシャ 6 [1]	ポーランド(オーストリア系)	3	
ノーバスコシア	3		ミネソタ 5	中国	3	
サクソニ	2		ケンタッキー 4	カナダ(アイルランド系)	2	[1]
ハンブルグ	2		ミズーリ 4 [1]	ポーランド	2	
プロシャ(ポーランド系)	2		コネティカット 3 [2]	洋上	2	
プロシャ(ドイツ系)	2		バージニア 3	セントヘレナ(イングランド系)	1	[1]
マイケルベルグ	2		メリーランド 2	ノーバスコシア	1	
サウスウェールズ	1		ロードアイランド 2	ブラジル	1	
スイス	1		アラバマ 1	ポーランド(プロシャ系)	1	[1]
ドーティス	1		カンザス 1	ポーランド(ロシア系)	1	
フランクフルト	1		テネシー 1	合計	1129	[201]
プロンベルグ	1		デラウェア 1			
ヘッセ	1		ワイオミング 1			
ランストブ	1		合計 1538 [34]			
大西洋上	1					
南米	1		不明 3			
その他	14					
合計	736	[56]				

343

付表1-1-1 （続き）

1910年

米国外

ﾄﾞｲﾂ(ﾎﾟｰﾗﾝﾄﾞ系)	385	[118]
ﾄﾞｲﾂ	143	[50]
ﾉﾙｳｪｰ	60	[11]
ｶﾅﾀﾞ(ｲﾝｸﾞﾗﾝﾄﾞ系)	47	[13]
ｵｰｽﾄﾘｱ(ﾄﾞｲﾂ系)	32	[6]
ｲﾝｸﾞﾗﾝﾄﾞ	29	[18]
ﾛｼｱ(ｲﾃﾞｨｯｼｭ)	24	
ﾛｼｱ(ﾎﾟｰﾗﾝﾄﾞ系)	23	[4]
ｶﾅﾀﾞ(ﾌﾗﾝｽ系)	16	[8]
ｱｲﾙﾗﾝﾄﾞ	13	[8]
ｽｳｪｰﾃﾞﾝ	12	[3]
ｱｲﾙﾗﾝﾄﾞ(ｲﾝｸﾞﾗﾝﾄﾞ系)	4	[3]
ｽｺｯﾄﾗﾝﾄﾞ	4	[3]
ﾃﾞﾝﾏｰｸ	4	
ｲﾀﾘｱ	3	
ｵｰｽﾄﾘｱ(ﾎﾟｰﾗﾝﾄﾞ系)	3	
ｶﾅﾀﾞ(ｱｲﾙﾗﾝﾄﾞ系)	3	
ｽｺｯﾄﾗﾝﾄﾞ(ｹﾞｰﾙ系)	3	[2]
ﾄﾞｲﾂ(ｵﾗﾝﾀﾞ系)	3	[1]
ﾊﾝｶﾞﾘ(ﾄﾞｲﾂ系)	3	[2]
ﾍﾞﾙｷﾞｰ(ﾌﾗﾝｽ系)	3	[2]
ｵｰｽﾄﾘｱ(ｲﾃﾞｨｯｼｭ)	2	
ｵｰｽﾄﾘｱ(ﾄﾞｲﾂ系)	2	[1]
ｶﾅﾀﾞ(ﾎﾟｰﾗﾝﾄﾞ系)	2	
ﾄﾞｲﾂ(ｲﾃﾞｨｯｼｭ)	2	
ﾄﾞｲﾂ(ｻﾞｸｾﾝ系)	2	
ﾊﾝｶﾞﾘ(ﾌﾞﾙｶﾞﾘｱ系)	2	[1]
ﾍﾞﾙｷﾞｰ(ｵﾗﾝﾀﾞ系)	2	[2]
ﾛｼｱ(ﾄﾞｲﾂ系)	2	
ｵｰｽﾄﾘｱ(ﾎﾟｰﾗﾝﾄﾞ系)	1	
ｵｰｽﾄﾘｱ(ﾎﾞﾍﾐｱ系)	1	[1]
ｵｰｽﾄﾘｱ(ﾊﾝｶﾞﾘｰ系)	1	[1]
ﾄﾞｲﾂ(ﾎﾞﾍﾐｱ系)	1	
ﾌﾗﾝｽ	1	
ﾌﾗﾝｽ(ﾄﾞｲﾂ系)	1	[1]
ﾍﾞﾙｷﾞｰ	1	
ﾎﾟｰﾗﾝﾄﾞ(ﾎﾞﾍﾐｱ系)	1	[1]
ﾎﾞﾍﾐｱ(ﾁｪｯｸ系)	1	
中国	1	
洋上	1	
合計	844	[262]

米国内

ｳｨｽｺﾝｼﾝ	2770	[2]
ﾆｭｰﾖｰｸ	202	[54]
ｲﾘﾉｲ	62	[1]
ﾐｼｶﾞﾝ	57	[4]
ﾍﾟﾝｼﾙﾊﾞﾆｱ	53	[12]
ｵﾊｲｵ	46	[6]
ﾐﾈｿﾀ	37	
ﾒｲﾝ	37	[9]
ｱｲｵﾜ	25	
ﾊﾞｰﾓﾝﾄ	21	[18]
ﾏｻﾁｭｰｾｯﾂ	16	[3]
ｲﾝﾃﾞｨｱﾅ	14	
ﾐｽﾞｰﾘ	11	
ｻｳｽ ﾀﾞｺﾀ	8	
ｶﾝｻﾞｽ	6	
ｹﾝﾀｯｷｰ	6	[2]
ﾈﾌﾞﾗｽｶ	6	
ｺﾈﾃｨｶｯﾄ	5	[1]
ﾆｭｰﾊﾝﾌﾟｼｬ	4	
ｶﾘﾌｫﾙﾆｱ	3	
ﾌﾛﾘﾀﾞ	3	
ｱﾗﾊﾞﾏ	2	
ﾃﾞﾗｳｪｱ	2	
ﾆｭｰｼﾞｬｰｼﾞ	2	[1]
ﾊﾞｰｼﾞﾆｱ	2	[1]
ﾀﾞｺﾀ	1	
ﾃｷｻｽ	1	
ﾉｰｽ ﾀﾞｺﾀ	1	
ﾒﾘｰﾗﾝﾄﾞ	1	
ﾓﾝﾀﾅ	1	
ﾛｰﾄﾞ ｱｲﾗﾝﾄﾞ	1	
合計	3406	[114]

米国内

ｳｨｽｺﾝｼﾝ	2808	[20]
ﾆｭｰﾖｰｸ	135	[63]
ｲﾘﾉｲ	75	[5]
ﾐﾈｿﾀ	44	
ﾐｼｶﾞﾝ	43	[3]
ﾍﾟﾝｼﾙﾊﾞﾆｱ	32	[5]
ｵﾊｲｵ	30	[8]
ﾒｲﾝ	24	[11]
ｱｲｵﾜ	17	
ｲﾝﾃﾞｨｱﾅ	10	
ﾊﾞｰﾓﾝﾄ	8	[3]
ﾏｻﾁｭｰｾｯﾂ	8	[3]
ﾐｽﾞｰﾘ	4	
ｹﾝﾀｯｷｰ	3	[1]
ﾃﾞﾗｳｪｱ	3	
ｶﾘﾌｫﾙﾆｱ(中国系)	2	
ﾆｭｰﾊﾝﾌﾟｼｬ	2	
ﾉｰｽ ﾀﾞｺﾀ	2	
ﾒﾘｰﾗﾝﾄﾞ	2	
ｱｰｶﾝｻ	1	
ｱﾗﾊﾞﾏ	1	
ｶﾘﾌｫﾙﾆｱ	1	
ｶﾝｻﾞｽ	1	
ｺﾈﾃｨｶｯﾄ	1	[1]
ｻｳｽ ﾀﾞｺﾀ	1	
ﾃｷｻｽ	1	[1]
ﾃﾈｼｰ	1	
ﾆｭｰｼﾞｬｰｼﾞ	1	
ﾈﾌﾞﾗｽｶ	1	
ﾊﾞｰｼﾞﾆｱ	1	[1]
ﾌﾛﾘﾀﾞ	1	
ﾓﾝﾀﾅ	1	
合計	3265	[125]
不明	11	[2]

付　表

付表1-1-2　リヴァーフロント市女性の出生地別人数変化(1850年-1910年)

1850年			1860年			1870年		
米国外			米国外			米国外		
カナダ	5		アイルランド	48		プロシャ	83	[3]
イングランド	5		ノルウェー	34		ノルウェー	46	[1]
ドイツ	4		カナダ	29	[1]	アイルランド	45	[4]
アイルランド	1		プロシャ	28	[1]	カナダ	25	
合計	15		イングランド	19		イングランド	21	[3]
			ドイツ	14		スコットランド	10	[1]
			ヘッセ	5		バーデン	8	
			ポーランド	5		ヘッセ ダマスタット	8	[1]
			スコットランド	5		フランス	5	
			バーデン	4		ドイツ	4	
			ベルギー	2		ニューブランスウィック	2	
			ニューブランスウィック	2		サクソニ	2	[1]
			オーストリア	1		大西洋上	1	
			キューバ	1		オーストリア	1	
			フランス	1		ババリア	1	
			フランクフルト?	1		ダンスタット	1	
			ジブラルタル	1		ハンブルグ	1	
			ホルスティン	1		ポーランド	1	
			ハンブルグ	1		ウェールズ	1	
			ノーバスコシア	1		ビュルテンベルグ	1	
			サクソニ	1		合計	267	[14]
			ウォルデック	1				
			ウェールズ	1				
			合計	206	[2]			
米国内			米国内			米国内		
ウィスコンシン	48		ウィスコンシン	238		ウィスコンシン	431	
ニューヨーク	34		ニューヨーク	129	[3]	ニューヨーク	101	[7]
イリノイ	11		ペンシルバニア	51		ペンシルバニア	42	
ペンシルヴァニア	10		メイン	22		メイン	18	
バーモント	10	[1]	イリノイ	17		オハイオ	10	
メイン	7	[1]	バーモント	15	[3]	バーモント	10	[2]
ミシガン	5		オハイオ	14		イリノイ	8	
オハイオ	4		ミシガン	12		インディアナ	8	
コネティカット	1		マサチューセッツ	10		マサチューセッツ	7	
ジョージア	1		ニューハンプシャ	8	[3]	ニューハンプシャ	7	[1]
インディアナ	1		ニュージャージ	7	[1]	ミシガン	3	
ニューハンプシャ	1		コネティカット	6	[1]	コネティカット	2	
バージニア	1		インディアナ	4		デラウェア	2	
合計	134	[2]	ケンタッキー	3		ニュージャージ	2	
			ミズーリ	2		アイオワ	1	
不明	1		ジョージア	1	[1]	ケンタッキー	1	
			メリーランド	1		ミシシッピー	1	[1]
			ミネソタ	1		ロードアイランド	1	
			ミシシッピー	1		テネシー	1	
			ロードアイランド	1		バージニア	1	
			バージニア	1		合計	657	[11]
			合計	544	[12]			
						不明	1	

注：[ ]内は60歳以上で内数。

345

付表1-1-2　（続き）

1880年						1900年		
米国外						米国外		
ポーランド	131	[6]				ドイツ	342	[64]
プロシャ	81	[11]				ポーランド(ドイツ系)	333	[41]
ノルウェー	72	[4]				ノルウェー	94	[12]
カナダ	69	[3]				ハンガリー	55	[8]
アイルランド	57	[12]				カナダ(イングランド系)	52	[11]
イングランド	35	[8]				アイルランド	42	[29]
ハンガリー	34	[1]				イングランド	32	[9]
バーデン	19	[1]				ロシア	21	[1]
スコットランド	15	[1]				スウェーデン	18	[2]
オーストリア(ハンガリー系)	9					カナダ(フランス系)	14	[1]
ボヘミア	9		米国内			ポーランド(ロシア系)	11	[3]
ドイツ	8		ウィスコンシン	1068	[2]	スコットランド	9	[6]
ハノーバ	8	[1]	ニューヨーク	160	[10]	オーストリア	8	[1]
バーバリア	8	[1]	ペンシルバニア	57	[4]	ポーランド	7	
フランス	8		ミシガン	43		(オーストリア系)		
ニューブランスウィック	7	[1]	インディアナ	37		カナダ(スコットランド系)	6	
オーストリア	6		メイン	31	[2]	ボヘミア	6	[2]
ヘッセ ダムストラット	5		オハイオ	26	[1]	デンマーク	5	
ベルギー	5	[2]	イリノイ	23		フランス	5	[1]
スウェーデン	4		マサチューセッツ	20	[4]	カナダ(アイルランド系)	4	
ビュルテンベルグ	3		バーモント	16	[5]	ウェールズ	2	[2]
プロシャ(ポーランド系)	3		アイオワ	7		カナダ	2	[1]
ブロンベルグ	2	[1]	ニューハンプシャ	6	[1]	シリア	2	
マイケルベルグ	2		ミネソタ	6		ニューブランスウィック	2	[1]
ルーマニア	2		コネティカット	5	[1]	ベルギー	2	[2]
ロシア	2		ミズーリ	5		カナダ(ドイツ系)	1	
サクソニ	1		メリーランド	3		カナダ(先住?)	1	[1]
シュレスウィック	1		デラウェア	2		スイス	1	[1]
ノーバスコシア	1		ニュージャージ	2		ノーバスコシア	1	[1]
ハンブルグ	1		ネブラスカ	2		ブラジル	1	
ヘッセ	1		バージニア	2	[1]	プリンスエドワーズ	1	
ヘッセ カスト	1		カンザス	1		(アイルランド系)		
ホルスティン	1		ケンタッキー	1		ポーランド	1	[1]
メラン	1		ジョージア	1		ポセン(オーストリア系)	1	
その他	9		合計	1524	[31]	洋上	3	
合計	623	[53]				合計	1085	[201]
不明	2							

付表1-1-2 （続き）

			1910年					
			米国外					
			ドイツ(ポーランド系)	372	[91]			
			ドイツ	188	[66]			
			ノルウェー	59	[24]			
			カナダ(イングランド系)	37	[13]			
			オーストリア(ドイツ系)	35	[9]			
			イングランド	25	[14]			
			ロシア(イディッシュ)	22				
			ロシア(ポーランド系)	21	[2]			
			スウェーデン	14	[6]			
			アイルランド	12	[11]			
米国内			カナダ(フランス系)	9	[4]	米国内		
ウィスコンシン	3214	[8]	オーストリア(ポーランド系)	6	[2]	ウィスコンシン	3199	[19]
ニューヨーク	189	[69]	アイルランド	5	[4]	ニューヨーク	122	[55]
イリノイ	82	[2]	（イングランド系）			イリノイ	95	[5]
ミシガン	58	[4]	オーストリア	4	[1]	ミシガン	43	[6]
ペンシルバニア	54	[7]	ドイツ(オランダ系)	4	[3]	ミネソタ	41	
ミネソタ	46		オーストリア(ボヘミア系)	2		ペンシルバニア	40	[12]
オハイオ	43	[7]	カナダ(スコットランド系)	2	[1]	オハイオ	30	[9]
アイオワ	35		スコットランド	2	[1]	メイン	19	[9]
メイン	33	[10]	ドイツ(ボヘミア系)	2	[1]	アイオワ	17	
インディアナ	24		ハンガリー(ドイツ系)	2		インディアナ	16	
バーモント	13	[9]	ハンガリー(ブルガリア系)	2	[1]	バーモント	9	[5]
マサチューセッツ	12	[1]	フランス	2	[1]	マサチューセッツ	8	[1]
ミズーリ	12		イタリア	1		ネブラスカ	6	
ネブラスカ	9		オーストリア(ハンガリ系)	1	[1]	ミズーリ	6	
コネティカット	7	[2]	カナダ(ドイツ系)	1	[1]	ニューハンプシャ	4	[2]
ニューハンプシャ	7	[2]	スコットランド(ゲール系)	1	[1]	サウスダコタ	3	
ニュージャージー	6		デンマーク	1		ノースダコタ	3	
ケンタッキー	5	[1]	ドイツ(イディッシュ)	1		モンタナ	3	
カンザス	4		ドイツ(イングランド系)	1		カンザス	2	
サウスダコタ	4		ポーランド(ボヘミア系)	1		ケンタッキー	2	[1]
テネシー	4		ボヘミア(チェック系)	1		コネティカット	2	[2]
コロラド	2		ロシア(ドイツ系)	1		メリーランド	2	
ジョージア	2		南米	1		アリゾナ	1	
ダコタ	2		洋上	1		オクラホマ	1	
デラウェア	2		洋上(ドイツ系)	1	[1]	オレゴン	1	
ノースカロライナ	2		合計	840	[259]	ジョージア	1	
ノースダコタ	2					デラウェア	1	
バージニア	2					ニュージャージー	1	[1]
メリーランド	2					バージニア	1	
モンタナ	2					ルイジアナ	1	
ルイジアナ	2					合計	3680	[127]
アーカンサ	1							
先住者?	1	[1]				不明	3	
合計	3883	[123]						
不明	3							

付表1-2-1　リヴァーフロント市男性の出生地別人数変化（1880年、街区別）

第1街区			第2街区		
米国外			米国外		
ノルウェー	37		カナダ	34	[1]
カナダ	23	[2]	プロシャ	34	[5]
アイルランド	18	[2]	ノルウェー	21	[1]
イングランド	10	[1]	アイルランド	20	[4]
プロシャ	10	[3]	ハンガリー	10	
フィンランド	8		オーストリア(ハンガリー系)	9	
バーデン	7		ボヘミア	6	
スウェーデン	7		イングランド	6	
フランス	5		ヘッセダーマストラット	6	[1]
スコットランド	4	[1]	ポーランド	6	[1]
オーストリア	3		スコットランド	6	[1]
デンマーク	3		バーデン	5	
ハノーバ	3		バヴァリア	5	[1]
ニューブランスウィック	3		ドイツ	5	
バヴァリア	2		ベルギー	4	[2]
ボヘミア	2		スウェーデン	4	
ドイツ	2		バーデン、ドイツ	3	
ハンガリー	2		ハノーバ	3	[1]
プリンスエドワース	2		ビュルテンベルグ	3	
フランクフルト	1		ハンブルグ	2	
ヘッセ	1		マイケルベルグ	2	
ヘッセダーマスタット	1		ニューブランスウィック	2	
ランスドフ	1		ノーバスコシア	2	
ポーランド	1		プリンスエドワース	2	
サウスウェールズ	1		プロシャ(ドイツ系)	2	
スイス	1		プロシャ(ポーランド系)	2	
ウェールズ	1		その他	14	
ビュルテンベルグ	1		合計	218	[18]
合計	160	[9]			
米国内			米国内		
ウィスコンシン	245		ウィスコンシン	314	[1]
ニューヨーク	49	[1]	ニューヨーク	52	[9]
ペンシルバニア	14	[2]	ペンシルバニア	20	
バーモント	12		インディアナ	15	
イリノイ	11		メイン	14	[2]
ミシガン	9		イリノイ	12	
オハイオ	7		バーモント	9	[2]
メイン	6		ミシガン	8	
マサチューセッツ	4	[1]	オハイオ	8	
インディアナ	2		マサチューセッツ	5	
ケンタッキー	2		アイオワ	4	
ミネソタ	2		ニューハンプシャ	4	[1]
ミズーリ	2	[1]	コネティカット	2	[1]
ロードアイランド	2		アラバマ	1	
メリーランド	1		デラウェア	1	
ニューハンプシャ	1		カンザス	1	
ニュージャージ	1		ケンタッキー	1	
バージニア	1		ミネソタ	1	
合計	371	[5]	ニュージャージ	1	[1]
不明	2		合計	473	[17]

注：[　]内は60歳以上で内数。

付表1-2-1 （続き）

第3街区

米国外

カナダ	24	[1]
ハンガリー	23	
アイルランド	22	[6]
プロシャ	20	[2]
スコットランド	14	
イングランド	10	[1]
ニューブランズウィック	9	
ノルウェー	8	
バーデン	5	
ボヘミア	3	[1]
バパリア	2	
ヘッセダムストラット	2	
サクソニ	2	
ウェールズ	2	
オーストリア	1	
プロンベルグ	1	
デンマーク	1	
ノーバスコシア	1	
ポーランド	1	
南米	1	
合計	152	[11]

米国内

ウィスコンシン	237	
ニューヨーク	53	[5]
ペンシルバニア	27	
インディアナ	16	
メイン	14	[2]
マサチューセッツ	10	[1]
ミシガン	10	
バーモント	7	[2]
オハイオ	5	
アイオワ	4	
ニュージャージ	3	[1]
イリノイ	2	
ミネソタ	2	
コネティカット	1	[1]
ケンタッキー	1	
メリーランド	1	
ミズーリ	1	
ニューハンプシャ	1	
バージニア	1	
合計	396	[12]
不明	1	

第4街区

米国外

ポーランド	115	[6]
プロシャ	32	[4]
カナダ	20	[2]
アイルランド	17	[3]
オーストリア	5	[1]
イングランド	5	[1]
ハノーバ	3	
フランス	2	
ノルウェー	2	
大西洋上	1	
バーデン	1	
ドーティス	1	
ニューブランズウィック	1	[1]
ビュルテンベルグ	1	
合計	206	[18]

米国内

ウィスコンシン	247
ニューヨーク	25
ペンシルバニア	13
インディアナ	7
イリノイ	5
ミシガン	5
オハイオ	4
バーモント	4
マサチューセッツ	1
ミズーリ	1
ニュージャージ	1
テネシー	1
バージニア	1
ワイオミング	1
合計	316

付表1-2-2　リヴァーフロント市女性の出生地別人数変化（1880年、街区別）

第1街区			第2街区		
米国外			米国外		
ノルウェー	34	[1]	プロシャ	29	[4]
アイルランド	17	[4]	カナダ	28	
カナダ	16	[2]	ノルウェー	27	[3]
プロシャ	13	[2]	アイルランド	13	[2]
イングランド	11	[3]	イングランド	10	[1]
ポーランド	9		ハンガリー	10	
フランス	4		オーストリア(ハンガリー系)	9	
バーデン	3		バーデン	9	[1]
ハノーバ	3		ドイツ	7	
オーストリア	2		ポーランド	6	
ボヘミア	2		ベルギー	5	[2]
バハリア	1		ボヘミア	4	
ドイツ	1		ヘッセ ダムストラット	4	
ハンブルグ	1		スコットランド	4	[1]
ヘッセ	1		バーデン(ドイツ系)	3	
ヘッセ カスト	1		バハリア	3	[1]
ハンガリー	1		フランス	3	
ノーバスコシア	1		ハノーバ	3	[1]
シュレスウィック	1		プロシャ(ポーランド系)	3	
スコットランド	1		スウェーデン	2	
スウェーデン	1		マイケルベルグ	2	
不明	1		ビュルテンベルグ	2	
合計	125	[12]	その他	9	
			合計	196	[16]
米国内			米国内		
ウィスコンシン	248		ウィスコンシン	349	
ニューヨーク	46	[2]	ニューヨーク	52	[3]
ペンシルバニア	18	[2]	ペンシルバニア	19	[2]
ミシガン	8		ミシガン	18	
インディアナ	6		マサチューセッツ	12	[1]
イリノイ	5		メイン	11	[2]
オハイオ	5	[1]	インディアナ	9	
バーモント	5	[1]	イリノイ	7	
マサチューセッツ	4	[2]	バーモント	4	[2]
メイン	3		オハイオ	2	
デラウェア	2		アイオワ	1	
ミネソタ	2		ミズーリ	1	
ニューハンプシャ	2	[1]	ネブラスカ	1	
ニュージャージ	2		ニューハンプシャ	1	
カンザス	1		バージニア	1	
ケンタッキー	1		合計	488	[10]
メリーランド	1				
ネブラスカ	1				
合計	360	[9]			

注：[　]内は60歳以上で内数。

付　表

付表1-2-2　(続き)

第3街区		
米国外		
ハンガリー	23	[1]
アイルランド	16	[3]
カナダ	13	[1]
プロシャ	13	[3]
イングランド	10	[1]
スコットランド	10	
ノルウェー	9	
バハ゛リア	4	
バーデン	3	
ボヘミア	3	
ニューブランスウィック	3	[1]
ブロンベルグ	2	[1]
ヘッセ ダムストラット	1	
ホルスティン	1	
メラン	1	
ポーランド	1	
ビュルテンベルグ	1	
合計	114	[11]

第4街区		
米国外		
ポーランド	115	[6]
プロシャ	26	[2]
カナダ	12	
アイルランド	11	[3]
オーストリア	4	
イングランド	4	[3]
ニューブランスウィック	4	
ハノーバ	2	
ノルウェー	2	
ルーマニア	2	
ロシア	2	
バーデン	1	
フランス	1	
サクソニ	1	
不明	1	
合計	188	[14]

米国内		
ウィスコンシン	256	
ニューヨーク	35	[2]
インディアナ	17	
メイン	17	
ミシガン	14	
オハイオ	13	
ペンシルバニア	13	
イリノイ	9	
アイオワ	6	
コネティカット	4	[1]
マサチューセッツ	4	[1]
ミネソタ	3	
バーモント	3	[2]
ミズーリ	2	
ジョージア	1	
メリーランド	1	
ニューハンプシャ	1	
バージニア	1	[1]
合計	400	[7]

米国内		
ウィスコンシン	215	[2]
ニューヨーク	27	[3]
ペンシルバニア	7	
オハイオ	6	
インディアナ	5	
バーモント	4	
ミシガン	3	
イリノイ	2	
ミズーリ	2	
ニューハンプシャ	2	
コネティカット	1	
メリーランド	1	
ミネソタ	1	
合計	276	[5]

付表1-3-1　リヴァーフロント市男性の出生地別人数変化（1900年、街区別）

第1街区			第2街区			第3街区		
米国外			米国外			米国外		
ノルウェー	42	[4]	ドイツ	83	[19]	ドイツ	52	[9]
ドイツ	35	[8]	ノルウェー	25	[3]	ハンガリー	31	[5]
カナダ(イングランド系)	14	[2]	カナダ	18	[2]	ポーランド(ドイツ系)	22	[4]
ポーランド(ドイツ系)	10		（イングランド系）			カナダ(イングランド系)	16	[2]
ロシア	10	[1]	イングランド	9	[2]	ノルウェー	11	[5]
イングランド	9	[6]	アイルランド	9	[3]	カナダ(フランス系)	5	[3]
アイルランド	8	[4]	スウェーデン	9	[1]	イングランド	5	[3]
スウェーデン	6		カナダ	6		アイルランド	4	[3]
ルーマニア	5		スコットランド	4	[2]	ポーランド(オーストリア系)	3	
カナダ(フランス系)	3	[1]	ベルギー	4	[1]	オーストリア	2	
中国	3		ドイツ(ポーランド系)	3		ボヘミア	2	
フランス	3		カナダ(フランス系)	1		スコットランド	2	[1]
シリア	3		デンマーク	1		スイス	2	
デンマーク	2		ニューブランスウィック	1	[1]	カナダ(イングランド系)	1	
ドイツ(ポーランド系)	2		ロシア	1	[1]	デンマーク	1	
ベルギー	1		合計	173	[35]	ニューブランスウィック	1	[1]
ボヘミア	1					ノーバスコシア	1	
カナダ	1	[1]				スウェーデン	1	
カナダ(アイルランド系)	1	[1]				合計	162	[33]
ポーランド(プルシア系)	1	[1]						
ポーランド(ロシア系)	1							
ロシア(ポーランド系)	1							
スコットランド	1							
セントヘレナ(イングランド系)	1	[1]						
合計	164	[30]						
米国内			米国内			米国内		
ウィスコンシン	402		ウィスコンシン	481	[1]	ウィスコンシン	429	
ニューヨーク	22	[7]	ニューヨーク	54	[16]	ニューヨーク	37	[10]
イリノイ	19		イリノイ	16	[1]	ミシガン	13	[1]
ミシガン	14	[1]	ミシガン	16	[2]	オハイオ	13	[1]
ペンシルバニア	11	[3]	オハイオ	11	[1]	メイン	11	
ミネソタ	7		メイン	9	[1]	ペンシルバニア	11	[5]
アイワ	6		ミネソタ	9		イリノイ	6	
メイン	6	[3]	ペンシルバニア	9	[1]	ミネソタ	6	
オハイオ	6	[2]	アイワ	7		バーモント	6	[3]
バーモント	5	[4]	バーモント	7	[5]	ミズーリ	5	
カリフォルニア	3		マサチューセッツ	2		サウスダコタ	5	
コネティカット	2	[1]	ニューハンプシャ	2		アイワ	4	
カンザス	2		アラバマ	1		マサチューセッツ	4	
マサチューセッツ	2		コネティカット	1		ケンタッキー	3	[1]
ミズーリ	2		インディアナ	1		インディアナ	2	
ネブラスカ	2		ネブラスカ	1		コネティカット	1	
ダコタ	1		ニュージャージ	1	[1]	ニューハンプシャ	1	
フロリダ	1		テキサス	1		バージニア	1	
インディアナ	1		合計	629	[29]	合計	558	[21]
ケンタッキー	1							
モンタナ	1							
ロードアイランド	1							
合計	517	[21]						

注：[ ]内は60歳以上で内数。

付表1-3-1 （続き）

第4街区			第5街区			第6街区		
米国外			米国外			米国外		
ドイツ(ポーランド系)	300	[47]	ドイツ	89	[11]	ドイツ	57	[11]
ドイツ	17	[5]	ハンガリー	15	[3]	スウェーデン	8	
カナダ(イングランド系)	9		カナダ(スコットランド系)	10		イングランド	6	[2]
ロシア(ポーランド系)	8	[1]	カナダ(イングランド系)	9		カナダ(フランス系)	4	
カナダ(フランス系)	7	[6]	イングランド	7	[1]	ニューブランスウィック	3	
アイルランド	7	[5]	アイルランド	6	[3]	スイス	3	[1]
ノルウェー	7	[1]	ノルウェー	6	[1]	カナダ(イングランド系)	2	
ロシア	7		カナダ(フランス系)	5	[2]	ノルウェー	2	
オーストリア(ポーランド系)	5		スコットランド	4	[1]	オーストリア	1	
ボヘミア	3		オーストリア	2		ボヘミア	1	[1]
洋上	2		ベルギー	2		フランス	1	
イングランド	2		デンマーク	2		ポーランド(ドイツ系)	1	
フランス	1		フランス	2	[1]	ロシア	1	
ポーランド	1		ブラジル	1		スコットランド	1	
ポーランド(?)	1		カナダ(?)	1		合計	91	[15]
合計	377	[65]	カナダ(アイルランド系)	1				
			合計	162	[23]			
米国内			米国内			米国内		
ウィスコンシン	711		ウィスコンシン	486		ウィスコンシン	261	[1]
ニューヨーク	18	[3]	ニューヨーク	38	[11]	ニューヨーク	33	[7]
イリノイ	10		ペンシルバニア	13	[1]	ペンシルバニア	6	[2]
インディアナ	5		オハイオ	12		ミネソタ	5	
ミシガン	5		メイン	95		イリノイ	4	
バーモント	4	[3]	アイオワ	8		マサチューセッツ	4	[3]
ミネソタ	3		イリノイ	7		オハイオ	4	[2]
ペンシルバニア	3		ミネソタ	7		ミシガン	3	
アラバマ	1		ミシガン	6		インディアナ	2	
カンザス	1		マサチューセッツ	4		カンザス	2	
メイン	1		ミズーリ	4		コネティカット	1	
合計	762	[6]	インディアナ	3		メイン	1	
不明	3		ネブラスカ	3		ニュージャージー	1	
			バーモント	3	[2]	サウスダコタ	1	
			デラウェア	2		バーモント	1	[1]
			フロリダ	2		バージニア	1	[1]
			ケンタッキー	2	[1]	合計	330	[17]
			サウスダコタ	2				
			カンザス	1				
			メリーランド	1				
			ニューハンプシャ	1				
			ノースダコタ	1				
			合計	615	[20]			

353

付表1-3-2　リヴァーフロント市女性の出生地別人数変化(1900年、街区別)

第1街区			第2街区			第3街区		
米国外			**米国外**			**米国外**		
ノルウェー	41	[9]	ドイツ	99	[24]	ドイツ	44	[4]
ドイツ	40	[8]	ノルウェー	27	[2]	ハンガリー	31	[7]
ポーランド(ドイツ系)	18	[1]	アイルランド	17	[11]	ポーランド(ドイツ系)	21	[4]
ロシア	11	[1]	カナダ(イングランド系)	16	[4]	カナダ(イングランド系)	13	[4]
カナダ(イングランド系)	9	[3]	イングランド	7	[1]	ノルウェー	13	
イングランド	9	[2]	スウェーデン	7		アイルランド	8	[6]
アイルランド	6	[4]	カナダ	2	[1]	イングランド	7	[4]
スウェーデン	4		デンマーク	2		ポーランド(オーストリア系)	4	
シリア	2		フランス	2		オーストリア	3	
ポーランド(ロシア系)	2		ポーランド(ドイツ系)	2	[1]	ポーランド(ロシア系)	2	[1]
洋上	1		スコットランド	2	[2]	スコットランド	2	[1]
オーストリア	1	[1]	洋上	1		フランス	1	
ベルギー	1	[1]	オーストリア	1		ニューブランスウィック	1	[1]
ボヘミア	1		ベルギー	1	[1]	ノーバスコシア	1	[1]
デンマーク	1		カナダ(フランス系)	1		ポーセン(オーストリア系)	1	
スコットランド	1	[1]	カナダ(ドイツ系)	1		スウェーデン	1	
ウェールズ	1	[1]	ウェールズ	1	[1]	合計	153	[33]
合計	149	[32]	合計	189	[48]			
米国内			**米国内**			**米国内**		
ウィスコンシン	480	[1]	ウィスコンシン	574	[1]	ウィスコンシン	583	[1]
ニューヨーク	34	[12]	ニューヨーク	38	[13]	ニューヨーク	43	[16]
イリノイ	20		イリノイ	17	[2]	イリノイ	17	
ミシガン	17	[2]	ペンシルバニア	15	[4]	オハイオ	15	[3]
ペンシルバニア	11	[2]	アイオワ	8		ミシガン	13	[1]
アイオワ	8		ミシガン	7	[1]	ミネソタ	11	
ミネソタ	8		ミネソタ	7		ペンシルバニア	10	
メイン	7	[3]	オハイオ	7	[1]	アイオワ	7	
マサチューセッツ	5		インディアナ	6		メイン	4	[3]
インディアナ	4		メイン	5		ミズーリ	3	
ミズーリ	4		ニューハンプシャ	4		バーモント	3	[1]
オハイオ	4		マサチューセッツ	3		インディアナ	2	
バーモント	4	[3]	コネチカット	2	[1]	ケンタッキー	2	[1]
カンザス	2		ダコタ	2		ルイジアナ	2	
モンタナ	2		ケンタッキー	2		ネブラスカ	2	
ネブラスカ	2		ネブラスカ	2		サウスダコタ	2	
ニュージャージ	2		ノースカロライナ	2		アーカンサ	1	
コロラド	1		バーモント	2	[1]	コロラド	1	
デラウェア	1		デラウェア	1		コネチカット	1	
テネシー	1		ジョージア	1		マサチューセッツ	1	
バージニア	1		ミズーリ	1		ニュージャージ	1	
合計	618	[23]	ニュージャージ	1		テネシー	1	
			バージニア	1		合計	725	[26]
			合計	708	[24]	不明	1	

注：[ ]内は60歳以上で内数。

付表1-3-2 （続き）

第4街区				第5街区				第6街区			
米国外				米国外				米国外			
ポーランド(ドイツ系)	291	[35]		ドイツ	93	[10]		ドイツ	46	[9]	
ドイツ	20	[9]		ハンガリー	24	[1]		イングランド	6	[2]	
ノルウェー	8	[1]		カナダ(イングランド系)	6			スウェーデン	6	[2]	
カナダ(フランス系)	7	[1]		カナダ(スコットランド系)	6			アイルランド	3	[3]	
ポーランド(ロシア系)	7	[2]		カナダ(フランス系)	5			ロシア	3		
ロシア	7			カナダ(アイルランド系)	4			オーストリア	2		
カナダ(イングランド系)	6			ノルウェー	4			カナダ(イングランド系)	2		
アイルランド	6	[4]		スコットランド	4	[2]		フランス	2	[1]	
ボヘミア	4	[1]		イングランド	3			ボヘミア	1	[1]	
ポーランド(オーストリア系)	3			デンマーク	2			カナダ(フランス系)	1		
ポーランド	1	[1]		アイルランド	2	[1]		ニューブランスウィック	1		
合計	360	[54]		洋上	1			ノルウェー	1		
				オーストリア	1			ポーランド(ドイツ系)	1		
				ブラジル	1			プリンスエドワーズ(アイルランド系)	1		
				カナダ(先住?)	1	[1]		合計	76	[18]	
				スイス	1	[1]					
				合計	158	[16]					
米国内				米国内				米国内			
ウィスコンシン	756	[2]		ウィスコンシン	548	[3]		ウィスコンシン	273		
イリノイ	11			ニューヨーク	38	[15]		ニューヨーク	26	[9]	
ニューヨーク	10	[4]		メイン	15	[4]		ミシガン	7		
ペンシルバニア	5			イリノイ	14			ペンシルバニア	6	[1]	
インディアナ	4			ミシガン	12			ミネソタ	5		
ミネソタ	4			ミネソタ	11			オハイオ	4	[1]	
ミシガン	2			オハイオ	11	[1]		イリノイ	3		
オハイオ	2	[1]		アイオワ	9			インディアナ	3		
バーモント	2	[2]		ペンシルバニア	7			アイオワ	3		
コネティカット	1			インディアナ	5			コネティカット	2	[1]	
メリーランド	1			マサチューセッツ	2			メイン	2		
ミズーリ	1			ミズーリ	2			ネブラスカ	2		
ノースダコタ	1			ニューハンプシャ	2	[1]		テネシー	2		
合計	800	[9]		ニュージャージ	2			カンザス	1		
				サウスダコタ	2			マサチューセッツ	1	[1]	
不明	2			コネティカット	1			ミズーリ	1		
				ジョージア	1			ノースダコタ	1		
				カンザス	1			ニューハンプシャ	1	[1]	
				ケンタッキー	1			バーモント	1	[1]	
				メリーランド	1			合計	344	[15]	
				ネブラスカ	1						
				バーモント	1	[1]					
				先住者	1	[1]					
				合計	688	[26]					

付表1-4-1　リヴァーフロント市男性の出生地別人数変化（1910年、街区別）

第1街区			第2街区			第3街区		
米国外			米国外			米国外		
ノルウェー	32	[5]	ドイツ	45	[16]	ドイツ（ポーランド系）	28	[10]
ドイツ（ポーランド系）	25	[9]	ロシア（イディッシュ）	16		ドイツ	26	[12]
ドイツ	22	[8]	カナダ（イングランド系）	13	[6]	オーストリア（ドイツ系）	22	[5]
カナダ（イングランド系）	12	[4]	ノルウェー	13	[3]	カナダ（イングランド系）	9	[3]
ロシア（イディッシュ）	7		イングランド	9	[6]	ノルウェー	7	[2]
イングランド	6	[5]	スウェーデン	4	[3]	イングランド	6	[4]
アイルランド	5	[2]	オーストリア（ドイツ系）	2	[1]	ロシア（ポーランド系）	5	
ロシア（ポーランド系）	4		ベルギー（フランス系）	2	[1]	カナダ（フランス系）	4	[3]
スウェーデン	4	[1]	デンマーク	2		スコットランド（ゲール系）	3	[2]
デンマーク	2		ドイツ（ポーランド系）	2		フランス（ドイツ系）	1	[1]
オーストリア（イディッシュ）	1		ドイツ（イディッシュ）	2		アイルランド（イングランド系）	1	
ベルギー（オランダ系）	1	[1]	イタリア	2		アイルランド	1	[1]
ベルギー（フランス系）	1	[1]	オーストリア（ボヘミア系）	1	[1]	スウェーデン	1	
中国	1		オーストリア（ポーランド系）	1		合計	114	[43]
フランス	1	[1]	オーストリア（イディッシュ）	1				
スコットランド	1		カナダ（フランス系）	1				
合計	125	[37]	カナダ（アイルランド系）	1				
			ドイツ（ポーランド系）	1				
			アイルランド（イングランド系）	1	[1]			
			アイルランド	1	[1]			
			ロシア（ポーランド系）	1				
			スコットランド	1	[1]			
			合計	122	[39]			
米国内			米国内			米国内		
ウィスコンシン	398	[2]	ウィスコンシン	385	[8]	ウィスコンシン	476	[4]
ニューヨーク	20	[9]	ニューヨーク	33	[17]	ニューヨーク	25	[10]
オハイオ	6	[2]	イリノイ	25		ミシガン	11	[1]
ペンシルバニア	5	[2]	ミシガン	12		イリノイ	10	
イリノイ	4	[1]	オハイオ	10	[2]	ミネソタ	8	
メイン	4	[2]	ミネソタ	8		ペンシルバニア	7	[1]
インディアナ	3		アイオワ	6		メイン	6	[1]
アイオワ	3		メイン	6	[3]	アイオワ	4	
ミシガン	3	[2]	ペンシルバニア	5		オハイオ	4	
ミネソタ	3		カンザス	3		ミズーリ	3	
カリフォルニア（中国系）	2		バーモント	3	[1]	サウスダコタ	3	
バーモント	2	[1]	インディアナ	2		ケンタッキー	2	[1]
アラバマ	1		マサチューセッツ	2	[1]	マサチューセッツ	2	
カリフォルニア	1		デラウェア	1		コネティカット	1	[1]
ニューハンプシャ	1		ケンタッキー	1		カンザス	1	
合計	456	[21]	メリーランド	1		ノースダコタ	1	
			ネブラスカ	1		テネシー	1	
不明	4	[1]	ニューハンプシャ	1		バーモント	1	
			ニュージャージ	1		バージニア	1	[1]
			サウスダコタ	1		合計	567	[20]
			合計	507	[32]			
注：[ ]内は60歳以上で内数。			不明	1				

付表1-4-1 （続き）

第4街区			第5街区			第6街区		
米国外			米国外			米国外		
ドイツ(ポーランド系)	316	[96]	ドイツ	42	[12]	ドイツ	31	[9]
ノルウェー	7	[1]	ドイツ(ポーランド系)	11	[2]	ロシア(ポーランド系)	7	[2]
ドイツ	6	[2]	オーストリア(ドイツ系)	9	[1]	カナダ(イングランド系)	4	[2]
オーストリア(ポーランド系)	3		カナダ(イングランド系)	9		イングランド	4	[1]
カナダ(イングランド系)	3		カナダ(フランス系)	4	[1]	ドイツ(ポーランド系)	4	[1]
カナダ(フランス系)	3	[2]	ハンガリー(ドイツ系)	3	[2]	ドイツ(オランダ系)	3	[1]
アイルランド	3	[3]	ロシア(ポーランド系)	3	[1]	カナダ(フランス系)	2	[1]
ロシア(ポーランド系)	3	[1]	イングランド	2	[1]	ドイツ(ザクセン系)	2	[1]
カナダ(アイルランド系)	2		アイルランド(イングランド系)	2	[2]	ハンガリー(ブルガリア系)	2	[1]
カナダ(ポーランド系)	2		アイルランド	2	[1]	ロシア(ドイツ系)	2	
イングランド	2	[1]	スコットランド	2	[2]	スウェーデン	2	
洋上	1		オーストリア(ハンガリー系)	1	[1]	オーストリア(ドイツ系)	1	
イタリア	1		ベルギー	1		ベルギー(オランダ系)	1	[1]
合計	352	[106]	ボヘミア(チェック系)	1		ドイツ(ボヘミア系)	1	
			ノルウェー	1		アイルランド	1	
			ポーランド(ボヘミア系)	1	[1]	合計	67	[20]
			ロシア(イディッシュ)	1				
			スウェーデン	1				
			合計	96	[27]			

米国内			米国内			米国内		
ウィスコンシン	898		ウィスコンシン	433	[6]	ウィスコンシン	218	
ミネソタ	18		ニューヨーク	21	[10]	ニューヨーク	20	[12]
イリノイ	16		ミシガン	10		イリノイ	13	[2]
ニューヨーク	16	[5]	イリノイ	7	[2]	ペンシルバニア	5	[1]
ミシガン	5		メイン	6	[4]	ミネソタ	3	
ペンシルバニア	5		オハイオ	5	[2]	メイン	2	[1]
インディアナ	4		ペンシルバニア	5	[1]	ミシガン	2	
オハイオ	3		マサチューセッツ	4	[2]	オハイオ	2	[2]
アイオワ	1		ミネソタ	4		アーカンサ	1	
カンザス	1		ニュージャージ	3	[1]	アイオワ	1	
メリーランド	1		デラウェア	2		カンザス	1	
モンタナ	1		アイオワ	2		サウスダコタ	1	
ノースダコタ	1		フロリダ	1		合計	269	[18]
ニュージャージ	1		インディアナ	1				
バーモント	1	[1]	ミズーリ	1		不明	1	[1]
合計	972	[6]	サウスダコタ	1				
			テキサス	1	[1]			
不明	5		バーモント	1				
			合計	508	[29]			

付表1-4-2　リヴァーフロント市女性の出生地別人数変化(1910年、街区別)

第1街区			第2街区			第3街区		
米国外			米国外			米国外		
ドイツ	32	[14]	ドイツ	50	[24]	ドイツ	25	[11]
ノルウェー	24	[10]	ノルウェー	13	[6]	ドイツ(ポーランド系)	24	[7]
ドイツ(ポーランド系)	19	[4]	ロシア(イディッシュ)	12		オーストリア(ドイツ系)	21	[6]
ロシア(イディッシュ)	8		カナダ(イングランド系)	11	[2]	ノルウェー	13	[5]
イングランド	6	[3]	イングランド	7	[4]	カナダ(イングランド系)	7	[4]
カナダ(イングランド系)	4	[2]	スウェーデン	6	[3]	ロシア(ポーランド系)	3	
スウェーデン	4	[1]	オーストリア(ドイツ系)	3	[1]	イングランド	2	[1]
オーストリア(ボヘミア系)	2		カナダ(フランス系)	2		アイルランド	2	[2]
アイルランド	2	[1]	アイルランド(イングランド系)	2	[2]	オーストリア(ポーランド系)	1	
ロシア(ポーランド系)	2		ドイツ(ポーランド系)	2		カナダ(フランス系)	1	[1]
洋上(ドイツ系)	1	[1]	デンマーク	1		カナダ(ドイツ系)	1	[1]
オーストリアT	1		ドイツ(イディッシュ)	1		スコットランド(ゲール系)	1	[1]
オーストリア(ドイツ系)	1		イタリア	1		スウェーデン	1	[1]
カナダ(フランス系)	1		ロシア(ポーランド系)	1		合計	102	[40]
フランス	1	[1]	スコットランド	1	[1]			
ドイツ(ポーランド系)	1		合計	115	[45]			
スコットランド	1							
合計	110	[37]						
米国内			米国内			米国内		
ウィスコンシン	467	[5]	ウィスコンシン	462	[5]	ウィスコンシン	627	[6]
イリノイ	18	[1]	ニューヨーク	22	[10]	ニューヨーク	24	[10]
ニューヨーク	14	[9]	イリノイ	17	[2]	イリノイ	11	[1]
ミシガン	9	[3]	ミシガン	14		ミネソタ	10	
ミネソタ	6		アイオワ	9		ペンシルバニア	9	[2]
ペンシルバニア	6	[4]	ミネソタ	9		ミシガン	7	[2]
オハイオ	4	[1]	ペンシルバニア	9	[5]	オハイオ	7	[1]
インディアナ	2		インディアナ	6		マサチューセッツ	4	[1]
アイオワ	2		メイン	6	[2]	ネブラスカ	4	
バーモント	2	[1]	オハイオ	6	[2]	ミズーリ	3	
デラウェア	1		バーモント	3	[1]	インディアナ	2	
ルイジアナ	1		マサチューセッツ	2		ケンタッキー	2	[1]
メイン	1	[1]	ニューハンプシャ	2		メイン	2	[1]
メリーランド	1		アリゾナ	1		バーモント	2	[1]
ニュージャージ	1	[1]	カンザス	1		ジョージア	1	
サウスダコタ	1		メリーランド	1		アイオワ	1	
合計	536	[26]	モンタナ	1		カンザス	1	
			オクラホマ	1		サウスダコタ	1	
			サウスダコタ	1		合計	718	[26]
			バージニア	1				
			合計	574	[27]			
			不明	1				

注：[ ]内は60歳以上で内数。

付表1-4-2 （続き）

第4街区			第5街区			第6街区		
米国外			米国外			米国外		
ドイツ(ポーランド系)	308	[77]	ドイツ	50	[9]	ドイツ	25	[6]
ドイツ	6	[2]	ドイツ(ポーランド系)	14	[3]	ロシア(ポーランド系)	9	[1]
ノルウェー	6	[1]	オーストリア(ドイツ系)	10	[2]	イングランド	6	[3]
オーストリア(ポーランド系)	5	[2]	カナダ(イングランド系)	10	[3]	ドイツ(オランダ系)	4	[3]
ロシア(ポーランド系)	5		イングランド	4	[3]	ドイツ(ポーランド系)	4	
カナダ(イングランド系)	4	[1]	オーストリア	3	[1]	スウェーデン	3	[1]
			アイルランド(イングランド系)	3		ハンガリー(ブルガリア系)	2	[1]
カナダ(フランス系)	2	[2]	アイルランド	3	[3]	アイルランド	2	[2]
洋上	1		ノルウェー	3	[2]	カナダ(イングランド系)	1	[1]
ドイツ(ボヘミア系)	1		カナダ(フランス系)	2	[1]	カナダ(フランス系)	1	
アイルランド	1	[1]	ハンガリー(ドイツ系)	2		カナダ(スコットランド系)	1	[1]
合計	339	[86]	ロシア(イディッシュ)	2		フランス	1	
			オーストリア(ハンガリー系)	1	[1]	ドイツ(ボヘミア系)	1	[1]
			ボヘミア(チェック系)	1		ロシア(ドイツ系)	1	
			カナダ(スコットランド系)	1		合計	61	[20]
			ドイツ(イングランド系)	1				
			ポーランド(ボヘミア系)	1				
			ロシア(ポーランド系)	1	[1]			
			南米	1				
			合計	113	[31]			
米国内			米国内			米国内		
ウィスコンシン	948	[1]	ウィスコンシン	475	[1]	ウィスコンシン	220	[1]
イリノイ	31		ニューヨーク	33	[18]	イリノイ	14	[1]
ニューヨーク	15	[4]	オハイオ	8	[3]	ニューヨーク	14	[4]
ペンシルバニア	10		メイン	7	[3]	ミシガン	4	[1]
ミネソタ	9		ミシガン	6		インディアナ	3	
ミシガン	3		ミネソタ	5		メイン	3	[2]
モンタナ	2		イリノイ	4		オハイオ	3	[2]
オハイオ	2		アイオワ	4		ペンシルバニア	3	
コネティカット	1	[1]	ペンシルバニア	3	[1]	ミネソタ	2	
インディアナ	1		インディアナ	2		ミズーリ	2	
ミズーリ	1		マサチューセッツ	2		アイオワ	1	
ノースダコタ	1		ノースダコタ	2		ネブラスカ	1	
バーモント	1	[1]	ニューハンプシャ	2	[2]	合計	270	[11]
合計	1025	[7]	コネティカット	1	[1]			
不明	2		ネブラスカ	1				
			オレゴン	1				
			バーモント	1	[1]			
			合計	557	[30]			

359

付表2-1　クラーク郡区男性の出生地別人数変化(1860年-1910年)

1860年			1870年			1880年		
米国外			米国外			米国外		
ポーランド	32	[1]	プロシャ	255	[17]	プロシャ	390	[49]
アイルランド	22	[2]	ノルウェー	16	[2]	ノルウェー	8	[1]
ドイツ	17	[1]	フランス	12	[1]	カナダ	6	
カナダ	15	[1]	アイルランド	5	[1]	フランス	6	
プロシャ	15		カナダ	9		アイルランド	4	[3]
ベルギー	13		ベルギー	4		ウィッテンベルク	3	[1]
ノルウェー	4	[1]	ヴァーテンベルク	4		ベルギー	2	[2]
イングランド	3		バパリア	1		オーストリア	2	
バパリア	2		オランダ	1		ルクセンブルク	1	
ヴァーテンベルク	2		ホルスタイン	1		合計	422	[56]
バーデン	1		スウェーデン	1				
フランス	1		合計	309	[21]			
ハンブルク	1							
合計	128	[6]						
米国内			米国内			米国内		
ウィスコンシン	72		ウィスコンシン	148		ウィスコンシン	371	
ニューヨーク	21		ニューヨーク	12		ニューヨーク	8	
ペンシルバニア	7		ペンシルバニア	8		ペンシルバニア	6	
メイン	6		メイン	2		メイン	3	[1]
イリノイ	3		ミシガン	2		マサチューセッツ	2	[1]
ニュージャージ	3		ニュージャージ	2		イリノイ	1	
バーモント	2	[1]	オハイオ	2		インディアナ	1	
ミシガン	2		マサチューセッツ	1		オハイオ	1	
コネティカット	1		ミネソタ	1		ウェストバージニア	1	
オハイオ	1		合計	178		合計	394	[2]
合計	118	[1]				不明	3	[1]

注：[　]内は60歳以上で内数。

付表2-1 （続き）

1900年			1910年		
米国外			米国外		
ポーランド(ドイツ系)	130	[35]	ドイツ(ポーランド系)	204	[75]
ポーランド(ロシア系)	101	[20]	プロシャ(ポーランド系)	14	[5]
ドイツ	49	[18]	ドイツ	12	[6]
プロシャ	37	[9]	ロシア(ポーランド系)	3	[2]
カナダ(イングランド系)	7	[2]	オーストリア(ポーランド系)	2	
オーストリア	4	[1]	カナダ(ポーランド系)	1	
フランス	1	[1]	洋上	1	
アイルランド	1	[1]	合計	237	[88]
洋上	1				
イングランド	1				
ドイツ?	1				
ノルウェー	1				
ポーランド(オーストリア系)	1				
合計	335	[87]			
米国内			米国内		
ウィスコンシン	813		ウィスコンシン	859	
ペンシルバニア	6	[2]	イリノイ	17	
ニューヨーク	4		ミシガン	10	
イリノイ(シカゴ)	3		ペンシルバニア	9	
イリノイ	2		ニューヨーク	3	
ミシガン	2		オハイオ	3	
デラウェア	1		イリノイ	1	
メイン	1		インディアナ?	1	
マサチューセッツ	1		ミネソタ	1	
ネブラスカ	1		合計	904	
ニュージャージ	1				
合計	835	[2]	不明	2	
不明	1				

付表2-2　クラーク郡区女性の出生地別人数変化(1860年-1910年)

1860年				1870年				1880年			
米国外				米国外				米国外			
ポーランド	37	[2]		プロシャ	250	[11]		プロシャ	354	[38]	
アイルランド	23	[2]		ノルウェー	12	[3]		カナダ	5	[1]	
ドイツ	13	[1]		フランス	10	[2]		ノルウェー	5		
ベルギー	13			カナダ	6			フランス	4		
プロシャ	12			アイルランド	4			アイルランド	3	[1]	
カナダ	9			ベルギー	3			ウィッテンベルグ	2	[1]	
イングランド	4			バパリア	2			大西洋上	1		
ノルウェー	2			ヴァーテンベルグ	2			オーストリア	1		
バーデン	1			バーデン	1			オーストリア	1		
バパリア	1			ハンブルグ	1			（ポーランド系）			
フランス	1			ホルスタイン	1			バパリア	1		
ハンブルグ	1			スコットランド	1			ベルギー	1		
スコットランド	1			合計	293	[16]		イングランド	1		
ヴァーテンベルグ	1							合計	380	[41]	
合計	119	[5]									
米国内				米国内				米国内			
ウィスコンシン	64			ウィスコンシン	124			ウィスコンシン	364	[1]	
ニューヨーク	23	[1]		ニューヨーク	14			ペンシルバニア	10		
ニュージャージ	4			ペンシルバニア	8			ニューヨーク	6		
ペンシルバニア	4			イリノイ	5			オハイオ	4		
コネティカット	3			ケンタッキー	5			メイン	3		
メイン	3			ミネソタ	5			イリノイ	2		
イリノイ	2			メイン	2			インディアナ	1		
オハイオ	1			イオワ	1			イオワ	1		
合計	104	[1]		ミシガン	1			ニュージャージ	1		
				ニュージャージ	1			合計	392	[1]	
不明	1			オハイオ	1						
				バーモント	1			不明	2		
				合計	168						

注：[ ]内は60歳以上で内数。

付表2-2　（続き）

1900年				1910年		
米国外				米国外		
ドイツ(ポーランド系)	123	[30]		ドイツ(ポーランド系)	180	[63]
ロシア(ポーランド系)	97	[20]		プロシャ(ポーランド系)	18	[4]
ドイツ	34	[10]		ドイツ	12	[7]
プロシャ	26	[9]		ロシア(ポーランド系)	7	[1]
オーストリア	1	[1]		オーストリア(ポーランド系)	3	
フランス	1	[1]		カナダ(ポーランド系)	1	
アイルランド	1	[1]		フランス	1	[1]
カナダ(イングランド系)	1			合計	222	[76]
ノルウェー	1					
合計	285	[72]				

米国内				米国内		
ウィスコンシン	733			ウィスコンシン	821	[1]
ペンシルバニア	6	[2]		イリノイ	14	
ニューヨーク	6			ニューヨーク	2	
イリノイ(シカゴ)	4			インディアナ	1	
メイン	2	[1]		アイオワ	1	
イリノイ	2			ミネソタ	1	
メイン	1			ペンシルバニア	1	
デラウェア	1			合計	841	[1]
ペンシルバニア?	1					
合計	756	[3]		不明(孤児)	1	

付表3-1　レイクランド郡区男性の出生地別人数変化(1860年-1910年)

1860年			1870年			1880年		
米国外			米国外			米国外		
ノルウェー	54	[1]	ノルウェー	101	[11]	ノルウェー	115	[13]
バハ゛リア	11	[1]	プロシャ	29		スウェーデン	30	[2]
プロシャ	11		スウェーデン	13	[2]	プロシャ	28	[5]
スウェーデン	9	[1]	カナダ(東部)	6		イングランド	10	[5]
カナダ	9		バハ゛リア	5		ハ゛ーデン	6	
イングランド	6		イングランド	5		オーストリア	5	
ハ゛ーデン	3	[1]	オーストリア	3		ポーランド	5	
アイルランド	3		ボヘミア	3		デンマーク	4	[2]
スイス	2	[1]	デンマーク	3		サクソニー	4	[2]
デンマーク	2		ドイツ	3		バハ゛リア	3	[2]
ボヘミア	1		ハ゛ーデン	2		カナダ	3	
ノバスコシア	1		カナダ(西部)	2		ボヘミア	2	[1]
サクソニー	1		サクソニー	2		バイロン	2	
合計	113	[5]	大西洋上	1		スコットランド	1	[1]
			プロシャ	1		ウェールズ	1	[1]
			カナダ(東部?)	1		大西洋上	1	
			ノバスコシア	1		フランス	1	
			イタリア(トスカニ)	1		アイルランド	1	
			合計	182	[13]	マクレンブルク	1	
						ロシア	1	
						スイス	1	
						合計	225	[34]
米国内			米国内			米国内		
ウィスコンシン	66		ウィスコンシン	224		ウィスコンシン	363	
ニューヨーク	59		ニューヨーク	53	[3]	ニューヨーク	56	[12]
ペンシルバニア	23		ペンシルバニア	17		ペンシルバニア	16	[2]
マサチューセッツ	8	[2]	バーモント	6	[2]	マサチューセッツ	5	[2]
オハイオ	7		マサチューセッツ	4		オハイオ	4	[1]
コネティカット	5	[1]	ニュージャージ	3		イリノイ	4	
イリノイ	5		ニューハンプシャ	2	[1]	メイン	3	[1]
メイン	5		イリノイ	2		バーモント	3	[1]
バーモント	4	[2]	メイン	2		ニュージャージ	2	[2]
ニュージャージ	3		オハイオ	2		ニューハンプシャ	2	[1]
ミシガン	2		コネティカット	1	[1]	コネティカット	1	
ニューハンプシャ	1	[1]	カリフォルニア	1		インディアナ	1	
合計	188	[6]	ミシガン	1		イオワ	1	
			オレゴン	1		ミシガン	1	
			合計	319	[7]	合計	462	[22]

注：[ ]内は60歳以上で内数。

付表3-1 （続き）

1900年		
米国外		
ノルウェー	122	[44]
ドイツ	60	[12]
スウェーデン	25	[2]
ドイツ(ポーランド系)	24	[6]
カナダ(イングランド系)	6	
デンマーク	5	
イングランド	3	[3]
アイルランド	2	[1]
洋上	1	
カナダ	1	
カナダ(フランス系)	1	
アイルランド(ポーランド系)	1	
ロシア	1	
合計	252	[68]

米国内		
ウィスコンシン	658	[1]
ニューヨーク	39	[15]
イリノイ	9	
ペンシルバニア	8	[5]
メイン	5	[4]
イオワ	3	
ミネソタ	3	
バーモント	3	
オハイオ	2	[1]
ミシガン	2	
コネティカット	1	[1]
ニューハンプシャ	1	[1]
インディアナ	1	
ケンタッキー	1	
マサチューセッツ	1	
ネブラスカ	1	
ニュージャージ	1	
サウスダコタ	1	
合計	740	[28]
不明	3	

1910年		
米国外		
ノルウェー	101	[43]
ドイツ	46	[13]
ドイツ(ポーランド系)	30	[7]
スウェーデン	25	[12]
イングランド	4	[4]
デンマーク	4	[1]
カナダ(イングランド系)	4	
カナダ(フランス系)	2	[1]
ロシア(ヘブライ系)	2	
ポーランド	1	[1]
ウェールズ	1	[1]
カナダ(スコットランド系)	1	
ロシア(ポーランド系)	1	
スコットランド	1	
合計	223	[83]

米国内		
ウィスコンシン	829	[1]
ニューヨーク	24	[16]
イリノイ	12	[2]
ペンシルバニア	8	[6]
ミネソタ	4	
メイン	3	[3]
ミシガン	3	
バーモント	2	[2]
オハイオ	2	
インディアナ	1	
イオワ	1	
マサチューセッツ	1	
サウスダコタ	1	
合計	891	[30]

付表3-2　レイクランド郡区女性の出生地別人数変化(1860年-1910年)

1860年			1870年			1880年		
米国外			米国外			米国外		
ノルウェー	49	[2]	ノルウェー	121	[9]	ノルウェー	111	[14]
プロシャ	7		プロシャ	23	[3]	プロシャ	23	[6]
バハリア	6		バハリア	5		スウェーデン	10	[2]
スウェーデン	5		ドイツ	5		イングランド	7	[2]
アイルランド	4		スウェーデン	4	[1]	ポーランド	6	[1]
バーデン	3		デンマーク	4		バイロン	5	[1]
ボヘミア	3		オーストリア	3		バハリア	4	[1]
カナダ	3		バーデン	3		アイルランド	3	[1]
サクソニー	2	[1]	ボヘミア	3		マクレンバーグ	3	[1]
デンマーク	2		カナダ(東部)	2		スコットランド	2	[1]
イングランド	1		イングランド	2		ウェールズ	2	[1]
ノーバスコシア	1		カナダ(西部)	1		カナダ	4	
スイス	1		ノーバスコシア	1		オーストリア	3	
スコットランド	1		サクソニー	1		サクソニー	3	
合計	88	[3]	スコットランド	1		バーデン	2	
			合計	179	[13]	ノーバスコシア	2	
						大西洋上	1	
						ボヘミア	1	
						デンマーク	1	
						フランス	1	
						合計	194	[31]
米国内			米国内			米国内		
ウィスコンシン	77		ウィスコンシン	207	[1]	ウィスコンシン	345	
ニューヨーク	40		ニューヨーク	47	[2]	ニューヨーク	46	[4]
ペンシルバニア	14		ペンシルバニア	14	[1]	ペンシルバニア	14	[1]
ニュージャージ	9	[1]	バーモント	7	[3]	バーモント	6	[3]
イリノイ	8		イリノイ	7		イリノイ	4	
コネティカット	7	[1]	コネティカット	4	[2]	オハイオ	4	
メイン	4		ニュージャージ	4		マサチューセッツ	3	[1]
ミシガン	3		ニューハンプシャ	2	[1]	イオワ	3	
バーモント	3		メイン	2		ニュージャージ	3	
マサチューセッツ	2		イオワ	1		コネティカット	2	[2]
オハイオ	2		マサチューセッツ	1		メイン	2	[1]
ニューハンプシャ	1	[1]	ミシガン	1		ミシガン	2	
イオワ	1		オハイオ	1		ニューハンプシャ	1	
合計	171	[3]	バーモント	1		合計	435	[12]
			合計	299	[10]	不明	1	

注：[ ]内は60歳以上で内数。

付　表

付表3-2　（続き）

1900年			1910年		
米国外			米国外		
ノルウェー	114	[38]	ノルウェー	97	[43]
ドイツ	52	[13]	ドイツ	43	[15]
ドイツ(ポーランド系)	26	[3]	ドイツ(ポーランド系)	28	[7]
スウェーデン	18	[3]	スウェーデン	17	[4]
イングランド	3	[2]	イングランド	3	[3]
デンマーク	3	[1]	カナダ(イングランド系)	4	[1]
カナダ(フランス系)	2	[1]	カナダ(スコットランド系)	1	[1]
スコットランド	1	[1]	アイルランド	1	[1]
カナダ(イングランド系)	4		ポーランド	1	[1]
洋上	1		スコットランド	1	[1]
アイルランド	1		デンマーク	2	
ポーランド	1		カナダ	1	
合計	226	[62]	カナダ(ドイツ系)	1	
			フランス	1	
			ロシア(ドイツ系)	1	
			ロシア(ヘブライ系)	1	
			合計	203	[77]
米国内			米国内		
ウィスコンシン	671	[1]	ウィスコンシン	838	[7]
ニューヨーク	31	[13]	ニューヨーク	24	[16]
イリノイ	11	[1]	イリノイ	13	[2]
バーモント	7	[4]	ミシガン	5	
オハイオ	7	[3]	ミネソタ	5	
ペンシルバニア	5	[3]	バーモント	3	[2]
ミシガン	5		オハイオ	3	
アイオワ	4		サウスダコタ	3	
カンザス	4		ニュージャージー	2	[2]
ニュージャージー	3	[2]	インディアナ	2	
ミネソタ	2		ペンシルバニア	1	[1]
サウスダコタ	2		ルイジアナ	1	
マサチューセッツ	1	[1]	メイン	1	
メイン	1		合計	901	[30]
ネブラスカ	1		不明	1	[1]
合計	755	[28]			
不明	4	[1]			

参考文献

Ariés, Philippe 1974 *Western attitudes toward death from the middle ages to the present.* (translated by Patricia M. Ranum) Baltimore: The Johns Hopkins University Press.

Alba, Richard D. 1990 *Ethnic identity: The transformation of white America.* New Haven: Yale University Press.

Barthel, Diane L. 1984 *Amana: From pietist sect to American community.* Lincoln: University of Nebraska Press.

Bellah, Robert N. et al. 1985 *Habits of the heart: Individualism and commitment in American life.* Berkeley: University of California Press.
（ベラー他 1991『心の習慣-アメリカ個人主義のゆくえ』（島薗・中村訳）みすず書房。）

Blumin, Stuart M. 1989 *The emergence of the middle class: Social Experience in the American city, 1760-1900.* Cambridge: Cambridge University Press.

Bodnar, John, Michael Weber and Roger Simon 1979 Migration, kinship and urban adjustment: Blacks and Poles in Pittsburgh, 1900-1930. *Journal of American History* 66(3): 548-65.

Boris, Eileen and Cynthia R. Daniels (eds.) 1989 *Homework: Historical and contemporary perspectives on paid labor at home.* Urbana and Chicago: University of Illinois Press.

Buczek, Daniel S. 1980 The Polish-American parish as an Americanizing factor. In Charles A. Ward, Philip Shashko, and Donald E. Pienkos (eds.), *Studies in ethnicity: The East European experience in America.* New York: Columbia University Press. pp. 153-66.

Chibnik, Michael (ed.) 1987 *Farm work and fieldwork: American agriculture in anthropological perspective.* Ithaca: Cornell University Press.

ハワード・P・チュダコフ 1994『年齢意識の社会学』（工藤政司・藤田永祐共訳）法政大学出版局。Chudacoff, Howard P. 1989 *How old are you? : Age consciousness in American culture.* Princeton: Princeton University Press.

Cronon, William 1983 *Changes in the Land: Indians, Colonists, and the Ecology of New England.* New York: Farrar, Strus & Giroux.
（クロノン『変貌する大地』1995 佐野敏行・藤田眞理子（共訳）勁草書房）

Cronon, William 1991 *Nature's Metropolis: Chicago and the Great West.* New York: Norton.

Crozier, William L. 1981 A people apart: A census analysis of the Polish community of Winona, Minnesota, 1880-1905. *Polish American Studies*

XXXVIII(1): 5-22.
di Leonardo, Micaela 1984 *The varieties of ethnic experience: Kinship, class, and gender among California Italian-Americans.* Ithaca: Cornell University Press.
Dorst, John D. 1989 *The written suburb: An American site, an ethnographic dilemma.* Philadelphia: University of Pennsylvania Press.
Fischer, David Hackett 1978 *Growing old in America (expanded edition).* New York: Oxford University Press.
Foner, Nancy 1994 *The caregiving dilemma: Work in an American nursing home.* Berkeley: University of California Press
Frake, Charles O. 1980 *Language and Cultural Description.* Stanford, CA: Stanford University Press.
Frake, Charles O. 1996 Pleasant Places, Past Times, and Sheltered Identity in Rural East Anglia. In Feld, Steven and Keith Basso (eds.), *Senses of Place.* Santa Fe: SAR Press. pp. 229-57.
Fujita, Mariko 1984 The cultural dilemmas of aging in America. Ph. D. dissertation, Stanford University.
藤田眞理子 1988 「象徴の連続性と生活秩序の再定義――米国カリフォルニア州白人の定年退職者の事例から」『民族学研究』第53巻1号58－85頁。
藤田眞理子 1999『アメリカ人の老後と生きがい形成――高齢者の文化人類学的研究』大学教育出版。
Gjerde, Jon 1985 *From peasants to farmers: The migration from Balestrand, Norway, to the Upper Middle West.* Cambridge: Cambridge University Press.
Green, Harvey 1992 *The uncertainty of everyday life 1915-1945.* New York: Harper Perennial.
原ひろ子 1997 「文化にとっての老い――新しい異世代共存――」『成熟と老いの社会学』(井上俊他編) 岩波書店、61-74頁。
Hareven, Tamara K. 1982 *Family time and industrial time: The relationship between the family and work in a New England industrial community.* Cambridge: Cambridge University Press.
Hareven, Tamara K. and Randolph Langenbach 1978 *Amoskeag: Life and work in an American factory-city.* New York: Pantheon Books.
Hareven, Tamara K. and Maris A. Vinovskis (eds.) 1978 *Family and population in Nineteenth-Century America.* Princeton: Princeton University Press.
Hatch, Elvin 1979 *Biography of a small town.* New York: Columbia

University Press.
Helvenston, Sally I. and Margaret M. Bubolz 1999 Home Economics and Home Sewing in the United States 1870-1940. In Barbara Burman (ed.) *The Culture of Sewing: Gender, Consumption and Home Dressmaking.* Oxford and New York: Berg. pp. 303-325.
Henry, Jules 1965 *Culture against man.* New York: Vintage Books.
Hochschild, Arlie Russell 1973 *The unexpected community: Portrait of an old age subculture.* Berkeley: University of California Press.
Jacobs, Jerry 1974 *Fun City: An ethnographic study of a retirement community.* New York: Holt, Rinehart and Winston, Inc.
嘉田由紀子 1980 「家族農場の継承と世代間関係——米国ウィスコンシンの事例より」『季刊人類学』第11巻1号120-57頁。
片多 順 1981 『日本の中高年:老人と文化——老年人類学入門』垣内出版。
Lamphere, Louise 1987 *From working daughters to working mothers: Immigrant women in a New England industrial community.* Ithaca: Cornell University Press.
Lamphere, Louise, Alex Stepick, and Guillermo Grenier (eds.) 1994 *Newcomers in the workplace: Immigrants and the restructuring of the U. S. Economy.* Philadelphia: Temple University Press.
Lapata, Helen Znaniecki 1976 *Polish Americans: Status and competition in an ethnic community.* Englewood Cliffs, NJ: P-H.
Moffatt, Michael 1989 *Coming of age in New Jersey: College and American culture.* New Brunswick: Rutgers University Press.
Morawska, Ewa 1985 *For bread with butter: The life-worlds of East Central Europeans in Johnstown, Pennsylvania, 1890-1940.* Cambridge: Cambridge University Press.
Morawska, Ewa 1996 *Insecure prosperity: Small-town Jews in Industrial America, 1890-1940.* Princeton: Princeton University Press.
Myerhoff, Barbara G. 1980 *Number our days.* New York: Simon and Schuster.
Perin, Constance 1977 *Everything in its place: Social order and land use in America.* Princeton: Princeton University Press.
Perin, Constance 1988 *Belonging in America: Reading between the lines.* Madison, WI: University of Wisconsin Press.
Plath, David W. 1980 *Long engagements: Maturity in modern Japan.* Stanford: Stanford University Press.
D. プラース 1986 「米国における老年——恥ではないがしかし——」『老いの

人類史』(伊東光晴〔ほか〕編) 岩波書店、192-205頁。
Portes, Alejandro, and Rubén G. Ruumbaut 1996 *Immigrant America: A portrait*. Berkeley: University of California Press.
Prosterman, Leslie 1995 *Ordinary life, festival days: Aesthetics in the Midwestern county fair*. Washington: Smithsonian Institution Press.
Rasmussen, Janet E. 1993 *New land new lives: Scandinavian Immigrants to the Pacific Northwest*. Seattle: University of Washington Press.
Rose, Dan 1989 *Patterns of American culture: Ethnography and estrangement*. Philadelphia: University of Pennsylvania Press.
Royce, Anya Peterson 1982 *Ethnic identity: Strategies of diversity*. Bloomington: Indiana University Press.
Rubinstein, Robert L. 1986 *Singular paths: Old men living alone*. New York: Columbia University Press.
Salamon, Sonya, K. M. Gengenbacher and D. J. Penas 1986 Family factors affecting the intergenerational succession to farming. *Human Organization* 45:24-33.
Sandberg, Neil C. 1974 *Ethnic identity and assimilation: The Polish-American community: Case study of metropolitan Los Angeles*. New York: Praeger.
Sano, Mariko Fujita and Toshiyuki Sano 2001 *Life in Riverfront: A Middle-Western Town Seen Through Japanese Eyes*. Fort Worth, TX: Harcourt.
Sano, Toshiyuki 1989 Caring Americans: An ethnography of Riverfront, a middle-sized town in the Midwest. Ph. D. dissertation, Stanford University.
佐野敏行 1994 「人口動態と家族生活——アメリカのコミュニティにおける高齢者の独居と同居の変遷」『「施設居住高齢者の生活に関する学際的研究」の報告』奈良女子大学生活環境学部、47-69頁。
佐野敏行・藤田眞理子 1988 「老人の『場』と役割——コミュニティのコンテクストにおける民族誌的分析」『民族学研究』第53巻3号310-20頁。
Schneider, Jane C. and Peter T. Schneider 1996 *Festival of the poor: Fertility decline and the ideology of class in Sicily, 1860-1980*. Tucson: The University of Arizona Press.
Shield, Rene Rose 1988 *Uneasy endings: Daily life in an American Nursing Home*. Ithaca: Cornell University Press.
Strickon, Arnold 1979 Ethnicity and entrepreneurship in rural Wisconsin. In S. M. Greenfield, A. Strickon and R. T. Aubey (eds.), *Entrepreneurs in cultural context*. Albuquerque: University of New Mexico Press. pp. 159-189.

参考文献

Thomas, William I. and Florian Znaniecki 1984 *The Polish peasant in Europe and America.* Edited and abridged by Eli Zaretsky. Urbana and Chicago: University of Illinois Press.

Ueda, Reed 1987 *Avenues to adulthood: The origins of the high school and social mobility in an American suburb.* Cambridge: Cambridge University Press.

Varenne, Hervé (ed.) 1986 *Symbolizing America.* Lincoln: University of Nebraska Press.

Vesperi, Maria D. 1985 *City of green benches: Growing old in a new downtown.* Ithaca: Cornell University Press.

Wallace, Anthony F. C. 1980 *Rockdale: The growth of an American village in the early industrial revolution.* New York: W. W. Norton & Company.

Wallace, Anthony F. C. 1988 *St. Clair: A nineteenth-century coal town's experience with a disaster-prone industry.* Ithaca: Cornell University Press.

Wrobel, Paul 1979 *Our ways: Family, parish and neighborhood in a Polish-American community.* Notre Dame, Ind.: University of Notre Dame Press.

Yanagisako, Sylvia J. 1978 Variance in American kinship: Implications for cultural analysis. *American Ethnologist* 5: 15-28.

索　引

19世紀の日常生活　113, 163
40代結婚　213, 256, 268, 307
40代出産　39, 192, 195, 196, 200, 206, 208, 209, 210, 213, 218, 221, 224, 226, 228, 232, 235, 237, 239, 241, 244, 245, 249, 258, 264, 271, 277, 312, 321
4世代継承の例　298
60歳以上人口　39
65歳以上人口　40

ア

アイデンティティ　9, 287
アメリカ化　9
アメリカ革命の娘（DAR）　315
アメリカ的価値体系　327
アメリカ的モデル　269
アングロサクソン系　158, 161
依存関係　269
異父兄弟姉妹　287
異母兄弟姉妹　287
移民：高齢化　9；波　239
姻戚（インロー）関係　163, 331
引退：267, 315；時期　232
ウィスコンシン川　10
エスニシティ　6
エスニック・グループ　6-7
縁故　207
遅く来た移民　333
母屋　285
親との日常的交流　336
親元を離れるタイミング　261, 270

カ

カーペンター/大工　90, 95
街区（ワード）制　14
カウンティ・ホームエコノミスト　280
核家族化　168
家具製造工場　15
家系図　188
家政婦　161, 193
河川交通　11

家族構成の再現　5
家族史　8
家庭内生産者　204
カトリックとプロテスタント　271
寡婦　226, 230, 239, 259, 280
家父長的親子関係　165, 332
キー・インフォーマント　10
ギヴ・アンド・テイク　114
既婚の子ども　134-5
教育大学（「師範学校」参照）　16
教育に対する関心：ノルウェー系　308
教会への送り迎え　297
教師：娘の職業　195, 198, 200, 221, 223, 252, 268
兄弟姉妹との同居　187, 221
共同名義　280, 304, 314
義理の妹　197
義理の娘　214
記録係（レコード・キーパー）　287
近隣に住む息子・娘　123
郡区（タウンシップ）　17
郡区スーパーヴァイザー　277
継承適格年齢　282
継承のタイミング　283
結婚：親同士の合意　241；相手　200, 271；適齢期　232；必要性　321
建築ラッシュ　95
高学歴の農場者　309
高齢者：アパート　278；センター　337；対策　4；施設収容　325；自立性　103-5；夫婦間年齢差　106-7；扶養　92
高齢者の「自己発見」　326
高齢者の「誕生」する場所　181
高齢者夫婦：独居　24
個人の追跡作業　19
孤独　123, 270
コンテクスト　338

サ

再婚　186, 195, 208, 272

375

財産贈与の代価　306
サマーフェスティヴァル　12
サンシティ　1
三世代：家族　24, 254；同居　165, 168
参与観察　10
市街地図　17
シカゴ　11
事故死　294
持続的尽力　325
シティ・ディレクトリ（市住民名鑑）　17, 274
自動車の台頭　11
師範学校（ノーマル・スクール）　16, 223, 317
死別　207
死亡者略歴記事　274
社会的移動　16
ジャガイモ生産地　13
借家　142-3
住宅建設需要　200
出産：間隔　230, 241；年齢（最終の）106-11；計画性　322
出産時母親死亡　220, 247
出生順　234
出生地の変化　58-65
主流文化：同化　104
小家族　192, 202
少子化　216, 313, 323, 334
証書　296
証書記録　274
使用人　161
職業タイプの変化　82-91
女性のキャリア　224
ショッピング・モールの建設　325
自立　153
自立したファミリ　93
自立した老親　285
自立心　i
自立精神　122
シングル・マザー　272
人口推移　26-30
シンボル　8
ステップ関係　182, 185
スモール・タウン　5-6

生活環境　92-3
生活共同体　325
製材工場　15
製材所（ソーミル）　196
製紙工場　15
西部開拓者　326
西部への移動　165, 324
世話を続ける　288
センサス：収集者　19, 87；手書き原簿　iii, 5, 17, 19；誤記　235；不正確さ　235
葬礼の執行　297

タ

第4街区　各所
大学エクステンション　280
大学町　16
大家族　192, 218, 228, 249, 277, 333
大恐慌　16
大工　95
第二次大戦　277
第二の子ども時代　329
大量消費時代　204
タウンシップ　17
ダウンタウン　4
多産性　271, 334
団塊の世代　305
チェーン・マイグレーション　154
中規模都市　5, 16
中産階層化　16
昼食プログラム　337
長子相続　302
直接観察法　10
地理的移動　16
ツー・フォーティ　311
定期的コンタクト　278
定住者　216
鉄道：11；勤務　206
転居　209
伝染病　321
電話帳　17
同居人：95；親族　119-38；非親族　111-9
同定作業：個人追跡　19-20

索　引

東部からの：移住者　95；移動パターン　262, 266
都会的な仕事　252
独身：社会的評価　307；成人した子ども　221；農場継承男性　302
独立心　319
都市生活　332
都市と農場地域の比較　269
土地台帳　17, 274
土地の共同名義　303
独居：i；高齢者　121-2
トルネード　12
ドレスメーカー　83, 204, 216, 247, 254

ナ

ナショナリティ　7
日常生活様式の転換期　18
日常的なサーヴィスの提供　318
ネイバーフッド・ヘッド　275
年金（ペンション）　38
年齢意識　18
年齢分布：31-43；出生地別　52-58；男女別　41-51；文化的背景別　52-58
農場：危機　325；経営の困難さ　295；継承者/後継者　237, 240, 250, 254, 277, 293, 313；継承パターン　273；拡大　295, 306, 314；機械化　305
農場内の別の家：老親の　296, 310, 328
農民的特徴　332
ノルウェー系　各所

ハ

ハートランド　10
ハーフ・ブラザーとハーフ・シスター　287
パイオニア：3；時代　14, 181；精神　100
パイオニア・タウン　51
ハウス：23, 92；所有関係　141-7
ハウスキーピング　82
働く女性：高齢者　89；母親　83；娘　83
パッチワーク状の多様性　62
パラサイト・シングル　272, 331

針子　198
晩婚　244, 307, 319
ビール製造　211
ビショップ郡区　17
非親族同居人：急減　334；男性の　117；年齢　261；幼児の世話　192, 193, 196, 220
一人暮らし　154
氷河　12
ファーマー　86
ファミリ：23, 92；タイプ　153-87；ヒストリー　8, 188-272；ヘッド：23；女性ヘッド　147；構成の複雑化　259, 272；サイクル　273；類型　94
フィールドワーク　338
フォーカル・ファミリ　8, 17, 273-324
ブルーカラー　82
フレデリック・ジャクソン・ターナー　323
文化適応　308
文化的ジレンマ　329
文化的背景：9, 21；決定法　21-23；高齢者　81-82；変化　65-82
文化の習得　9
ベトナム戦争　284
ベビーシッター　294
ベビーブーム　287
ヘルパー　317
ペンション　263
ボーディング・ハウス　102
ホームタウン　16
ポーランド系：第4街区、クラーク郡区、各所；移民　3
ポーランド語新聞　288
ポーランド文化　9
ホーリズム　iii
ポーリッシュ・テリトリ（第4街区）　315
ポーリッシュ・フェスティヴァル　294
母子関係：ポーランド系の　307
墓地レコード　274
ボランティアワーク　10
ホワイトカラー　82, 87

377

マ

マイグラント・ワーカー　13
マイクロフィルム　15, 18
末子相続　302
継子　182
継父・継母　182
継母　182, 195
未婚の子ども　126-34
身近な距離にいる親類　278
ミシシッピー川　10
ミリナー　198
民族誌的現在　ii
民族誌的調査　5
木材産業　10
持ち家　10, 142-3
モレーン地形　12

ヤ

ヤンキー　3, 218
養子　183
幼児死亡　202
ヨーロッパ移民　95
呼び戻し　293

ラ

ライフコース　273
酪農地　12
離婚　207
離農ファミリ　305
レイバラー　83
連鎖的移住　154
老親の家屋　167
老人ホーム　4, 337
老親を「捨てる」　336

ワ

若者の成長パターン　224

著者略歴

佐 野 敏 行（さの としゆき）
スタンフォード大学大学院博士課程修了。
文化人類学専攻。Ph.D.
現在、奈良女子大学生活環境学部教授
共著、*Life in Riverfront: A Middle-Western Town Seen Through Japanese Eyes* (Harcourt)
訳書、『布と人間』（ドメス出版）、『論文の技法』（講談社）
共訳、『変貌する大地—インディアンと植民者の環境史』（勁草書房）

藤 田 眞理子（ふじた まりこ）
スタンフォード大学大学院博士課程修了。
文化人類学・アメリカ文化研究専攻。Ph.D.
現在、広島大学総合科学部教授
著書、『アメリカ人の老後と生きがい形成—高齢者の文化人類学的研究』（大学教育出版）
共著、*Life in Riverfront: A Middle-Western Town Seen Through Japanese Eyes* (Harcourt)

自 立 し た 老 後
アメリカ中西部小都市と周辺地域の歴史人類学的研究

2001年2月25日　発行

著 者　佐 野 敏 行
　　　　藤 田 眞理子

発行所　株式会社 溪 水 社
　　　　広島市中区小町1-4（〒730-0041）
　　　　電　話（082）246-7909
　　　　FAX（082）246-7876
　　　　E-mail:info@keisui.co.jp

ISBN4-87440-632-7　C3036